国家社科基金
后期资助项目

# 保险监管经济学

陈秉正 等 著

科学出版社
北　京

## 内 容 简 介

本书构建了保险监管经济学的初步框架，试图从经济学视角回答保险监管的一些基本问题。通过构建信息不对称状态下保险市场静态均衡模型，分析了强制保险、限制风险分类等监管政策对市场效率的影响；通过构建保险市场长期均衡模型，研究了费率监管、资金运用监管和偿付能力监管之间的协同效应；通过建立保险人、投保人、监管者之间的博弈模型，研究了监管信号对市场主体行为选择的影响。最后介绍了保险监管实证研究的例子。

本书可作为经济学、金融学、保险学等专业高年级本科生、研究生学习相关课程的教学参考书，较适合从事经济、金融、保险等领域教学和科研的教师、研究生以及从事金融、保险监管工作的专业人员阅读。

#### 图书在版编目（CIP）数据

保险监管经济学 / 陈秉正等著. —北京：科学出版社，2024.5
国家社科基金后期资助项目
ISBN 978-7-03-078069-0

Ⅰ.①保⋯ Ⅱ.①陈⋯ Ⅲ.①保险业—监管制度—研究—中国 Ⅳ.①F842.0

中国国家版本馆 CIP 数据核字（2024）第 041587 号

责任编辑：邓　娴 / 责任校对：贾娜娜
责任印制：张　伟 / 封面设计：有道文化

科学出版社 出版
北京东黄城根北街 16 号
邮政编码：100717
http://www.sciencep.com

北京中石油彩色印刷有限责任公司印刷
科学出版社发行　各地新华书店经销

\*

2024 年 5 月第 一 版　　开本：720×1000　1/16
2024 年 5 月第一次印刷　　印张：18
字数：320 000
**定价：198.00 元**
（如有印装质量问题，我社负责调换）

# 国家社科基金后期资助项目
# 出版说明

　　后期资助项目是国家社科基金设立的一类重要项目,旨在鼓励广大社科研究者潜心治学,支持基础研究多出优秀成果。它是经过严格评审,从接近完成的科研成果中遴选立项的。为扩大后期资助项目的影响,更好地推动学术发展,促进成果转化,全国哲学社会科学工作办公室按照"统一设计、统一标识、统一版式、形成系列"的总体要求,组织出版国家社科基金后期资助项目成果。

全国哲学社会科学工作办公室

# 序

保险业作为金融业的重要组成部分，由于其经营风险的特殊性，对经济和社会发展及人民生活安定具有重要意义。保险市场由于其具有的信息不对称、进入壁垒相对较低、产品和服务的外部性等特点，完全市场机制的发挥受到一定的抑制，因而一直是政府实行较为严格监管的对象。政府对保险市场的适当干预和监管是保障社会和经济安全的需要，有助于维护公平竞争环境和保险市场的健康发展。

改革开放以来，中国保险业快速发展，保险市场不断完善，政府对保险市场的监管也取得了长足进步，已经形成了包括行政监管、立法监管、司法监管在内的保险监管制度体系和包括偿付能力、公司治理和市场行为监管的"三支柱"现代保险监管内容架构。

作者在清华大学从事保险相关教学和研究工作 20 多年，有幸见证了我国自 2001 年加入世界贸易组织后，保险市场向世界全方位开放的历程，亲历了这 20 多年里我国的保险监管在促进和规范保险市场发展方面发生的许多具有深远影响的事件，倍感一个科学的、和国际接轨的、具有中国特色的保险监管体系和相关制度的建立，对于造就一个具有创新活力、高效、健康发展的保险市场至关重要。而一个科学、稳健、成熟的监管制度体系的建立，除了需要制度设计者和措施执行者对市场的敏锐洞察与丰富的经验外，更需要有相关的理论作为制度和政策制定的基础。

因此，一直以来作者都希望能写一本关于保险监管理论的书。从实践方面说，保险在经济和社会发展中的重要地位已经得到普遍认同，而且保险监管在促进和规范市场发展方面起着非常关键的作用。科学的、适当的监管能够起到支持市场创新发展的重要作用；反之，盲目的、不适当的监管反而会阻碍市场的创新发展。我国保险监管实践中存在的一个突出问题就是，一些重要监管制度和政策的制定缺乏理论依据与指导。从理论方面讲，保险市场是一个极具特殊性的市场，很难依据一般市场监管理论对一些重要的保险监管制度和政策进行解释，需要引入专门的概念和模型，建立专门的理论。

鉴于保险监管理论研究的重要性，作者一直鼓励自己的博士生能做一些有关保险监管理论的研究，本书的部分内容就是基于作者的两位学生周海珍博士、王茂琪博士在清华大学经济管理学院完成的博士论文。

本书初步构建了一个保险监管经济学的分析框架，希望能为保险监管经济学的后续研究奠定基础，同时也试图从经济学视角回答保险监管中的一些基本和重要问题。

本书第1章阐述了保险监管的意义、原则、目标和主要内容，希望能帮助读者了解保险监管的基本问题，便于阅读后续内容。

第2章介绍了国际及中国保险监管的基本实践，列举了基于保险市场和保险监管实践提出的经济理论相关问题。

第3章是对与保险监管相关的经济学理论的一个梳理。作者首先从经济学研究的发展脉络入手，试图阐明政府与市场关系的研究一直是经济学家关心的重要话题。接下来，作者分别从公共利益理论、私人利益理论和新制度经济学理论三个方面对市场监管理论的发展进行了介绍。其中的公共利益理论基本上是建立在新古典经济学框架下的，构成了本书第4章至第6章对保险市场均衡、建立强制保险制度、限制风险分类行为等进行分析的经济学基础。新制度经济学的相关理论和方法则构成了本书第8章对保险监管从博弈视角进行分析的依据。限于篇幅和本书希望阐述的重点内容，作者并没有在对已有理论的介绍方面花费过多篇幅。

第4章是关于保险市场均衡和效率的分析。我们知道，微观经济学在定义市场均衡时通常假设市场需求方是同质的，而保险市场中的需求方（投保人）由于发生风险损失的可能性不同，因而对保险保障的需求是不同的，或者说保险市场中的需求方是异质的。供给方需要根据风险不同的投保人的不同需求，确定保险的价格和保障数量。因此在第4章中，作者引入了具有异质性投保人的保险市场均衡概念。

由于政府监管带来的一个核心问题是对市场效率的影响，所以作者在第4章中尝试地建立了市场均衡状态下的市场效率模型，希望通过监管对市场均衡的影响分析，探究监管对市场效率的影响。在对市场效率的衡量方面，作者采用了微观经济学中常用的方式：用社会总剩余（或总福利）作为保险市场效率的度量，而社会总剩余包括消费者（投保人）剩余和生产者（保险人）剩余。

从第5章到第7章，作者分别对几个重要的保险监管措施，包括建立强制保险制度、限制保险人的风险分类行为、实行费率监管和偿付能力监管等，利用第4章建立的市场均衡模型进行了分析，目的在于分析不同监管措施对市场均衡的影响，进而分析不同监管措施对保险市场效率或社会总剩余的影响。

第 5 章基于保险市场中存在的信息问题会引起市场效率损失,即会使部分投保人特别是低风险投保人购买不到足额保险,进而造成消费者剩余下降和社会总风险成本增加这一推断,分析了不同市场均衡条件下实施强制保险的原因及其对改善社会福利的积极影响。

第 6 章通过对处于不同均衡状态下保险人进行风险分类前后消费者剩余及社会福利的比较,研究了风险分类对改善社会福利的影响,以期为监管者在决定是否以及如何对保险人的风险分类行为进行限制时给出理论依据。

第 7 章利用作者建立的保险市场长期均衡模型,研究了费率监管、资金运用监管和偿付能力监管对保险市场均衡的影响,以及这三类监管措施之间的协同效应,有助于监管者根据市场所处的均衡状态,综合实施各类监管行为。

第 8 章则是从制度经济学视角对市场监管进行的分析,有助于更好地理解监管政策的作用机制,更准确地预测监管政策的实施效果,丰富古典经济学单纯从市场供求出发对监管政策影响的分析。作者利用博弈论分析方法,通过建立保险人、投保人、监管者之间的博弈模型,研究了监管者向市场发出的信号对投保人、保险人行为选择的影响,以及监管者应如何改进监管信号的释放。

第 9 章是关于保险监管的实证研究,这是保险监管研究中相对薄弱的一个领域。作者介绍了国际上保险监管实证研究的两个典型工作,并介绍了作者自己对中国机动车保险市场和财产保险市场实施费率监管效果所做的实证研究。

全书的撰写分工如下:陈秉正,第 1 章、第 2 章、第 3 章部分、第 9 章部分;周海珍,第 4 章部分、第 5 章、第 6 章;王茂琪,第 3 章部分、第 4 章部分、第 7 章、第 8 章、第 9 章部分。

本书是在构建保险监管经济学研究框架方面的初步尝试,对保险监管的一些基本问题从经济学视角进行了初步分析,希望本书的出版能对提升我国保险监管理论研究和实践水平有所帮助。

陈秉正

2023 年初夏于清华园

# 目 录

**第1章 保险监管概述** ·················································· 1
  1.1 保险监管的意义 ············································· 1
  1.2 保险监管的原则 ············································· 1
  1.3 保险监管的目标 ············································· 5
  1.4 保险监管的内容 ············································· 6

**第2章 保险监管实践** ·················································· 26
  2.1 IAIS 与 ICP ················································ 26
  2.2 国际保险监管的基本实践 ································· 31
  2.3 中国的保险监管 ············································· 40

**第3章 保险监管经济学理论** ········································ 57
  3.1 经济学研究的发展脉络 ··································· 57
  3.2 市场监管经济学的产生与演进 ························· 59
  3.3 保险监管的基本经济理论 ································ 61

**第4章 保险市场的均衡及效率分析** ······························· 76
  4.1 本章引言 ······················································ 76
  4.2 具有同质投保人的保险市场均衡 ····················· 77
  4.3 具有异质投保人的保险市场均衡 ····················· 91
  4.4 保险市场均衡状态下的效率分析 ····················· 103
  4.5 本章小结 ······················································ 125

**第5章 强制保险的经济学分析** ····································· 127
  5.1 本章引言 ······················································ 127
  5.2 强制保险对信息不对称保险市场效率的影响 ····· 128
  5.3 强制保险对信息不准确保险市场效率的改进 ····· 138
  5.4 本章小结 ······················································ 151

**第6章 风险分类的经济学分析** ····································· 153
  6.1 本章引言 ······················································ 153
  6.2 风险分类对信息不对称保险市场效率的影响 ····· 157
  6.3 风险分类成本转嫁的上限 ································ 179
  6.4 本章小结 ······················································ 185

- **第 7 章　费率监管与偿付能力监管的经济学分析** ·············187
  - 7.1　本章引言 ·············187
  - 7.2　费率监管和偿付能力监管对市场均衡的影响 ·············188
  - 7.3　基于风险调整的监管政策及其协同关系 ·············196
- **第 8 章　保险市场监管的博弈分析** ·············208
  - 8.1　本章引言 ·············208
  - 8.2　保险人与投保人之间"诚信"与"不诚信"的博弈分析 ·············209
  - 8.3　保险人与监管者之间"违规"与"监管"的博弈分析 ·············212
  - 8.4　监管信号对投保人和保险人行为的影响 ·············216
  - 8.5　投保人、保险人、监管者三方博弈的均衡分析 ·············222
  - 8.6　结论及启示 ·············230
- **第 9 章　保险监管实证研究** ·············232
  - 9.1　美国保险市场监管的实证分析：偿付能力监管 ·············232
  - 9.2　德国保险市场监管的实证分析：以寿险市场为例 ·············246
  - 9.3　中国保险市场监管的实证分析 ·············250
- **参考文献** ·············267
- **附录　主要符号对照表** ·············271

# 第1章 保险监管概述

## 1.1 保险监管的意义

保险监管是指一个国家或地区政府对本国或本地区保险业的监督管理。保险监管的形式通常可分为法律监管和行政监管。法律监管是指国家通过制定相关的保险法律法规，对保险机构的经营行为及个人的购买行为进行规范和约束；行政监管是指国家成立或委托专门的保险监管职能机构依法对保险业进行监督管理，以保证保险法律法规的执行[①]。

保险监管的主要内容通常包括市场准入、保险公司治理、保险公司偿付能力充足性、保险合同条款和价格、保险资金运用、保险公司陷入财务困境后对投保人的保护等。

保险业作为金融业的重要组成部分，由于其经营风险的特殊性，对国民经济稳定和人民生活安定具有非常重要的意义。因此，政府对保险业进行较为严格的监管，是保障社会和经济安全的需要，也是政府对市场进行必要监督和管理的重要内容。

政府对保险业的监管有助于保险市场的规范和发展。由于保险市场存在较严重的信息不对称问题，完全市场机制的发挥会受到一定的抑制，政府适当的干预将有助于维护公平竞争环境，防止盲目和无序竞争，保障市场的健康发展。

此外，由于保险经营具有较强的专业性和技术性，对参与经营的保险机构和从业人员有较高的要求，这一特点也决定了政府需要对保险业进行较为严格的监管。

## 1.2 保险监管的原则

保险监管的原则是指保险监管者在对保险市场实施监管时，应当遵循的一些基本准则，具有一定的普遍性和指导性。

---

[①] 英文中，"监管"通常对应着两个词："regulation"和"supervision"。"regulation"指制定金融机构的可接受行为的书面规则，"supervision"则是指对这些规则的执行进行监督。

### 1.2.1 保险监管的一般原则

从世界各国对保险市场的监管实践来看，无论是采取相对宽松还是相对从紧的监管，也无论是统一监管还是分散监管，几乎都遵循着一个共同原则——审慎监管原则，这一原则也被称为保险监管的一般原则。

审慎监管是指通过监管能促使各类保险机构提高风险防范意识，谨慎管理，稳健经营，降低乃至杜绝发生破产的可能性，从而保护保险单持有人、投资人的利益不受到损害。

保险公司的经营主要是为被保险标的提供相关风险损失的保障，同时，在其经营过程中自身也面临着各种风险，包括市场风险、信用风险、经营风险、法律风险、政治风险等。正是由于保险公司面临着上述各种风险，因此政府往往需要通过立法、制定相关行政规章等方式，要求保险公司根据适当审慎原则，开展保险经营活动。

为了达到上述目的，各国保险监管机构通常采取的做法包括：①完善保险立法；②设立保险机构进入市场的最低标准；③为保证保险机构健康、稳健经营，要求其维持足够的偿付能力；④为维护市场有效和有序竞争，建立相应的市场退出机制；⑤要求保险机构建立完善的公司治理体系；⑥要求保险机构根据有关规定披露必要的信息，定时向监管机构报送规定的财务报表；等等。

### 1.2.2 保险监管的具体原则

除了审慎监管这一具有普遍性的原则外，还有一些在监管过程中需要遵循的具体原则。不过，由于各国在监管的法规、构架、指导思想等方面存在差异，在具体监管原则的采用上，可能会选择以下全部或部分原则。保险监管的具体原则一般包括如下内容。

1. 分业与混业监管的原则

是采取分业监管还是混业监管，各国会根据自己的国情采取不同方式，或是在不同市场发展阶段进行相应调整。这里所说的分业或混业监管，狭义上指的是对财产保险、人寿保险、再保险的分业或混业监管；广义上指的是对包括银行、证券、保险、资产管理等行业的分业或混业监管。比如，美国在20世纪30年代的经济大萧条发生前，实行的是金融混业经营与监管。在经济危机爆发后，美国通过了《格拉斯-斯蒂格尔法案》（the Glass-Steagall Act），对金融业开始实行分业经营和监管。半个多世纪后，时过境迁，美国又于 20 世纪末采取了准许金融业混业经营的政策①。

2. 偿付能力监管与市场行为监管相结合的原则

在对保险公司的监管方面，各国监管者的一个普遍共识是：偿付能力监管是核心。为此，各国保险监管机构均通过立法或制定专门规章等形式，对保险公司应保持足够的偿付能力制定了一系列标准，以保证其正常经营和不损害投保人的利益。不过人们有时也会误认为对保险公司的监管就是偿付能力监管，特别是认为发达国家的保险监管就是偿付能力监管。实际上，各国的保险监管一般都会包括市场行为监管等内容。很多国家或者通过出台相关行政规章的形式，或者通过行业自律的方式，对保险机构的市场行为加以规范。比如，美国的寿险行业协会就专门制定了"市场行为与合规服务"方面的规定；英国也有关于保险从业人员行为准则方面的规定，并要求各保险公司必须配有专门人员从事公司合规情况的检查，而且这些人员专门对保险监管机构负责。在发达国家保险市场，市场行为方面的问题之所以不够突出，主要是因为这些国家法律体系比较完善，对违规行为处罚较为严厉，并且保险公司及从业人员守法意识较强；此外，这些国家往往有比较健全的投诉体系，有利于规范保险公司的经营行为。所以，强调偿付能力监管是必要的，但并不是可以忽视或者认为不需要市场行为监管。

3. 依法遵规进行监管的原则

加强监管的前提是要建立完善的保险监管法律法规体系，并严格按照法规实施监管，这是对保险监管机构的最基本要求。世界各国保险监管部门大都作为政府的组成部门行使监管职能，而履行职责的基础就是要做到有法可依、有法必依、执法必严、违法必究。只有如此，才能体现监管的严肃性、权威性、公正性。严格地讲，依法遵规进行监管是市场经济的基本原则，也是法治社会的重要标志。

4. 他律与自律相结合的原则

由于保险公司的经营既涉及保险人的利益，也牵涉到投保人的利益，而为了充分保护投保人的利益，对保险公司等保险机构实行严格有效的监

---

① 这里说的混业经营，并不是指允许一个保险公司可以同时经营财产、人寿、再保险业务，或是允许一家金融机构同时从事银行、证券、保险等业务，而是准许其所属的不同法人机构具体经营上述部分或全部业务。说到底，具体经营机构在财务、资金、业务、产品、管理等方面还是要分离的，只不过名义上是使用一家机构的牌子。

管是十分必要的。为此，很多国家基本都建立了比较完善的他律制度。他律就是运用外在的、来自监管机构的力量，对保险机构依法进行监管。但很多国家在运用监管机构职能的同时，也会充分发挥保险自律组织的作用，以增强保险公司遵规守法的自觉性和自我约束性。例如，英国过去实行的就是公示自由制度，淡化政府的监管作用，突出自律组织的作用。但是，自律毕竟不能替代监管，两者有着本质的区别。自律是保险机构间利用制订公约或守则的形式，对其经营行为进行自我约束的做法；而他律是保险监管机构代表政府对保险机构的偿付能力和业务经营等进行依法监督管理的行为，两者的作用互相补充。

5. 稳健经营与适度竞争相结合的原则

加强监管的目的是保证保险公司的稳健经营，而保险公司的稳健经营需要良好的外部环境和健全的内部制度。这里所说的良好外部环境主要指良好的竞争环境，而良好的竞争环境需要完善的法律制度和健全的监管制度作保障。健全的内部制度是指依法建立的公司法人治理结构、完善的内控制度、稳健的经营管理制度等。实践表明，没有竞争的保险市场是缺乏效率的市场，良好的外部竞争环境可以促使保险公司加强管理，改善经营，提高服务水平，讲求效益，推动整个保险市场健康、有序、稳定和可持续的发展。

6. 保护被保险人合法权益与不干预保险机构正常经营相结合的原则

保险合同属于格式化合同，通常由保险人拟订，投保人或被保险人多是被动接受。由于保险人对于风险的认知程度、保险业务的了解深度、合同的内容等都有着比投保人更为深刻和专业的理解，所以投保人或被保险人在签订保险合同时可能处于相对不利的地位。为此，无论是相关的保险法规，还是监管部门乃至司法和仲裁机构，都会更为注重保护被保险人的利益，即便在保险人和被保险人各有责任或责任难以区分时，也会做出更有利于被保险人的规定、裁定或判决。

当然，加强对被保险人利益的保护并不等于说要干涉保险机构的正常经营。在市场经济环境中，任何企业包括保险公司都是自主经营的市场主体，它们有权按照国家法律及有关规定合法经营，其正常的经营行为应当受到法律的保护。政府及保险监管机构的主要职责是创造完善的市场环境和法律环境，规范保险公司的经营行为，保证保险公司的偿付能力，保护被保险人的合法权益，而不是以行政干预代替对保险公司的正常监管。

## 1.3 保险监管的目标

### 1.3.1 保险监管的一般目标

各国保险监管机构几乎都认同的一个监管目标就是：要求保险公司的偿付能力充足，以达到保护被保险人利益的目的。偿付能力是指保险公司具有的对被保险人承担赔偿或给付的能力。我们知道，保险公司在收取了投保人保费后，即承担了由保险事故而引发的赔偿或给付责任。而要履行这样的责任，保险公司就必须保证具备充足的偿付能力。只有这样，才能保证保险公司的正常经营，确保被保险人的利益，促进保险市场的良性发展。正因为如此，国家一般会以法律形式要求保险监管机构在监管中，首先要注重保险公司的偿付能力和保护被保险人的利益。尽管各国保险监管在具体做法、规定、标准上会有所差别，但在最终目标都是要保证保险公司的偿付能力从而保护好被保险人利益这一点上，几乎是一致的。

### 1.3.2 保险监管的具体目标

由于各国在基本国情、保险市场状况、所处发展阶段上不尽相同，保险监管的具体目标也会有所不同。归纳起来主要包括以下一些目标：加强保险法制建设；完善监管体制；规范市场行为；促进市场发展；加强保险公司内控制度；改善市场竞争环境；等等。在实现上述监管目标的实践中，各国保险监管机构会根据其市场发达程度和不同时期的监管要求，根据多重目标实施保险监管。

### 1.3.3 国际保险监督官协会关于保险监管目标的描述

国际保险监督官协会（International Association of Insurance Supervisors，IAIS）在其制定的"保险核心原则"（insurance core principles，ICP）中，对保险监管的目标做了如下阐述[①]：监管的主要目标是促进建立一个公平、安全、稳健的保险行业，以保证保险单持有人的利益和对他们进行保护。对于上述保险监管目标，IAIS 还特别给出了如下解释：尽管各国的具体监管目标可以有所不同，但重要的是所有保险监管者都应该对保护保险单持有人利益这一目标负起责任。由此不难看出，虽然各个国家社

---

① *Insurance Core Principles，Standards，Guidance and Assessment Methodology*，icp 22 amended 19 October 2013.

会制度不同，经济和保险市场发展程度不同，但在对保险监管基本目标的认识方面却是空前一致的，那就是：保护保险单持有人的利益。

## 1.4 保险监管的内容

那么，为了实现保险监管的目标，保险监管者需要从哪些方面对保险市场进行监管呢？为了回答这个问题，我们不妨从保险监管者需要回答的一些重要问题来梳理一下保险监管应包括的内容。

一般来说，一个国家的保险监管者通常需要回答这样一些问题：①政府作为保险供应者，其主要作用应当是什么；②谁可以获准进入市场；③如何平衡竞争的作用和好处与对消费者的保护；④采取何种方法监督保险人的偿付能力；⑤当保险人面临财务困境时应采取什么适当措施；⑥当保险人陷入无偿付能力时，对被保险人应采取何种保护措施。为了回答上述问题，我们先来阐述一下保险监管应包含的主要内容。

### 1.4.1 市场准入

1. 政府作为保险的提供者应发挥何种作用

每一个政府都会面临的一个基本问题就是，如何定位私营部门和公共部门在提供经济保障方面的作用。如果答案是政府应当成为唯一的保险供应者，那么对监管问题的探讨自然就丧失了现实意义。

目前大多数国家政府普遍接受的观点是：只有当某种重要社会问题提出了特定风险保障需求时，或者是市场未能对某种被认为是重要的风险保障需求做出充分反应，而且没有可行的市场解决方案的情况下，政府才应当作为直接的保险提供者。这一观点已经成为大多数国家建立社会保险制度的基本理论依据。社会保险通常可以在当劳动者出现退休、伤残、失业等情况时，为劳动者本人及其家人提供基本的经济保障，有些国家的社会保险还可以提供包括职业性和非职业性原因引起的健康问题的经济保障。

此外，当政府认为商业保险机制不能对市场上出现的经济保障需求做出充分反应时，也可以直接提供或支持商业保险机构提供市场所需要的保险产品。例如，商业保险市场往往不能为某些不易分散的风险提供保险。不易分散的风险是指大数法则中要求的独立性准则不适用的情形，如农作物保险、地震保险、洪水保险、核责任保险等，都属于这类保险。

尽管从世界范围来看，应该更多地依靠具有竞争性的商业保险市场已成为一种趋势，但我们仍看到，在某些国家或地区市场中政府仍占据重要甚至是主导地位，政府会垄断某些险种的供应，而这些险种在其他一些国家或地区通常是由商业保险机构提供的。

2. 经营许可的发放

经营许可是政府控制保险市场准入的重要手段，也是监管者迫使保险人遵守相关法律的有力杠杆。如果没有经营许可制度，被保险人的利益就很难得到充分保护，市场竞争也会受到扭曲。经营许可制度同其他有关制度一起，确立了对可进入市场的保险人的财务实力及从业人员素质的最低准入标准。当然，如果准入标准过高，可能会造成市场进入壁垒，抑制竞争，限制了消费者的选择范围，从而减少了消费者利益；而如果准入标准过于宽松，则实力较差的保险人和失德的个人可能被获准进入市场，从而会损害消费者的利益。

几乎在所有国家或地区，监管部门都会对申请在其司法管辖权范围内开业的保险公司的组织形式等方面做出具体要求。只有符合了要求才能获得营业执照，成为获准开业的保险人。多数国家都会禁止未获得经营许可的保险人在其境内开展业务，但再保险人除外。

在大多数国家，投保人只能向获准开业的保险人投保，即禁止其公民向未获准开业的保险人购买保险。但目前这种要求有所放松，开始逐渐倾向于允许消费者出于自愿购买未获准开业保险人的保险产品。但应注意的是，如果消费者从未获准开业的保险人那里购买保险，将不能受到政府提供的保护，比如无法获得政府建立的保险保证基金等的保护。

在欧盟内部，消费者可以向所有在欧盟范围内开业的保险人购买保险，保险人也可以向所有欧盟成员国的消费者销售保险。而在巴西、哥伦比亚、危地马拉和其他拉丁美洲国家，以及绝大多数非洲国家，都禁止未获准开业的保险公司经营保险业务。在中国（除香港地区外）、印度、印度尼西亚、日本、韩国、菲律宾、泰国等亚洲国家，也同样限制销售和购买未获准的保险。加拿大、墨西哥和美国也禁止未获准开业的公司开展保险业务。尽管世界各国都对未获准开业的保险公司的保险业务进行限制或禁止，但对于某些急需的险种，特别是某些针对商业机构的险种，当无法从本地或本国获得时，仍然允许从未获准开业的保险人那里购买。

为了获得营业执照，保险人必须满足政府规定的法定财务要求，这些要求通常包括最低缴付资本金（对相互保险机构则规定了首期基金的规模），有些国家（如加拿大、德国、瑞士和美国）还规定了超出法定数额的资本金作为先期营运资本。此外，监管部门还会要求申请获得营业执照的保险公司必须满足有关高级管理人员、董事等任职资格方面的要求。有些国家，如英国，对公司管理人员的职业资格特别重视。因为英国的保险监管者认为，只有有了好的管理人员，才会有好的公司。保险监管者会调查保险营业执照申请者的经验和个人品行，如果发现条件不符就会拒绝向其颁发执照。因为曾经发生过一些由于个人行为搞垮保险公司的案例，而保险监管者也因为未能及时发现这些人存在的问题，并阻止其进入保险业而受到来自社会各界的批评。

越来越多的国家在市场准入方面已经采用了非歧视待遇。非歧视待遇（也称最惠国待遇）是指，如果给予了某一个国家贸易优惠包括市场准入优惠，也必须同时给予其他贸易伙伴相同的优惠。这意味着一个国家或地区对任何境外保险人申请执照许可的要求必须是基本一致的。同时，多数经济合作与发展组织（Organization for Economic Co-operation and Development，OECD）国家正在逐渐给予外国公司国民待遇。国民待遇是指进入本国市场的外国公司应享受不低于本国公司的待遇（如监管和税收方面的待遇）。因此，经营许可将无歧视地适用于：①归本国人所有和归外国人所有的国内保险公司（即国民待遇）；②国内保险公司和国外保险公司（即最惠国待遇）。

保险监管部门在经营许可方面会对直接保险人和再保险人提出不同要求。多数国家只要求本国再保险人必须拥有经营许可，而对外国再保险人无此类规定。因此，多数国家不直接对再保险实施监管，除非再保险人申请获得经营许可，才对其实行与直接保险人类似的监管。但是，对再保险人间接的监管可以通过不承认直接保险人向未经授权的再保险人或"白名单"以外的再保险人投保再保险形成的准备金的方式来实现。由于直接保险人是再保险产品审慎的购买者，因此通过政府监管保护再保险投保人与保护个人消费者相比，显得并不那么重要。

在很多国家，申请开业的保险人通常还须提交它们的经营计划。监管者审查批准的步骤之一就是，评估该计划在经济上的可行性。各国在这一步骤上的做法各异，有的是严格、深入的探查（如德国和瑞士），有的则是较简单的审查（如美国）。

最后，作为发放经营许可的一部分，监管者要调查申请者对该国市场的承诺程度。有些监管者会担心，有的保险人只注重短期获利水平，如果预期利润不能很快实现，它们就会迅速地退出市场，这类行为会造成监管者不希望看到的市场混乱现象。因而在美国，许多州的保险监管者都要求准备退出的保险人要向投保人做出充分的通知，并缴纳一定的手续费，或者必须提交一份计划,说明它们将如何妥善处理索赔和其他已经发生的责任。提出所有这些要求的目的就是避免市场混乱现象的出现。合理的市场退出规则应着眼于长期保护消费者和保险人,而某些市场尤其是新兴市场,更容易成为某些保险人进行市场掠夺的目标。

3. 允许采取的公司组织形式

关于保险公司组织形式问题,国际监管界的一个基本理念是:相关的规定或界定应尽量简单化,并在经济上保持中立。"简单化"是指不要把原本相似的保险人加以人为地划分;"经济上保持中立"是指对不同组织形式的保险人应当一视同仁,不能使某一种组织形式可以获得相对于其他组织形式的优势。但是,法律也不应该把各种组织形式的保险人归于平等,因为某些形式相对于其他形式(如股份制保险公司相对于相互制保险公司)确实具有天然的经济优势,监管政策不能硬来抹平这种"与生俱来"的优势。

各国的保险法律通常都规定了保险人可以采取的组织形式。股份制和相互制是世界范围内最常见的两种保险公司的组织形式。另外还有其他形式的保险组织,如非公司式相互制、互助社、合作制保险人、劳合社、互惠社、非营利性服务计划、健康保障组织等,其中值得一提的是劳合社,其组织形式可以被理解为一些自然人的组合,他们以个人的经济实力来经营保险和再保险业务。

**专栏 1.1**

### 伦敦劳合社

劳合社是由一个名叫爱德华·劳埃德(Edward Lloyd)的英国商人,于1688年在泰晤士河畔塔街开设的咖啡馆演变发展而来的。

17世纪的资产阶级革命为英国资本主义的发展扫清了道路,英国的航运业得到了迅速发展。当时,英国伦敦的商人经常聚集在咖啡馆里,边喝咖啡边交换有关航运和贸易的消息。由于劳埃德咖啡馆邻近一些与航海有关的机构,如海关、海军部和港务局,因此这家咖啡馆就成为经营航运的船东、商人、经纪人、船长及银行高利贷者经常会晤交换信息的地方。保险商也常聚集于此,与投保人接洽保险业务。后来这些商人们联合起来,当某船出海时,投保人就在一张纸即承保条上,注明投保的船舶或货物以及投保金额,每个承保人都在承保条上注明自己承保的份额，并签上自己的名字，直至该承保条上的金额被100%承保。

后来，咖啡馆的79名商人每人出资100英镑，于1774年租赁皇家交易所的房屋，在劳埃德咖啡馆原业务的基础上成立了劳合社。英国议会于1871年专门通过了一个法案，批准劳合社成为一个保险社团组织。劳合社通过向政府注册取得了法人资格，但劳合社的成员只限于经营海上保险业务。直至1911年，英国议会取消了这个限制，批准劳合社成员可以经营包括水险在内的一切保险业务。

**会员：提供资本金**

劳合社的会员又称记名人，是保险风险的实际承保人。劳合社就其性质而言，不是一个保险公司，而是一个社团组织，它并不直接接受保险业务或出具保险单，所有的保险业务都通过劳合社的会员，即劳合社承保人单独进行交易。劳合社只是为其成员提供交易场所，并根据劳合社法案和劳合社委员会的严格规定对他们进行管理和控制，包括监督他们的财务状况，为他们处理赔案，签署保险单，收集共同海损退还金等；并出版报刊，进行信息搜集、统计和研究工作。劳合社承保人以个人名义对劳合社保险单项下的承保责任单独负责，其责任属于绝对无限责任（1994年后，劳合社允许公司成员以有限责任身份加入），会员之间没有相互牵连的关系。劳合社从成员中选出委员会，劳合社委员会在接受新会员入会之前，除了必须由劳合社会员推荐之外，还要对他们的身份及财务偿付能力进行严格审查。劳合社要求每一个会员具有一定的资产实力，并将其经营保费的一部分（一般为25%）提供给该社作为保证金；会员还须将其全部财产作为其履行承保责任的担保金。另外，每一个承保人还将其每年的承保账册交呈劳合社特别审计机构，以证实其担保资金是否足以应付所承担的风险责任。

**经纪人：分销业务**

劳合社是一个经纪人市场。在这一市场中，强大的关系在深厚的专业知识的支持下发挥着至关重要的作用。经纪人可以推动投保人和承保人之间的风险转移过程，市场中大部分业务是由经纪人和承销商之间通过面对面谈判达成的。截至2018年底，在劳合社注册的经纪人共有301个。

**辛迪加：承担保险（签发保险单）**

劳合社中的辛迪加是由一个或多个成员联合起来提供资本和接受保险风险而组成的。大多数辛迪加会承保一系列风险保险业务，但许多辛迪加还是会主要关注特定专门领域的风险。从技术上讲，辛迪加可以每年重组。在实践中，它们通常以年为单位经营，每个成员有权但没有义务必须在下一年仍然参加。每个辛迪加都有自己的风险偏好，制订自己的业务计划，安排再保险，管理风险敞口和处理索赔。截至2018年底，劳合社共有99个辛迪加。

**管理代理公司：替承保人管理辛迪加**

管理代理公司是为代表承保人对一个或多个辛迪加进行管理而设立的公司，它们的责任是雇用出面承保人，监督其承保过程、管理、基础设施及日常运营。

**出面承保人和服务公司**

管理代理公司还可以授权第三方直接代表其辛迪加接受保险风险。这些被称为出面承保人的业务构成了一个重要的分销渠道，为劳合社在世界各地提供了一条获得当地业务的渠道。

服务公司由管理代理公司或相关集团公司全资拥有，并被授权为关联辛迪加签发保险合同，还可以将承销权限再委托给出面承保人。截至2018年底，劳合社共有3936个出面承保人办公室，376个服务公司。

**劳合社公司：提供市场平台**

劳合社公司负责监管劳合社市场，负责提供市场的基础设施，包括支持其高效运行的服务，并保护和维护其声誉。截至2018年12月31日，劳合社公司共拥有1044名员工。

4. 股权归属限制

在不考虑国家安全和其他重要公共利益的前提下，一个竞争性的保险市场一般不应对保险组织所有权的归属进行限制。不过一些发展中国家出于对本国经济安全或不发达市场的必要保护，会对外国公司（组织）持有本国保险公司的股份进行一定的限制，这在一定程度上会造成市场进入障碍。

此外，除了日本和美国，各国都普遍允许银行和保险人之间相互持股。日本和美国之所以禁止这种做法，主要是因为担心这样做会影响公平竞争，并担心无偿付能力的银行可能会拖垮其下属的保险机构，反之亦然。

5. 对经营业务范围的限制

政府通常出于谨慎性考虑，会将保险企业的经营范围限制在保险业务本身。不过也经常可以看到，通过适当的监管，可以允许保险人以控股公司的形式开展非保险类业务。

从保险人具有的风险转移、风险分摊、风险多样化和金融中介的作用来讲，应当允许保险人以综合的方式进行经营。综合经营是指保险人经批准后，既可以经营寿险业务，也可以经营非寿险业务。多数欧洲国家都允许保险人进行这种综合经营，但在美国、日本、韩国、中国和许多发展中国家都禁止保险人采取综合经营的方式。在允许综合经营的国家，政府通常都制定了内部监督机制，要求（寿险、非寿险的）资产、负债、盈余必须分设。在禁止保险综合经营的国家，政府通常认为分业经营可以简化监管，而且保险人完全可以通过控股公司的形式或合并独立的公司法人的方式来实现综合经营。另外，由于不同类型保险业务的风险组合不尽相同，出于审慎经营的考虑，也应该进行分业经营。不过，大多数国家都允许寿险保险人和非寿险保险人经营健康险业务，并可以同时经营直接保险和再保险业务。

6. 对申诉权的规定

在很多国家特别是发达国家，如果保险公司的申请人满足了政府所有的规定条件，政府就必须向其颁发营业执照，被拒绝的申请人可以就此向法院或政府部门提出申诉。

### 1.4.2 促进竞争与保护消费者之间的权衡

政府在确定了保险市场的准入规则后，接下来要做的事情就是：平衡好促进竞争与对消费者保护的关系。这通常会涉及以下几个方面的监管：①对费率和保险单的监管；②对保险人财务状况的监管；③对保险中介的监管；④对保险公司竞争策略和市场行为的监管。

1. 费率和保险单监管

费率监管的目标是确保费率不能过高，不能具有歧视性，同时必须是充分的；对保险单条件和条款进行监管的目的在于，减少保险人通过保险合同对被保险人产生不适当影响的可能性。费率和保险单监管是各国保险监管机构广为采纳的重要监管内容。

在许多国家都是由政府认可的行业组织或费率厘定机构来确定费率，或规定可接受的费率范围，或规定可以采用的费率计算标准。这类市场或险种通常被称为"统一费率市场"，许多发展中国家都存在这种市场。政府限定费率的理由通常是为了避免过度价格竞争导致破坏性的费率大战，引发保险人可能出现的大规模破产；或者是认为消费者更加希望有序的、波动更小的市场，而严格的费率限制可以维持消费者所希望的市场环境。对费率监管的另一个原因是，在一些小规模市场或转型经济体中可能存在掠夺性定价，即一个强大的竞争者会以低于成本的费率挤走其他竞争者，期待日后再提高价格（弥补先期的损失）。

各国在费率监管方面的做法不尽相同。有些国家通过政府或政府许可的行业组织制定价格，有些国家则是规定最高费率或最大费率增幅。

一般来看，对大多数针对企业的保险产品和几乎所有的再保险业务并不存在费率监管，但仍然存在一些不同形式的"事先批准式"或"事后否决式"的费率监管制度。在事先批准制度下，保险人只有在事先获得监管者批准的情况下，才可以使用自己所建议的费率表。事后否决制也可称为"备案制"。在备案制下，保险人可以在向监管机构备案后使用自己建议的费率表，监管机构事后可以否决该费率表。如果监管者没有进行否决，则该费率表将被视为可以接受的。有些国家没有制定费率方面的法规，或者允许费率自由竞争。但出于收集信息的目的，费率备案仍然是必不可少的。欧盟建立的统一市场已经放弃了大多数的事前监管，但仍然保留了合并损失数据方面的要求，监管者仍保留了广泛的监督权利。

应该说，不同类型的保险产品适用不同的监管规则。那些与社会政策紧密相关的险种（如机动车强制责任保险、员工赔偿保险等）通常会受到更多的费率和保险单方面的监管，国际上受到费率监管最严厉的险种就是机动车第三者责任险。

从世界范围看，对寿险业务直接实施费率监管的情形比较少见，但通过强制性的准备金计算方面的要求，寿险保险人实际上受到了间接的费率控制。此外，很多国家寿险定价的构成因素（如死亡率、利率和有关费用率等）也会受到政府的控制，从而在一定程度上排除了具有实际意义的价格竞争。

2. 保险人财务状况监管

出于保护消费者的考虑，政府通常会要求保险人必须保持良好的财务状况，并授权保险监管机构根据财务监管制度对保险人的财务状况进行监督。

通常来讲，财务监管制度越严格，越能保证保险人的安全和稳定。历史上一直采取较严格财务监管的国家如法国、瑞士、德国和日本等，这些国家很少发生国内保险人出现财务困境的现象。但从另一个角度讲，对保险人无处不在的限制又会抑制竞争和创新，从而减少消费者的福利和选择。因此，政府必须在这些互相冲突的公共利益之间进行仔细且艰难的权衡。

一个有意思的观察发现是，市场竞争性越强，对保险人财务状况的审慎监管的重要性就越突出。在一个被高度限制的保险市场中，价格及其他市场因素都被严格控制，发生无偿付能力的可能性就会很小。而在一个竞争比较充分的市场中，如果放松监管，一些保险人为了扩大市场份额，会不惜把保费降至不充分的程度。所以，监管宽松的保险市场中的监管者与监管严格的保险市场中的监管者相比，面临的监管课题更加复杂，竞争性市场的监管者要比限制性市场的监管者更加重视对保险人偿付能力的严格监督。

1）偿付能力要求（资本要求）

偿付能力监管中最重要的方面就是对保险人资产净值或资本状况的监管。我们把"资本"定义为资产减负债的余数。因此，若要知道保险人的资本，首先必须恰当地评估保险人的资产和负债[①]。

传统上，监管部门对保险机构最低资本和盈余方面的要求，通常表现为资本、保费收入、已发生的索赔、准备金等之间的比率关系，这类比率关系的最低要求被称为偿付能力边际。在第二代偿付能力标准（Solvency II）实施前，欧盟规定了各种保险业务的偿付能力边际的最低限额。例如，规定非寿险保险人的最低资本不得低于总承保保费收入的18%（经过再保险调整），或者是过去3~7年平均支付的赔款净额的26%（经过再保险调整），两者取其大。这一要求明确规定了保险人的资本应当随其承保业务量的增加而增加，但并没有考虑保险人面临的所有其他风险因素。2001年后，欧盟启动了新的第二代偿付能力（简称"偿二代"）标准的制定。"偿二代"是一套以风险为基础的偿付能力监管体制，采用了包括定量要求、定性要求和信息披露要求的"三支柱"架构。

美国保险监督官协会（National Association of Insurance Commissioners，NAIC）则是通过基于风险的资本（risk based capital，RBC）体系中的风险资本比率（RBC ratio）来评估资本盈余的充足性，实现对保险公司偿付能力的早期预警和监管。NAIC的RBC体系借鉴了巴塞尔协议对商业银行资本充足性的要求，对保险公司按其面临的不同风险分别计算所需要的风险资本，在保守估计资产与负债面临的各种风险的基础上，根据业务规模和风险程度设定对资本金的要求。

$$风险资本比率（RBC\ ratio）=\frac{调整后的总资本}{认可的基于风险的资本(RBC)}$$

以人寿保险公司为例，风险资本比率的计算方式为

---

[①] 关于不同会计准则对资产和负债评估的影响，见下文关于"会计准则"的论述。

调整后的总资本＝法定资本和盈余＋资产评估准备金（AVR）
$$+0.5\times 保险单分红责任$$

认可的基于风险的资本 RBC＝0.5×风险资本总额

其中：

$$风险资本总额 = C_0 + C_{4a} + \sqrt{(C_{10}+C_{3a})^2+(C_{1cs}+C_{3c})^2+C_{3b}^2+C_2^2+C_{4b}^2}$$

上式中符号含义为

| | |
|---|---|
| $C_0$ | 关联资产风险 |
| $C_{1cs}$ | 资产风险（非关联普通股资产风险） |
| $C_{10}$ | 资产风险（其他资产风险） |
| $C_2$ | 保险风险 |
| $C_{3a}$ | 市场风险：利率风险（含变额年金及类似产品的利率风险部分） |
| $C_{3b}$ | 市场风险：健康信用风险 |
| $C_{3c}$ | 市场风险：变额年金及类似产品的市场风险（除去利率风险部分） |
| $C_{4a}$ | 商业风险（保证资金估值及独立账户风险） |
| $C_{4b}$ | 商业风险（健康险管理费用风险） |

2）资产配置限制和估值

为了确保保险人稳定的财务状况和投资的分散化，政府通常会制定定性或定量的投资标准，并可能会禁止或不鼓励保险人的某些不谨慎投资活动。不同国家对保险人在资产配置方面的要求是不同的。有些国家（如中国和印度）会采取较为严格和详尽的监管规定，对保险人和再保险人可以投资的资产类别做出非常具体的规定；有些国家则采取相对较灵活的监管方式，在给定一些指导性原则的前提下，给予保险人和再保险人较多自主权。但不论具体监管细节如何，对保险人资产配置方面进行监管的一些基本元素是共同的，一般会包括如下内容。

a. 允许（认可）的投资渠道

通常允许保险公司投资的资产类型包括政府支持的证券（如国债、地方政府债）、企业债券、抵押贷款、普通股或优先股、存款或不动产等。对投资渠道的限制可能同时存在于资产的质量和比例两个方面。对于境外证券和境外资产的投资往往会受到严格监管。目前越来越受欢迎的是，在给定允许的资产种类前提下，政府监管部门引导保险公司遵循尽可能分散化的审慎投资原则。

b. 投资组合的分散

保险市场监管的法规通常要求保险人的投资尽可能分散化，这种分散化的要求有可能是一般性要求，或者更多的情形是要服从给定的量化标准。量化标准避免了保险人在某一特定资产类别上的投资比重过高。例如，欧盟限制保险公司在不受监管市场上交易的资产中的投资不得超过10%，在无担保贷款上的配置比例不得超过5%，等等。同时，欧盟还会限制保险公司持有单一机构的股票、债券或者贷款不能超过某一比例。大部分国家对于寿险和财险公司采取同样的投资监管标准，但也有一些国家和地区会制定不同的标准（如加拿大、爱尔兰、日本和美国的某些州）。

c. 币种的匹配

保险公司通常被要求把资产配置到与负债货币类型相同（或者可变现）的资产上。

d. 地域的匹配

保险监管者通常要求保险公司将资产配置到保险公司所在的国家或地区，这一规定可以降低当保险人出现财务困境时其资产无法被监管者和保险单持有者追偿的可能性。

3）负债评估和监管

寿险公司的准备金往往是通过严格的数学公式计算出来的，而非寿险公司的准备金计算相对不那么精确。一些国家（如中国、美国等）的保险监管者会给出非常具体的计算寿险公司准备金的公式、假设等，有些国家（如加拿大、爱尔兰和英国）的保险监管者则是依赖精算的估值。对于非寿险公司的准备金要求往往更为一般，通常是要求提取一部分负债准备金，称为"未赚保费准备金"，对应那部分尚未提供保障的保费收入。

4）会计准则

为使对保险人资产价值和负债价值的评估具有实际意义，保险人必须遵循相应的会计准则，因为"资产"和"负债"等概念只有与一定的会计准则相联系时才具有确切含义。作为建立可接受的保险人财务状况标准的先决条件，政府必须首先确定允许或要求保险人采用什么样的会计准则为基础来对资产和负债进行估价。在有些国家或地区，监管机构会亲自建立评估基础，并要求所有保险人遵照执行。该评估基础由会计专业人士和监管机构共同编制，并在监管机构的监督下由会计行业实施。不过，各国在保险财务会计制度方面的差异非常大，往往受到传统、文化、保险交易方式以及会计报表用途等因素的影响。

会计准则不仅适用于保险公司的资产负债表（以及资产及负债的估值），而且适用于保险公司的利润表（损益表）及其他财务报表。会计准则的不同体现在，当记录承保业绩、投资业绩时，对已实现及未实现收益或损失的确认等方面。

虽然国际上存在各种各样的会计准则和制度，但大多数都是基于以下两个会计原则中的一个或两者而制定的：①法定会计准则（statutory accounting principles，SAP），是保险公司在提供监管机构要求的财务报表时必须遵循的会计准则，其重点是保证保险公司的偿付能力，因此法定会计准则一般是相对保守的；②通用会计原则（generally accepted accounting principles，GAAP），相比来说，规定不是特别具体，旨在反映公司的持续经营价值，意味着资产和负债的价值应该是其当前市场价值的更准确反映。与法定会计准则相反，通用会计准则通常会导致公司的经营不够保守。

从20世纪90年代末开始，一些国际组织和主要经济体的会计准则制定机构已经与国际会计准则理事会（International Accounting Standards Board，IASB）一起，着手制定一套保险行业（以及所有其他金融机构）可以接受的国际会计准则[①]，其目的是让不同国家的金融机构之间财务报表的比较能够更有意义，也减轻这些金融机构在编制报表上的负担[②]。IASB的目标是希望财务报表更能反映企业的真实经济价值，通过对保险企业的整体市值评估，缩小企业的资产负债表上显示的净资产和市场上所反映的经济价值之间的差距。

3. 保险中介监管

保险中介机构包括保险代理人和经纪人，存在于几乎任何一个保险市场，全世界大多数的保险单都是通过保险中介销售的。由于个人和企业需要依靠中介机构提供的关于风险管理的意见以及保险方面的专业服务，因此中介机构应该是具有专业知识的、值得信赖的保险顾问。特别是随着市场变得更具有竞争性，更多样化的产品和服务不断出现，产品和定价变得更加复杂，使得中介服务的重要性日益凸显。

在竞争激烈的市场中，中介机构面临的竞争包括来自它们之间的直接

---

① IASB从2002年开始，将国际会计准则更名为国际财务报告准则。

② 2007年IASB发布了保险合同（讨论稿），2010年发布了征求意见稿，2013年又发布了新版的征求意见稿。

竞争，还有来自保险公司及其他金融服务供应商（如银行）的竞争。这种激烈的竞争有时会诱使销售人员试图通过歪曲或遗漏有关他们销售的产品、所代表的公司的关键信息，以获得竞争优势，超过竞争对手。因此，随着监管对市场干预程度的降低，市场竞争的愈发激烈，监管机构越来越意识到对保险分销渠道（不论是通过中介机构、银行、互联网或者是直接销售）需要制定更精细、清晰的市场行为监管制度，实施更加警惕的监督。对保险中介的监管主要体现在以下几个方面。

（1）市场准入方面。大多数国家政府都禁止没有获得保险中介服务执照的任何人或机构推销保险产品，也就是说无论是保险经纪人还是保险代理人，一般都要向保险监管部门申请营业执照，获得批准后才能开业。为了获得保险中介的营业执照，个人通常必须证明没有从事过欺诈或犯罪活动，并通过了相应的职业资格考试，在某些国家还要求具有从事保险业务的最低年限。

（2）行为方面。在中介人获得了营业资格后，一般可由保险监管机构或保险中介自律组织实施持续性的行为监管，比如规定保险中介人的行为规范，限定中介人的手续费等。为了保护消费者免受来自保险中介提供的服务错误或遗漏而引起的财务损失，各国政府越来越多地要求代理人和经纪人购买相应的职业责任保险。一些国家还会根据推定责任原则，要求保险公司对其代理人的不专业行为负责。在美国，当由保险中介经销的保险单出现偿付能力不足的时候，经纪人可能也需要承担相应的经济责任。

（3）惩罚措施方面。当保险中介人出现虚假阐述等不正当职业行为时，需要根据有关规定对其进行惩罚，包括注销其从业资格证。

4. 保险公司竞争策略和市场行为监管

政府需要制定保险人在市场竞争中应遵循的基本规则。随着金融服务的日趋全球化，对企业竞争策略和市场行为进行监管的重要性更加突出。竞争监管也被称为反垄断监管，通过法律和规章的形式来规制厂商的行为和市场内竞争者之间的相互关系。竞争监管不仅限制单个企业的反竞争行为，还给出了政府推动竞争性市场建立的方法，包括实行私有化和放松市场管制等内容。

1）竞争法案的主要内容

现代形式的竞争法案起源于北美，最初是为了对具有巨大市场支配力的商业组织做出限制。20世纪后半叶以来，在很多市场经济国家中都相继出现了限制垄断和保护竞争的法案。一般来看，这些法律和法规主要通过以下规则来限制和消除反竞争性的行为。①禁止共谋行为的规则；②禁止限制竞争的兼并和收购的规则；③禁止滥用统治地位的规则。

a. 禁止共谋行为

共谋行为可分为三种形式：水平型、垂直型、联合企业型。水平型共谋行为是指两个或两个以上的企业在同一市场进行削弱竞争的活动。从国际范围来看，保险市场的水平型共谋行为主要存在于定价环节。卡特尔定价是最明显的价格共谋行为，但也存在其他一些形式的共谋行为，如使用所谓的"建议费率"——由评级机构或行业协会推荐的费率，使其成为市场费率。某些共谋行为由于允许存在一定的竞争空间，因而相对是可以接受的。还有一些较为"微妙"的共谋行为，如联合体、辛迪加、合作社、合资企业、战略联盟等，在这些合作性安排中，很多是为了满足合理市场需求而设立的，并没有限制竞争；而有些则是专门为了消除竞争而组建的，监管者面临的挑战就是要将两者区分开来。

垂直型共谋行为是指不同功能层次上的两个或两个以上的企业共同采取削弱竞争的活动。从国际范围看，保险市场的垂直共谋主要出现在分销安排和保险人与再保险人的安排当中。前者比如分销协议禁止（合理的）手续费折扣，后者如直接保险人必须服从再保险人的费率安排，上述做法都是监管需要关注的对象。

最后，联合企业型共谋行为是指一个联合企业或者若干企业形成的关联集团通过在不同市场或者同一市场的不同部门的合作安排来限制竞争。通常来说，联合企业本身并不能限制竞争，因为其内部企业之间不存在竞争。然而仍然不能排除其限制竞争的可能性，特别是鉴于目前金融服务一体化和金融服务集团的出现，比如人们已经逐渐对银行、保险采取的捆绑式销售表现出了担忧。

b. 禁止限制竞争的兼并和收购

保险监管者经常需要认定某一项兼并或收购建议是否意图形成垄断，从而抑制竞争。两家大型保险人、再保险人或经纪公司的合并可能导致合并后的公司具有足以限制竞争的能力。对兼并和收购进行监管的目的，就是要防止这类情形的出现。与共谋行为类似，兼并和收购也可能引起水平型、垂直型和联合企业型的市场集中。

c. 禁止滥用统治地位

竞争法案同样应当防止市场的主要供应者滥用其统治地位，从而限制了竞争。监管的目标就是防止排他性和掠夺性行为。因此，保险中介、保险人和再保险人不合理地收取过高的费率，提供不利于被保险人的保险单和购买条件等,都可能构成统治地位的滥用。同样,歧视性销售和捆绑式销售也被认为是违法行为。市场集中程度越高,滥用统治地位的可能性就越大。这里所说的市场可能是某一特定险种市场,也可能是某一特定地区市场。市场范围越窄,获得市场统治地位的可能性就越大。

2) 各国关于竞争的法律规范

各国有关竞争的法律中最突出的特点就是条文的概括性和简洁性,因而导致了监管者和法院在适用这类法律时享有较大的自由裁量权。我们发现,各国在实施竞争法律时大多采取的是实用主义的态度。由于竞争法律是建立在一定经济基础之上的,法律的制定和解释都是现实经济运行中遇到问题的反映,因此各国的普遍态度是,如果所引起的正面经济效果大于负面经济效果,反竞争性行为就是可取的。

竞争监管的效果取决于法律本身和执法力度。美国的竞争法以其高度限制性和强大的执法力度而著称。相反,日本的竞争法就其本身而言可能同样严格,但是其执法力度相比之下就弱了许多。

按照欧盟和美国的法律,即使是在其领土以外的反竞争性行为也不能不受竞争法律的约束。欧盟和美国的监管部门关注的是反竞争行为对其本国市场造成的后果(采用的是所谓的"后果原则"),而不在乎反竞争行为发生在境内还是境外。因此,如果美国司法部认为某种商业行为损害了美国出口或者影响了美国国内的某个市场,就会向该行为发起挑战。美国的这一做法已经遭到了很多国家的强烈不满,被指责为干涉其他国家的司法主权,从而具有较大争议。

竞争法律和法规通常是依据禁止原则或滥用原则而制定的。在禁止原则下,法律会列举出被认为是反竞争的具体行为,这些行为本身就是非法的。在滥用原则下,必须查明相关行为的经济后果,只有在事后调查中发现该行为存在损害后果,才能判定该行为是非法的。比如,瑞士和英国采取的就是滥用原则,而欧盟的竞争法是建立在禁止原则基础上的,并且已导致其成员国大幅度调整了有关法律和司法。在欧盟内部,兼并和其他集中化活动必须事先向欧盟委员会发出通知。欧盟规定了某些可能造成侵害的行为可以作为有限的除外行为,这些行为包括:统一净保费(剔除了费用的保费)的产生方法;统一标准保险单条款的制定;统一特定损失风险的承保范围(比如共保和联合再保);保安设施的统一测试和接受标准。

但这些有限的除外行为还必须符合很多条件,比如,净保费只能是建议性的;某些保险单条款是被明令禁止的;承保人的市场份额较低时才允许统一承保范围;等等。

### 1.4.3 如何发现保险人的财务问题

在确定了市场进入标准，实现鼓励竞争和加强监管之间的平衡后，监管部门还会建立一套偿付能力监督和矫正体系。偿付能力的监督通常是通过以下三种正式形式进行的：①财务报告要求；②现场财务检查；③专业人员监督。

1. 财务报告要求

财务报告要求是对保险人偿付能力进行监督的核心，绝大多数国家都要求保险人提供详细的年度财务报表。这些报表必须按照当地的会计准则进行编制，主要包括资产负债表、损益表和其他规定的记录与凭证。

监管者依据提供的财务报告对保险人进行财务分析。分析过程主要是使用各种比率及其他财务工具，对保险人的资本充足性、资产质量、利润率、现金流量、财务杠杆和流动性等进行评估。通过财务分析可以发现需要引起监管者注意的保险人，并根据保险人在偿付能力方面出现的不同程度问题，确定和采取不同的监管措施。

2. 现场财务检查

很多国家都会采取现场财务检查措施。财务检查通常是定期的，如每三年或每五年一次；也可以采取个案检查的方法，且如果监管者怀疑某个保险人有财务问题，还会进行目标性（未事先声明的）检查。

现场财务检查的严格程度和质量会有所不同，通常会涉及特定或全部年度报表内容的核实，有些财务检查仅仅是为了澄清某些特定事项。监管者普遍认为，现场财务检查是有效的监督工具之一。

3. 专业人员监督

监管机构还会依赖专业机构来劝阻或发现保险公司的不当行为，例如通常依赖会计及精算专业人员进行额外的偿付能力监督。因此，对保险公司的费率厘定和准备金充足性的精算意见往往是必须提供的，保险公司的财务报表也通常需要由独立会计师进行年度审核，并将结果提供给监管机构。随着近年来更严格的公司治理制度的建立，保险公司越来越多地利用审计机构对自己的风险管理进行评估。

此外，监管机构还可以依靠非正式的沟通渠道，收集保险公司可能的不法行为或难以获得的信息，IAIS 就是一种各国监管机构可以实现信息共享的机制。

### 1.4.4 对陷入财务困境的保险人的处理

保险监管的目标之一是建立适当的激励机制，促进保险人经营的安全性和有效性，并通过建立相应的保障措施，将无偿付能力的保险人的数量控制在可以接受的水平。在竞争性保险市场中，有些保险人出现财务困境是不可避免的，一个没有破产发生的保险市场往往是一个价格昂贵、消费者选择受到限制的市场。

当发现保险人存在财务困境后，保险监管者可以有四个选择：①非正式措施；②正式措施；③接管和重整；④破产和清算。在每一种情况下，制度制定者需要解决的问题是：监管者相对被监管者应当享有哪些权利。草率的监管行为可能对保险人造成不必要的损害，并通过负面的公众效应加速它们的破产；而不及时的监管措施又可能对消费者甚至是纳税人造成更大的损失。

1. 非正式措施

监管部门对财务上遇到麻烦的保险公司做出的第一反应通常是非正式的，特别是对看起来尚不严重的财务问题，一般都是由监管部门和公司的管理层共同寻找出现麻烦的原因和解决问题的办法。通常的做法是，当对保险公司的财务分析中发现某些财务指标超出了监管控制的合理范围时，监管部门会要求保险公司就有关问题做出解释和提出解决办法。

2. 正式措施

当保险公司的财务问题进一步严重时，监管部门可以采取正式措施，要求保险公司改善其财务状况，通常采用的正式措施包括：①在从事某些业务之前必须获得监管部门的批准；②限制或停止保险人承保新的业务；③要求保险人注入新的资本；④停止保险人某些原有的业务。

如果保险人未能按照监管部门的要求改善其财务状况，监管部门可以通过媒体公开对该保险人的建议或命令，提醒公众对该保险人缺陷的注意。更严厉的措施还包括监管部门可以撤换该公司的管理人员和审计人员，甚至是中止或撤销该保险人承保某些险种的资格甚至吊销其营业执照。

3. 接管和重整

监管部门为了实现对陷入财务困境的保险公司的重整，可以对该保险公司实行接管，取得该公司的控制权。重整是指采取措施恢复该保险人的市场地位和经营能力。监管部门可以安排指定的保险公司对有财务问题的保险公司进行接管，也可以直接进行接管。接管后，也可能通过安排兼并或收购等活动来实现对陷入财务困境的保险公司的重整。

4. 破产和清算

监管部门对陷入财务困境的保险公司采取的最后一项措施就是进行清算，结束该公司的所有业务。清算人可以由监管部门指定，也可由法院指定。清算人负责清点保险人的资产，依照以下顺序——保险单持有人、债权人、股东进行清偿。保险单持有人通常享有优先权，某些险种的保险单持有人如寿险保险单持有人和其他第三方索赔人，享有优于其他保险单持有人的权利。清算时可能会启用政府的保险保障基金。

**1.4.5　保险人出现偿付能力问题时对投保人的保护**

竞争性保险市场中出现保险人无偿付能力的情况是不可避免的。因此，政府监管机构必须决定如何对无偿付能力保险人的被保险人提供保护。一种观点认为，政府不应提供任何保护，被保险个人和企业应该对自己的不合理购买行为承担责任。通过这种方式，市场就会提供被保险人可以正确评估保险人财务实力的方法。尽管这种观点看上去有些正确，但很少有国家会去实践这种理论。事实上，大多数国家都建立了保险给付（赔偿）的担保机制，有些国家还设立了无偿付能力担保机构或设立了保险保障基金，一旦某一保险人偿付能力方面发生了问题，投保人可以通过担保方或保障基金获得一定程度的补偿。

例如，为了保障被保险人的利益，支持保险公司稳健经营，《中华人民共和国保险法》（简称《保险法》）规定，保险公司应当缴纳保险保障基金，并明确保险保障基金应当集中管理，统筹使用。1999年1月起实施的《保险公司财务制度》规定，"公司应按当年自留保费收入的1%提取保险保障基金，达到总资产的6%时，停止提取"。

在美国，各州都至少设立了两个独立的保险保障基金，分别覆盖寿险业和非寿险业，向每个在该州营业的保险公司征收不超过其保费收入2%的保险保障基金。当需要从这些基金中提取给付时，一般都规定了自付额，同时还规定了财产损失索赔的最高给付额是30万美元，人寿保险和年金的最高给付额为10万美元，等等。

从某种意义上讲，保险保障基金的存在违背了市场规律。如果买者知道即使在保险人破产的情况下他们仍然可以毫发无损（或损失有限），他们就会缺乏调查和监督保险人偿付能力的动机。这一点对消息灵通的买者较之消息不灵通的买者更为明显。另外，如果保障基金征收机制中对保险人的风险和财务能力不加区分，就会增加保险人发生道德风险的机会，从而进一步削弱了市场规律。

专栏 1.2

### 美国的保险保障基金制度[①]

1. 基金的管理

美国的保险保障基金组织形式受其监管体制的影响，以州为单位运作，每个州都分别设立了寿险和财险保障基金，并交由人寿与健康保险保障协会和财产与意外保险保障协会分别管理。这两个协会属于非营利性民间机构，受州保险监管机构监督。协会成员由会员保险公司组成，在各州取得经营许可的公司依法强制成为该州保险保障协会会员，履行向基金账户缴费的义务。也就是说，如果一家保险公司在某一个州注册，并取得了 10 个州的经营许可，则其自动成为 10 个州保险保障协会的会员。两个协会的基金账户彼此独立，不相互资助。每个基金账户又按险种分成多个二级子账户，旨在将征收的资金专项用于对应的保险产品市场保障上，反映了基金征收与使用的公平性。

鉴于许多发生偿付能力危机导致破产清算的保险公司同时在若干个州开展业务，因此各州在开展救助工作时必然会涉及协作的问题。各州的人寿与健康保险保障协会在 1983 年成立了国家人寿健康保险保障协会组织（National Organization of Life and Health Insurance Guaranty Associations，NOLHGA），旨在全国层面协调处理跨州偿付能力危机案件中的保险单持有人的保障工作。当一家在多个州经营的保险公司宣布无偿付能力时，NOLHGA 将会由案件所涉及的各州保障协会成立一个工作小组，在法律、精算及财务等方面专家的协助下，迅速而高效地处理接管与清算事务，为被保险人提供保障。类似地，1989 年全美 55 个财产与意外保险保障协会成立了国家保险保障基金协会（National Conference of Insurance Guaranty Funds，NCIGF）。

2. 基金的筹集

美国保险保障基金的筹集主要是通过各州保障协会管辖下的会员公司的缴费实现的。几乎所有州的保险保障基金都采取事后征集的办法，即在发生了保险公司无偿付能力情况时，州保险保障基金的功能才会启动。只有纽约州采取事前征集的方法，即在发生偿付能力不足情况

---

[①] 江生忠等（2008）。

之前就向会员公司征收费用。当保险公司由财务困难导致偿付能力不足的时候，州保险监管机构及州保险专员需采取措施，争取使之恢复到正常水平。若保险公司被宣布进入清算程序，保险保障基金将会启动评估应对管理费用、法律诉讼费用及补偿保险单持有人所需的资金总量。用估算出的数额减去破产公司资产（主要是固定资产）转让变现的金额，剩余的资金缺口就需要通过向会员公司收费来填补。待保险公司破产清算以及被保险人补偿案件结束后，多余的资金会被退还给缴费的会员公司。纽约州的做法是维持保险保障基金账户中始终存有一定数额的资金，以便在某些保险公司发生无偿付能力时，能在第一时间做出反应。

各州保险保障协会根据会员公司在过去一年或三年的平均保费收入占指定基金账户对应的市场总保费收入的比例（但不超过平均年保费的 1%～2%），确定各会员所应缴纳的费用。各州法律允许保险公司用于缴纳保障基金的费用可以抵减其所应缴纳的保费税，并且在计算所得税时将这笔费用扣除。

3. 基金的使用

各州保险保障基金的保障对象首先是居住在本州的保险单持有人，其次才会在一定情况下对非本州居民提供保障。若非本地居民申请补偿，则需满足特定的条件，如破产保险人的总部在该州，或保险人未在被保险人居住州取得经营执照，抑或被保险人的保险单属于本州保障基金覆盖范围，但不在其居住州覆盖范围内等。各州还规定对保险单持有人的补偿不能超过原保险单保障的额度。一般单笔,寿险保险单的死亡给付被限制在 30 万美元，而如果保险单持有人选择中止保险合同并提现的话，最高可以获得 10 万美元的现金。各州对财产与责任保险的单项最高补偿一般规定为 30 万美元，但是这一限制不适用于工伤保险。

# 第 2 章　保险监管实践

## 2.1　IAIS 与 ICP[①]

### 2.1.1　IAIS 与 ICP 简介

1. IAIS

IAIS（国际保险监督官协会）是保险监管的重要国际组织，成立于 1994 年，现有成员超过 200 个国家和地区。

IAIS 的使命是促进国际保险市场监管的有效性和一致性，从而创建和保持一个公平、安全和稳定的保险市场，保证消费者的权益和全球金融稳定。

IAIS 在其成员的指导下，通过旨在实现其任务和目标的委员会体系开展活动。IAIS 委员会体系由一个执行委员会领导，其成员来自世界的不同地区。执行委员会由章程中设立的五个委员会（审计和风险、预算、实施和评估、宏观审慎和政策制定委员会）以及监督官论坛支持。委员会可设立小组委员会，协助履行其职责。

IAIS 的活动由其位于瑞士巴塞尔的秘书处支持，并由一名秘书长领导。

IAIS 还与其他国际监管组织紧密合作，共同维护全球范围内的金融稳定。例如，IAIS 是金融稳定委员会（Financial Stability Board，FSB）的成员之一，与巴塞尔银行监管委员会（Basel Committee on Banking Supervision，BCBS）和国际证监会组织（International Organization of Securities Commissions，IOSCO）一起成立联合论坛，也是 IASB 成员。IAIS 还经常向 G20（Group of 20）集团和其他国际组织提供有关保险领域的专业意见和建议。

2. ICP

IAIS 一直致力于制定保险监管的核心原则，它在 2002 年 10 月颁布了第一版的 ICP（保险核心原则），希望建立统一全球保险监管的规则。ICP 历经多次修改，目前最新版的 ICP 是 2013 年 10 月修订的，在该修订版中

---

[①] 本节的主要内容根据 ICP 22（2013 年 10 月 19 日修订）编写。

对颁布 ICP 的意义进行了以下几个方面的阐述。

（1）保险业必须在稳定的监管环境下运行。一个有效的监管体系是维持高效、安全、公平和稳定的保险市场所必需的，也是促进保险业增长与竞争所必需的。

（2）如同金融体系中的其他行业一样，保险业也随着社会和经济环境的变化而变化。尤其是保险及与保险相关的金融活动正不断地跨越着国家和行业的界限。技术的进步也有利于创新。保险监管体制和实践必须不断地改善，以适应这些变化。并且，保险和其他金融行业的监管者都应该认识到并且处理好从保险业产生的金融和系统稳定性问题。

（3）除了直接的业务风险外，保险公司其他的主要风险来自资产负债表的负债方。这些风险是指技术风险，它与用以估算负债的精算和统计有关。在资产负债表的资产方，保险公司会遇到在投资活动和金融操作中产生的市场、信贷及流动性风险，以及由于资产和负债不匹配而产生的风险。寿险公司还提供有储蓄性质的寿险产品，以及基于长期观念来经营和管理的养老金产品。监管体系必须考虑到所有这些因素。

（4）监管体系还要考虑到不断出现的金融集团与金融混业的因素。保险对金融稳定的重要性正在日趋上升。这一趋势要求保险监管能更加注重于更广范围的风险。一国和国际上的监管机构必须加强合作，以确保所有机构都被有效监管，从而使企业和个人保险单持有者都能得到保护，金融市场能够保持稳定。防止风险从一个行业传递到另一个行业，或从一个国家传递到另一个国家，并且还要避免重复监管。

ICP 为保险业的监管提供了一个全球公认的框架。IAIS 的原则、标准及指导文件对不同的问题进行了更为细致的阐述，提供了一个评价保险立法与监管体系以及程序的基础。一国的保险监管或许是多个部门的职责，核心原则是在一个国家内适用的，而不是必须由哪一个监管部门来运用。当多个部门与保险监管相关时，这些部门之间的协作将非常重要，只有这样才能保证核心原则的实施。同时，监管机构必须以透明和负责的方式运作，它需要法律授予其权力来完成自己的任务。必须提出的是，拥有权力并不足以显示其遵守了某一原则。监管机构应该在实践中行使其权力。同样地，监管机构仅仅制定一些要求是远远不够的，它应当确保这些要求被贯彻执行。监管机构需要有足够的资源和能力，以有效地执行这些要求。监管者必须认识到，透明和负责的方式有助于树立其权威，有助于市场的高效和稳定。对监管者的一个重要的透明性方面的要求是，在监管政策、法规的制定和修订过程中，应提供有实际意义的公众参与的机会。为进一步确保市场的正常和有效率地运行，监管者应当在适当的时候，为公众提出意见设定明确的时限。

保险监管核心原则既可用于建立或加强一个国家的保险监管体系，也可以用于评价一个已有的监管体系，通过这种评价，找出存在的不足，这些不足可能会影响到对保险单持有者的保护和市场稳定。为保证保险监管机构能持续执行和运用核心原则，每一项原则后都附有一条释义和标准。

在一个国家利用 ICP 对其监管体系进行评估时，应当考虑到本国的实际情况，如金融体系的行业、结构与发展阶段的具体情况及整个宏观经济情况。不同国家运用 ICP 中提到的标准的方式和方法是千差万别的，并没有一个统一的做法。例如在一些国家，监管机构可以在其权力范围内，通过征求公众意见后，发布保险公司必须遵守的法规或指导文件；而在另一些国家，这种权力只属于立法机构。

### 2.1.2 ICP 中关于监管目标、权力和职责的说明

ICP 中明确指出，保险法应当明确规定保险监管机构的权力和职责，这将赋予监管当局重要的地位。同时，公开监管目标也有利于透明。有了这一点作为基础，公众、政府、立法机关和其他有关方面可以对保险监管形成一种期待，并且可以对保险监管机构履行职责的情况进行评价。

由于监管机构的权力和职责已在法律中明确，因而将不能被随意更改。在阶段性的修订过程中，可以通过向公众征求对相关问题的意见来提高透明度；但如果修订得太频繁，公众可能会认为法律制度不太稳定。比较审慎的做法应该是，法律不要制定得过于具体，可以通过以后的法规予以补充和完善。

法律还应当规定实施保险监管的机构的组织结构，列明相关金融监管机构以及它们之间的关系。

监管机构的权力通常会围绕多个目标而设立，不过，由于金融市场的不断发展，监管机构在某些目标上的侧重点可能会发生变化，应及时做出相应的解释。

### 2.1.3 ICP 的基本框架

根据 2013 年 10 月修订版的核心监管原则，主要涉及以下 26 个部分：

| | |
|---|---|
| ICP 1 | 监管者的目标、权力及职责 |
| ICP 2 | 监管机构 |

续表

| ICP 3 | 信息交互和机密性要求 |
| --- | --- |
| ICP 4 | 执照 |
| ICP 5 | 人员的合格适宜性 |
| ICP 6 | 控制权变更和资产转移 |
| ICP 7 | 公司治理 |
| ICP 8 | 风险管理和内部控制 |
| ICP 9 | 向监管机构报告和非现场检查 |
| ICP 10 | 预防和改正措施 |
| ICP 11 | 执行或处罚 |
| ICP 12 | 解散和退出市场 |
| ICP 13 | 再保险和其他风险转移形式 |
| ICP 14 | 估值 |
| ICP 15 | 投资 |
| ICP 16 | 针对偿付能力的企业风险管理 |
| ICP 17 | 资本充足 |
| ICP 18 | 保险中介 |
| ICP 19 | 市场行为 |
| ICP 20 | 信息公开 |
| ICP 21 | 反欺诈 |
| ICP 22 | 反洗钱和恐怖活动 |
| ICP 23 | 集团层面的监管 |
| ICP 24 | 宏观审慎监管 |
| ICP 25 | 监管协作和配合 |
| ICP 26 | 危机时的跨境协作和配合 |

### 2.1.4 ICP中关于监管机构本身的规定

ICP在"监管机构"一条中指出，监管机构需要有足够的权力、法律保障和财务资源来实施其功能；在履行其职责方面，相对独立和负责；雇用、培训和保留足够的、具有高专业水平的工作人员；正确对待机密信息。

具体来说，就是要求监管机构必须有完全的权力来实现其目标。为此，ICP要求监管机构应该具有：必需的法律基础、独立性和负责任、相应的权力、财务资源、人力资源、法律保障和保密性。

独立、负责、透明和公正,这些因素相互作用和影响,而透明是保证独立、负责和公正的必要手段。

为保证监管者的独立和公正,应当在法律上对监管人员做出保护的规定,还应有任命和撤换监管机构领导的明确规定。这些规定都应公开。监管机构在履行其职责的过程中,应当独立于外部的政治和商业因素。独立有助于提高监管过程的可信度和有效性。通过法庭申诉救济的制度有助于保证监管决定符合法律规定并且理由充分。

界定监管机构与行政司法机构等的关系是非常重要的,其中包括信息共享的过程、征求意见及监管机构接受司法审查的方式等。这些规定可能包括以下内容:哪些信息应该提供;每个机构应当如何就具有共同利益的问题征求意见;在何种情况下,需要从有关部门取得批准。

**专栏 2.1**

---

**国际保险监督官协会**[①]

IAIS 是一个由来自 200 多个司法管辖区的保险监管机构自愿组成的会员组织。其使命是:通过促进对保险业的有效和全球一致的监管,发展和维护公平、安全、稳定的保险市场,造福和保护保单持有人,并为全球金融稳定做出贡献。

IAIS 成立于 1994 年,是一个国际标准制定机构,负责制定保险业监管的原则、标准和其他支持性材料,并帮助实施。IAIS 还为其成员提供了一个论坛,分享他们对保险监管和保险市场的经验与理解。除了其成员的积极参与外,IAIS 还从那些代表国际机构、专业协会、保险和再保险公司以及顾问和其他专业人士的观察员所建议的活动中获益。

IAIS 会和其他国际金融机构的政策制定者及监管机构组织进行协调,助力塑造全球金融体系。特别地,IAIS 是 FSB 的成员,联合论坛的创始成员和共同负责人,BCBS、IOSCO、IASB 的成员,以及保险倡议(A2ii)的合作伙伴。由于认识到 IAIS 所拥有的专业优势,G20 领导人和其他国际标准制定机构也经常倾听 IAIS 就保险问题以及与全球金融行业监管有关的问题所提供的意见。

---

① 资料来源:IAIS 网站(www.iaisweb.org)。

**2.1.5 ICP中关于监管过程可信度的要求**

ICP要求监管机构应该以透明和负责的方式履行其职责，具体包括以下内容。①公众知悉并且可以就监管过程表达意见，这对监管者的效率和可信度是非常重要的，监管机构应该向公众提供其组织机构和活动的书面信息。②监管机构要公布现行的和拟推出的监管法规，不仅包括具有广泛适用性的法规，也包括可能会影响一些个体的非机密性政策。监管机构的公开信息中应包括公众如何与监管机构联系，以及监管机构回应公众的方式和时间规定。③监管机构必须对其履行职责所采取的行动负责，要对授予其职责的政府或立法机构负责，也要对其监管对象和公众负责，并且就其采取措施的合理性进行说明。④一般而言，担负责任需要一系列要求，如立法和行政的监督、严格的程序规定和披露。监管机构应制定内部程序，保证遵守法规和实现目标。

## 2.2 国际保险监管的基本实践

### 2.2.1 美国的保险监管

**1. 美国保险市场发展概况**

美国有着世界上最发达的保险市场。2021年美国的保费收入、保险密度和保险深度分别位居世界第1、第3和第5位[①]。美国的保费收入规模是世界上最大的，但由于美国人口相对较多，所以其人均保费（保险密度）的排名并不是最高的；同时，由于美国经济发展水平相对较高，所以其保险深度的排名也相对不高。但作为世界上最大的保险市场，无论从市场化程度还是行业发育程度来看，美国无疑都是保险市场开放度和成熟度最高的国家，是发达国家中开放保险市场的代表。

虽然美国秉承自由经济的宗旨，但其外资人寿保险公司的数量仅占10%左右，外资人寿保险的资产占比始终维持在行业总资产的1/5～1/4。该国保险市场的完全开放，只是保证了在法律层面对于外资保险机构给予几乎同等的市场准入机会和国民待遇。但必须指出，美国保险市场在完全开放模式下，仍存有一定的隐性壁垒。

**2. 美国的保险监管体系**

总体来看，美国的保险监管能力不如对银行和证券市场的监管。由于

---

① 瑞士再保险研究院，*Sigma*，2022年第4期。

美国实行的是联邦制,以及其特定的发展历史,其保险监管体系与世界上几乎所有的国家都有所不同。美国的银行既可以根据州法律也可以依据联邦法律申请设立,而保险机构的设立则与银行有极大差别。虽然美国宪法中的贸易条款规定州际贸易应该由联邦监管,但1869年美国最高法院在有关保险监管诉讼案(即"保罗诉弗吉尼亚案")的判决中,裁定保险业务不属于州际贸易,因而美国对保险业实行的是州级监管,申请设立保险公司须按照各州法律,由每个州政府分管保险监管的部门批准设立。美国拥有庞大的国内保险市场,外国保险公司市场份额不高,且美国的保险公司到境外开展业务的也相对不多,因此美国政府对保险方面的监管能力相对有限,进行国际合作的动力不足。

美国最早的财产险保险公司成立于1735年,最早的寿险公司成立于1759年,最初的保险监管机构——纽约州保险部——成立于1859年。目前,在美国绝大部分州都有专门的保险监管部门,属于州政府的一部分。在有些州,可能一个机构兼有多个监管职能,如新泽西州的银行保险部,同时负责对本州银行和保险机构的监管。又如在较小的佛蒙特州,州政府设立了银行、保险、证券和健康保健管理部,负责对这四个行业的监管。各州保险监管机构的工作由保险监督官负责,监督官一般由州长任命。在个别州如加利福尼亚州,保险监督官按照法律由民众投票选出。

各州的保险监督官可以聘任副监督官或主管,共同完成本州的保险监管工作。美国各州保险监管部除本部外,还根据州内保险机构数量的多少和分布情况,在州内不同地方设有办事处。各州保险监管部监管人员的数量根据工作量的大小多寡不等,小的州不足50人,而比较大的州如纽约州多达近1000人。保险监管部的内部组织结构也根据各自的人员状况和监管任务而定。如在纽约保险监管部,设有财险局、寿险局、健康险局、消费者服务局、保险欺诈局、许可证颁发局、税收会计局及清算局等16个部门,保险监管部及其内设局还在州内不同地方分别设有多家办事处。

虽然美国的保险监管是州监管,国家没有统一的监管机构,但由各州保险监督官组成的 NAIC 却在保险监管中发挥了很大的作用。NAIC 是由50个州、哥伦比亚特区和美国四个地区的保险监督官组成的非营利组织。该组织成立于1871年,其主要职责是组织拟订、讨论修改并公布示范性法规,为各州统一保险监管奠定法律基础。值得注意的是,NAIC 的示范法规并不代表综合保险法典,各州的保险法规还是得由州议会通过,不过各州的保险立法基本都会参照 NAIC 的示范法规。NAIC 每年召开4次全国性会议,讨论大家共同关心的问题。NAIC 在纽约、华盛顿、堪萨斯和密苏里设有办事处，其主要工作除组织拟订、讨论修改示范法规外，还负责接收全国所有注册登记的保险公司报送的财务报表，形成财务数据库，在格式化后反馈给各州保险监管部，以提高监管效率。

此外，联邦政府由于实际上拥有个别保险公司，也会部分地参与保险监管。不过这种监管是联邦政府有关部门依照联邦法律，对部分保险公司的业务和产品实施法律规范。如按照1938年联邦农作物保险法案，建立了联邦农作物保险公司，为农产品生产者提供保险。另外，按照1933年证券法案和1934年证券交易法案，股份制保险公司在美国发行证券时，必须遵循这两个法律。至于保险公司的变额寿险和变额年金产品，从保险产品角度看，应受州保险监管部的监管；但由于这些产品又具有证券的属性，所以还要受联邦证券交易委员会的监管。

由上述可见，美国的保险监管以州监管为主，NAIC协助，联邦政府部分参与，专门的保险监管机构是各州的保险监管部。

3. 美国保险监管法规体系

美国保险监管的法律法规总体上看有三个层次：第一层次为联邦法律，第二层次是NAIC示范法规，第三层次是州保险法规。下面分别加以说明。

尽管美国的保险公司主要由其所在州进行监管，但在其经营过程中仍要遵守许多相关的联邦法律，比如根据有关联邦法案设立的联邦存款保险公司和联邦农作物保险公司，都要分别遵守其设立法案。此外，在办理一些相关业务时也要遵守联邦法律，如1933年证券法，1940年投资公司法，1965年老年人健康险法案，1980年机动车承运人法案，以及联邦税法等法律。当然，相关的联邦法律要按照保险公司的性质和业务内容对号入座，有些联邦法律则对所有保险公司都适用，如税法、会计法等。

作为第二层次的NAIC示范法规，代表了美国所有州保险监督官普遍认同的保险监管方法。虽然严格地讲，NAIC示范法规并不具有法律效力，但应当承认，NAIC的许多规定起到了州保险立法的基础作用，如NAIC的"精算师意见和备忘录规章"和"财产和意外事故典型定价法"等。

第三层次是美国保险监管最重要的法律法规，即各州以立法、政府令等形式通过的州保险法、保险监管法规、保险法令、保险合同解释，以及有关判例等。一般来讲，美国各州都有自己的保险法、反托拉斯法，此外还有众多保险监管法规。虽然名称有所不同，但内容基本包括保险合同、保险机构组织形式、市场准入、收购合并和市场退出、人寿保险管理办法、财产保险管理办法、养老金管理办法、再保险管理办法、保险中介管理办法、资金运用管理办法、偿付能力监管标准和报告制度等。

4. 美国保险监管的演进

如前所述，美国早期对保险实行的是州级监管制度。但进入20世纪40年代后，由于一些财产保险公司联合设定垄断费率，违反了联邦反垄断法而遭到起诉，联邦最高法院于1944年推翻了1869年的判决，新的判决认定保险属于跨州贸易，应由联邦监管，因而对保险的监管关系发生了显著变化。但由于该判决在实际执行过程中遭遇了一系列问题，仅仅一年后，又通过了麦克兰-法格逊法（McCarran-Ferguson Act of 1945），确认保险业原则上仍由各州进行监管。

1999年，具有颠覆性的金融服务现代化法（Gramm-Leach-Bliley Act，GLBA）生效，允许股份公司制的银行、证券、保险相互控股，造成了保险监管环境的巨大变化。相互控股导致相邻行业的竞争激烈化，受州监管的保险业与仅受联邦监管并可以在全美境内拓展业务的银行业、证券业相比，竞争上处于明显不利的地位。

在GLBA生效前，联邦政府仅在保险业面临诸如破产持续增加等重大问题时才会介入保险监管。GLBA生效后，美国的人寿保险业反应尤为强烈，其基本诉求由之前的增强差异化竞争能力、扩大商机等，变为要求确保与银行、证券等金融机构间实现公平竞争。美国人寿保险协会（American Council of Life Insurers，ACLI）归纳了新竞争环境下带来的一些新问题，如产品核准制度问题。在联邦集权高效监管下的银行业、证券业，要在全美境内销售新产品，仅需30~90日；但对人寿保险公司而言，这个过程则要长达两年之久。因此，ACLI建议引入新的可选择联邦宪章（optional federal charter，OFC）制度，其核心是允许人寿保险公司可以选择是否接受单一的联邦监管机构的监管，用一张经营许可就可以在全美开展保险业务，实现与银行的竞争。2008年前，OFC制度的推进已经取得了很大成效，但金融危机的发生使保险监管面临的基础环境发生了极大变化。

2008年的金融危机严重损害了美国金融系统的稳定性，暴露了既有监管体制的缺陷：难以应对系统性风险。于是，进行金融监管制度改革，强化分业监管体系，应对系统性风险成为第一要务。另外，在金融危机发生时，以美国国际集团（American International Group，AIG）为代表的大型金融保险集团的经营状况虽然也出现了恶化，但主要是受经营信用违约互换等衍生产品的子公司的影响，集团旗下的保险业务仍保持稳健，并未出现特别问题。基于此，NAIC于2008年10月针对AIG的问题发表公报，强调了分州监管的稳健性。公报内容主要包括：①AIG 旗下的保险公司具备偿付能力，集团经营恶化问题是由州保险监督官无法监管的控股公司及非保险类的金融服务公司所造成的。②AIG 在全美境内有 71 家保险公司，在全世界有 176 家非保险类的金融服务公司。其中仅美国境内的保险子公司受州监管，其控股公司受联邦储蓄金融监督机构监管。③保险业界提出 AIG 的经营恶化问题是由州监管缺乏协调所造成的，主张应由联邦监管。事实上正好相反，联邦监管的控股公司在金融危机中走入困境；而由于采取了保守的州监管模式，保险业仍持有充足的资本，保险消费者的利益得以充分保护。NAIC 指出，此次金融危机由非保险领域引发，保险公司因各州严格监管得以确保偿付能力，此时引入联邦监管并不合时宜。

基于上述背景，联邦议会于 2010 年 7 月通过了金融监管改革法案，即多德-弗兰克法案，授权组建金融稳定监督委员会（Financial Stability Oversight Council，FSOC），作为一个跨部门的系统性风险监测和监管协调机构。

在保险监管方面，包括微观稳健性监管（单个公司偿付能力的监管）等一般监管权限继续保留在各州，即保险监管制度未发生大的变革，也未设立具有一般监管权限的联邦保险监管机构。但联邦政府从抵御系统性风险出发，还是在财政部内设置了一个专门机构——联邦保险办公室（Federal Insurance Office，FIO），就保险事宜向财政部和其他联邦机构提供建议。FIO 也是根据多德-弗兰克法案成立的，其与 NAIC 密切合作，主任由美国财政部长任命。FIO 仅充当咨询角色，不具有监管职能，其职责包括：对保险市场进行监测，确保向全体公众提供可负担的保险产品，向 FSOC 提供咨询，并在管理恐怖主义风险保险计划方面提供服务。FIO 是美国历史上第一个联邦层面上成立的保险管理机构，将对未来美国保险监管的发展产生深远影响。

综上所述，美国保险监管制度历经了 140 多年的沿革，最初的分州监管因难以防止垄断在 1944 年转为联邦监管；后又因难以实施，于 1945 年重回分州监管。2000 年后因提升行业竞争力的需要，又倾向于实行联邦监管；但 2008 年后基于维护金融体系稳定性的需要，最终还是确立了分州监管、联邦协调的模式。

### 2.2.2 欧盟的保险监管

在经济全球化和金融、保险自由化的发展趋势下，欧盟加快了建立单一保险市场和放松保险监管的步伐。欧盟保险监管改革的基本意图是，消费者可以拥有从任何成员国保险公司购买保险的自由,保险人在价格、产品和服务方面享有平等竞争的权利,在欧盟范围内实现保险市场的一体化。

1. 欧盟保险监管的整体框架

欧盟保险市场一直是世界上最重要的保险市场之一。2021年,欧盟地区保险业因新冠疫情的影响,保费收入为13 024亿美元,同比增加6.9%,占全球市场份额的19%。其中寿险市场保费收入为7174.33亿美元,占比55.1%,其余来自非寿险业务[①]。在非寿险业务中,机动车辆保险是占比最大的业务。

欧盟的保险监管体系特别强调服务于欧洲保险市场一体化的宗旨,重点在于统一市场构建,强化协调机制,促进行业发展及强化风险控制等方面,成为与美国保险监管体系有一定差异并具有自身特色的国际区域性保险监管体系。

欧盟地区保险监管由欧盟委员会下属的保险委员会负责,该委员会成立于1992年,是欧盟委员会的一个咨询机构。2004年,作为拉姆法鲁西(Lamfalussy)改革的一部分,该委员会被欧洲保险和职业养老金监督官委员会取代,成为拉姆法鲁西架构中的一个二级委员会,委员会的成员由成员国的保险监管机构任命。

作为拉姆法鲁西架构下三级委员会的欧洲保险和职业养老金监督官委员会于2004年在法兰克福成立,2012年转变为欧洲保险和职业养老金管理局(European Insurance and Occupational Pensions Authority,EIOPA),该委员会(后称管理局)由成员国保险和职业养老金监管机构的高级代表组成。在该委员会中,每个成员国拥有与部长会议相同票数的表决权。除向委员会提供咨询意见外,其他决策均以协商方式做出,如果不能协商一致,可由法定多数做出决定,但须注明并详细阐述持异议的成员的意见。随着委员会向管理局(权力机构)的转变,监事会(由各成员国监管机构的代表组成)成了主要的决策机构。监事会的决定由简单多数做出,每个成员有1票表决权。监管标准由监事会根据欧洲联盟条约的规定,以其成员的法定多数被通过。

2. 欧盟的保险监管模式

欧盟的保险监管法律体系是由一系列监管指引组成的。从最初的旨在帮助各国解决各自对保险机构的监管问题,到目前旨在如何针对统一的保险市场进行监管,欧盟相继颁布了一系列监管指令及其修订指令,形成了

---

① 瑞士再保险研究院,*Sigma*,2022年第4期。

涵盖寿险、非寿险、养老金、再保险、机动车辆保险、中介机构、保险会计、统计、偿付能力、国际合作等方面的综合监管体系框架。

"第一代"欧盟保险指引可追溯到20世纪70年代初，主要采取了分部门的方式，重点关注人寿保险、非人寿保险、汽车保险、再保险等。2007年发布的《偿付能力Ⅱ指引》取消了分部门的方式，为所有类型的保险公司设定了统一的偿付能力要求。20世纪70年代和80年代初发布的指引涉及承接和经营保险业务，取消东道国对自由设立保险机构的限制等方面。20世纪80年代后期发布的"第二代"保险指引允许开展跨境保险业务，但仍须受东道国的约束。20世纪90年代发布的"第三代"保险指引为受母国控制的保险公司建立了单一许可证，并配有相互承认的技术条款。

上述保险指引的发布，基本目的在于克服各成员国业已存在的监管限制，促进建立一体化的欧盟保险市场，实现保险公司设立自由、提供产品及服务自由、资本流动自由，进而建立一体化的保险监管体系。这一时期出台了多项保险法律文件，除了前面提到的第一代至第三代寿险及非寿险方面的指引，还有再保险指引、养老金指引等。在统一保险市场的构建中，欧盟非常注重体现母国控制的原则、各国监管机构协调原则及相互承认的原则，这是市场一体化的重要基础。保险市场一体化背景下的统一监管与协调，是欧盟保险监管体系的一个重要特点。

3. 欧盟的偿付能力监管

从20世纪70年代起，欧洲共同体就开始致力于构建偿付能力监管框架，如1973年的非寿险第一指引和1979年的寿险第一指引。1997年后，欧盟对偿付能力监管框架进行了一系列调整，以适应金融混业经营、保险产品创新及监管体系调整的需要。

长期以来，欧盟成员国采取的是差异明显的监管思路。如英国、爱尔兰等国重视保险经营稳定和财务稳定，而对保险订价、保险单条款的监管则较为宽松；德国等则实施较为严格的监管。在相当长的时期内，欧盟的偿付能力构建更多偏重英国的监管框架。偿付能力监管框架包括三个层次，第一层次是对责任准备金的评估，第二层次是对资产价值的评估与认可，第三层次是规定偿付能力额度。在具体实践中，欧盟一直以偿付能力监管为核心，强调最低偿付能力和满足最低资本金等方面的要求，并通常采用资本金与承保业务规模保持一定比例的固定比例法。这种监管体系的好处在于考虑的因素较为简单，易于计算和操作。但在侧重关注承保风险的同时，忽略了保险公司的资产风险和信用风险等，而且对集团公司存在重复计算资本金等问题。不仅如此，由于欧盟成员国的一些保险公司的破产通常是由多种因素共同作用的结果，而原有监管模式对资产风险的控制力较弱，难以综合控制保险公司经营的风险。鉴于此，欧盟委员会于2007年7月正式提出了第二代偿付能力（偿付能力Ⅱ）改革的计划。

偿付能力Ⅱ是基于保险公司总体财务风险而设计的更全面、更系统的偿付能力监管框架。偿付能力Ⅱ的突出创新点在于，充分借鉴了对银行业资产负债监管的经验，提出了保险公司偿付能力监管的"三支柱"模式。第一支柱为资本金要求，要求保险公司必须持有充足的应对市场风险、信用风险和运营风险的资本。资本金方面的要求包括了两类：偿付能力资本要求，使保险机构能承受重大的意外损失；最低资本要求，达到不触发相关监管行动的底线，且前者不能低于后者。第二支柱为审慎监管及约束，强调监管机构要全面评估保险公司风险管理及内部控制的有效性，在此基础上可以提出额外的资本要求。第三支柱提出了有关信息披露的要求。

实施偿付能力Ⅱ的主要目的是能真实反映保险公司的风险状况，以确保所有欧盟成员国都能对投保人予以充分的保护。该指引的推出还希望能加强监管的协调和监管工具与权力的融合，简化原有的监管法规，用一个单一的指引取代原有的14项保险业务方面的指引。

偿付能力Ⅱ不仅对欧盟内的国家也包括欧盟外的国家产生了重大影响，尤其是在欧盟经济区开展保险业务的外国保险公司。不过，欧盟外第三方国家的保险监管机构可以通过向欧盟申请"偿付能力Ⅱ等价认可"来协助本国保险公司在欧盟经济区开展保险业务，只要第三方国家可以通过欧盟的等价性评估。欧盟的等价性评估的焦点是评估第三方国家的保险监管体系是否使用了基于风险的方法，其主要目的是确保第三方国家的监管体系有能力保证向欧盟的保险单持有人提供与在偿付能力Ⅱ监管体系下相同的保护程度。

总的来说，欧盟保险监管框架的改革采用了基于风险的审慎监管规则，表明绝大多数欧盟成员国的国内监管框架开始出现了重大变化。欧盟偿付能力Ⅱ计划的实施，标志着欧盟保险监管体系的完善和监管能力的提升，由过去强调偿付能力静态监管向综合、动态方向的发展转变。

### 2.2.3 日本的保险监管

1. 日本保险市场的发展

2021年，日本的保费收入、保险密度和保险深度分别位居世界第3、第21和第14位。相比多年前，日本保险市场在世界保险市场中的地位已经大幅下降了。日本作为亚洲传统文化与西方文化长期融合的发达国家，有着成熟的保险经营管理经验。其在 2010 年以前是仅次于美国的世界第二大经济体，保险业也十分发达。20 世纪 90 年代，日本的保费收入、保险业务总量、保险深度与保险密度甚至超越美国、瑞士等国家，位列世界第一。虽然后来经历了世纪之交的衰退，日本保险业进入了调整发展期，但其仍为世界上保险业最发达的国家之一。在过去的一个多世纪中，日本保险业多次经历战争、经济及金融危机等冲击。在历次危机之后，行业及国家监管层面均做出了及时的调整，使行业尽快走出了困境。尽管目前日本保险业仍处于危机后的恢复期，但日本保险业应对其发展过程中历次危机的宝贵经验，仍值得其他新兴保险市场国家借鉴。

2. 日本的保险监管体系

日本对金融进行监管的行政部门原本是由大藏省（后改名为财务省）下属的银行局负责。由于大藏省在处理金融危机中的政策失误，且日本社会各界普遍认为大藏省在金融监管方面的权力过于集中等问题，日本内阁于 1996 年 12 月通过"行政改革计划"，将金融监管权力从大藏省剥离，成立了直接隶属总理府的金融检查监督厅，以建立符合市场规律的、透明公正的金融监管体系。1998 年 6 月，根据日本国会通过的《金融监督厅设置法》，金融监督厅作为金融监管专门机构正式成立，将原属大藏大臣的权限如金融机构检查监督权、审批权、业务改善或停止命令权、金融机构关闭或合并决定权等权力，转移至金融监督厅，且金融监督厅长官由总理大臣而非大藏省任命。大藏省仅保留了金融和证券交易制度设计职能，以及对金融监督厅管辖范围外的政策性金融机构、证券市场等的监管职能。

1998 年 12 月，根据《金融再生委员会设置法》，日本政府在金融监督厅之上成立了金融再生委员会。2000 年 7 月，又将金融监督厅与大藏省的金融企划局合并，设立了金融厅。2001 年 1 月，金融再生委员会撤销，金融厅成为内阁府的直属机构，开始承担设计、检查、监督等全部与金融监管相关的制度设计和管理职能。在此过程中，日本打破了银行、证券、保险的分业监管模式，实现了金融监管的统一，只有在处置金融破产和金融危机相关事务时，金融厅才需要与财务省共同负责。至此，日本的金融监管权再一次高度集中。金融厅升格为内阁府的外设局，独立地全面负责金融监管业务。同时，协助财务省（原大藏省）共同对存款保险机构进行监督。财务省仅保留对存款保险机构的协同监管职能，其下属地方财务局则以接受金融厅委托的形式重新对地方金融机构行使金融监管职权。至 2001

年为止，一个以金融厅为核心、独立的中央银行和存款保险机构共同参与、地方财务局受托监管的新的金融监管体制基本框架正式形成。

在金融厅下，与保险监管相关的主要有企划市场局和监督局。企划市场局主要负责金融相关法令及制度相关的企划、立案业务。监督局下面分别设有银行课和保险课，通过现场和非现场的方式，对银行、保险等金融机构实施行政监管，目的是维持信用，在确保对存款人等的保护的同时确保金融体系的稳健，金融机构业务健康、恰当地运营，有助于国民经济的健康发展。

监督局根据各类金融机构的规模、特性、财务的稳健性、合规性等方面发生重大问题的可能性，持续进行实际情况的监测。根据监测结果，启动必要的监管措施。除了预防重大问题的发生外，还通过约谈等方式，促进金融机构采取各种改善经营的措施。

为了切实贯彻《金融检查基本指针》，对《年度检查基本方针》中所指出的检查重点进行深入的检查活动，日本金融厅特别制定了《金融检查手册》以及具体面向不同金融主体的检查手册。

《保险公司检查手册》涵盖了保险公司的治理结构、合规制度、保险资金募集管理制度、客户保护管理制度、综合风险管理制度、保险承保风险管理制度、资产运用风险管理制度及经营风险管理制度等多方面内容，可以从多个角度审视保险公司面临的潜在风险。该手册指出，在进行检查的过程中，除了该手册提到的风险外，还应将所有可能为保险公司的业务健全性及合理性带来隐患的风险纳入视野，透彻分析这些风险给经营带来的或可能带来的影响。

## 2.3　中国的保险监管

### 2.3.1　保险监管体系的构成

中国保险监管体系主要由法律体系和行政体系构成。保险监管的法律体系由全国人大常委会通过的相关法律、国务院制定的行政法规和政府监管部门制定的部门规章构成；保险监管的行政体系由国务院根据《保险法》的规定成立的保险监管机构[原为1998年成立的中国保险监督管理委员会（简称保监会），2018年后为中国银行保险监督管理委员会，2023年3月后为国家金融监督管理总局]和中国保险行业协会的自律性监管构成。此外，司法、社会、舆论也在一定程度上起到了对保险市场的监督作用。图2.1给出了中国保险监管的体系结构。

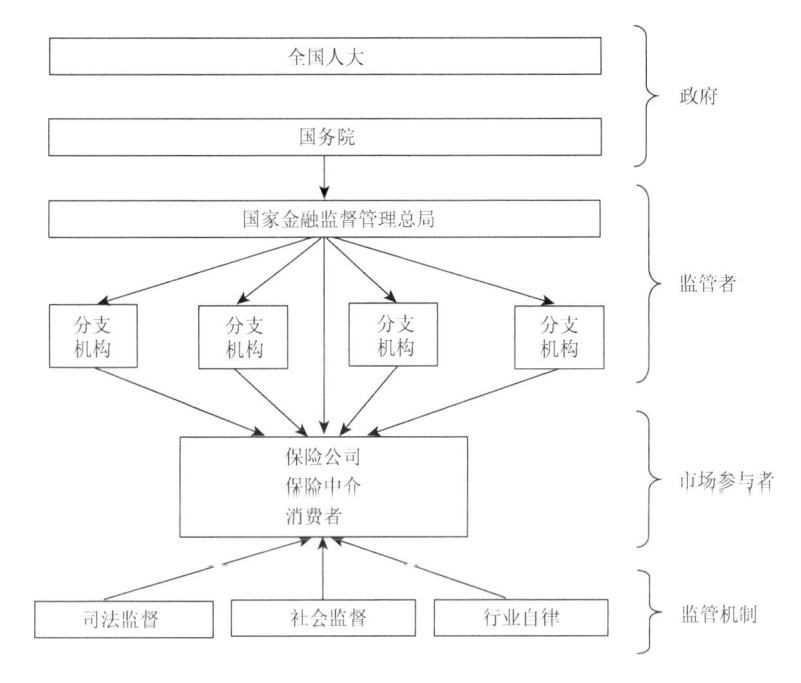

图 2.1 中国保险市场监管体系

### 1. 全国人大常委会和《保险法》

《保险法》作为中国首部针对保险市场运行和监管的法律，于 1995 年由全国人大常委会审议通过并付诸实施。表 2.1 描述了我国《保险法》多年以来不断修订完善的历程。2002 年，全国人大常委会通过了《保险法》的第一次修改，这次修改的主要目的是保证中国更好地履行加入世界贸易组织时所做出的承诺。此后不久，2004 年 10 月便开始了对《保险法》进行更为实质性的历经五年的第二次修改过程。第二次修订后的《保险法》于 2009 年 10 月开始实施，条款数目从 158 条增加到 187 条，对原《保险法》中几乎所有条款都做出了调整，在很多重要方面都更为完善。例如，保险合同的法律标准、保险市场参与者之间的制度安排以及保险监管等方面[①]。

表 2.1 《保险法》的前两次完善情况

| 项目 | 第一版 | 第一次修正 | 第二次修订 |
| --- | --- | --- | --- |
| 修订时间 | 1995.06 | 2002.10 | 2009.02 |
| 生效时间 | 1995.10 | 2002.10 | 2009.10 |
| 章节和条款数 | 8 章，152 条 | 8 章，158 条 | 8 章，187 条 |

---

① 全国人大常委会还分别于 2014 年 8 月 31 日和 2015 年 4 月 24 日对《保险法》进行过小范围的修正。

续表

| 项目 | 第一版 | 第一次修正 | 第二次修订 |
|---|---|---|---|
| 修改条款数 |  | 33 | 145 |
| 增加条款数 |  | 6 | 48 |
| 删除或合并条款数 |  | 2 | 19 |

资料来源：中国《保险法》相关版本

2. 国务院

国务院是全国人民代表大会的执行机关，行使政府的行政管理职能。国务院在宪法和法律授权与委托下，负责制定行政法规。同时，国务院将部分监管职能委托给各个行业自身的监管机构。因此，国务院所制定的行政法规往往针对的是国民经济中重要的问题，而且往往影响到不止一个经济领域。例如，针对外资保险公司的《中华人民共和国外资保险公司管理条例》以及《机动车交通事故责任强制保险条例》等规范性制度，都是由国务院颁布的。

3. 中国银行保险监督管理委员会

中国银行保险监督管理委员会成立于2018年，是国务院将中国银行业监督管理委员会和原保监会的职责整合起来成立的，直接负责中国保险市场的监管，在保险法规制定方面扮演着重要角色。

保监会成立于1998年。作为中国保险业的监管机构，承担着很多监管职责，其独立性和影响力一直在不断增强，其监管责任已经与很多发达保险市场监管机构的职能逐渐趋同。表2.2将原保监会的职责与IAIS数据库中的78个国家进行了对比，结果显示中国保险监管的职能是比较完备的。

表2.2 原保监会的职责与其他国家的对比

| 职责功能 | 有该项职能的国家数 | 有该项职能的国家比例 | 是否为原保监会的职能 |
|---|---|---|---|
| 参与起草保险法律法规 | 73 | 93.6% | 是 |
| 颁布保险监管法令 | 67 | 85.9% | 是 |
| 颁布具有约束力的准则 | 64 | 82.1% | 是 |
| 颁布不具有约束力的准则 | 58 | 74.4% | 是 |
| 核发牌照 | 74 | 94.9% | 是 |
| 保险费率监管 | 36 | 46.2% | 是 |
| 保险条款监管 | 49 | 62.8% | 是 |

续表

| 职责功能 | 有该项职能的国家数 | 有该项职能的国家比例 | 是否为原保监会的职能 |
|---|---|---|---|
| 保险公司股东监管 | 70 | 89.7% | 是 |
| 保险公司资金运用监管 | 69 | 88.5% | 是 |
| 保险公司偿付能力监管 | 77 | 98.7% | 是 |
| 保险公司/股东账户监管 | 63 | 80.8% | 是 |
| 财务状况检查 | 72 | 92.3% | 是 |
| 实施现场检查 | 76 | 97.4% | 是 |
| 对陷入财务危机的公司采取措施 | 76 | 97.4% | 是 |
| 撤销牌照 | 74 | 94.9% | 是 |
| 清算保险公司 | 57 | 73.1% | 是 |
| 反洗钱 | 62 | 79.5% | 否 |
| 发布保险市场数据 | 71 | 91.0% | 是 |
| 处理市场投诉 | 66 | 84.6% | 是 |
| 收税 | 9 | 11.5% | 否 |

资料来源：IAIS 数据库及中国原保监会网站

4. 行业自律

中国保险行业的自律组织是中国保险行业协会，成立于 2001 年，通过约束会员单位的经营活动而起到自律的作用。在发达保险市场上，行业自律组织通常扮演着非常重要的角色，提供专业化的服务和教育，参与立法和行业标准的制定。在中国，由于保险业发展时间较短，保险监管体系尚不完善，保险行业协会还没有充分起到行业自律组织的作用，在独立性方面较为欠缺，多依附于保险监管部门，也没有实际的处罚和执法权。

5. 司法和社会监督

最高人民法院负责对法律进行司法解释，出台了一系列针对《保险法》的司法解释。然而，司法体系在强化保险合同的施行和提升市场规范性方面的作用还不够，仍然处在不断发展当中。由于我国的司法机构与政府并非完全独立，与各级政府有着密切联系；而且较为缺乏契约支持下的商业和责任制度，也没有很好的案例法体系；司法机构对保险专业知识的了解不足以及类似案例之间判罚的不一致性，导致司法体系在发挥积极规范保险市场发展的作用方面还比较欠缺。

在社会监督方面，我国建立了政府监管部门新闻发言人制度，建立了通过监管机构网站、文告和指定信息披露媒体等发布信息的渠道；同时对保险公司经营信息的披露也做出了明确规定，提高了保险监管和保险经营的透明度。另外，我国各级各类新闻媒体也对保险市场中不规范行为起到了非常重要的舆论监督作用，推动了保险经营主体加强对自身行为的约束。

### 2.3.2 保险监管的历史沿革

中国保险监管的内容随着保险市场的开放和发展程度不断丰富与完善，大致可以分为三个发展阶段。第一阶段是从原保监会成立之初开始的，当时的市场主体较少，国有保险公司占主导地位，保险监管主要以市场行为监管为主，虽然已经提出了偿付能力监管的概念，但并未付诸实践。

第二阶段从 2003 年开始。随着市场主体的增加和竞争的日益激烈，防范风险和维护市场稳定开始成为监管部门的重要任务。于是，保监会于 2003 年发布了《保险公司偿付能力额度及监管指标管理规定》，在偿付能力监管方面迈出了实质性步伐，保险监管也从以市场行为监管为主转变到市场行为和偿付能力监管并重的阶段。

第三阶段是 2006 年以来"三支柱"监管框架的形成。2006 年初，保监会发布了《关于规范保险公司治理结构的指导意见（试行）》，建立了保险公司治理结构监管制度，从此初步形成了包括偿付能力、公司治理和市场行为监管的"三支柱"现代保险监管框架。

### 2.3.3 保险监管的主要内容

1. 市场行为监管

市场行为监管主要是对保险机构（包括保险中介机构）经营中的下列行为进行监管：违反有关法律法规；损害被保险人利益；影响保险公司偿付能力；有碍保险市场发展。通过逐步建立完善市场行为准则，鼓励合法经营和公平竞争，促进保险机构完善经营管理和可持续发展。市场行为监管历来是保险监管的重要内容。

随着保险市场的发展，新的市场主体不断出现，保险产品和销售方式不断创新，市场竞争日趋激烈，各种违法违规经营行为时有发生，如非法设立保险机构，非法开办保险业务，擅自降低费率，抬高手续费等。监管机构通过审批保险机构的设立与变更、审批条款与费率、规范保险机构和中介机构的市场行为、监督检查保险业务经营活动等监管手段，对保护被保险人合法权益、维护公平的市场竞争环境、促进保险业持续健康发展具有重要作用。

2. 费率监管

保险产品是为社会和广大消费者提供风险保障的特殊产品，它的定价一方面关系到广大投保人的切身利益，另一方面关系到保险人的偿付能力，进而影响到社会的经济安全。因此，对保险产品的定价进行一定程度的政府干预，几乎是所有国家政府在对保险市场进行监管时的普遍做法。从我国的情况来看，由于保险市场的发展仍处于初级阶段，虽然随着市场的不断开放和完善，对保险费率的监管也在逐渐放松，但对多数保险产品的费率监管仍处于相对较严格的监管状态[①]。

之所以要对保险费率实施监管，主要目的有两个：第一，通过费率监管可以限定产品费率的上限，避免保险人形成垄断定价；第二，费率监管可以限定产品费率的下限，避免保险人的恶性价格竞争导致出现偿付能力问题。与成熟保险市场上的费率监管通常是为了实现第一个目的不同，我国对保险费率的监管通常是为了实现第二个目的。

在中国保险市场发展初期，市场上只有中国人民保险公司一家企业，因此垄断定价是很自然的事。那时的保险更像是由国有企业提供的社会服务，商业保险的属性并不明显。随着市场准入的放开，更多的保险人进入市场，保险费率市场化的进程开始加快，同时，保险费率监管也开始逐渐发生演变。目前，中国保险市场上多数保险产品的费率仍处于较严格的监管之下。

**专栏 2.2**

---

**中国机动车辆保险的费率监管**

中国商业机动车辆保险的费率监管在市场化进程方面经历了三个主要阶段（图 2.2）。

第一阶段：1988~1993 年。这一时期，新的保险人开始进入市场，监管者放松了费率监管，促进市场竞争，削弱了一些公司的垄断优势。机动车辆保险的费率从完全由监管者设定改为审批制，差异化费率得到

---

① 由《人身保险公司保险条款和保险费率管理办法》（2011 年）和《财产保险公司保险条款和保险费率管理办法》（2010 年）可知，主要保险产品的费率需要由保监会核准后才能投入经营使用。

了允许。这一政策改变使得市场新进入者竞相降价，以获得不断增长的市场份额。后来，当时的保险监管机构（中国人民银行）认为市场上出现了恶性价格竞争，从而停止了费率市场化的尝试。从1993年开始，所有的机动车辆保险条款和费率开始采用中国人民银行规定的统一标准。

第二阶段：2001~2006年。中国加入世界贸易组织后，为了建立现代化的保险监管制度，保监会开始了新一轮的费率市场化尝试。但这一次尝试最终以失败告终，原因仍然是保险公司的恶性价格竞争。2006年，保监会委托中国保险行业协会制定了三款商业机动车辆保险条款和费率，所有保险公司都必须从这三款当中选择一款使用。

第三阶段：2011年至今。自2011年开始，中国银行保险监督管理委员会开始了新一轮的费率市场化尝试。与以往不同的是，在这一轮的费率市场化中，监管机构对于希望自由厘定费率的保险人提出了偿付能力方面的要求，以试图避免保险人出现恶性价格竞争导致偿付能力不足的问题。

可以看出，中国车险市场发展历史上有过两次不成功的费率市场化的改革尝试，其中第一次是由于市场在刚刚放开之后，恶性竞争所带来的，实际上并不能称得上是一次真正的费率市场化改革。2001年左右开始的第二次费率市场化进程，可以看作真正的费率监管的放松。

3. 偿付能力监管

偿付能力监管是中国保险"三支柱"监管体系的核心，是防范和化解保险业风险、保护保险单持有人利益的有力保障，是强化公司资本约束、促进管理水平提升的重要动力，是推动保险公司从粗放式经营向集约化经营转变、从不计成本和效益向注重企业利润增长转变的有效手段，对于增强保险公司经营稳定性、改善财务状况、提高抵御风险能力具有十分重要的意义。多年来，中国保险监管部门在偿付能力监管方面采取了一系列强有力的措施，推动了全行业偿付能力体系建设，强化了偿付能力的刚性约束，保证了保险行业稳定、健康发展。

在1995年首次颁布的《保险法》中，就对保险公司偿付能力管理做出了具体规定："保险公司应当具有与其业务规模相适用的最低偿付能力。保险公司的实际资产减去实际负债的差额不得低于金融监督管理部门规定的数额；低于规定数额的，应当增加资本金，补足差额。"

第 2 章 保险监管实践 47

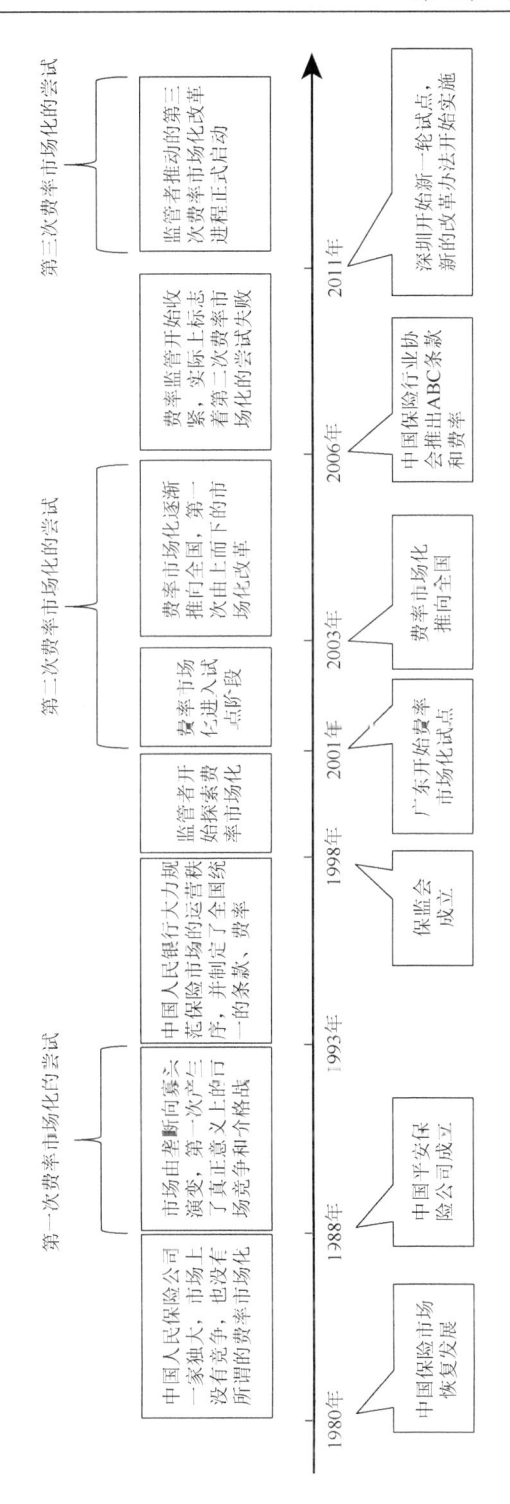

## 第一次费率市场化的尝试

**1980年**：中国保险市场恢复发展

**1988年**：中国平安保险公司成立

市场由垄断向竞争演变，第一次产生了真正意义上的市场竞争和价格战

**1993年**：中国人民银行大力规范保险市场的运营秩序，并制定了全国统一的条款、费率

## 第二次费率市场化的尝试

**1998年**：保监会成立

监管者开始探索费率市场化

**2001年**：广东开始费率市场化试点

费率市场化进入试点阶段

**2003年**：费率市场化推向全国

费率市场化逐渐推向全国，第一次由上而下的市场化改革

**2006年**：中国保险行业协会推出ABC条款和费率

费率监管开始收紧，实际上标志着第二次费率市场化的尝试失败

## 第三次费率市场化的尝试

**2011年**：深圳开始新一轮试点，新的改革办法并开始实施

监管者推动的第三次费率市场化改革进程正式启动

图 2.2 中国车险市场费率市场化进程

2001年保监会制定了《保险公司最低偿付能力及监管指标管理规定》，这是中国第一部比较系统、全面的关于偿付能力监管的保险规章，为偿付能力监管提供了准确的标准。

2003年3月，保监会为适应保险业发展和对外开放的需要，颁布了《保险公司偿付能力额度及监管指标管理规定》。这份文件是在总结《保险公司最低偿付能力及监管指标管理规定》运行两年来的经验，研究和借鉴国外相关法规基础上制定的，标志着中国偿付能力监管的正式启动。

2008年保监会又制定实施了《保险公司偿付能力管理规定》。通过借鉴国际经验，建立以风险为基础的动态偿付能力监管框架，首次提出根据偿付能力状况把保险公司分为三类：不足类公司、充足Ⅰ类公司和充足Ⅱ类公司。明确了作为偿付能力测试第三方的外部机构的内涵和外延，并对其独立性、应遵循的执业标准、审核范围和要求进行了具体规定。将保险集团母公司、母公司直接或间接控制的子公司、母公司直接拥有的合营企业和联营企业、子公司直接拥有的合营企业和联营企业以及监管机构认为应当纳入评估范围的公司，都纳入了保险集团偿付能力评估的范围，进一步加强和规范了对保险集团的偿付能力监管。

2008年金融危机后，随着全球金融监管体系的改革，保监会开始着手筹建"偿二代"监管体系，以更好地适应国际偿付能力监管的变化。2012年保监会宣布开始"偿二代"监管体系的建设。从2016年起，具有风险导向的"偿二代"体系在中国开始正式实施。

目前，中国的偿付能力监管体系主要由以下五部分组成。

（1）内部风险管理。要求公司建立完善的内部风险管理机制，管理公司的偿付能力，增强自身识别、防范和化解风险的能力。

（2）建立偿付能力报告制度。要求公司定期评估和报送偿付能力报告，出台了16项偿付能力报告编报规则，制定了与国际惯例趋同的非寿险准备金评估办法，建立了偿付能力报告的注册会计师审计制度和董事会负责制度，使保险公司的偿付风险得到了科学的量化和反映。

（3）财务分析和财务检查。建立了风险导向的财务分析机制和财务检查机制，及时发现公司所存在的问题和风险。

（4）适时监管干预。监管机构规定了对偿付能力不达标公司采取的监管措施，并及时根据公司存在的风险采取针对性的监管措施。

（5）破产救济。建立了保险保障基金制度，在公司破产、清算的情况下，对保险单持有人进行救济，维护保险单持有人权益和市场稳定。

在偿付能力监管的实施过程中，监管机构高度重视偿付能力监管体制机制建设，通过体制机制的改进完善，不断提高偿付能力监管效率，强化偿付能力监管约束力。具体做法是：①督促保险公司增强偿付能力约束的意识与观念，明确要求产险公司必须先算账后做业务，强化全面预算管理，全面增强资本对业务的约束力。②采取市场禁入等严厉措施，督促保险公司控制业务规模，降低经营成本。通过下发监管函或风险提示函，分别采取或综合采取限制业务范围、限制分支机构设立、限制高管薪酬、限制股东分红、限制资金运用范围、指出内控管理薄弱环节、明确限时整改要求等监管措施，督促偿付能力不足的保险公司改善经营状况，控制经营成本，尽快改善偿付能力状况。③加强窗口指导和业务监管，严格准备金充足性和再保险监管，引导保险公司调整业务结构和资产结构，控制资本金占用比例高的业务发展，逐步提高自我造血能力，防止偿付能力不断恶化。④督促保险公司通过增资扩股、发行次级债等多种方式，及时增加资本金，增强公司资本实力，改善偿付能力状况。⑤加大对极少数偿付能力不达标公司的综合检查力度，深入现场查找问题，督促公司研究制定改进措施，面对面指导强化内控管理，帮助其逐步改善公司经营管理水平。

4. 资金运用监管

保险资金运用是保险企业在经营过程中，将积聚的各种保险资金中的一部分用于投资或融资而使资金增值的活动。保险人通过资金运用可以增强自身竞争力，同时也使保险企业从单纯的补偿机构转变为既有补偿职能又有投融资职能的企业，为金融市场增添了活力。由于保险资金安全高效的运用关系着广大投保人的切身利益和保险公司的持续稳定经营，监管部门历来高度重视对保险资金运用的监管，坚持风险导向原则，通过深化改革、完善制度、健全机制，积极探索对保险资金运用实施监管的有效方式。目前，我国监管机构在保险资金运用监管方面的主要做法如下。

第一，推动建立专业化的资金运用管理模式。鼓励保险公司由分散运用资金向法人集中管理资金、统一调度、统一划拨、统一运作转变。截至2021年1月，全行业已成立了29家资产管理公司，大部分保险公司都设立了独立的资金运用部门，资产管理公司已经管理了行业70%以上的资产，专业化管理模式基本确立。

第二，形成三方制衡的保险资金委托管理机制。借鉴国际通行做法，在保险资产管理方面引入和推行资产托管制度。通过委任资信良好、实力雄厚的国有商业银行，作为独立第三方托管机构，保险资产管理实现了资金管理和投资操作的分离，建立起了协作制衡、相互监督的运作机制，逐步提高了公开性和透明性，降低了违规挪用资金和投资操作的风险，维护了保险资金的安全。

第三，健全保险资产管理的规章制度。为防范保险资金运用风险，监管部门在逐步放宽保险资金运用渠道的同时，坚持"制度先行"，制定了40多项制度和规定，初步形成了保险资产管理政策法规体系。2018年，保监会在多年保险资金运用监管实践的基础上，制定发布了更为完善的《保险资金运用管理办法》，对保险资金运用的范围、模式、决策运行机制、风险控制、监督管理等方面做出了详尽规定。

第四，加强对保险资金运用的监督检查。在《保险资金运用管理办法》中，明确规定监管部门将采取现场监管与非现场监管相结合的方式，对保险资金的运用进行监督管理。监管的方式包括分类监管、持续监管、风险监测和动态评估，根据评估结果，采取相应监管措施，防范和化解风险。具体的监督管理内容涉及资产管理人员的任职资格、重大股权投资、发行或者发起设立的保险资产管理产品、报告和信息披露、违规处罚措施等。

5. 公司治理结构监管

近年来，加强公司治理结构监管成为国际保险监管的重要趋势。IAIS和OECD等国际组织以及许多国家和地区先后颁布了完善保险公司治理结构的指导性文件。改革开放以来，保险体制改革不断取得突破，以现代股份制为主要特征的混合所有制已成为中国保险企业制度的主要形式，完善治理结构成为促进保险业健康发展的重要体制保障。加强保险公司治理结构监管对于防范和化解风险，实现又快又好发展，做大做强保险业具有深远而重要的意义。

2006年初，保监会颁布了《关于规范保险公司治理结构的指导意见（试行）》，内容包括强化股东义务、加强董事会建设、发挥监事会作用、规范管理层运作、加强关联交易和信息披露管理、治理结构监管等，确立了建立健全保险公司治理结构的制度框架。之后，一系列规范保险公司治理结构指导意见的相关配套制度相继出台，包括《保险公司独立董事管理暂行办法》、《保险公司风险管理指引》、《保险公司关联交易管理暂行办法》、《保险公司内部审计指引》、《保险公司总精算师管理办法》和《保险公司合规管理指引》等指引性文件。

2008年保监会又制定了《关于规范保险公司章程的意见》、《保险公司董事会运作指引》和《保险公司财务负责人任职资格管理规定》。通过这些规定构建了保险公司内部控制标准框架；明确了保险公司章程内容；从董事会构建和议事规则等方面加强董事会建设，规范董事会运作，提高董事会决策质量，防范公司决策风险；明确了财务负责人的任职条件、职责、权利义务、在公司组织架构中的位置、与董事会的关系和报告路线等，强化了财务负责人在经营管理和公司治理中的作用，促进财务管控作用的发挥。根据目前已经推出实施的各项规章制度，保险公司治理结构监管的主要内容如下。

第一，强化股东义务。要求对保险公司经营管理产生较大影响的主要股东应具有良好的财务状况和较强的持续出资能力，支持保险公司改善偿付能力，不得利用其特殊地位损害保险公司、被保险人、中小股东和其他利益相关者的合法权益。当股东之间形成关联关系时，应主动向董事会申报，并及时将这方面情况报告监管部门，以加强对关联控制和关联交易的监管。

第二，加强董事会建设。首先是需要明确董事会职责，从加强风险防范的角度出发，明确要求董事会对内控、风险和合规性承担最终责任。其次是要强化董事责任，董事必须有足够的时间持续关注公司经营管理状况，对决策事项充分审查，在审慎判断的基础上独立做出表决；董事对董事会决议依法承担责任，并且每年要做尽职说明。再次，建立独立董事制度，独立董事应当维护被保险人和中小股东利益。最后，要求董事会下设审计委员会、提名薪酬委员会等。审计委员会承担董事会在内控建设、风险控制和合规管理方面的具体工作。提名薪酬委员会负责审查高管人员的选任、考核和薪酬激励，从而强化董事会在保险公司人事任免和薪酬管理方面的作用，逐步落实董事会选聘经营管理者的职能。

第三，规范管理层运作。要求保险公司建立健全的运作机制，公司应制定详细、具体的工作规则，清晰界定董事会与管理层之间的关系。还要强化关键岗位职责，设立总精算师职位，并要求总精算师参与保险公司风险管理、产品开发、资产负债匹配等方面的工作，及时向董事会和监管部门报告重大风险隐患。同时，为建立有效的内部管理机制，减少违规经营行为，防范操作风险，要求公司设立合规负责人职位，既向管理层负责，也向董事会负责，并负有向监管机构及时报告公司重大违规行为的责任。

第四，强化内控机制。首先，要求保险公司将实施全面风险管理作为内控机制建设的主要目标，公司应建立能够迅速识别、测量、评估、报告和控制的全面风险管理制度，使用内部稽核和外部审计等各种手段，定期检查和评估其保险业的风险及经营过程的合规性，采取适当措施及时解决暴露出的问题。其次，公司应把人力资源管理作为内控机制建设的重点内容，大力加强员工培训和教育，通过考试、考核等多种方式，将内控标准深入员工的日常工作和行为中，提高员工执行和遵守内控制度的自觉性。再次，应把信息化建设作为内控机制建设的重要基础，建立起有效的信息反馈及传递机制；不断加强信息化建设，研究建立以内控机制目标为导向，以数据为中心的信息系统，为内控机制的高效运行提供良好平台。最后，应把外部评价作为内控机制建设的重要保证，监管部门通过对公司内控制度建设情况和执行情况的评估，对内控制度不健全、执行不力、风险隐患较大的公司开展重点监管。

6. 保险保障基金制度

保险保障基金是根据《保险法》及相关法律法规的要求，由保险公司缴纳形成，当保险公司破产或被撤销，如果其有效资产无法全额履行其保险单责任时，保险保障基金可以按照事先确定的规则，向保险单持有人提供全额或部分救济，减少保险单持有人的损失，确保保险机构平稳退出市场，维护金融稳定和公众对保险业的信心。

1999 年财政部印发的《保险公司财务制度》中第四十七条规定："提取保险保障基金。公司应按当年自留保费收入的 1%提取保险保障基金，达到总资产的 6%时，停止提取。财产保险、人身意外伤害保险、短期健康保险业务、再保险业务提取保险保障基金；寿险业务、长期健康保险业务不提取保险保障基金。"保险保障基金由各保险公司总公司于每年决算日按当年全系统保险费收入统一提取，在国有独资商业银行专户存储。当保险公司出现偿付能力严重不足或濒临破产需动用保险保障基金时，在报经保险监管部门、财政主管部门批准后方可动用。

按照 1999 年的《保险公司财务制度》的相关规定，保险公司只对财产险、意外险、短期健康险和再保险业务提取保险保障基金，寿险和长期健康险业务不提取保险保障基金。也就是说，占整个保险市场业务总额超过 60%的寿险和长期健康险的保险单持有人没有受到保险保障基金的保护，保险保障基金的保障范围明显受到了限制。同时，由于缺乏明确的制度和技术措施，各家保险公司提取的保险保障基金基本留在公司，既没有按照《保险法》的要求进行集中管理，也没有做到统筹使用，很难形成一种真正具有行业共济的保障基金。

针对上述问题，保监会于 2005 年推出了《保险保障基金管理办法》。该办法是根据《保险法》的要求和授权，按照国际惯例和中国国情相结合的原则制定的防范和化解保险行业风险的一项重要制度。《保险保障基金管理办法》明确界定了保险保障基金缴纳的主体，规定了基金缴纳方式，使用基金的条件和救济比例，确立了基金管理的原则和方法。该办法的出台，标志着中国保险保障基金制度的正式建立，是中国金融领域的一项重大改革和制度创新。保险保障基金制度的建立，一方面保护了被保险人的利益，可以促使投保人增强风险意识，积极选择愿意投保的保险公司；另一方面也增强了对保险公司的市场约束，激励保险公司做大做强，对中国保险市场的健康发展无疑具有重要意义。

根据 2006 年 6 月颁布的《国务院关于保险业改革发展的若干意见》中提出的"完善保险保障基金制度，逐步实现市场化、专业化运作"的要求，保监会借鉴国际经验，深入研究保险保障基金管理体制的改革方案和实现专业化、市场化运作的具体措施，提出了对保险保障基金采取公司制管理、专业化运作的管理模式的建议。

2008 年 9 月保监会与财政部、中国人民银行等制定了新的《保险保障基金管理办法》，明确了保险保障基金的管理模式、缴纳范围、缴纳基数，保险业务的缴纳比例，完善了保险保障基金的管理运作，形成了较为完善的内部管理与外部监管相结合的保险保障基金管理体制。一方面，保险保障基金公司的成立体现了保险保障基金管理市场化、专业化运作的要求，增强了保险保障基金保值增值的能力；另一方面，通过保监会、财政部、中国人民银行三方协同监管，增强了对保险保障基金的风险管控，初步建立了内控严密、管理高效、监管全面的保险保障基金管理体制。

根据《保险保障基金管理办法》的要求，中国保险保障基金有限责任公司于 2008 年 9 月正式成立，依法负责保险保障基金的筹集、管理和使用。公司的业务范围是：筹集、管理和运作保险保障基金；监测、评估保险业风险；参与保险业风险处置；管理和处分受偿资产；国务院批准的其他业务。中国保险保障基金有限责任公司的成立，意味着保险保障基金开始走上市场化运作道路。截至 2021 年底，保险保障基金余额已经达到了 1830 亿元，其中财产保险保障基金 1131 亿元，人身保险保障基金 699 亿元[①]。

### 2.3.4 保险监管的基本手段

1. 现场检查

现场检查是监管部门履行监管职责的重要方式，可以使监管部门独立

---

① 根据中国保险保障基金有限责任公司官网披露，http://www.cisf.cn/gsjj/ldbz/index.jsp。

地审查保险公司的经营行为和财务状况,对于规范保险公司的经营行为具有重要作用,是监管部门了解保险公司真实经营管理状况、发现违规问题及风险的重要工具。近年来,我国的保险监管机构围绕关系被保险人合法权益和影响保险业平稳健康发展的突出问题,多次组织开展了现场检查。例如,2016年保监会在全系统部署了各类现场检查2800余次,对612家次机构、820人次的个人进行了行政处罚。2008年保监会及派出机构共派出了2052个检查组,对6家保险总公司、1407家保险分支机构、740家保险中介机构进行了现场检查,全面覆盖了法人机构、分支机构等机构层级以及产险、寿险、中介等业务领域。针对检查出来的问题,按照依法处理、突出重点的原则,对保险机构、保险中介机构和保险从业人员实施了行政处罚。通过强有力的监管措施,有效遏制了保险违法违规行为,维护了市场稳定和被保险人的利益。

2. 非现场监管

非现场监管是实施日常保险监管的重要方式,是指监管机构通过收集保险公司和保险行业的公司治理、偿付能力、经营管理,以及业务、财务数据等各类信息,持续监测、分析保险公司业务运营、提供风险保障和服务实体经济的情况,对保险公司和保险行业的整体风险状况进行评估并采取针对性监管措施的持续性监管过程。非现场监管的内容大致包括以下四个方面。

(1)信息收集和整理。监管机构根据非现场监管的需要,从监管机构、保险公司、行业组织、行业信息基础设施等方面收集反映保险公司经营管理情况和风险状况的各类信息,充分利用各类保险监管信息系统采集的报表和报告,整理形成可用于非现场监管的信息。

(2)日常监测。监管机构根据保险公司的业务类型、经营模式识别各业务领域和经营环节的风险点,编制风险监测指标体系,用于对保险公司的经营发展情况进行日常动态监测和风险预警。

(3)非现场监管评估。评估的主要内容包括:保险公司的基本情况,评估期内业务发展情况及重大事项;非现场监管评估发现的主要问题,风险和评估结果,以及变化趋势;关于监管措施和监管意见的建议;非现场监管人员认为应当提示或讨论的问题和事项;针对上次非现场监管评估发现的问题和风险,公司贯彻落实监管要求实施整改和处置风险的情况。

(4)采取相应的监管措施。监管机构依据有关法律法规,针对风险监测和非现场监管评估发现的问题与风险,及时采取相应的监管措施,并根据风险监管的需要，要求保险公司开展压力测试，制定应急处置预案，指导和督促保险公司及其股东有效防范化解风险隐患。

3. 分类监管

对保险机构实行分类监管是中国保险监管部门的一个独特做法，其基本目的是通过对保险机构进行分类，使监管更有针对性和有效性。监管机构在对保险机构进行综合评价、了解保险机构风险状况的基础上，集中有限的监管资源，对风险较高的公司采取有针对性的监管措施，跟踪分析，加大防范和化解风险的力度，促进保险业的科学发展。

分类监管的流程包括收集信息、生成监测指标、评价风险等级、实施监管措施等四个环节，以年为监管周期，每季度进行及时调整，每月监测公司指标，如发现异常，及时采取监管措施。

分类监管是以风险控制为着眼点的一项综合监管措施。监管部门为提高保险监管的科学性、针对性和有效性，坚持区分情况、区别对待的原则，根据保险公司的风险程度，将保险公司分为以下四类。

A 类——低风险：偿付能力达标，公司治理、资金运用、市场行为等方面正常。对 A 类公司，不采取特别的监管措施。

B 类——中风险：偿付能力达标，公司治理、资金运用、市场行为等方面虽有问题，但问题不严重。对 B 类公司，可采取以下一项或多项监管措施：监管谈话；风险提示；要求公司限期整改所存在的问题；针对所存在的问题进行现场检查；要求提交和实施预防偿付能力不达标的计划。

C 类——较高风险：偿付能力不达标，或公司治理、资金运用、市场行为等其他方面存在较大风险。对 C 类公司，除可采取对 B 类公司的监管措施外，还可以根据公司偿付能力不达标的原因采取以下一项或多项监管措施：全面检查；要求提交改善偿付能力的计划；责令增加资本金；限制向股东分红；限制董事和高级管理人员的薪酬水平和在职消费水平；限制商业性广告；限制增设分支机构；限制业务范围、责令停止开展新业务、责令转让保险业务或者责令办理分出业务；责令拍卖资产或者限制固定资产购置；限制资金运用渠道或范围；调整负责人及有关管理人员；向董事会、监事会或主要股东通报公司经营状况。

D 类——高风险：偿付能力严重不达标，或者偿付能力虽然达标，但公司治理、资金运用、市场行为等至少一个方面存在严重问题。对 D 类公司，除可采取对 B 类、C 类公司的监管措施外，还可以采取整顿、接管或监管机构认为必要的其他监管措施。

从 2006 年开始，保监会就在人身险和财产险领域开始探索分类监管，根据保险经营主体在偿付能力、内控建设、业务特点、风险状况等方面的情况，确立不同的监管重点。经过试点，从 2009 年起正式实施对产险、寿险公司及保险专业中介机构的分类监管。监管部门通过对保险机构综合评价指标动态地监测、分析和处理，考核保险公司偿付能力、公司治理、内控和合规风险、财务风险、资金运用风险、业务经营风险等方面的情况，根据保险公司的风险程度，将保险公司分为不同类型，综合运用市场准入、产品审批、资金运用等不同的监管措施，增强了监管的针对性和有效性。

# 第 3 章 保险监管经济学理论

## 3.1 经济学研究的发展脉络

经济学理论纷繁复杂，发展历史源远流长，想要描述清楚其发展脉络并不是一件容易的事，要想在较短篇幅内说清楚，更是难以完成的。但是，要将保险监管经济学理论的产生与发展脉络梳理清楚，就必须从整个经济学的发展过程说起。这里，我们试图通过对经济学发展脉络的一个简单梳理（图 3.1），为后面保险监管经济学分析框架的提出奠定基础。

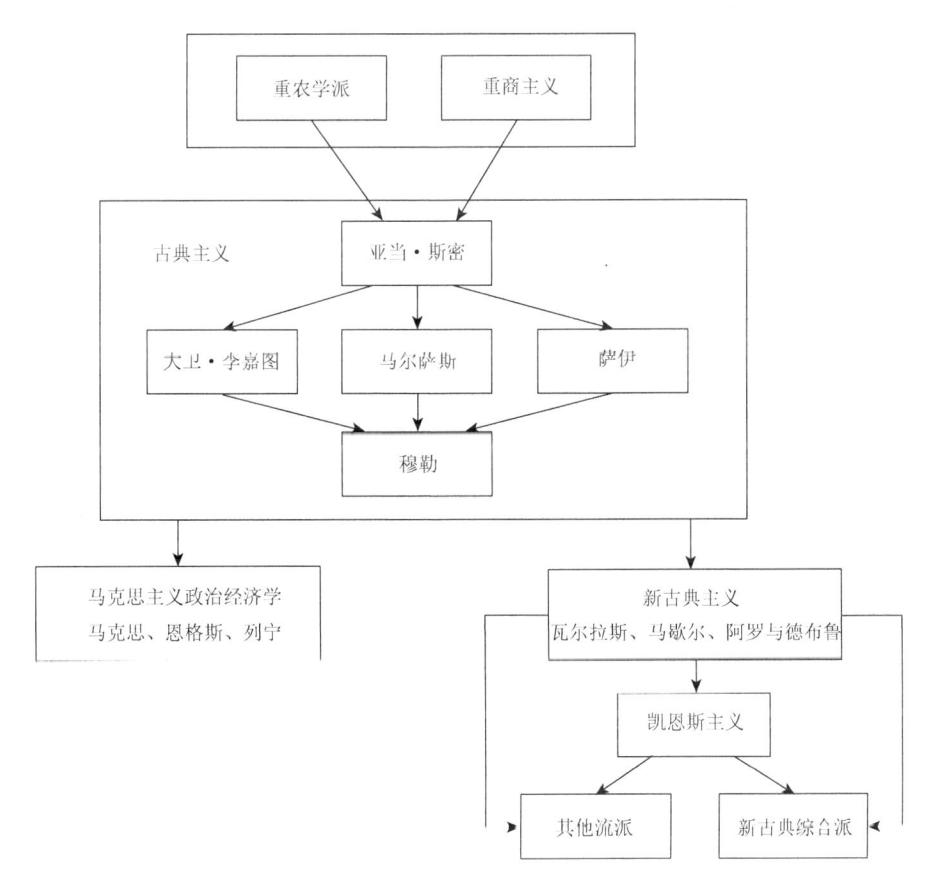

图 3.1 经济学发展的基本脉络

经济学是随着资本主义的兴起而逐渐发展成为一门科学的。作为一门社会科学，经济学的发展离不开三个要素：社会的经济政治状况，自然科学和文化背景，以及历史上形成的理论的积累。在同一时期，经济学理论也往往会百家争鸣，后人往往会总结出某一时期的主流学派，以代表该时期经济学发展的主要轨迹。

早期西方经济学发展的主要流派可以大致分为以下五个阶段：启蒙阶段（重商主义、重农学派）；古典主义；马克思主义政治经济学、新古典主义；凯恩斯主义；新古典综合派、其他流派。

第二次世界大战以后，新古典综合派逐渐兴起，主要代表人物有保罗·萨缪尔森、托宾、索洛等。"新古典"是指其接受凯恩斯以前的新古典主义对于市场和一般均衡的分析，但同时在理论分析中兼顾凯恩斯主义的思想，将凯恩斯的宏观理论体系和新古典的微观理论体系相结合，注重寻找宏观经济理论的微观基础。新古典综合派认为：一方面，经济中的基本问题——生产什么、如何生产和为谁生产——仍然由市场机制即"看不见的手"来解决；另一方面，政府在经济中的作用越来越重要，政府运用各种经济政策来纠正市场调节不可避免的缺陷，对经济进行宏观调控，以保证经济长期稳定发展，并实现社会公正。

新古典综合派之后，当代经济学其他具有重要影响的学派有新自由主义、货币主义、理性预期学派、新剑桥学派、新制度主义等。

新自由主义以哈耶克为主要代表，他从个人主义出发，强调维护个人自由。而自由的基础是经济自由，其核心是私有制。在这一基础上，生产者有经营自由，消费者有消费自由。实现经济自由的途径是让市场机制充分发挥调节作用，让人们在市场上自由竞争。

货币主义又称为现代芝加哥学派，其代表人物是弗里德曼，他的基本观点是坚持经济中最重要的因素是货币，即货币量是说明产量、就业和价格变化的最重要因素；在政策上基本主张坚持市场调节，反对国家直接干预。

理性预期学派的代表人物是卢卡斯和萨金特，该学派认为，经济主体在做出任何决策时，除了考虑到有关经济变量外，还要考虑这些变量的未来变化，这种有根据的、合理的预期被称为理性预期。该学派认为，市场机制本身是完善的，依靠价格的调节作用，市场在正常情况下总是处于供求相等的出清状态。由于理性预期的作用，宏观经济政策无论在短期还是长期都是无效的，且会破坏市场机制。

新剑桥学派又称为凯恩斯左派，与新古典综合派一样，号称是现代凯恩斯主义，其代表人物有罗宾逊、卡尔多。该学派认为，新古典综合派将收入支出模型作为凯恩斯主义的核心是一种歪曲，核心问题应是收入分配问题。他们认为，资本主义社会的收入分配不合理，分配应以价值理论作为基础；经济增长是以加剧收入分配的不平等为前提的。因此他们主张，国家应干预经济，实现收入分配平等化。

新制度主义经济学的出现开创了经济学研究的新篇章。他们将经济学研究的对象确定为制度（institution），重视经济伦理问题和价值判断，并且用演进的、整体的方法研究制度的变迁。从1991年到1993年，罗纳德·科斯（Ronald Coase）、道格拉斯·诺斯（Douglass North）依赖其对制度经济学开创性的研究接连获得了诺贝尔经济学奖。依靠对博弈论的研究及其在经济学领域的应用，约翰·纳什（John F.Nash）、约翰·海萨尼（John C. Harsanyi）、赖因哈德·泽尔滕（Reinhard Selten）、詹姆斯·莫里斯（James A. Mirrlees）及威廉·维克里（William Vickrey）等在1994年至1996年获得了诺贝尔经济学奖。

由上面的叙述可以看出，政府与市场的关系一直是经济学理论研究发展脉络中非常重要的对象。从早期的重商主义主张在国家支持下发展对外贸易，到马克思主义政治经济学中的计划经济学说，再到后来凯恩斯主义对国家干预经济的强调，市场和政府都有着各自不可或缺的作用这一点已经逐渐被绝大多数经济学家所认可。同时，随着博弈论在经济学研究中的应用，以及新制度主义经济学的兴起，"制度"作为一种新的经济因素开始被越来越多的经济学家所关注。

## 3.2 市场监管经济学的产生与演进

在对监管经济学的理论进行介绍前，我们首先要弄清楚一些基本定义。我们这里所讨论的监管更为准确的名称应该是"经济监管"，是与社会监管相对应的，专指经济领域中政府的管制行为。市场经济制度的精髓在于市场的参与者（消费者、厂商）可以独立地做出决策：消费者可以选择是否购买、购买何种以及购买多少产品；厂商可以选择是否生产、生产何种以及生产多少产品。市场监管从这个角度来说，被定义为由国家统治力保证的对市场参与者自由行为的限制。典型的经济监管起源于19世纪70年代，当时的两个重要事件标志着经济监管的兴起。

（1）事件一。美国最高法院对"穆恩诉伊利诺伊州"一案的具有里程碑意义的判决，不仅赋予了伊利诺伊州政府可以对谷物储运商制定的价格进行监管的权力，也从根本上奠定了政府对市场参与者采取监管的基本原则：当市场参与者的行为会对公共利益造成影响时，其行为就需要受到公众的控制。

（2）事件二。1887年生效的美国各州之间的经商法案。根据这一法案创建的州际商务委员会（Interstate Commerce Commission，ICC），目的就是监管铁路行业的垄断（歧视）定价问题。

这两个事件被后人视为经济监管领域的里程碑事件。从这两个事件的性质可以看出，经济监管的起源是从对市场支配势力（垄断）的限制开始的。

Noll（1989）认为，西方经济学对市场监管的研究大致经历了三个阶段。

第一阶段：研究市场失灵与立法和政府直接干预等纠正市场失灵措施之间的关系，即从市场失灵出发，分析监管作为一种重要的政府干预手段的必要性以及监管对社会福利改进的合理性。

第二阶段：出于对监管政策动机的质疑，经济学家开始对受到监管的市场的经济效率进行审查，从而对监管行为的影响做出判断。

第三阶段：对监管行为的真实原因进行探讨，对传统上将监管者视为社会计划者的理论进行审视，出现了对行业力量影响监管政策等现象的描述。

上述三个阶段的划分，实际上对应着市场监管的两种经济理论：公共利益理论和私人利益理论。在这三个阶段之后出现的是现代监管理论时期，这一时期监管经济学发展的一大特点是博弈论模型和制度分析的广泛应用。

无论是公共利益理论还是私人利益理论，实际上都侧重于研究物与物或者人与物之间的关系（即认为人的行为可以通过价格、数量表现出来，因此市场就被抽象为简单的"价格—数量"关系）。而博弈论的发展，使得人与人之间关系的研究越来越受到经济学的重视，在此基础上发展起来的监管经济学，更为侧重从协调人与人之间关系的角度来分析监管制度的产生和演进。

从上面的阐述不难看出，监管经济学理论的发展具有以下几个规律。

（1）监管经济学理论有着很强的现实意义，对市场现象的解释能力是人们最为关注的。上述两种监管理论都是被用来分析和解释当时市场上出现的问题，或者根本就是为了更好地解释市场现象而提出来的。因此，是否能够更为准确地解释市场现象，成为衡量经济模型和理论的重要标准。

（2）监管经济学理论更为注重切合实际，传统经济学理论中很多理想化假设逐渐被修正。上述两种监管理论是在逐渐演化过程中被提出的，实际上逐渐修正了将监管者作为社会计划者的理性假设，而将监管者自身对效用的追逐、自身的行为等因素纳入考虑范围。

（3）博弈论的引入使经济学家开始对市场主体行为以及相应的制度因素加强了关注。经济监管从广义上来说是一种制度建设，而博弈论的发展和新制度经济学的兴起，无疑可以极大地推动从制度层面研究监管问题。

## 3.3 保险监管的基本经济理论

### 3.3.1 公共利益理论

1. 潜在的市场失灵与政府监管

自古典经济学兴起后，自由市场就成为经济学家追求的"真理"。在强调自由、竞争的大环境下，要建议政府干预市场，就必须有一个充分而且合理的理由，即出现了所谓的市场失灵。

正如上面所分析的，美国第一个经济监管的案例就是基于市场失灵的一种表现形式——自然垄断的出现。在自然垄断状态下，虽然厂商的生产成本可以达到最低，但垄断定价同时也会带来社会福利的整体损失。这时，政府的监管就是要通过强制性规定厂商的定价，提升整体社会福利水平[①]。

除了自然垄断外，不完全信息也是市场失灵的另一种重要表现形式。美国对不完全信息的监管始于 1906 年制定的《纯净食品与药品法》(*Pure Food and Drug Act*)。由于信息的不完全，消费者可能会做出不理性的决定；同时，厂商也可能会选择生产与最优状态不一致的产量，因而会损害社会整体福利。而政府的监管可以从两方面改善这种状况：一是强制性地增加信息的披露，可以由监管者进行披露，也可以强制性地要求厂商进行披露；二是制定某些最低标准，从而避免某些极端不理性的决策行为严重损害社会福利。

第三种常见的市场失灵现象是外部性，可以是正外部性，也可以是负外部性。例如，公共品的滥用会导致效率的损失和社会福利水平的下降；单个经济体的行为可能会带来更大范围的负面影响（负外部性），而市场本身却没办法纠正这种行为。在外部性存在的情况下，政府监管可以通过制定某些强制性标准来避免对于公共资源的滥用或者单一经济体的不恰当行为。

正是由于市场失灵现象的存在以及相关监管政策的出台，经济学家开始从规范的视角来分析这些现象和监管政策。当时的经济学家多采取市场均衡、福利分析等方法，从整体社会福利的角度来研究市场失灵和监管政策的影响，因此被定义为监管的公共利益理论。同时，由于这些研究多采

---

① Baumol 等（1977）给出了自然垄断形成和如何解决的分析建议。

用规范式的研究方法，希望能够回答"什么时候应该采取监管"，而实际上更多的是为已经出台的政策寻找正面的解释。因此，这一时期的监管经济学研究又被后人称为"规范的实证理论"（normative analysis as a positive theory，NPT）（Viscusi et al.，2005）。

　　监管经济学的发展与现实中政府监管力度的加大密切相关，可以说两者是相辅相成的。自 1887 年（美国）政府经济监管的首个案例发生后，1930～1940 年出现了第一个政府监管的高峰期。在大萧条之后，各州政府、联邦政府均加大了对主要经济领域的控制力度，ICC 也将自己的控制领域从铁路扩展到卡车运输、水运和管道运输行业。

　　1940～1970 年，美国政府对经济的监管虽然没有像之前十年那样快速发展，但仍保持了一个稳步发展的状态。这段时间里，能源和通信行业是两个受到监管的典型案例。1954 年最高法院的一个判决，使得美国天然气的价格开始受到政府管制；1971 年后，石油价格也成为监管对象。

　　站在后来人的角度，我们现在回顾公共利益理论下的监管经济学研究，不难发现其存在很多缺点和不足。

　　（1）公共利益理论认为，监管者（作为政府的代表）制定监管政策的唯一出发点是提升社会福利，即监管者是一个没有任何私人利益的社会计划者。这不仅是极度理想化的，也是毫不现实的。任何国家、行业的监管者都会有除社会福利之外的私人利益，也都会受到被监管对象的影响。因此，简单地将监管者假设为社会计划者是不合理的。

　　（2）公共利益理论将监管过程过于简单化，忽视了可能会出现的制约监管政策生效的因素。例如，传统的公共利益理论试图用规范的方法解释监管政策，这实际上隐含了这样一个简单假设，即"理论上成立的监管就应该而且会在实际中出现"。但一项监管政策的出台是一个复杂而且冗长的过程，其中会涉及各方利益主体的博弈、谈判，甚至会出现完全相悖于"理论上最优"的监管政策。

　　（3）公共利益理论忽视的另一个问题是，监管者自身在政策制定和实施中的缺陷。公共利益理论默认监管者能够获得被监管对象的完全信息，同时监管者有充分的能力实施某项政策。

　　综合来说，公共利益理论依托（新）古典经济学的主流地位，虽然获得了一时的认可和发展，但也导致了其理论模型的僵化。从"交换中心论"出发，古典经济学的研究避开了重要的现实条件，导致其研究的内容和结论受到局限。通过抽象的数学模型来分析复杂的现实经济问题，的确为研究打开了便利之门，但也因此往往难以准确刻画系统整体的动态变化过程，尤其是系统内大量的个体之间、个体和环境之间的复杂交互过程。这些先天的不足从根本上决定了公共利益理论不可能经得起时间的考验。经济学家 Noll（1989）、Viscusi 等（2005）已经系统地分析了公共利益理论存在的问题，这里就不展开叙述了。

2. 信息问题与保险市场监管

信息问题可以说是保险市场上最重要的可能导致市场失灵的原因，关于信息问题的相关研究占比也是最高的。但正如 Lereah（1985）所指出的："针对信息问题的研究与监管的研究一直是分离的，现在我们需要在信息问题的框架下进行监管的研究。信息问题的研究对于我们了解市场已经起到了很好的作用，而且研究中使用的模型本身在很多时候已经给政府干预提供了建议。因此，在信息问题的框架下进行监管研究是很合适的。"

保险市场中的信息问题主要是指信息不对称，信息不对称问题又可以进一步细分成四类，见表3.1。

表 3.1　保险市场信息不对称问题的分类

| 项目 | 买方问题 | 卖方问题 |
| --- | --- | --- |
| 隐藏信息 | "二手车"问题 | 逆选择问题 |
| 隐藏行为 | 委托代理问题 | 道德风险问题 |

1)"二手车"问题

"二手车"问题是指由于市场中的买方对于产品的了解少于卖方，因此可能会导致所谓的"劣币驱逐良币"的现象发生，这一理论最早是由 Akerlof（1970）提出的。

保险市场中的"二手车"问题体现为，投保人因为不能够获取保险人的财务状况，或者不能够完全理解保险单条款（保险合同往往是复杂且难懂的文件，非专业人士往往很难全部理解）而导致买到较差的产品。

卖方信息多于买方信息所带来的"二手车"问题是最严重的保险市场失灵现象之一。除了投保人通常无法对保险人的产品和财务状况进行正确评估与监督外，保险人还可能会有意隐瞒自己的财务困难和某些对投保人不利的保险条件，从而进一步加剧了和投保人之间信息不对称的问题。由于保险产品是关系到公共利益的金融产品，所以通常需要政府出面来评估这种信息的不对等性，以保证保险人的经营和偿付能力处在监督之下，从而保护公众利益，特别是信息不灵的保险购买者的利益。

信息问题也可以在一定程度上通过市场机制加以解决。评级机构可以通过对保险人财务状况的评级，反映保险人经营的稳健性。保险中介机构如独立代理人和经纪人，也可以提供对保险人资信情况的评估，特别是大型专业保险经纪公司可以帮助投保人选择资信良好的保险人，监督保险人的财务状况。

保险产品本身也会带来信息不对称问题，这是因为保险合同是复杂的、专业的法律文件，非业内人士很难理解其中的专业术语和法律词汇，一般消费者很难区分"好"保险单与"不好"的保险单。在解决这类信息不对称问题方面，政府监管可以发挥很大的作用，比如禁止使用误导性的保险单措辞，或要求用简单的语言来书写保险单，甚至直接规定保险单使用的用语。

2）逆选择问题

逆选择问题和道德风险问题是保险经济学中有关信息问题的最重要的两个方面，这两方面问题主要是由被保险人的行为所带来的。因此，保险人对这两种行为更为关心，希望通过一些方法能解决好这些问题。

逆选择指的是潜在的投保人总是比保险人更清楚自己的风险水平。这一问题的存在可能导致的结果是，保险人只会提供高于平均保费的保险，使得只有高风险的投保人才会愿意购买保险，而低风险的人不愿意购买保险，或只购买不足额保险，因而会带来整体社会福利的损失。

关于逆选择问题的经济学研究非常多，比较著名的包括 Rothschild 和 Stiglitz（1976）的单期竞争市场上的"自选择"模型，以及 Wilson（1977）、Miyazaki（1977）、Spence（1978）、Riley（1979）在允许保险人考虑其他保险人的行为或反应后提出的 Wilson 均衡模型，以及后来人们不断通过修改 R-S 均衡的前提假设而扩展的 R-S-W-M 模型。这些学者的研究结果给保险人提供了解决信息不对称问题的一些方式，具体如下。

（1）通过设计部分保险、免赔额、赔付上限等方式来区别不同风险类型的投保人，以实现市场均衡。在这一领域，很多学者在"最优保险"的概念下做了很多相关研究，分析什么样的保险单设计对于解决逆选择问题是最合适的，当然这里面也会涉及监管者对保险单合同条款的监管。

（2）进行风险分类。保险公司通过收集尽可能多的投保人的信息（如性别、年龄、婚姻状况等），来作为判断投保人风险状况的依据。关于风险分类，也有很多学者进行了详细研究，研究工作侧重于分析风险分类对社会福利可能产生的影响，以及什么样的分类标准是比较好的，等等。

然而，无论是在经济学研究还是公共政策研究领域，保险人采取风险分类所导致的公平与效率的冲突始终是人们争论的焦点：风险分类造成的不同群体的不公平权益以及风险分类在多大程度上可以提高保险合约的经济效率。

与学术界存在激烈争论的现象类似，在保险监管实践中，不同国家在限制保险人的风险分类行为方面也有不同的措施。例如，在有些国家，不允许保险人根据性别、年龄等因素向投保人收取不同的费率。

（3）实行强制保险。实施强制保险被认为是解决逆选择问题的一个有效措施，例如很多国家都将机动车第三者责任保险规定为强制保险。Johnson（1977）认为，政府提供强制保险的最主要原因是保险市场中存在的逆选择问题，使得保险人无法区分投保人的风险类型，而过高的费率会把低风险投保人"挤出"市场。政府通过强制低风险投保人购买一定数额的保险或禁止高风险投保人购买过多的保险，就能起到降低费率的作用。当然，对于强制保险的更多分析，是侧重分析它在减少负外部性方面产生的政策效果。

很多学者还分析了采取强制保险后，会对市场效率和社会福利产生什么样的影响，这些研究成果为政府是否应该支持强制保险提供了理论依据。

3）道德风险问题

道德风险是保险市场上另一个备受关注的问题。在购买了保险后，投保人（被保险人）的行为会因为获得了保障而发生变化，防损动机和减损努力都可能会减弱，这就是道德风险。

关于道德风险的研究已经有很多，比较经典的模型是：假设投保人的努力可以影响出险概率或出险程度，并且这种努力可以度量并体现在投保人的效用函数中；根据投保人的这种努力能否被观察到，以及保险人观察投保人行为的成本等因素，研究给出投保人在不同情况下的保险需求，以及保险人相应的最优保险单机制设计（Winter，2001；Shavell，1979）。

近年来，学者已经不仅仅在道德风险或逆选择框架下进行研究，对道德风险和逆选择问题同时存在的情况下，也给出了帕累托最优和竞争性均衡的分析框架；Dionne 和 Eeckhoudt（1985）也试图通过一个模型来涵盖道德风险和逆选择问题；Stewart（1994）甚至证明了道德风险和逆选择问题之间可能存在相互抵消的效应。

从监管方面来看，由于道德风险问题本身是一种没有效率的现象，因此保险公司所采取的试图降低道德风险的任何行为应该都是有利于市场效率提高的。

4）委托代理问题

委托代理问题是保险经济学研究的重要问题，广义的委托代理问题包含了道德风险问题。委托代理问题从本质说,是由于委托人不能够完全监督到代理人的行为,因而导致代理人工作可能不努力的问题。

在保险市场中,委托代理问题的第一类表现是,保险公司的经理(代理人)可能不会始终维护公司股东(委托人)的利益。经理可能更专注于销售更多的保险单,自己获得更多的收入,而这一目标可能与公司股东利益最大化的目标并不相符。第二类表现是,由于很多保险产品是通过代理人销售的,而代理人的主要目的就是把保险单卖出去,卖得越多获得的佣金也就越多。因此,一些代理人可能会采取不正当的方式诱导消费者购买对他们来说并不需要的产品,或者是将保险单推销给一些不适当的投保人。

前面列举了由保险市场中信息的不对称所带来的问题。那么,应如何解决这些问题呢?一个看上去很直接的答案应该是:有关各方应设法获得更多的所需要的信息,降低信息不对称的程度。但事实上人们很难完全做到这一点,原因是在现实市场中,信息不是免费的,要获取更加完全的信息,必然将增加投保人或保险人的成本,人们不得不在是为了获取更多的信息而增加成本,还是为在信息不充分条件下做出的选择而支付额外的成本之间进行权衡。

3. 市场支配力与保险市场监管

市场支配力是指市场参与者具备了支配市场的力量。在一个完全竞争的市场中,所有生产者或消费者都应该是价格的接受者,都无力影响商品或服务的价格,即不具备市场支配力。如果市场中存在某种支配力量的话,就会降低通过市场配置资源的效率。市场支配力的主要表现形式包括:市场进入壁垒或退出壁垒、规模经济或范围经济、产品差异性、价格歧视。

1)市场进入壁垒或退出壁垒

市场进入壁垒是指打算进入某一市场(或产业)的企业必须承担的额外成本,进入壁垒的高低,既反映了市场内已有企业优势的大小,也反映了新进入企业所遇到的障碍。进入壁垒的高低是影响市场垄断和竞争关系的一个重要因素,是市场结构的直接反映。

事实上,任何市场都会存在一定的进入壁垒,只是高低不同罢了,保险市场也是如此。总体上看,保险市场作为金融市场的一部分,关系到国家和社会的经济安全,因此从政府的角度看,会非常重视对保险市场准入的监管,会对希望进入该市场的企业设置一定的壁垒,其主要形式就是发放经营许可：只有获得了政府颁发的经营许可，才可以经营保险业务。而政府在颁发经营许可时，通常会对申请进入保险市场的企业进行严格审核，包括资本金要求、董事和高管任职资格等。

但总体而言，保险市场的进入壁垒并不是很高，特别是其技术壁垒、资金壁垒都不是很高，这一点可以从保险市场上现存的庞大数量的保险公司即可看出，如到 2021 年底美国有 5900 多家保险公司；英国有 900 多家保险公司；我国保险市场经过 40 多年的发展，目前已经有了 200 多家保险公司（孙祁祥等，2021）。

观察市场的竞争程度不能仅看进入壁垒，还应关注退出壁垒，也就是说一个充分竞争的市场应该是可以自由进出的。但相比其他市场，保险市场不仅进入壁垒相对高，退出壁垒也是相对高的，也就是说不能让一家保险企业很容易地退出市场，无论是主动退出还是被动退出，这样做的目的是保护保险消费者的利益，也有利于维持市场的正常竞争秩序。

2）规模经济或范围经济

规模经济是指企业的平均生产成本随产量的上升而下降。如果某些企业具有了规模经济，就会以相对更低的成本生产出和竞争对手一样的产品，就可能将竞争对手挤出市场，自身形成对市场的垄断。事实上，很多行业都存在着规模经济现象，以至于政府为了维持市场的竞争环境，不得不限制一些"巨无霸"级企业的进一步扩张，甚至对此类企业进行分拆。

有关对保险业是否存在规模经济现象的研究发现：中小规模保险公司的效益通常会随着规模的扩大而上升，但大公司的效益可能不随规模而改变，既可能随规模扩大而上升，也可能随规模扩大而下降（即大型保险公司可能存在规模不经济的现象）。因此，对规模经济是否会导致保险市场出现市场支配力的回答是不确定的，或者说可以认为保险业出现规模经济的可能性比较小。

范围经济是指一家公司能够以比其他公司更低的成本生产出多种产品或提供多种服务。对保险业的研究表明，某些保险公司的确存在范围经济，例如一些保险集团公司可以将财产保险、人寿保险、健康保险等产品实行联合销售，降低了销售成本；一些保险公司和银行合作，利用银行网点销售保险，扩大了客源，降低了销售费用。从发展趋势看，为了能为消费者提供更好的服务，保险企业和其他行业的企业会加强合作，涌现出更多的新型商业模式，通过提升范围经济效应来增强企业的竞争力。

3）产品差异性

产品差异性是指消费者可以将一家公司的产品与其竞争对手的产品区

分开来。产品具有差异性将会增加消费者的选择,有利于产品的改进和创新。如果市场中所有产品之间均存在明显差异,就容易导致市场支配力的出现。这是因为当产品之间存在明显差异时,消费者就可以将某厂商的产品与其竞争对手的产品区分开来,且当消费者恰好需要该厂商的产品所具有的功能的话,就只能接受该厂商的定价,此时该生产商就具有了市场支配力。

保险市场整体上看是产品差异性不大的市场,或者说保险产品的同质性是相当高的。比如我国有80多家财产保险公司,大多都在销售机动车辆保险,且各家公司使用的保险单和定价由于都依据的是行业协会的标准条款,所以基本上是完全相同的,消费者很难区分。这就导致各家保险公司在车险市场的竞争异常激烈,只能从如何提供更好的服务、给消费者更好的消费体验出发,提高自身的竞争力。其他险种如人寿保险、健康保险、养老保险等方面,各保险公司提供的产品的核心功能也基本相同,由此决定了保险市场是竞争非常激烈的市场,要想在产品高度同质性的市场中胜人一筹,就必须在销售、服务、风险管理等方面超越竞争对手。

4)价格歧视

价格歧视是指厂商在同一时期将同一产品按照不同价格卖给了不同的消费者。一般来说,在一个完全竞争的市场中,所有的购买者对相同的产品应支付相同的价格。不过,市场中存在一定的价格歧视现象是不可避免的,而且有时会有利于市场效率的提升和整体社会福利的改进,问题是要避免市场出现垄断,导致不公平竞争。

保险市场也存在一定程度的价格歧视,比如出于竞争的需要,保险人会对不同目标市场的消费者收取不同的价格,对利用不同渠道销售的保险产品收取不同的保费等。

4. 外部性与保险市场监管

外部性是指一个厂商的生产行为或一个消费者的消费行为对其他人产生的直接的、未予补偿的正面或负面影响。负面外部性的典型例子是某些企业的生产过程造成对空气或水的污染;正面外部性的例子如某公司的先进营销理念和方式被其他公司学习和掌握。

保险业是一个既存在正外部性也存在负外部性的市场。负外部性的明显例子是由于保险的存在引发的保险欺诈现象,即一些人为了获取保险赔付而谎报损失甚至故意损害被保险标的。在欧洲和北美保险市场上,据估计有5%~15%的非寿险索赔涉及欺诈。保险带来的负外部性的另一种表现是,一些需要购买保险的人没有购买保险,因而在发生损失时无法获得赔偿,从而导致社会福利的损失,这也成为政府建立某些强制保险制度的理论依据。

保险市场的另一种负外部性是保险公司破产带来的不利影响,甚至会由此引发系统性风险。这种风险可分为两类：①台阶式破产,指一家保险公司破产会直接引起其他金融机构的破产,这种风险会通过风险的集中和再保险,在保险市场中传递。②挤兑,指许多投保人、债权人同时要求提取现金。历史上,人寿保险行业就曾发生过挤兑的情况,导致一些寿险公司陷入破产。为减少这种可能的负外部性,监管机构的考虑主要是,如何根据保险人的财务状况等信息来判断保险人发生财务困境的可能性,以及如何进行应对。应对措施除了提出相关监管要求、保证保险人的财务稳健性和充足的偿付能力外,还包括如何应对保险人出现的财务困境,如设立保险保障基金等。这些措施的本意是为了解决外部性问题,但也可能带来搭便车问题。

保险市场也具有非常明显且重要的正外部性。商业保险机构通过提供各类保险产品和风险管理服务,为个人、家庭、企业单位提供了风险保障,提升了他们的风险应对能力,促进了经济和社会的安全与发展。正是因为看到了保险市场的这种明显正外部性,各国政府才会对保险业的发展给予积极的支持。

5. 搭便车问题与保险市场监管

当某些具有公共品性质的产品和服务可以很低的成本甚至零成本获得时,就产生了搭便车问题。一般认为,公共品应该由政府来提供,一个竞争性市场不应该也不可能提供社会所需要的公共品。

保险市场上也存在"免费搭车"现象。例如,当人们相信政府会在灾难发生后提供救济时,购买保障相同潜在风险损失的商业保险的愿望就会减弱。还比如,作为保险公司最主要产品的保险合同条款实际上也是一种"公共产品":一家保险公司设计出来之后,其他保险公司都可以采用,因而使得保险公司在产品开发和创新方面缺少动力。再有,保险监管本身也会引发"免费搭车"问题,因为政府通常会从行业的平均利益、平均发展水平角度制定有关监管政策,使一些相对落后的企业得到了"照顾"。

### 3.3.2 私人利益理论

1. 监管的私人利益理论

虽然一直到20世纪70年代国际上的政府监管一直处于稳步发展阶段,但实际上从20世纪50年代开始,经济学界就出现了对监管效率进行评价的研究（Noll,1989）。20世纪50年代末至60年代的很多实证研究结果显示,被监管的行业并不像预期的那样有效率(Meyer,1959)。Demsetz(1969)指出,作为不完全竞争理论,公共利益理论对实施监管的假设是公众为得到社会福利而产生了对监管的需求,却没有对如何把潜在的监管需求转化为现实监管机制进行解释。

事实上,对于公共利益理论以及规范实证理论最大的质疑来自其理论与现实的不相符。很多领域在没有出现市场失灵(如自然垄断或负外部性)的情况下,却受到了政府的监管(如政府对货车、出租车和证券市场的监管)。政府对市场的干预有利于实现公共利益的论点也逐渐失去了大家的支持。正是在这样的背景下,私人利益理论应运而生,以寻求对监管政策起因的更准确解释。

起源于20世纪70年代的私人利益理论,也被称为特定利益理论,该理论打破了将监管者作为社会计划者的假定,尝试地用特定利益集团的利益诉求作为监管政策出台的原因。

Stigler(1971)认为,监管政策的出台是由行业力量所引导的,这一观点开启了监管经济学研究中的私人利益理论之先河。Stigler 以美国各州对卡车运输的载重限制作为被解释变量(衡量监管政策的严厉程度),以各州的卡车数量、道路情况等作为解释变量,显著地发现:在卡车运输越发达的地区,对卡车运输的限制程度越低。进一步,通过分析若干种行业在牌照发放早晚方面的差异发现,规模越大的行业,获得牌照的速度越快。

Stigler 在研究中首次提出,监管不仅可以作为外生变量来对待,也可以从供给—需求的角度进行分析。对监管的需求,就是行业经营者希望获得合法经营许可,以及出台有利于经营的政策的欲望;而监管的供给,涉及立法等方面的成本(选举、投票等)。因此只有当行业力量足够强的情况下,相应的监管措施才会应运而生。Stigler(1971)被认为开创了监管"俘获"理论的先河,而这一理论也成为私人利益理论的一个重要原型。

此后,Stigler 和 Peltzman(如 Peltzman et al., 1989)提出的监管均衡模型中,监管者通过调节利益集团间的价值转移,达到选票数量即政治支持的最大化。Peltzman 等(1989)和 Becker(1983,1985,1986)分别建立和完善了"完全信息下的投票模型",从多个利益集团并存的角度强调了监管"俘获"的竞争,各产业利益集团"俘获"监管机构不仅是为了争取监管收益的增量,更重要的是在监管收益的分配中获得更大的份额。

Besley 和 Coate(1997)、Besley 和 Case(2003)通过分析监管者所处的政治阵营来分析监管政策取向的影响因素;Boyer(2000)则从社会舆论压力等方面分析了监管者的监管政策所受到的影响。

Meier（1988）提出，利益集团地理分布的广度、集团的凝聚程度和同质程度、集体意愿的强度、运用资源的机动程度、支持联盟的跨度、集团的社会声誉度等与利益集团的竞价能力是正相关的，利益集团的竞价能力越强，它在监管系统中的地位就越高，从监管俘获中获得的收益也就越多。

归纳起来，私人利益理论将监管视为利益重新分配的手段，而不是矫正市场的措施，因而监管的代价是昂贵的。监管的出现是不同利益集团综合影响的结果，因此监管的政策有着自然的偏向性。与古典主义强调的监管者作为社会计划者不同，私人利益理论下的监管者很少从消费者的利益出发制定监管政策。

私人利益理论的出现和发展，伴随着20世纪70～80年代美国的"去监管化"的潮流。以被监管行业所贡献的国内生产总值计算，1977年美国的国内生产总值中有17%是由被完全监管的行业所贡献的，而到了1988年，这一比例下降为6.6%。仍然以交通运输领域为例，1978～1982年产生了多项"去监管化"的法案，例如航空行业（1978年）、铁路行业（1980年）、公路货运行业（1980年）以及公共汽车行业（1982年）。

上面我们已经分析过，私人利益理论的出现正是为了弥补（新）古典经济学对现实政策解释方面存在的不足，因此这一理论的出现在一定程度上满足了大家对政府监管背后的本质原因理解的需要。但这一理论也存在很多局限性，可归纳为以下两点。

（1）理论本身的不完善。作为一种以实证分析为主要研究方法的经济理论，私人利益理论从一开始就注定了其具有不完整性。这一理论更多的只是被动地解释影响某项政策的因素，而缺少对于政策出台目的的更本质的规范性分析。简单来说，即只解释"是什么"，而没有解释"为什么"，缺乏合理的理论基础，也没有办法对未来的发展做出合理的预测。

（2）夸大了利益集团在监管政策制定中的作用。私人利益理论将监管政策的出台完全归因于某一个（些）利益集团的作用。事实上，监管系统中还存在着很多可以抵消监管"俘获"的因素和力量。这也是不同国家、不同市场上对私人利益理论的验证结果并不相同的原因。芝加哥学派的经济学家Becker（1983）就指出，监管政策并不一定完全受少数利益集团的操控，有时候那些受到损害的压力集团，也会对政策的出台造成影响。可能的假设是，多个利益相关方都能产生一定的政治影响力。换句话说，任何政策的出台都应该是多个利益相关方博弈后的均衡。那些有着很大社会效益的公共政策，例如打击犯罪的政策更容易长时间地持续下去；而那些社会效益没有那么强的政策，很有可能会随着反对方势力的增强而产生变化。

### 2. 保险监管的私人利益理论

根据私人利益理论，监管者并不是无私的社会计划者，监管政策的制定会受到某些特定因素的影响。保险业作为经济领域中的一个重要行业，相关监管政策也体现出了受私人利益影响的特点。

Meier（1988）将监管的私人利益理论应用到保险市场，将能影响行业监管政策的因素分成四个部分：行业自身（人均收入、就业比重、市场集中度、直接承保人比例、代理人比例等）、消费者（消费者比重、人均保险单数量）、监管当局（预算、职员数量、行政专员的报酬）、政治势力（通过美国消费者联合会给出的衡量各州消费者保护程度的分数、衡量政治集中度的民主党在立法院的席位比例）。通过这四个解释变量来解释各州的保险监管政策，包括偿付能力监管（最低资本要求、保障基金、公司执照发放等）、保险公司的税收、保险单价格监管等。

Meier 的结论是，仅仅依据行业力量来解释监管政策是不够的，很多其他因素也影响了相关政策的出台（在不同的州，消费者、政治势力等因素都可能成为影响监管政策的重要因素）。因此，在分析监管政策时，不能仅仅依据行业力量进行解释。

由于私人利益理论对监管问题的分析主要依赖的是实证分析方法，因此其研究会在很大程度上受到数据的限制。而且，研究结论仅限于说明监管受到哪些因素的影响，缺乏更为根本的理论探究。因此，依据私人利益理论对保险监管的实证研究后续并没有出现太多有影响力的工作。

### 3.3.3 新制度经济学理论

#### 1. 古典经济学分析的局限性

在进入对现代监管理论的分析之前，我们先来回顾一下前面所提到的两种监管经济学理论。公共利益理论通常以福利分析为主要依据，实际上更多采用的是规范分析的方法，即通过抽象的理论模型来刻画现实问题，从而得出理论上的最优选择。私人利益理论更多地采用实证分析的方法，从起因结果的层面来解释现实当中政策背后的原因，更多的是帮助人们来理解政策出台的原因。

这两种理论实际上都没有脱离（新）古典经济学研究的范畴，而（新）古典经济学的研究方法就决定了这两种理论本质上存在的缺陷。

（1）基于"个体主义方法论"。"个体主义方法论"一词被认为是由熊彼特（Schumpeter）在 1908 年提出来的。在（新）古典经济学中，"个体"被作为研究的对象，所有的理论都是建立在对个体行为分析的基础上的。

但是对于个体行为的目的性却没有明确的阐述,因为个体被看作仅仅是依照一个设计好的追求最优化效用的模式来对经济环境做出反应,一旦其效用被确定后,其选择也就被确定了。这就如同将个体置于一个机械的世界里,质点(个体)对于合力都是直接做出一致的反应(霍奇逊,1993)。从个体出发的经济学研究,实际上忽略了人与人之间的相互影响,简化了经济行为本身具有的复杂性。事实上,任何个体的决策行为都必然会受到其他个体决策行为的影响;而且所有个体的目标、意愿也都不可能是事先设定好的。因此,基于"个体主义方法论"的研究结果必定是失真的。

(2)对于制度的忽视。在(新)古典经济学的研究中,"制度"是被作为一个外生变量来对待的,也就是说制度本身并不是经济发展的一个要素,而是经济发展的外部环境的一部分。在这种假设下,(新)古典经济学的研究就不可能对制度的演变和发展提出前瞻性的观点。因此,当将(新)古典经济学应用于对政府监管的研究时,我们只能看到对于监管行为的后验分析,换句话说,(新)古典经济学的研究更多的是在"还原",而非"预见"。

2. 新制度经济学理论在监管研究中的运用

正是意识到了(新)古典经济学和政治经济学对监管政策分析的局限性,理论界开始对公共监管的市场交易环境和组织框架进行深入、细致的剖析,利用新制度经济学的分析方法,在分析中引入交易成本和反映监管环境的制度因素,来探讨监管制度的产生根源及其合理性。

简单来说,新制度经济学家认为,监管制度产生的根本目的在于克服市场交易障碍,降低交易成本,提高资源配置效率(Coase,1960),其中交易成本是新制度经济学分析的核心。

在制度起源和形成方面,North(1993)的观点是:真正的制度是在国家出现之后出现的,在此之前,制度是依靠社会习俗、宗教信仰等传统观念来维系的。而在国家和政府出现后,出于统治者自身福利最大化的目标,国家必须为社会提供一套规则,以实现两个基本目标——创造统治者垄断租金最大化的产权结构,并在此前提下尽可能地减少交易成本,以促进社会产出的最大化。因此,作为维持社会秩序的基本制度,其需求和供给的形成都是所有社会主体(包括监管者)在有限理性、信息不对称和效用最大化等前提下自然、自愿的过程。

(新)制度经济学并没有放弃私人利益理论,(新)制度经济学的分析更倾向于从联盟利益的角度而不是单一个体利益的角度来分析制度和监管的产生,因此其分析也被表述为对契约困境的理性反应。公共利益理论和私人利益理论在这里并不一定是相互矛盾的，而是同一种制度分析的两个不同方面。

正如前文所提到的，新制度经济学在监管研究中的运用更像是方法论上的突破，对于古典经济学和政治经济学的一些基本思路仍然继续沿用，但进步体现在如下四方面。①修正了一些基本假设，如有限理性、机会主义假设、交易成本大于零等。②提出交易成本、产权的不完备是公共干预的根本原因，在此基础上公共监管的目标是提高社会福利或交易的整体效率。③交易中的共同利益影响了监管制度的设计。例如，动态合作博弈的分析结果表明，受到利己驱动的非合作行为的个体在某些情况下可以表现出合作行为，这就克服了私人利益理论的某些局限性。④指出了制度变迁的原因和路径，为不同监管制度的变更和并存提供了依据。

3. 保险监管的制度经济学分析

将（新）制度经济学理论用于保险监管研究的工作并不多，但将博弈论方法用于保险监管研究的工作还是比较多的。

（1）研究保险人和投保人之间的博弈关系（即将监管者和监管政策作为外生变量）。在这类研究中，监管者还是被看成是社会计划者，监管政策的存在是为了解决市场中存在交易成本的问题，以及规范投保人和保险人之间可能存在的不正当行为等。

Hägg（1998）和徐徐（2009）通过构建一个保险人与被保险人之间相互信任的博弈模型，来阐述监管制度存在的合理性。在保险交易中，由于投保人需要先向保险人支付保费，但不能马上获得回报。因此，投保人对保险人的信心是达成交易的关键。由于不完全信息的存在，买方无法充分认识到卖方的可靠性，从而导致出现交易障碍。如果卖方没办法证明自己的可靠性，这种障碍就会一直存在下去，从而导致恶性循环。这种交易障碍的存在，给监管制度的产生提供了依据。强制信息披露、偿付能力监管、保险保障基金等监管措施的出台，都是旨在消除这些交易障碍。

陈秉正和周海珍（2005）利用"囚徒困境"模型分析了保险人（或其代理人）和投保人之间诚信与否的博弈问题，从客观、理性的角度分析了导致保险诚信缺失的制度性原因，指出了通过制度设计引导诚信行为的可能性。

任志娟（2006）通过构建博弈模型，分析保险人和投保人之间的交易行为，证明偿付能力监管和保险保障基金制度能够提高保险人的信用，从而提升双方合作的可能性。

（2）研究保险人和监管者之间的博弈关系（即将监管者和监管政策作为内生变量）。在这类研究中，监管者作为博弈的参与方，其效用（收益）也体现在博弈模型中，监管者的行为（监管政策）成为模型研究的直接内容。因此这类研究从根本上说，放弃了公共利益理论中监管者作为社会计划者的假设。

徐徐（2009）、郭旭红和张红（2003）以及吴九红和郑垂勇（2004）都构建了保险人与监管者之间的博弈模型。通过刻画保险人在是否合规经营以及监管者是否努力监管方面的博弈，来分析监管者应该如何激励保险人合规经营，实现最优的结果。研究结果显示，降低监管者自身的监管成本，加大对违规行为的处罚力度等都可以促使保险人更自觉地开展合规经营。

上述两类研究的区别直观上看是监管者在博弈中的位置，而更根本的区别在于分析的出发点：是从公共利益的角度出发，还是从私人利益的角度出发。虽然两类模型都有很强的现实意义，但也不难发现其中的不足。

第一，两类模型都只针对投保人、保险人和监管者当中的两方。但我们知道，保险市场当中的市场行为、监管政策是对三方都有影响的。例如，保险人违规经营，除了会影响其自身的得益和监管者的监管绩效之外，还会直接影响投保人的得益，而这两类模型并不能同时兼顾三方的收益。

第二，对监管者收益的定义不够准确。由于两类模型分别遵循公共利益理论和私人利益理论，因此第一类模型默认监管者的目标函数是最大化社会总效用（提供保证，促成交易）；而第二类模型在定义监管者的得益时比较模糊，基本上都是以监管行动付出的劳动和渎职处罚来定义其损失，放松监管带来的闲暇、寻租收入等作为收益。实际上，监管者本身在市场监管行为中的得益应该是公共利益和私人利益的结合，即应综合考虑社会总体效用水平，以及自身付出的成本和可能获得的寻租收益等。

# 第4章 保险市场的均衡及效率分析

## 4.1 本章引言

政府之所以要对保险市场实施监管,是因为保险市场本身所具有的信息不完善很容易导致市场失灵,而市场失灵将导致效率损失或失去市场公平。

根据经济学的基本原理,完全竞争的市场会存在一个均衡状态,在这个均衡状态下,作为消费者剩余和生产者剩余之和的社会总剩余会达到最大,即一个完全竞争的市场会生产出使消费者剩余和生产者剩余总和最大化的产出。

为了分析保险监管(对完全竞争市场的一种干预)的出现会对原有的市场均衡产生何种影响,从而改变了社会总剩余及其分配,我们需要构建衡量均衡状态下社会总剩余的数学模型,进而分析在不存在政府干预情况下保险市场可能出现的社会总剩余的损失,为政府对保险市场的适当监管提供理论依据。

在微观经济学中,通常用社会总剩余作为市场效率的评价指标,总剩余最大即意味着市场效率最高。在福利经济学中,又将社会总剩余称为社会福利,而社会福利是指全社会所有个体获得满足的程度。根据微观经济学的假设,理性消费者能够预期到市场的均衡价格水平,因而要等到产品的价格从高价位达到均衡水平时才会购买,这样会使他们感到更加满足:获得了比他们愿意接受的价格水平更低的价格。同样,理性生产者也要等到产品价格从低价位上升到均衡水平时才会出货销售,这样做可让他们获得更多的利润:获得了比他们愿意接受的价格水平更高的价格。由此看来,通过比较消费者和生产者愿意接受的价格与实际得到的价格之差,即可给出衡量消费者和生产者福利的指标——消费者剩余和生产者剩余。既然消费者剩余和生产者剩余分别表示了消费者和生产者在商品的生产、交换与消费中获得的福利大小,那么将这两项加起来构成的社会总福利,就是衡量市场效率高低的一个指标。

本章中我们首先讨论了保险市场的均衡问题,建立了当保险市场存在信息不对称或信息不准确且投保人出险概率不同情形下的市场均衡模型，介绍了 R-S 均衡和 Wilson 均衡这两个极其重要的概念。在此基础上，我们通过建立不同均衡状态下刻画保险市场效率的数学模型，分析了信息问题对消费者福利的影响，试图说明在不存在政府干预的情况下，信息问题会使保险市场效率降低，从而为政府对保险市场的监管提供了理论依据。

## 4.2 具有同质投保人的保险市场均衡

### 4.2.1 保险市场需求与供给

1. 需求函数与需求曲线

我们先假设保险市场上所有投保人都是同质的，即他们的风险损失分布是相同的。

假定投保人的初始财富为 $y$，发生事故遭受损失的概率为 $P$，损失后的财富为 $x$，即投保人的损失为 $L=y-x$。投保人可以通过向保险人支付保费 $s_1$（为简单起见，不考虑附加保费，因此 $s_1$ 是公平精算保费）来转移事故给自己带来的损失：一旦发生损失，可以获得保险人支付的补偿 $s_2, (0 \leqslant s_2 \leqslant y-x)$。因此，我们可以用 $(s_2, s_1)$ 来定义一份保险单。如果没有购买保险，投保人的财富在"没有发生事故"和"发生事故"时的状态可表示为 $(y, x)$；如果购买了保险，则是 $(y-s_1, x-s_1+s_2)$。假设投保人的效用函数为 $u(\bullet)$，$(u'(\bullet)>0, u''(\bullet)<0)$，则投保后的期望效用为

$$\mathrm{EU}(P, s_1, s_2) = Pu(x-s_1+s_2) + (1-P)u(y-s_1) \quad (4.1)$$

如果投保人能以保费费率 $\pi$ ($0 < \pi \leqslant 1$) 购买到保险，他会以实现自身期望效用最大化为目标选择适当的保险单，因而构成了如下优化问题：

$$\max_{s_1, s_2} Pu(x-s_1+s_2) + (1-P)u(y-s_1)$$
$$\text{s.t.} \quad s_1 = \pi s_2 \quad (4.2)$$

问题（4.2）的最优解应满足的一阶条件为

$$\frac{u'(x-s_1+s_2)}{u'(y-s_1)} \cdot \frac{P}{1-P} = \frac{\pi}{1-\pi}, \quad s_1 = \pi s_2 \quad (4.3)$$

根据式（4.3），即可得到投保人的需求函数，而需求函数的具体形式取决于对效用函数的假设。一般来说，由于投保人的损失会随其拥有的初始财富的增加而增加，而且通常更富裕的人会花更少的钱来购买保险，因而我们假设效用函数为绝对风险规避不变的形式，即

$$u(z) = -\mathrm{e}^{-\alpha z}, \quad \alpha > 0 \quad (4.4)$$

将式（4.4）代入式（4.3），可得到投保人的需求函数为

$$s_2 = y - x - \frac{1}{\alpha}\ln\left[\frac{\pi(1-P)}{(1-\pi)P}\right] \tag{4.5}$$

反需求函数为

$$\pi = \frac{Pe^{\alpha(y-x-s_2)}}{1-P+Pe^{\alpha(y-x-s_2)}}, \quad 0 \leqslant s_2 \leqslant y-x \tag{4.6}$$

为观察需求函数曲线的形状，我们根据表 4.1 所示的参数取值，可得到如图 4.1 所示的需求曲线。

表 4.1 投保人需求函数中相关参数的取值

| 参数 | 符号 | 取值 |
| --- | --- | --- |
| 出险概率 | $P$ | 0.1 |
| 最大损失额度 $L$ | $y-x$ | 4 |
| 风险厌恶系数 | $\alpha$ | 1 |

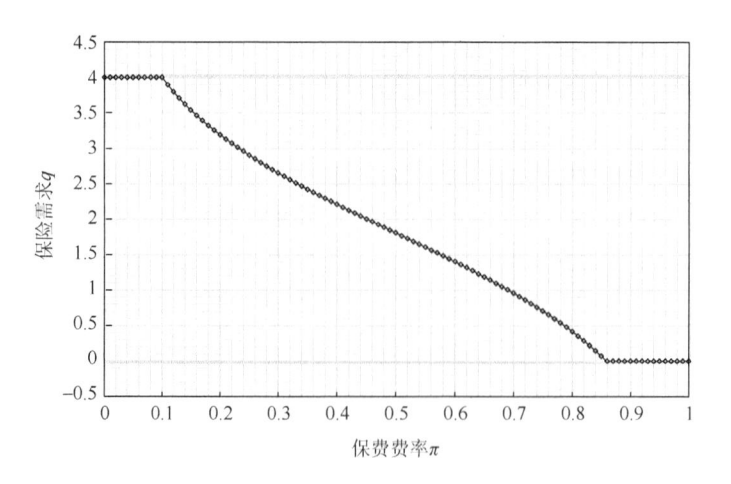

图 4.1 保险需求曲线

从图 4.1 可以发现，保险需求曲线具有如下属性。

（1）当费率 $\pi$ 高于投保人的期望损失概率 $P$ 时，投保人将不会选择全额保险。

（2）当费率高于一定程度时，投保人会完全放弃购买保险。

（3）投保人的出险概率会对需求曲线产生影响。

首先来观察投保人出险概率对需求曲线的影响。由式（4.5）可知：

$$\frac{\mathrm{d}s_2}{\mathrm{d}P} = \frac{1}{\alpha P(1-P)} > 0 \tag{4.7}$$

即保险需求会随投保人出险概率的升高而增加，图 4.2 给出了当其他参数不变、出险概率升高时（$P = 0.1$、0.15、0.2、0.25），投保人需求曲线的变化。可以看出，当投保人出险概率升高时，在同样费率水平下，保险需求会增加。

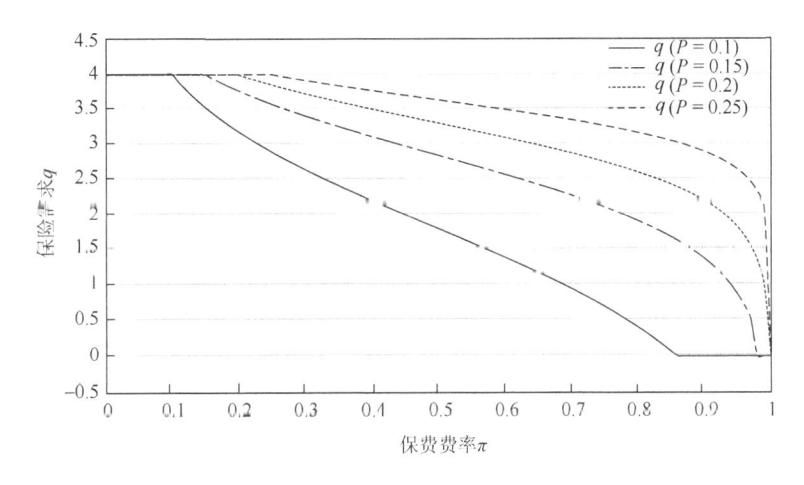

图 4.2　投保人出险概率 $P$ 对需求曲线的影响

接下来观察投保人的风险厌恶系数变化对需求曲线的影响。由式（4.5）可知：

$$\frac{\mathrm{d}s_2}{\mathrm{d}\alpha} = \frac{1}{\alpha^2} \ln \frac{\pi(1-P)}{P(1-\pi)} > 0 \tag{4.8}$$

即保险需求会随着投保人风险厌恶程度的增加而增加。图 4.3 给出了当其他参数保持不变，投保人风险厌恶系数增加时（$\alpha = 1$、1.5、2、3），需求曲线的变化。可以看出，投保人的风险厌恶系数越高，需求曲线越向上，即在同样费率水平下，投保人会购买更多的保险。但由于风险厌恶系数的变化并不改变出险概率，因此这些需求曲线到达全额保险的拐点并没有改变。

2. 保险市场短期供给曲线

根据 Winter（1988）给出的影响保险市场短期供给的因素，保险人的短期供给能力会受到预期赔付、经营费用和偿付能力约束等因素的影响。由于短期内保险资本无法自由进出市场，因此保险人现有的资本数量对其供给能力会产生很大影响，如图 4.4 所示。

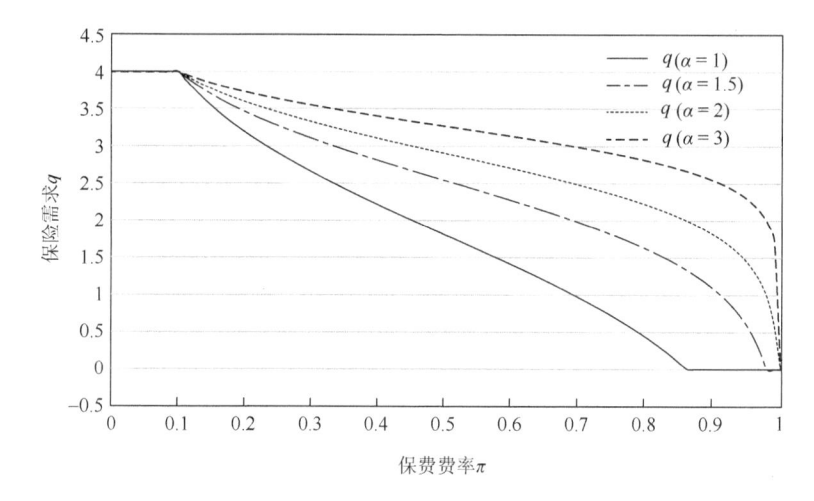

图 4.3 投保人风险厌恶系数 $\alpha$ 对需求曲线的影响

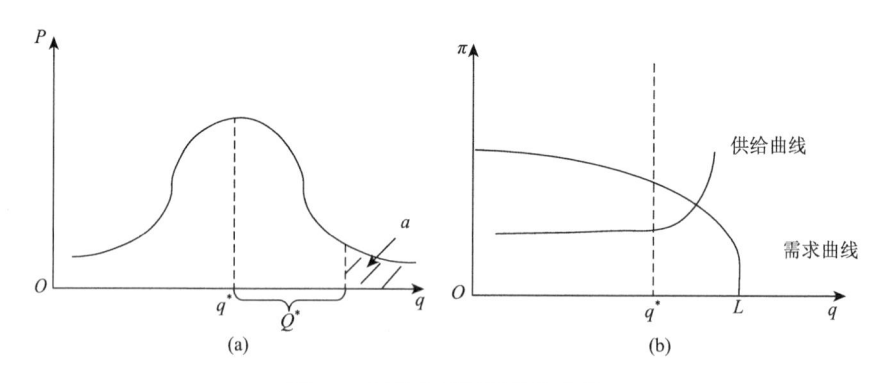

图 4.4 保险市场短期供给曲线

图 4.4 中,我们用 $q$ 表示保险(保险单)的数量,其中图 4.4(a)刻画的是投保人的损失概率分布,(假设)是一个对称的近似正态分布。图中的 $q^*$ 可以理解为当保险人的资本金数量已经确定的情况下,其精算公平情形下的预期损失数量。换句话说,$q^*$ 是保险人在不进行资本金补充和价格提升的情况下愿意提供的最大保险(保险单)数量。

当然,这些数量的计算是基于精算假设的,而实际情况总是有可能比假设的情况更糟糕,这也是为什么监管机构要给出保险人偿付能力标准的要求。比如,虽然 $q^*$ 是基于精算假设的预期损失数量,但实际发生的损失数量会有一定的概率会超过这个值,比如是 $q^* + Q^*$,这时保险人就可能出现偿付能力不足的问题。本质上说,偿付能力监管就是为了保证位于损失分布曲线尾部的阴影部分面积 $a$ 必须在规定的水平以下。换句话说,如果保险人向每一位投保人收取的保费费率为 $\pi$,其可以承保的数量 $q^*$ 应根据

实际赔付超过 $q^* + Q^*$ 的概率不高于 $a$ 来确定,其中 $Q^*$ 通常是与 $a$ 相关的一个量,可以理解为可以通过再保险或保险人的资本金来补偿实际赔付超出预期赔付的部分。

当我们把图 4.4(a)中的损失概率分布对应到图 4.4(b)中的市场供求曲线时,可以得到供给曲线的形态。

(1)当保险供给量不超过 $q^*$ 时,保险人面临的偿付能力风险很小,供给曲线基本接近水平(因为保险人的边际成本主要是每份保单增加的管理成本,可以忽略不计)。

(2)当保险供给量接近或超过 $q^*$ 后,保险人出现偿付能力不足的概率开始明显上升(因为保险人的资本金水平是按 $q^*$ 准备的,承保风险增加后资本金容易出现不足),受偿付能力监管的约束,(短期内)保险人只能通过提高保险价格的方式来维持其偿付能力,于是供给曲线在 $q^*$ 右边会快速向右上方倾斜。

图 4.4(b)便是我们给出的保险市场短期供需曲线。需要强调的是,在分析保险市场短期供给时的关键假设是:短期内保险人的资本不能实现自由进出,因此保险人的供给能力会受到偿付能力监管的制约。但从长期来看,保险资本是可以自由进出市场的,所以需要用一个新的分析框架来分析长期视角下保险市场的供需关系。

3. 保险定价公式与长期供给曲线

1)保险定价公式

从长期来看,保险资本可以自由进出市场,决定资本进出的关键是保险市场能否提供适当的资本回报率。当长期资本回报率达不到投资者要求时,资本就会离开市场,从而降低保险市场的供给能力。

接下来,我们将利用保险定价模型来分析保险人的长期供给能力。一直以来,为了模型构建和分析的简单,很多学者在研究保险供给时都忽略了附加保费这个因素,因而将投保人的出险概率 $P$ 作为保险公司确定公平费率的依据。这一简化对于分析保险市场参与者尤其是保险人的真实行为,显然是不足的。因此,我们将采用更加贴近实际的保险定价模型,来分析保险人的供给行为。

我们知道,保险公司在对产品定价时遵循的基本原则是,保费收入应能满足以下三个方面的要求:投保人未来的期望索赔成本;保险公司自身的经营和管理成本(核保、理赔成本等);保险公司股东需要的合理的资本回报。公式如下

保费收入 = 期望索赔成本 + 经营费用 + 资本回报

或

$$\pi q = Pq + E(\pi q) + rC(\pi q), \qquad (4.9)$$

其中，$P$ 为投保人的出险概率；$q$ 为保险人可以提供的保险供给量（可理解为投保人出险后保险人可以补偿的损失）；$\pi$ 为保费费率；$E(\pi q)$ 为保险公司的经营费用；$r$ 为保险资本回报率；$C(\pi q)$ 为保险经营需要的资本金。根据偿付能力监管要求，保险公司必须保持与其业务量相适应的资本金水平，因此资本金可以看成是保费的函数。

2）费用函数

保险公司的经营费用是其用以维持日常运营并为投保人提供承保、理赔等服务所产生的费用。为了了解实际中经营费用占保费收入的比重，我们从《中国保险年鉴》中收集了 2008～2010 年所有财产保险公司的保费收入、经营费用（手续费及佣金支出 + 业务及管理费）等数据，进行了简单线性拟合，得到如下结果（图 4.5）。

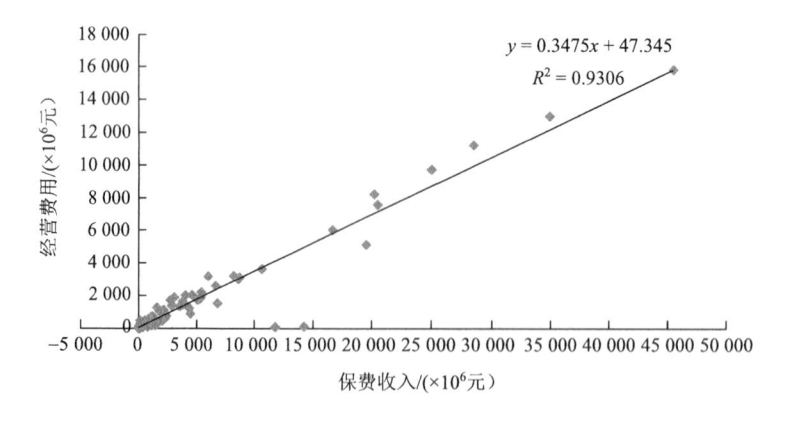

$$经营费用 = 0.3475 \times 保费收入 + 47.345 \qquad (4.10)$$

图 4.5　中国财产保险公司保费收入与经营费用的关系（2008～2010 年）

因此，可以假设保险公司的经营成本为

$$E(\pi q) = \beta \times \pi q + \varepsilon \qquad (4.11)$$

其中，$\beta$ 为衡量保险公司经营成本的系数，$\beta$ 越大说明保险公司获取单位保费所需要付出的经营成本越高，即保险公司的费用率越高；$\varepsilon$ 为保险公司的固定经营成本。

3）资本需求函数

保险公司的资本金是维持偿付能力的重要因素，当保险公司遇到超出预期的承保损失时，资本金是保证其不会破产的最后屏障。例如，《保险法》规定："经营财产保险业务的保险公司当年自留保险费，不得超过其实有资本金加公积金总和的四倍。"[①]由此可以简单假设保险公司对资本金的需求函数为

$$C(\pi q) = \theta \pi q \tag{4.12}$$

其中，$\theta$ 为反映保险偿付能力监管要求的系数，$\theta$ 越大说明监管者对偿付能力的要求越严格，即承保同样数量的业务需要更多的资本金。

4）保险市场长期供给曲线

将式（4.11）与式（4.12）代入式（4.9），可以得到保险市场供给函数为

$$q = \frac{\varepsilon}{(1-\beta-r\theta)\pi - P} \tag{4.13}$$

下面，我们通过表 4.2 所示的参数取值来观察保险供给曲线的形式。

表 4.2　保险市场供给函数中的参数值

| 参数 | 符号 | 取值 |
| --- | --- | --- |
| 出险概率 | $P$ | 0.1 |
| 经营费用率 | $\beta$ | 0.3 |
| 资本回报率要求 | $r$ | 5% |
| 偿付能力系数 | $\theta$ | 0.25 |
| 固定经营成本 | $\varepsilon$ | 0.05 |

对表 4.2 中参数的取值解释如下。

（1）经营费用率 $\beta$。通过回归分析可知，财产保险公司经营费用与保费收入的比例系数在 0.3 左右，因此我们取 0.3 作为保险人的经营费用率。

（2）资本回报率要求 $r$。近年来，中国保险行业的资产投资收益率保持在 4%～5%，因此我们选择 5%作为资本回报率。

（3）偿付能力系数 $\theta$。参照《保险法》的规定，选择 0.25 作为偿付能力系数的取值，即财产保险公司自留保费不超过其资本金的 4 倍。

（4）固定经营成本 $\varepsilon$。根据对保险公司经营费用的分析，财产保险公司

---

① 《中华人民共和国保险法》（2015 年修正）第 102 条。

经营费用中固定费用部分大致是平均保费收入的 1/10，因此我们设定固定经营成本为 0.05。

图 4.6 为根据表 4.2 给出的参数值描绘的保险市场供给曲线。可以看出，供给曲线呈现明显的双曲线特性，这与我们通常所见的供给曲线为单调递增的形式或在分析保险市场时常用的水平形式有很大区别，对此我们给出如下解释。

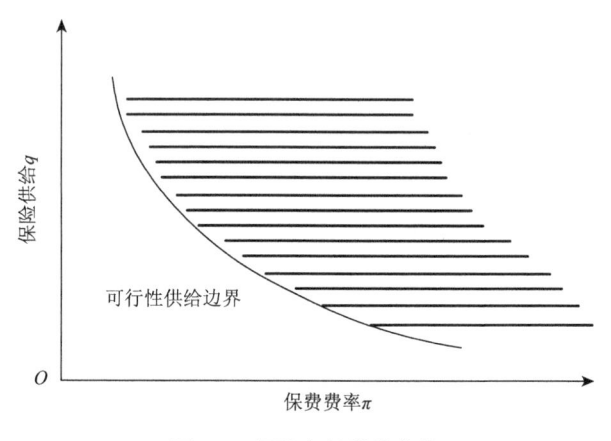

图 4.6　保险市场供给曲线

（1）首先，我们给出的保险市场供给模型隐含了一个重要假设：保险公司的投资人可以选择自由进出保险市场，因而资本回报率 $r$ 是决定投资人是否进入或继续留在保险市场的重要因素，当保险经营无法满足最低资本回报率要求 $r_{min}$ 时，投资人将撤出保险市场。

（2）图 4.6 中的双曲线是保险人能够接受的供给数量的下限，称为"可行性供给边界"，在该边界上的任何一点，保险人均可以实现最低资本回报率要求 $r_{min}$。而该边界右上方阴影区域中的任何一点，都是保险人愿意提供的保险供给，因为其可以产生高于 $r_{min}$ 的资本回报。

（3）长期经营中资本可以自由进出的假设，决定了在长期均衡状态下保险人的超额利润必须为 0，即所有保险人都将实现最低资本回报率 $r_{min}$。因此，上述"可行性供给边界"就是保险市场的长期供给曲线。

（4）同样，由于长期均衡中所有保险人超额利润为 0，因此该供给曲线是向右下方倾斜的，即在越高的供给水平下，保险人需要收取的保费越低。

4. 保险市场长期供给的影响因素分析

由式（4.13）可以看出，在市场均衡状态下，保险人愿意提供的保险供给除了受到均衡价格的影响外,还与保险人的固定经营成本 $\varepsilon$、投保人的出险概率 $P$、保险人的经营费用率 $\beta$、均衡状态下的资本回报率要求 $r$ 以及根据保险要求确定的偿付能力系数 $\theta$ 有关。接下来,我们来分析投保人出险概率、保险人的经营费用率以及偿付能力系数对保险市场长期供给的影响。

1) 投保人出险概率对供给曲线的影响

由式(4.13)可知

$$\frac{dq}{dP} = \frac{\varepsilon}{[(1-\beta-r\theta)\pi - P]^2} > 0 \tag{4.14}$$

即投保人的出险概率 $P$ 对均衡的供给数量是正向的影响关系。图 4.7 给出的是在其他参数不变的情况下,当投保人的出险概率提高时($P = 0.1$、$0.15$、$0.2$、$0.25$),保险市场长期供给曲线的变化。可以看出,当投保人的出险概率越高时,保险市场供给曲线越向右偏,即对于同样的供给量,保险公司需要收取更高的保费费率,以获得其可以接受的最低资本回报。

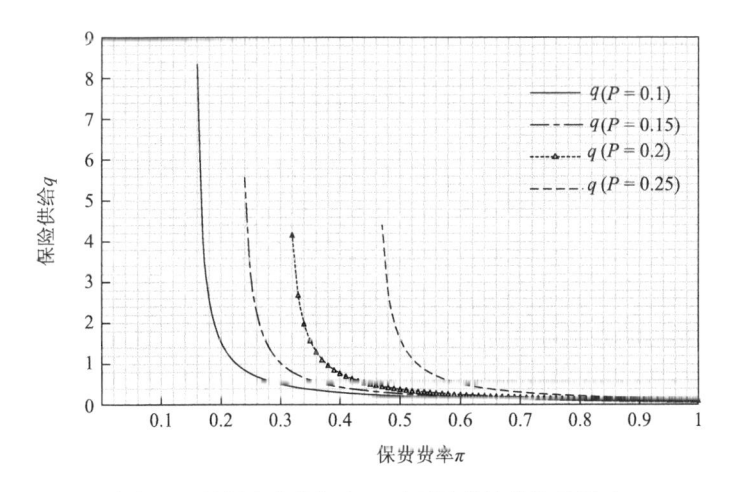

图 4.7 投保人出险概率 $P$ 对保险供给曲线的影响

2) 保险人经营费用率对供给曲线的影响

由式(4.13)可知

$$\frac{dq}{d\beta} = \frac{\varepsilon\pi}{[(1-\beta-r\theta)\pi - P]^2} > 0 \tag{4.15}$$

即保险人的经营费用率 $\beta$ 对均衡的供给数量是正向的影响关系。图 4.8 给出的是当其他参数取值保持不变的情况下,保险人的经营费用率不断提高时($\beta = 0.3$、$0.35$、$0.4$、$0.45$),保险市场长期供给曲线的变化。可以看出,当保险人的经营费用率 $\beta$ 越高时，保险市场供给曲线越向右偏，即保险人所需要收取的保费水平相对越高。

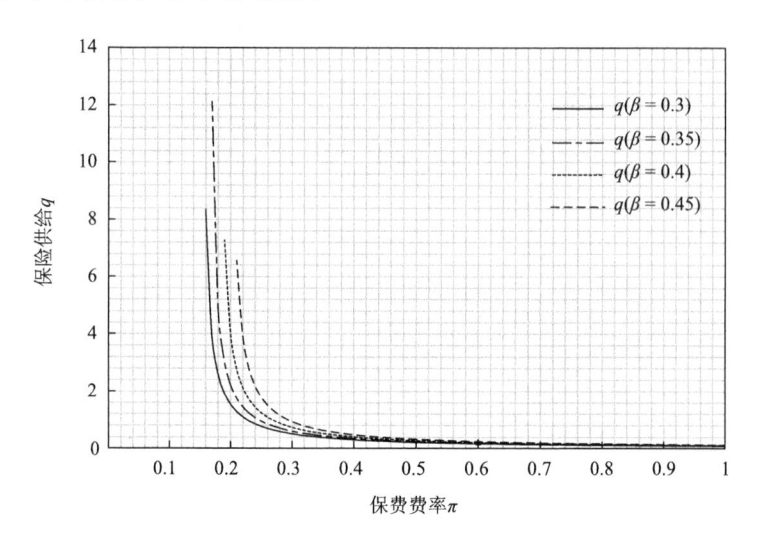

图 4.8　保险人经营费用率 $\beta$ 对保险供给曲线的影响

3）保险公司偿付能力系数对供给曲线的影响

由式（4.13）可知

$$\frac{\mathrm{d}q}{\mathrm{d}\theta} = \frac{\varepsilon r\pi}{[(1-\beta-r\theta)\pi - P]^2} > 0 \quad (4.16)$$

即保险偿付能力系数 $\theta$ 与长期供给也是正向关系，图 4.9 中给出了当其他参数取值不变的情况下，保险偿付能力系数不断提高时（$\theta = 0.25$、0.3、

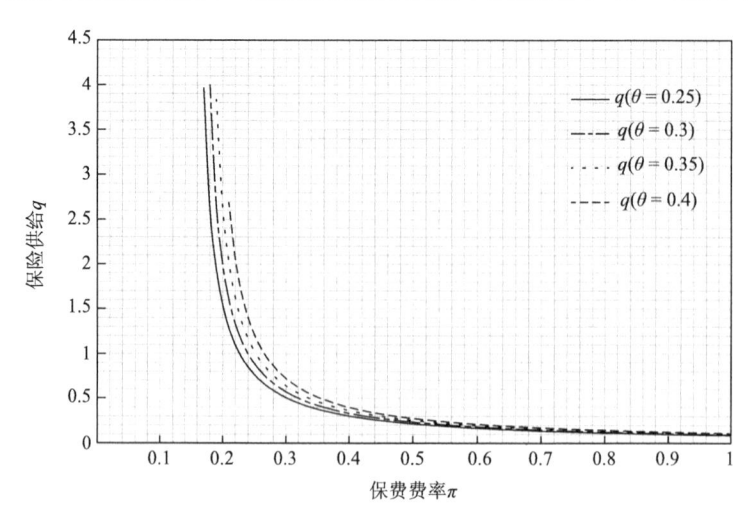

图 4.9　偿付能力系数 $\theta$ 对保险供给曲线的影响

0.35、0.4），市场长期供给曲线的变化。可以看出，偿付能力系数越高，长期供给曲线越向右上方倾斜，即对于同样的供给水平，保险人需要收取更高的保费费率来保证偿付能力达到标准。

### 4.2.2 保险市场短期及长期均衡

由于在对保险市场短期供给分析时没有考虑资本的进出，因此在分析保险市场均衡时，需要从短期和长期两个视角来考虑。

1. 保险市场短期均衡[①]

由于保险市场短期供给曲线在保险人可以提供的适当供给量 $q^*$ 处存在拐点，因此短期市场均衡存在以下两种可能情况（图4.10）。

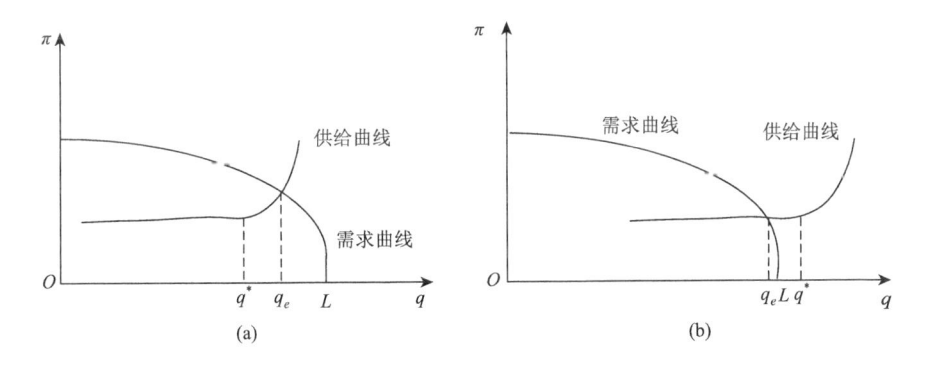

图 4.10 保险市场短期均衡分析

1) 均衡点 $q_e$ 在 $q^*$ 右侧

在这种情况下，市场供给能力相对不足。为了满足市场上投保人的需求，保险人必须承担更高的偿付能力风险，当然这种风险通过更高的价格转移给了投保人。

2) 均衡点 $q_e$ 在 $q^*$ 左侧

在这种情况下，市场供给能力相对过剩。因此，市场供需平衡时的供给（需求）量没有达到保险人的偿付能力边界允许值。这种情形实际上是假设了保险人具有无限偿付能力，也是目前经典的保险市场短期均衡分析时的基本假设，从而得到保险供给曲线基本为水平状的[②]。

---

[①] 本章在后面还将就短期均衡展开详尽分析，并且我们对保险监管行为如强制保险、风险分类等的分析也都基于短期均衡模型。

[②] 在研究保险市场短期均衡时，由于通常假设保险人的供给能力不受偿付能力约束影响，即供给能力是无限的，因此保险市场的供给函数为：$\pi = P$，其中 $P$ 为投保人的出险概率，$\pi$ 为保费费率。

对比这两种均衡状态不难看出，当市场供给能力相对不足的时候（保险人由于资本金的限制已经不能正常满足市场需求了），监管者如果实施费率监管，有更大的可能会导致市场的失衡。（监管者对费率的要求往往不会低于保险人的水平供给线对应的费率水平。一方面是因为这个费率水平是长期实践得来的，容易被市场"接受"，不容易产生纠纷；另一方面，如果费率水平再低，也就真的没有"市场"了。）

2. 保险市场长期均衡

1）长期均衡可能的形式

综合式（4.5）和式（4.13），可以得到保险市场长期均衡的条件：

$$\begin{cases} s_2 = y - x - \dfrac{1}{\alpha} \ln\left[\dfrac{\pi(1-P)}{(1-\pi)P}\right] \\ q = \dfrac{\varepsilon}{(1-\beta-r\theta)\pi - P} \\ s_2 = q \end{cases}$$

从上述方程组无法解出均衡状态的解析表达式，因此我们通过数值模拟的方式来观察均衡状态可能的形式。

给定如表 4.3 所示的参数，可以得到如下三种可能的均衡状态：存在多个均衡点（S1），对应图 4.11；存在唯一均衡点（S2），对应图 4.12；没有均衡点（S3），对应图 4.13。

表 4.3 不同均衡状态时的参数取值

| 参数 | 符号 | 多个均衡点（S1） | 唯一均衡点（S2） | 无均衡点（S3） |
| --- | --- | --- | --- | --- |
| 出险概率 | $P$ | 0.1 | 0.1 | 0.1 |
| 经营费用率 | $\beta$ | 0.3 | 0.4 | 0.5 |
| 资本回报率 | $r$ | 5% | 5% | 5% |
| 偿付能力系数 | $\theta$ | 0.25 | 0.30 | 0.35 |
| 固定经营成本 | $\varepsilon$ | 0.05 | 0.15 | 0.25 |
| 最大损失额度 | $y-x$ | 4 | 4 | 4 |
| 风险厌恶系数 | $\alpha$ | 1 | 1 | 1 |

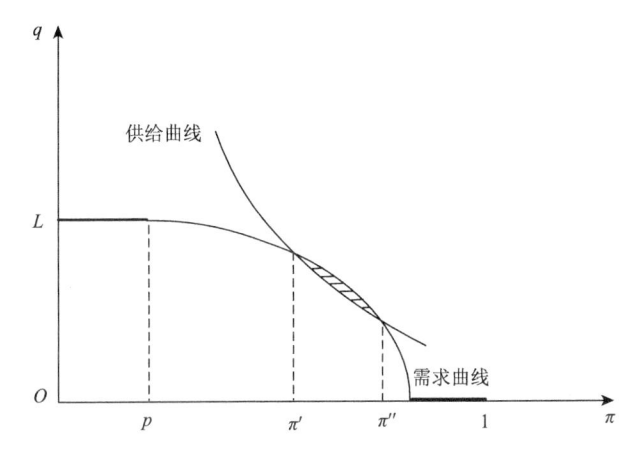

图 4.11　存在多个均衡点的情形（S1）

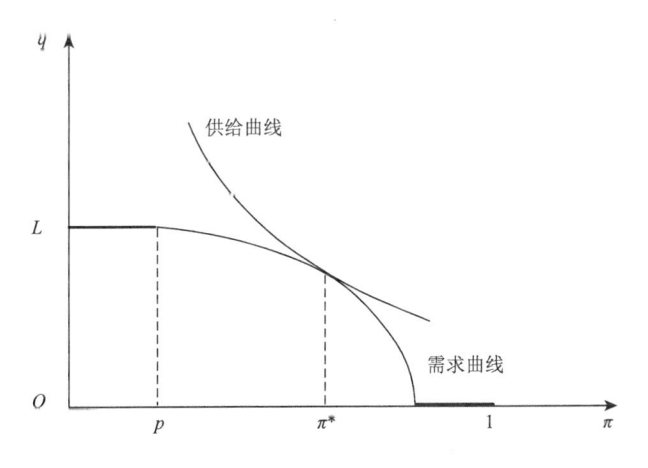

图 4.12　存在唯一均衡点的情形（S2）

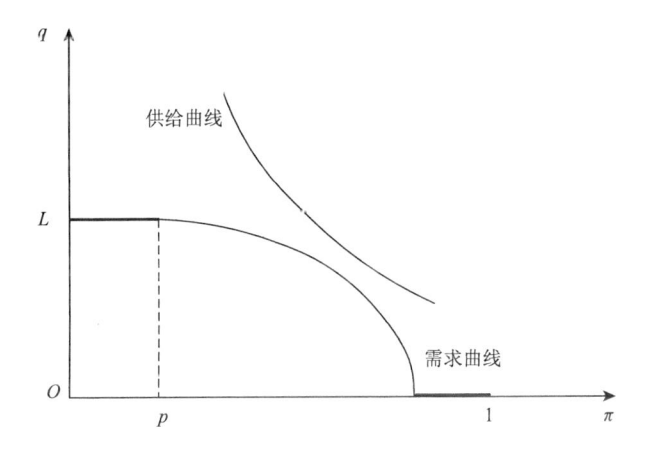

图 4.13　不存在均衡点的情形（S3）

对情形 S1 的解释：由于保险人要求的资本回报率相对较低，市场上可能会有多种组合（价格—需求组合）能满足其要求，因此产生了一个由供给曲线和需求曲线所围成的区域，该区域内的任何一点都是保险人和投保人愿意接受的。

对情形 S2 的解释：这时市场上存在唯一的均衡点。在这种情况下，市场上只有一个点是投保人和保险人都愿意接受的，也是唯一可能存在的市场均衡点（即图 4.12 中价格为 $\pi^*$ 的点）。

对情形 S3 的解释：由于保险人自身经营能力和对资本回报率要求的限制，投保人愿意接受的价格—需求组合并不能达到投保人的要求，因此市场上将没有均衡点存在，即在这种情况下将不会有市场存在。

在下面的分析中，我们将只考虑市场上存在唯一或多个均衡点的情况，即市场存在的情况。

2）保险市场长期均衡的影响因素

根据本章前面对保险市场需求及长期供给影响因素的分析，可以分析不同参数变化时对保险市场长期均衡的影响。

a. 投保人出险概率 $P$ 对均衡的影响

投保人的出险概率对市场均衡的影响包括两方面：一方面，投保人出险概率上升会增加投保人的保险需求，从而引起需求曲线向上移动；另一方面，投保人出险概率上升也会导致保险人供给曲线上移，因此市场均衡区域的变化是未知的，见图 4.14。

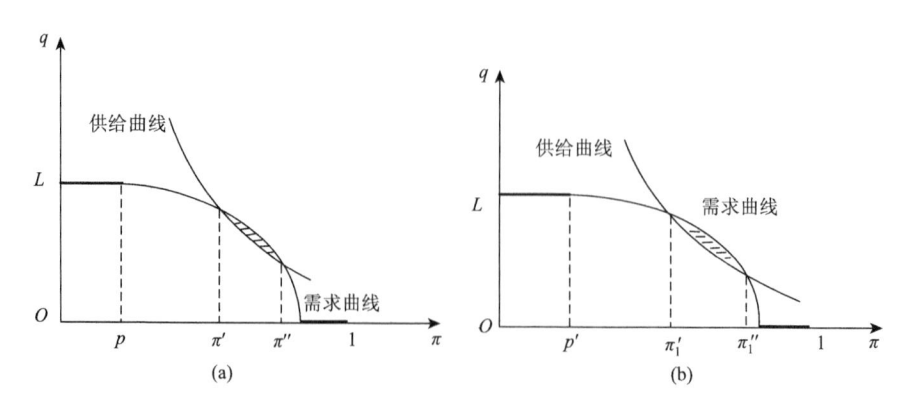

图 4.14　投保人出险概率上升对均衡的影响

如图 4.14 所示（从左至右），投保人出险概率上升后（从 $p$ 增加到 $p'$），供给曲线和需求曲线都会对应地向上移，区域的变化是不确定的，有可能变大（需求曲线上移得更多），也有可能变小（供给曲线上移得更多）。简单来说，如果投保人需求对出险概率更为敏感，则均衡区域变大，而如果保险人的供给对于出险概率更为敏感，则均衡区域变小。

b. 保险人的经营费用率 $\beta$ 对均衡的影响

由于保险人的经营费用率对市场需求曲线没有影响，因此其对市场均衡的影响主要体现在对保险供给曲线的影响上。

如图 4.15 所示，保险人经营费用率提高之后，市场供给曲线上移，而需求曲线不变，将会导致市场均衡区域变小。

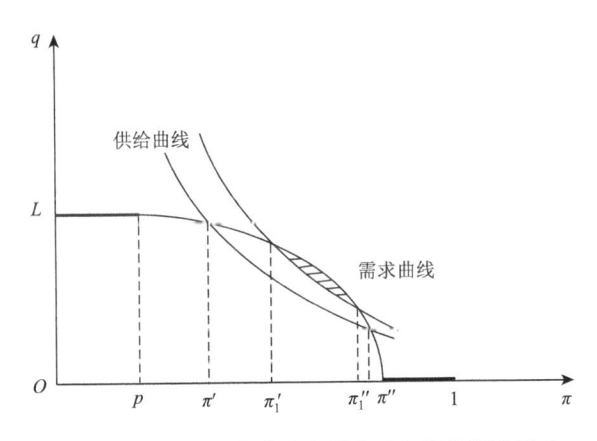

图 4.15 保险人经营费用率提高对市场均衡的影响

c. 保险偿付能力系数 $\theta$ 对均衡的影响

保险公司偿付能力监管要求也只会对保险供给曲线产生影响，其影响的方向与保险人经营费用率的影响类似，即当偿付能力监管标准变高时，供给曲线上移，而需求曲线不变，导致市场均衡区域变小。

## 4.3 具有异质投保人的保险市场均衡

### 4.3.1 相关定义

保险市场有两个重要特征：①保险产品的需求方往往是不同质的，即投保人的出险概率或损失程度均是不同的，即具有异质的特征，因而他们的需求曲线也是不同的。而传统微观经济学在分析市场需求时，通常假设消费者的需求曲线是相同的。②保险市场存在较严重的信息问题，主要是信息不对称，使得保险人难以对投保人的出险概率做出有效甄别。如何对具有上述特征的保险市场进行均衡分析，20 世纪 70 年代以来，很多学者进行了大量研究，其中最著名的以 Rothschild 和 Stiglitz（1976）提出的 R-S

均衡，以及 Wilson（1977）提出的 Wilson 均衡为代表，后续关于均衡定义的拓展和基于均衡的分析大都是以 R-S 均衡和 Wilson 均衡为基础的。

为给出有关保险市场均衡的概念，我们先给出一些市场基本假定和相关定义。我们将保险市场上需要购买保险的人称为消费者，消费者一旦购买了某种保险单，便成为投保人。假设每个消费者的财富会出现两种状态：初始财富为 $y$，出险后财富为 $x$，且 $y>x>0$，则 $(y,x)$ 表示了消费者没有购买保险时的财富状态，也称为消费者的消费向量。

假设消费者可以按照出险概率的高低被划分为 $I$ 种类型，记 $I^*=\{1,2,\cdots,I\}$，$P_i$ 表示类型 $i$ 的消费者的出险概率，并假定当 $i<j$ 时，有 $0<P_i<P_j<1$，意味着类型 $i$ 的消费者比类型 $j$ 的消费者的出险概率低。

接下来，假设每个消费者对风险的态度都是一样的，可用统一的效用函数 $u(\cdot)$ 来刻画。$u(\cdot)$ 为定义在非负实数域 $R_+$ 到实数域 $R$ 的一个严格增、严格凹、二阶连续可微的函数。

1. 保险单

称二维向量 $s=(s_2,s_1)$ 为一个保险单，如果一个消费者购买了保险单 $s$，他的消费向量便成为 $(y-s_1, x-s_1+s_2)$，其中 $s_1$ 称为保险费，$s_2$ 称为赔偿金。

由于效用函数是定义在非负实数域上的，所以我们定义可行的保险单集合为 $\bar{S}=\{s\in R^2: x-s_1+s_2\geq 0, y-s_1\geq 0\}$

由于每个消费者的消费向量都可以用其购买的保险单来表示，所以可以用效用函数 $u$ 来决定每一类型消费者在消费向量集合上的偏好排序，也可以用定义在保险单集合上的期望效用（间接效用）函数 $v^i$ 来表示：

$$v^i(s)=P_iu(x-s_1+s_2)+(1-P_i)u(y-s_1), \quad s\in \bar{S} \quad (4.17)$$

由于保险公司出售给消费者的是保险单而不是消费向量，所以在下面的分析中，使用这个间接效用函数会更加方便。

从 $v^i$ 的定义立即可以得到，对每一个 $i$，$v^i(\cdot)$ 是 $\bar{S}$ 上的二阶可微凹函数。

类型 $i$ 的消费者的期望效用过保险单 $s$ 的无差异曲线的斜率可以通过式（4.18）得到：

$$\left.\frac{ds_1}{ds_2}\right|_{v^i(s)}=\frac{P_iu'(x-s_1+s_2)}{P_iu'(x-s_1+s_2)+(1-P_i)u'(y-s_1)} \quad (4.18)$$

这里 $u'(\cdot)$ 表示 $u$ 的一阶导数。从式（4.18）可得到下面的重要结论：

$$\left.\frac{ds_1}{ds_2}\right|_{v^i(s)} \genfrac{}{}{0pt}{}{>}{<} P_i \text{ 当且仅当 } s_2 \genfrac{}{}{0pt}{}{<}{>} y-x \quad (4.19)$$

这说明，在 $s_2 = y - x$ 处，类型 $i$ 的消费者的无差异曲线的斜率等于 $P_i$；而在 $s_2 < y - x$ 时，无差异曲线的斜率大于 $P_i$；在 $s_2 > y - x$ 时，无差异曲线的斜率小于 $P_i$（图 4.16）。

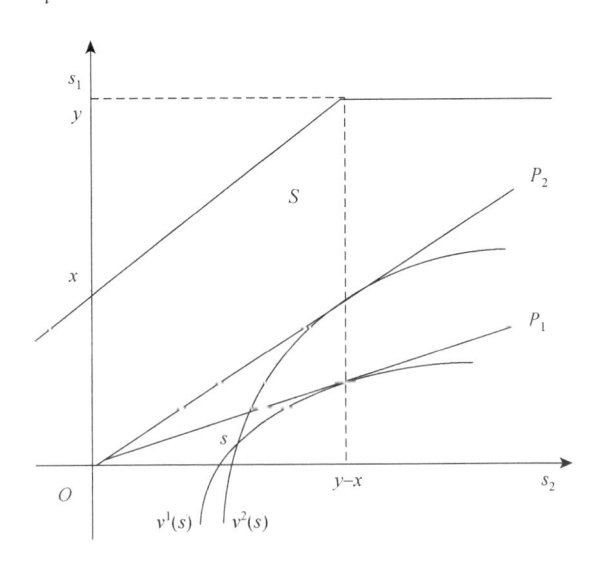

图 4.16 两种风险类型消费者的无差异曲线

由 $u' > 0$ 可以很容易地得到下面的结论：

$$P_j > P_i \quad 意味着 \left.\frac{ds_1}{ds_2}\right|_{\bar{v}^j(s)} > \left.\frac{ds_1}{ds_2}\right|_{\bar{v}^i(s)} > 0 \qquad (4.20)$$

它说明，当 $s_2$ 由横坐标来衡量时，高风险的无差异曲线总是比低风险的无差异曲线更陡（图 4.16）。这个结论并不难理解：直观地讲，因为高风险类型消费者的出险概率更高，会更愿意得到 $s_2$ 的一个增值，从而愿意比低风险类型消费者更大幅度地增加保险费 $s_1$。这是一个重要结论，它表明不同类型的消费者的偏好很自然地以一种和他们的出险概率相对应的方式来排序。

2. 市场分配

市场分配 $S$ 是 $\bar{S}$ 的一个非空子集，$S$ 中的每一张保险单 $s$ 都会受到至少一种类型消费者的偏好，从而总会有人购买它。

3. 市场需求函数

给定市场分配 $S$，$d(s, S) \in R_+^I$ 表示有 $d_i(s, S)$ 数量的类型 $i$ 的消费者会购买保险单 $s$，将 $d(s, S)$ 称为市场需求函数。

下面我们再来定义利润函数，这里所说的利润指期望利润。由于假定交易成本为零，于是当类型 $i$ 的消费者购买了保险单 $s$ 时，保险人的利润就等于保险费 $s_1$ 减去赔偿金的期望值 $P_i s_2$。

4. 利润函数

利润函数 $R(\cdot)$ 为 $S \times R_+^I$ 到 $R$ 的一个函数，可表示为 $R(s,b) = \sum_{i \in I} b_i(s_1 - P_i s_2)$，其中 $b_i$ 为购买保险单 $(s_2, s_1)$ 的类型 $i$ 的消费者的数量。利润函数给出了提供保险单 $s = (s_2, s_1)$ 的保险公司可以获得利润的总量。

令 $e_i$ 表示 $R_+^I$ 中的第 $i$ 个单位向量。可以得到如下结论：

如果 $i > j$，那么对任何保险单 $s = (s_1, s_2) \in \overline{S}$，$R(s, e_i) \gtreqless R(s, e_j)$ 当且仅当 $s_2 \lesseqgtr 0$。

实际上，一般都有 $s_2 > 0$，那么如果 $i > j$，就有 $R(s, e_i) < R(s, e_j)$，也就是说可以根据消费者为保险公司带来的利润来对他们进行排序。消费者的风险越高，为保险公司带来的利润就越少。

给定利润函数和市场分配后，就可以计算保险单集合的总利润了，并用市场利润函数表示出来。

保险单集合 $S$ 的市场利润函数 $R^*(\cdot; S)$ 定义为

$$R^*(s; S) = R(s, d(s, S)), \quad s \in \overline{S}$$

如果 $S$ 是一个市场分配，那么 $R^*(s; S)$ 给出了所有保险公司从提供保险单 $s$ 中获得的总利润。

下面我们在市场分配的概念上来定义帕累托最优。

5. 帕累托最优

假设有两个市场分配 $S^1$ 和 $S^2$，如果所有类型的消费者在 $S^1$ 下的效用都不比在 $S^2$ 下的效用低，所有保险公司的总利润在 $S^1$ 下也不比在 $S^2$ 下低，并且上述条件中至少有一个严格大于关系成立，我们就说市场分配 $S^1$ 帕累托优于市场分配 $S^2$。如果在 $\overline{S}$ 中没有任何其他市场分配帕累托优于 $S$，那么就说 $S$ 在 $\overline{S}$ 上是帕累托最优的。

关于这个定义有一点需要强调指出：我们不但考虑了每一种类型消费者的效用，也考虑了保险公司的利润。只有当在第一个市场分配中每一类消费者都比在第二个市场分配中的处境不差，而且所有保险公司的总利润也至少和在第二个市场分配中一样多时，第一个市场分配才会帕累托优于第二个市场分配。将保险公司的利润考虑在内，是为了在不使用一般均衡模型的情况下，体现出一般均衡的福利含义，保险公司的利润实际上就是生产者剩余。

有了上面的基本假设和相关定义后，我们就可以来介绍 Rothschild、Stiglitz 和 Wilson 等提出的两种均衡的概念了。这两种均衡概念都是试图描述当保险公司可以无成本地进入市场且无成本地改变它们提供的保险单以对其他保险公司的行动做出反应时，一个稳定的保险单的市场分配应该是怎样的。

### 4.3.2 R-S 均衡

1. R-S 均衡的定义

假定市场中每个保险人持有的均为静态预期，即每个保险人假定所有其他保险人提供的保险单集合是不变的。在这种情况下，保险人可能会有积极性提供这样一组保险单：其中一些保险单获得负利润，但另外一些保险单可获得足够大的正利润，从而使该保险人的总利润为正。然而，如果这个保险人认为其他保险人会通过把那些获得正利润的保险单包括进它们自己的提供范围而做出反应时，那就只留下自己能提供的负利润保险单了，此时提供保险单的积极性就会消失。于是，在 R-S 均衡的定义中，假设一个保险人有积极性提供新的一组保险单，当且仅当这些保险单的总利润为正，并且每一张单独的保险单都将获得非负利润。

假设 $S^* \subset \overline{S}$ 为保险单的一个市场分配，称 $S^*$ 是一个 R-S 均衡，如果（i）对所有 $s \in \overline{S}$，$R^*(s;S^*) \geq 0$；并且（ii）没有满足下面条件的 $S$：对所有的 $s \in S$，$R^*(s;S^* \cup S) \geq 0$，并且对一些 $s \in S - S^*$，严格不等式成立。

条件（i）表明，在均衡状态下，每张保险单都应获得非负利润；条件（ii）表明，对市场现存保险单而言，如果还可以提供一组新的均为非负利润的保险单，且这些新保险单中有一些不在现存保险单中并能获得正利润，那么市场中现存的保险单就不能构成一个 R-S 均衡。这正体现了下面的假设：如果可以获得正的利润，保险人就会有积极性努力获得这些利润。

根据 R-S 均衡的定义，我们可以得到下面的结论：如果 $S^*$ 是一个 R-S 均衡，那么对所有的 $s \in \overline{S}$ 和所有的 $i \in I^*$，有 $R(s,d_i(s;S^*)) = 0$。

这个结论说明，在均衡状态下，不仅每张保险单的利润为零，而且每一类消费者给保险人带来的利润也为零。如图 4.17 所示，假设只有两种类型的消费者，类型 1 的消费者购买保险单 $s^0$，当且仅当把 $s^0$ 出售给类型 1 的消费者时保险人可以获得正利润。$\overline{OP_1}$ 线表示类型 1 消费者的零利润保险单。曲线 $v^1(s^0)$ 和 $v^2(s^0)$ 分别表示类型 1 和类型 2 的消费者过保险单 $s^0$ 的无差异曲线。由于市场提供了 $s^0$，类型 2 的消费者一定会购买一张在 $v^2(s^0)$

线或之下的保险单。于是，由于类型 2 消费者的无差异曲线比类型 1 的无差异曲线更陡，就会有一张如 $s^1$ 这样的保险单落在 $\overline{OP_1}$ 线之上，$s^1$ 只会吸引类型 1 的消费者，并且使保险人获得正利润，因此 $\{s^0\}$ 不可能是一个 R-S 均衡。

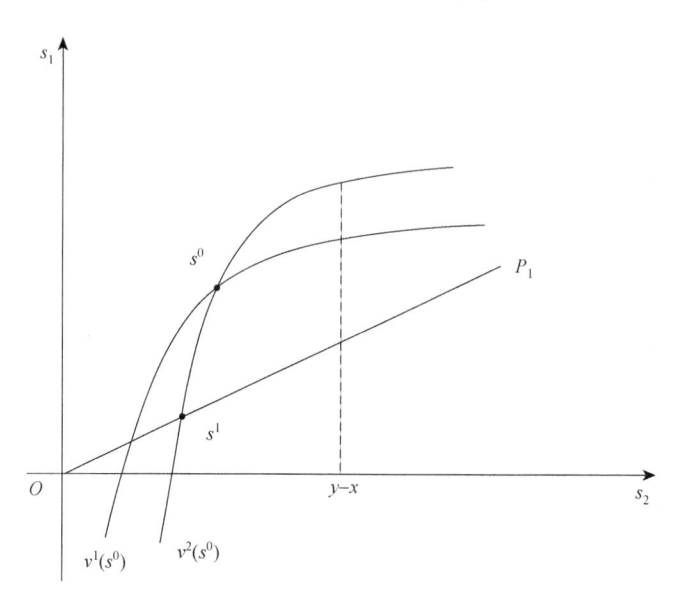

图 4.17　零利润条件

下面我们要回答的问题是：R-S 均衡是否总是存在？它的特征是什么？

为简单起见，我们假设只有两种风险类型的消费者，并且同一种风险类型的所有消费者都购买相同的保险单。这样，如果 R-S 均衡存在，就有两种可能性：①不同类型消费者购买不同的保险单；②两种类型消费者购买相同的保险单。前一种情况下的均衡称为分离均衡，后一种情况下的均衡称为混同均衡。

2. 作为分离均衡的 R-S 均衡

我们首先用图 4.18 来说明分离均衡。$\overline{OP_1}$ 和 $\overline{OP_2}$ 线分别表示针对类型 1 和类型 2 消费者的零利润保险单，$\overline{OP_{12}}$ 线表示当两种类型消费者都购买时的零利润保险单。曲线 $v^i(s^j)$ 是类型 $i$ 的消费者通过保险单 $s^j$ 的无差异曲线，$i=1,2$；$j=1,2,3$。为了获得非负利润，类型 2 消费者购买的保险单必须落在 $\overline{OP_2}$ 线的上方。竞争的存在会迫使保险公司在 $s^2$ 处提供对它来说最佳的保险单。如果保险人能够区分不同类型的消费者，就会向低风险的消费者提供保险单 $s^3$。但如果不能区分不同类型的消费者，提供了适合低风险消费者的保险单 $s^3$，就会被高风险类型消费者所购买，因为类型 2 消费

者在 $s^3$ 处的效用比在 $s^2$ 处更高。因此,保险人要想提供一张只供类型 1 消费者购买的保险单,为了盈利,该保险单必须落在 $\overline{OP_1}$ 线上或其上方;同时,为了使类型 2 消费者不购买它,该保险单又必须落在类型 2 消费者通过 $s^2$ 的无差异曲线 $v^2(s^2)$ 上或其上方。不难发现,在所有满足上述条件的保险单中,使得类型 1 消费者效用最大的是保险单 $s^1$,也就是无差异曲线 $v^2(s^2)$ 和 $\overline{OP_1}$ 线的交点。

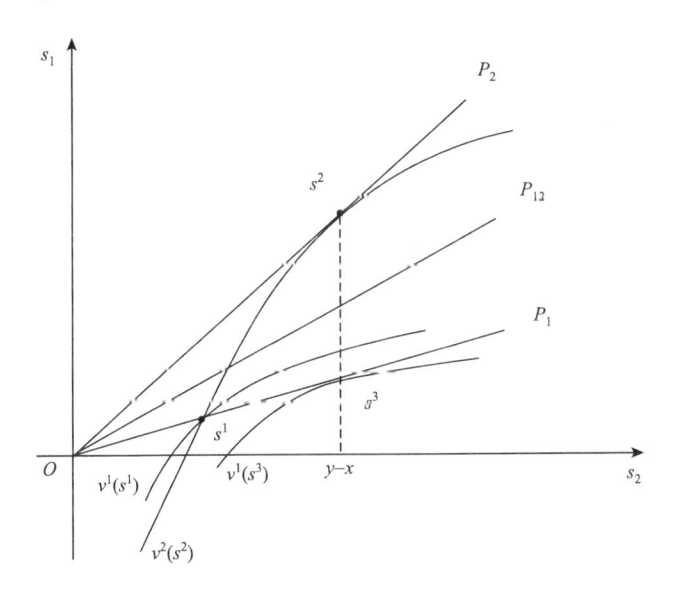

图 4.18　存在 R-S 均衡的例子

然而,保险单 $s^2$ 和 $s^1$ 构成了 R-S 均衡吗?只有当不存在这样一个保险单时,它们才构成 R-S 均衡:在 $s^2$ 和 $s^1$ 之外还会有保险人提供可以获得正利润的保险单,且两种类型的消费者都更偏好它。如图 4.18 所示,如果我们试图寻找存在落在类型 1 消费者过 $s^1$ 的无差异曲线下面且落在 $\overline{OP_{12}}$ 之上的保险单的话,很显然,这样的保险单是不存在的,于是 $\{s^1,s^2\}$ 构成一个 R-S 均衡。

从图 4.18 中的分离均衡我们可以看到,在不存在不对称信息,保险公司可以识别不同风险类型的消费者时,高风险消费者会购买保险单 $s^2$,低风险消费者会购买保险单 $s^3$,每种类型的消费者都可以获得足额保险($s_2 = y - x$)。然而,如果保险公司不能识别不同风险类型的消费者,低风险类型的消费者就会购买保险单 $s^1$,从而只能获得部分(不足额)保险,而高风险类型消费者仍可以得到完全保险。因此,在信息不对称的情况下,高风险类型消费者的存在对低风险类型消费者造成了负外部性,这便是逆向选择问题的意义所在。

### 3. 作为混同均衡的 R-S 均衡

那么，R-S 分离均衡是否总是存在呢？给定上面所做的所有假设，我们没有理由排除类型 1 消费者通过 $s^1$ 的无差异曲线会有某个范围落在 $\overline{OP_{12}}$ 线上方的可能。实际上，由于我们并没有假设类型 1 和类型 2 消费者占消费者总体的比例，如图 4.18 所示，如果类型 1 的消费者占比越高，$\overline{OP_{12}}$ 线就会越接近 $\overline{OP_1}$ 线。当类型 1 消费者占比足够高时，通过 $s^1$ 的无差异曲线 $v^1(s^1)$ 完全有可能会有一部分落在 $\overline{OP_{12}}$ 线的上方，这就是图 4.19 所表示的情形。在这种情况下，$\{s^1,s^2\}$ 就不再是 R-S 分离均衡了。因为保险人可以提供一个在 $\overline{OP_{12}}$ 线上方并且在无差异曲线 $v^1(s^1)$ 下方的可以获得正利润的保险单，并且两种类型的消费者都会被这个新保险单所吸引。因此，如果图 4.19 中存在 R-S 均衡，它一定是第二种均衡，即混同均衡：两种类型的消费者都购买同一种保险单。由于这个保险单一定要获得非负利润，它将落在 $\overline{OP_{12}}$ 线或其上方。实际上，竞争的存在会迫使保险人提供保险单 $s^0$，这是在此集合中最被类型 1 消费者所偏好的保险单。不幸的是，可以证明这张保险单也不是一个 R-S 均衡。因为如果有保险人提供了 $s^0$，另外的保险人可以提供如 $s^3$ 这样的保险单。给定 $s^0$，只有低风险类型的消费者会购买 $s^3$。由于它落在 $\overline{OP_1}$ 线的上方，保险人可以获得正利润。当然，$s^3$ 也不是一个 R-S 均衡，因为如果提供 $s^3$，低风险类型消费者都会购买 $s^3$，只有高风险类型消费者购买 $s^0$，而 $s^0$ 在 $\overline{OP_2}$ 线的下方，保险人是亏损的，没有保险人会愿意提供 $s^0$。在高风险类型消费者也购买了 $s^3$ 之后，保险人也会亏损。于是，我们不得不得出这样的结论：图 4.19 中不存在 R-S 均衡。

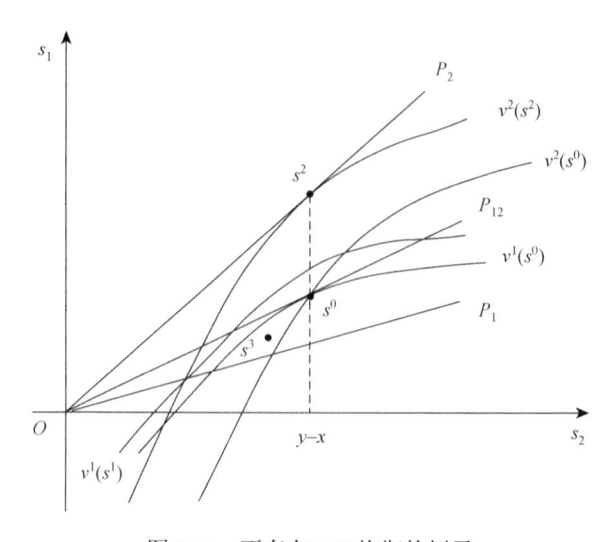

图 4.19　不存在 R-S 均衡的例子

### 4. 均衡的市场分配

从上面的分析可知，均衡的市场分配只能如下构造：如果存在多种风险类型的消费者，市场将首先分配给最高风险类型消费者那些可获得非负利润的保险单中最被他们偏好的保险单；然后再给低一级风险类型消费者那些获得非负利润的保险单中最被他们偏好但又不被更高一级风险类型消费者所偏好的保险单……。持续此过程，直到达到最低风险类型的消费者为止。结果是，高风险类型消费者会购买赔偿金额更高的保险单；每种类型消费者的保险单和比他低一级类型消费者的保险单之间是无差异的；只有最高风险类型的消费者被完全保险，$s_2^I = y - x$。图 4.20 中给出了一个有三种消费者类型的 R-S 均衡下的市场分配。对每个 $i$，$s^i$ 表示类型 $i$ 的消费者购买的保险单，注意每种类型消费者购买的保险单都落在 $\overline{OP_i}$ 线上，从而获得零利润。

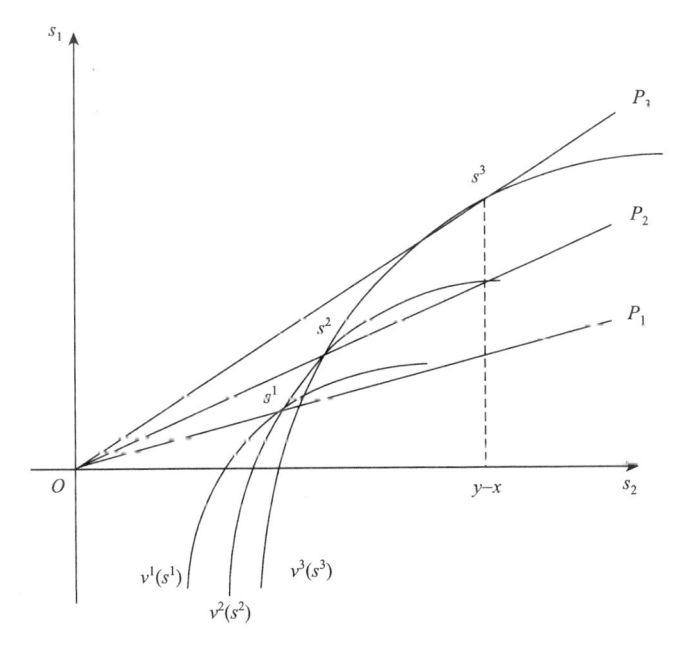

图 4.20　有三种消费者类型的 R-S 均衡下的市场分配

还可以证明，在由每种类型的消费者都带来非负利润的所有可行的市场分配中，R-S 均衡下的市场分配是帕累托最优的。然而，如果存在这样的可能：在提供的一组保险单中，两个或更多个不同类型的消费者都购买同一张保险单，那么 R-S 均衡就不会存在。

### 4.3.3 Wilson 均衡

1. Wilson 均衡的定义

根据前面的分析我们已经知道，R-S 均衡并不总是存在的，原因是：保险人没有正确预期到其他保险人的反应；以及这些反应对市场需求函数的改变可能非常大，可以使某一保险人的利润从非负变为严格负。事实上，保险人可以通过撤销所有保险单从而比提供负利润的保险单更好些。而那些没有考虑到自己提供的保险单对其他保险人利润的影响会导致撤销保险单的保险人，尽管一直预期能获得非负利润，但结果却发现，在其他保险人撤销了保险单后，自己的利润变成了严格负的。Wilson 均衡就是通过加入如下规则来修正保险人的预期：保险人只提供那些对其他保险人撤销了负利润保险单做出反应后仍能获得正利润的保险单。

称保险单的市场分配 $S^*$ 为一个 Wilson 均衡，如果：

(i) 对所有的 $s \in S^*$，$R^*(s; S^*) \geq 0$；

(ii) 没有 $S \subset \bar{S}$ 使得对所有的 $s \in S$，$R^*\left(s; Q^*(S^*, S) \cup S\right) \geq 0$，并且严格不等式对某些 $s \in S - S^*$ 成立，其中 $Q^*(S^*, S)$ 代表在现有保险单集合之外提供的 $S$，并撤销掉所有负利润保险单后，在市场上保留下来的保险单的集合。

Wilson 均衡同 R-S 均衡的定义的区别仅在于：在保险公司预先计算要提供的一组保险单的利润时，对这组保险单的要求不同。条件（i）表明这一组中的每张保险单都必须获得非负利润，这一点和 R-S 均衡的要求是相同的。条件（ii）表明：不可能存在另外一组新保险单，在现有这组保险单中的负利润保险单被撤销后，这组新保险单中的每张保险单都能获得非负利润，并且其中某些保险单会获得严格正的利润。

2. Wilson 均衡的存在性与最优性

有了 Wilson 均衡的定义后，我们再来看一下图 4.19，看一看当 R-S 均衡不存在时，Wilson 均衡是否会存在。假设保险人已经提供了保险单 $s^0$，在提供像 $s^3$ 这样的保险单之前，保险人首先会考虑提供 $s^3$ 对 $s^0$ 利润的影响。我们发现，如果提供了 $s^3$，$s^0$ 将变为亏损的。于是，保险人会预期到如果提供 $s^3$，$s^0$ 将被撤销，所以保险人不会提供 $s^3$ 这张保险单。我们可以考虑任意其他的保险单，都会得到相同的结果，于是，$s^0$ 是一个 Wilson 均衡。

Wilson（1977）已经证明：Wilson 均衡是一定存在的，并且有一个 Wilson

均衡的市场分配在所有可行的市场分配中是帕累托最优的。他进一步证明：如果存在一个 R-S 均衡，它也是 Wilson 均衡。

然而不幸的是，Wilson 均衡不一定是唯一的。尽管在图 4.19 给出的简单例子中我们看到 Wilson 均衡是唯一的，但是情况并不一定总是这样的。哪怕只有两种类型的消费者，也会有存在两个均衡的情况，其中一个帕累托优于另一个。但是对于使得所有保险单都获得非负利润并有部分保险单获得正利润的这两种均衡，却又不可能找到一个比它们帕累托更优的市场分配了。在图 4.19 中，我们可以证明当类型 1 消费者过 $s^0$ 的无差异曲线同时也通过 $s^1$ 时，这种情况就会出现。在这种情况下，$\{s^0\}$ 和 $\{s^1,s^2\}$ 两者都是 Wilson 均衡，尽管类型 2 消费者在 $\{s^0\}$ 均衡下的处境更好些。这个例子还说明，在使每张保险单都获得非负利润的所有市场分配中，Wilson 均衡的市场分配不一定都是帕累托最优的，但是可以证明总有一个是帕累托最优的。

### 4.3.4　R-S 均衡与 Wilson 均衡之间的转换

R-S 均衡实际上要求均衡应满足两个条件：①在均衡集合内的所有保险单均具有非负的期望收益；②若存在均衡集合外的保险单，则这些保险单不可能产生正的收益。R-S 均衡实际上是个分离均衡，即高风险投保人和低风险投保人各有一个均衡点，但这个均衡是不稳定的。例如，如果低风险投保人占全部投保人的比例足够大时，R-S 均衡就可能不存在。于是 Wilson（1977）提出了混同均衡即 Wilson 均衡的概念，并证明了其存在性。当分离均衡存在时，Wilson 均衡就是 R-S 分离均衡，否则就是一个混同均衡。R-S 均衡是否存在取决于市场平均零期望利润线的位置。一般认为，市场是否会由 R-S 分离均衡转变为 Wilson 混同均衡与市场上低风险投保人所占的比重 $\lambda^L$ 有关，一旦 $\lambda^L$ 达到或大于某一临界值，使得市场平均零期望利润线与低风险投保人的期望效用曲线相交，市场就会达到 Wilson 均衡。而该临界值的大小与投保人的损失程度、损失概率，以及低风险投保人的风险规避度等都有关系。一般来说，随着投保人的损失程度增加，或高风险投保人的损失概率降低，或低风险投保人的损失概率增加或低风险投保人的风险规避度增加，都会使得 $\lambda^L$ 的临界值减少。我们用 matlab 描述了当投保人的效用函数为 $u(z)=\mathrm{e}^{-\alpha z},(\alpha>0)$，并假设 $y=100$，$x=50$，$P^H=0.8$，$P^L=0.2$ 时，$\lambda^L$ 的临界值与风险规避度 $\alpha$ 的关系，以及假设 $y=100$，$x=50$，$P^H=0.8$，$\alpha=0.05$ 时 $\lambda^L$ 的临界值与低风险投保人的损失概率 $P^L$ 的关系，分别见图 4.21 和图 4.22。

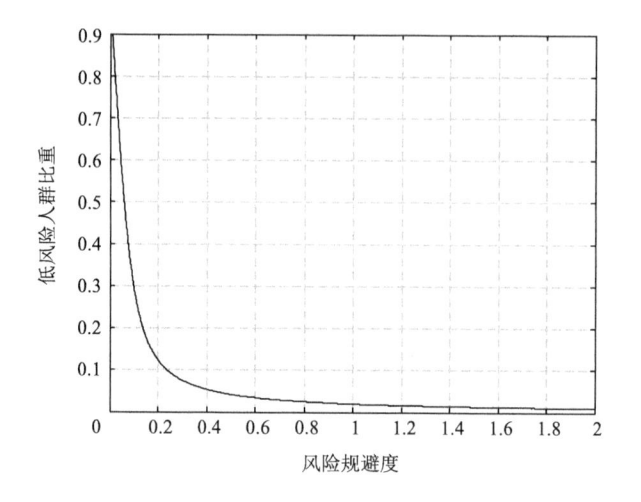

图 4.21 $\lambda^L$ 的临界值与风险规避度 $\alpha$ 的关系

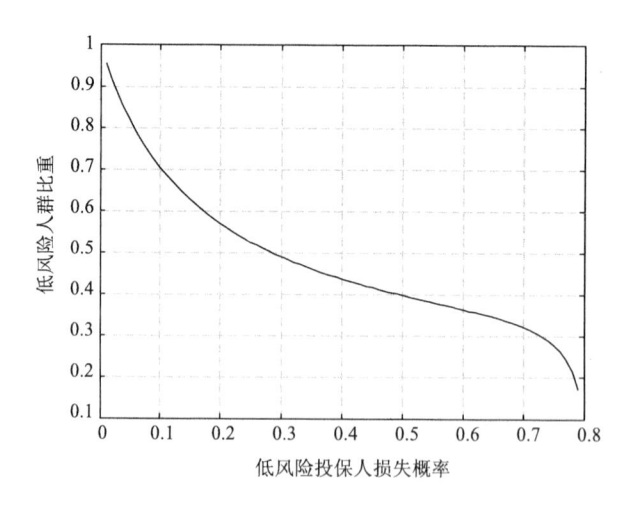

图 4.22 $\lambda^L$ 的临界值与 $P^L$ 的关系

从图 4.21 中可以看出，$\lambda^L$ 的临界值与低风险投保人的风险规避度 $\alpha$ 呈反方向变动，即随着低风险投保人的风险规避度变大，$\lambda^L$ 的临界值下降。原因在于，随着低风险投保人风险规避度的增加，其期望效用曲线会变得平坦，这时候即使市场上低风险投保人的比重不大，市场平均零期望利润线也会极易与它相交，使市场形成 Wilson 均衡。如图 4.21 中所描述的，当 $\alpha=0.2$ 时，市场上只需有 13%左右的低风险投保人，就会使市场处于 Wilson 均衡状态。而且，当 $\alpha$ 比较小（如 $\alpha<0.2$）时，$\lambda^L$ 的临界值相对于 $\alpha$ 的变化会非常敏感。

从图 4.22 可以看出，$\lambda^L$ 的临界值与低风险投保人的损失概率 $P^L$ 呈反方向变动，即随着低风险投保人损失概率的增加，$\lambda^L$ 的临界值会下降。原因在于，随着低风险投保人损失概率的增加，与高风险投保人的损失概率逐渐接近，同时低风险投保人的期望效用曲线也逐渐变得平坦，这时候，即使市场上低风险投保人的比重不大，市场平均零期望利润线也会极易与它相交，使市场形成 Wilson 均衡。如图 4.22 中所描述的，当 $P^L$ 等于 0.7 时，市场上只需有 32%左右的低风险投保人，就会使市场处于 Wilson 均衡状态。

从上述分析可以看出，当低风险投保人的风险规避度较大或他们的损失概率与高风险投保人的损失概率比较接近时，市场极易形成 Wilson 均衡。在现实生活中我们也可以看到这一现象。例如，在航空意外伤害保险市场上，航程极短的人，虽然比起长途乘机者而言，他们的出险概率要小很多，但对于飞机失事风险，他们的厌恶程度同样比较高。因而保险人在出售航空意外伤害保险时，通常是对所有的投保人（不管这些人航程的长短）出售相同保费、相同保额的保险单，市场形成 Wilson 均衡。另外，在人身意外伤害险市场上，保险人通常会出售一些人身意外伤害卡，这些保险单的基本保额和保费也都是相同的，这同样是因为保险人认为，除了一些从事特殊活动的个体（对于这些人，保险人通常会采用附加险或特殊保险单的方式），大部分人发生意外事故的概率是非常接近的，即市场处于 Wilson 均衡。

## 4.4 保险市场均衡状态下的效率分析

### 4.4.1 信息对称时的市场均衡及效率分析

本节开始我们将分析保险市场均衡状态下的市场效率。如前所述，我们用社会总剩余作为市场效率的衡量，而社会总剩余包括消费者（投保人）剩余和生产者（保险人）剩余。

我们假设市场上存在两类投保人，他们的初始财富、保险事故发生时的损失程度都相同，唯一不同的是事故发生的概率：一类人发生事故的概率是 $P^H$，另一类人的概率是 $P^L$，且 $P^H > P^L$。我们称前者为高风险投保人，假设在总人群中这类人的比重是 $\lambda^H$，后者称为低风险投保人，所占的比重是 $\lambda^L$，有 $\lambda^H + \lambda^L = 1$。

由于假设保险市场中信息是完全对称的，保险人可以正确区分哪些人属于高风险投保人，哪些人属于低风险投保人。于是，保险人向事故发生

概率为 $P^i,(i=H,L)$ 的投保人出售的保险单 $\left(s_2^i,s_1^i\right)$ 应该满足：

$$\max_{s_1^i,s_2^i} P^i u\left(x-s_1^i+s_2^i\right)+(1-P^i)u\left(y-s_1^i\right)$$
$$\text{s.t.} \quad (1-P^i)s_1^i+P^i\left(s_1^i-s_2^i\right)=0 \tag{4.21}$$

该优化问题的解为

$$\left(s_2^H,s_1^H\right)=\left(y-x,P^H(y-x)\right)$$
$$\left(s_2^L,s_1^L\right)=\left(y-x,P^L(y-x)\right) \tag{4.22}$$

这个解表明：高、低风险投保人都能以对各自公平的精算价格购买到足额保险，即高风险投保人购买保险单 $\left(y-x,P^H(y-x)\right)$，低风险投保人购买保险单 $\left(y-x,P^L(y-x)\right)$（图 4.23），市场可以达到均衡，此时高风险投保人的消费者剩余 $\text{CS}^H$ 和低风险投保人的消费者剩余 $\text{CS}^L$ 分别为

$$\text{CS}^H=\int_0^{y-x}\left(\frac{P^H e^{\alpha(y-x-s_2)}}{1-P^H+P^H e^{\alpha(y-x-s_2)}}-P^H\right)$$
$$ds_2=\frac{1}{\alpha}\ln\left(1-P^H+P^H e^{\alpha(y-x)}\right)-P^H(y-x) \tag{4.23}$$

$$\text{CS}^L=\int_0^{y-x}\left(\frac{P^L e^{\alpha(y-x-s_2)}}{1-P^L+P^L e^{\alpha(y-x-s_2)}}-P^L\right)$$
$$ds_2=\frac{1}{\alpha}\ln\left(1-P^L+P^L e^{\alpha(y-x)}\right)-P^L(y-x) \tag{4.24}$$

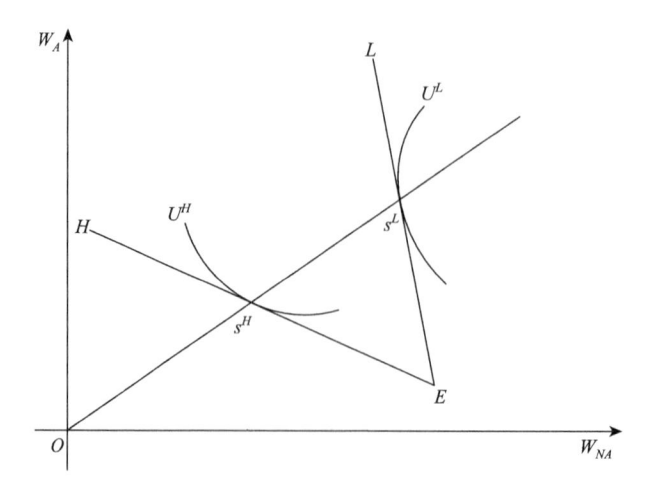

图 4.23 信息对称时保险市场的均衡

由于保险单 $\left(y-x,P^H(y-x)\right)$ 和 $\left(y-x,P^L(y-x)\right)$ 分别位于高、低风险投

保人的公平价格保险线上，所以生产者剩余为0。于是，社会总剩余 $W$ 就等于两类投保人的消费者剩余之和：

$$W = \lambda^H \mathrm{CS}^H + \lambda^L \mathrm{CS}^L$$
$$= \frac{\lambda^H}{\alpha}\ln\left(1-P^H+P^H \mathrm{e}^{\alpha(y-x)}\right)+\frac{\lambda^L}{\alpha}\ln\left(1-P^L+P^L \mathrm{e}^{\alpha(y-x)}\right)-\bar{P}(y-x) \quad (4.25)$$

其中，$\bar{P} = \lambda^H P^H + \lambda^L P^L$ 为平均出现概率。

因为我们假设保险市场是竞争性市场且信息完全对称，根据微观经济学原理可知，此时的社会总剩余达到最大，即市场效率最高。

### 4.4.2 信息不对称时的市场均衡及效率分析

如果保险人不能观察到投保人的出险概率，图 4.23 中的保险单集合 $\{s^H, s^L\}$ 将不再是一个竞争均衡，因为此时高风险投保人会冒充低风险投保人选择保险单 $(y-x, P^L(y-x))$，以提高自身的效用。如果市场上所有的投保人都购买了该保险单，保险人就会亏损。于是，根据市场上高、低风险投保人的比重以及两类投保人出险概率的差别，保险市场可能会形成两种均衡：R-S 分离均衡和 Wilson 混同均衡。

1. 市场处于 R-S 分离均衡时的效率分析

当保险市场存在信息不对称时，根据本章前面的分析，保险市场可能出现如图 4.24 所示的 R-S 分离均衡，均衡保险单集合应该是 $\{s^H, s^L\}$，且可以得到如下判断：高风险投保人会购买足额保险 $(y-x, P^H(y-x))$；低风

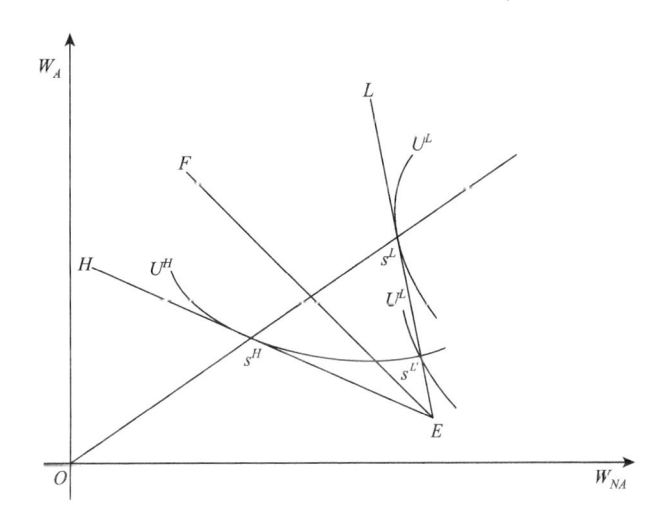

图 4.24 信息不对称时保险市场的 R-S 均衡

险投保人只会购买部分保险$\left(s_2^{L'}, P^L s_2^{L'}\right)$；对于高风险投保人而言，保险单$\left(y-x, P^H(y-x)\right)$和保险单$\left(s_2^{L'}, P^L s_2^{L'}\right)$给他们带来的期望效用是相同的；所有保险单的利润都是 0；这样的均衡有可能不存在，但如果存在，必定是分离均衡。

此时，低风险投保人购买的是不足额保险$\left(s_2^{L'}, P^L s_2^{L'}\right)$，位于高风险投保人期望效用曲线$U^H$和低风险投保人的公平价格保险线$EL$的交点上，即为方程组

$$P^H u\left(x - s_1^{L'} + s_2^{L'}\right) + (1 - P^H) u\left(y - s_1^{L'}\right) = u\left(y - P^H(y-x)\right) \quad (4.26)$$
$$s_1^{L'} = P^L s_2^{L'}$$

的解，且有$s_2^{L'} < y - x$。

因为保险单$\left(y-x, P^H(y-x)\right)$和$\left(s_2^{L'}, P^L s_2^{L'}\right)$都位于保险人的零期望利润线上，所以保险人的生产者剩余仍为 0。高风险投保人购买的保险单与信息对称时是相同的，所以高风险投保人的消费者剩余也不变，$\mathrm{CS}_{R-S}^H = \mathrm{CS}^H$（见式（4.23）），而低风险投保人的消费者剩余$\mathrm{CS}_{R-S}^L$变成：

$$\mathrm{CS}_{R-S}^L = \int_0^{s_2^{L'}} \left(\frac{P^L e^{\alpha(y-x-s_2)}}{1 - P^L + P^L e^{\alpha(y-x-s_2)}} - P^L\right) ds_2$$
$$= \frac{1}{\alpha} \ln\left(1 - P^L + P^L e^{\alpha(y-x)}\right) - \frac{1}{\alpha} \ln\left(1 - P^L + P^L e^{\alpha(y-x-s_2^{L'})}\right) - P^L s_2^{L'} \quad (4.27)$$

与信息完全对称时相比，低风险投保人的消费者剩余的变化量为

$$\mathrm{CS}_{R-S}^L - \mathrm{CS}^L = -\frac{1}{\alpha} \ln\left(1 - P^L + P^L e^{\alpha(y-x-s_2^{L'})}\right) - P^L s_2^{L'} + P^L(y-x) \quad (4.28)$$

不难发现，当$s_2^{L'} = y - x$时，式（4.28）等于 0。但由于$s_2^{L'} < y - x$，所以式（4.28）是小于零的，即低风险投保人的消费者剩余出现了下降。

这时，社会总剩余$W_{R-S}$为

$$W_{R-S} = \lambda^H \mathrm{CS}_{R-S}^H + \lambda^L \mathrm{CS}_{R-S}^L$$
$$= \lambda^H \left[\frac{1}{\alpha} \ln\left(1 - P^H + P^H e^{\alpha(y-x)}\right) - P^H(y-x)\right]$$
$$+ \lambda^L \left[\frac{1}{\alpha} \ln\left(1 - P^L + P^L e^{\alpha(y-x)}\right) - \frac{1}{\alpha} \ln\left(1 - P^L + P^L e^{\alpha(y-x-s_2^{L'})}\right) - P^L s_2^{L'}\right]$$
$$(4.29)$$

与信息对称时相比，由于高风险投保人的消费者剩余不变，低风险投保人的消费者剩余降低了，因而整体社会总剩余$W_{R-S}$也会有所降低。这说明在信息不对称的情况下，即使保险人能设置一种机制，让高、低风险投保人主动认购不同的保险单，以此来区分投保人的风险类型，还是会引起

社会总剩余即市场效率的降低，其原因主要是低风险投保人只能购买到不足额保险。如果能增加低风险投保人可以购买的保额 $s_2^L$，就能减少社会福利降低的幅度。而 $s_2^L$ 的大小与下列因素有关。

1）高风险投保人的风险规避度

根据我们假设的效用函数 $u(z) = -e^{-\alpha z}, (\alpha > 0)$，高风险投保人的期望效用为

$$EU = -P^H e^{-\alpha W_A} - (1-P^H) e^{-\alpha W_{NA}} \tag{4.30}$$

式（4.30）对 $W_{NA}$ 求导得

$$\frac{\partial W_A}{\partial W_{NA}} = -\frac{(1-P^H) e^{-\alpha W_{NA}}}{P^H e^{-\alpha W_A}} \tag{4.31}$$

式（4.31）对 $\alpha$ 求导可得

$$\frac{\partial \frac{\partial W_A}{\partial W_{NA}}}{\partial \alpha} = \frac{1-P^H}{P^H} \frac{e^{-\alpha W_{NA}}(W_{NA}-W_A)}{e^{-\alpha W_A}} \tag{4.32}$$

显然，式（4.32）大于 0，因而式（4.31）是关于 $\alpha$ 的递增函数，即当 $\alpha$ 变大（投保人风险厌恶程度增加）时，高风险投保人的期望效用曲线会变得更加平坦，使得 $s_2^L$ 增加。图 4.25 描述了当 $y=100, x=50, U(z)=-e^{-\alpha z}$，$P^H=0.8, P^L=0.2$ 时，$s_2^L$ 与 $\alpha$ 之间的关系，而且从该图我们可以发现，当 $\alpha$ 比较小（如 $\alpha < 0.5$）时，$s_2^L$ 对 $\alpha$ 的变动非常敏感。

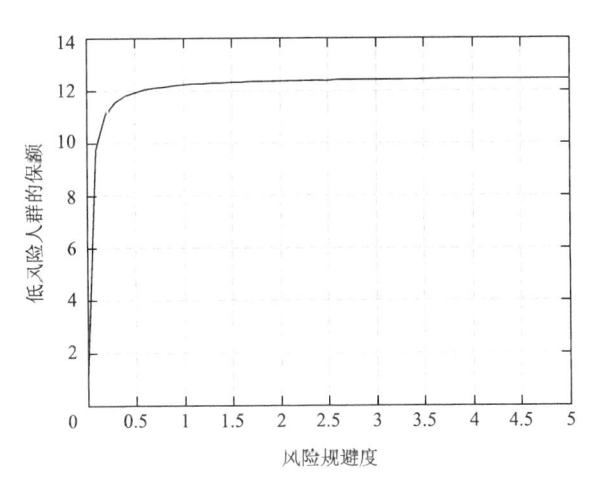

图 4.25 $s_2^L$ 与 $\alpha$ 的关系

2) 高风险投保人的损失概率 $P^H$

$P^H$ 的变化不仅会导致高风险投保人的公平价格保险线 $EH$ 围绕点 $E$ 发生旋转,而且其期望效用曲线的斜率也会改变。图 4.26 描述了当 $y=100$,$x=50$,$U(z)=-\mathrm{e}^{-\alpha z}$,$\alpha=0.05$,$P^L=0.2$ 时,$s_2^{L'}$ 与 $P^H$ 之间的关系:当高风险投保人损失概率 $P^H$ 增加时,低风险人群能购买到的保额 $s_2^{L'}$ 会减少。

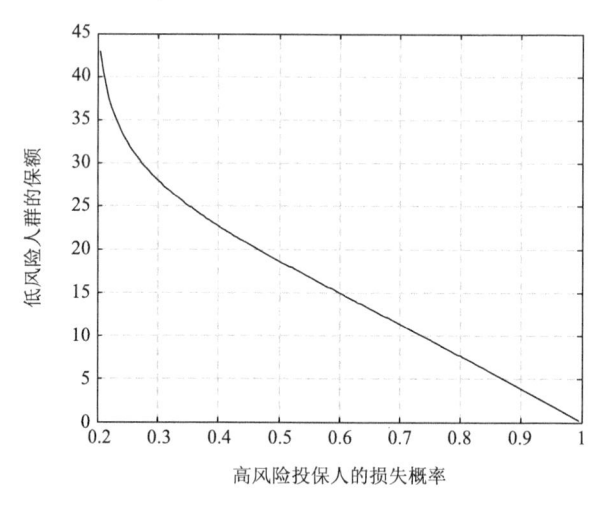

图 4.26 $s_2^{L'}$ 与 $P^H$ 之间的关系

3) 低风险投保人损失概率 $P^L$

当低风险投保人的损失概率 $P^L$ 增加时,低风险投保人的公平价格保险线 $EL$ 会围绕点 $E$ 逆时针旋转,使得 $s_2^{L'}$ 增加。

2. 市场处于 Wilson 混同均衡时的效率分析

当市场平均零期望利润线 $EF$ 与低风险投保人的期望效用曲线 $U^L$ 相交时,市场处于 Wilson 均衡,如图 4.27 所示,保险人在线 $EF$ 上向两类投保人提供同样的保险单 $\left(s_2^W, s_1^W\right)$,保险金额 $s_2^W$ 是由低风险投保人决定的,满足:

$$\max_{s_1^W, s_2^W}(1-P^L)\left(-\mathrm{e}^{-\alpha(y-s_1^W)}\right)+P^L\left(-\mathrm{e}^{-\alpha(x-s_1^W+s_2^W)}\right)$$
s.t.
$$\lambda^H\left(s_1^W-P^H s_2^W\right)+\lambda^L\left(s_1^W-P^L s_2^W\right)=0$$
(4.33)

可解得

$$s_2^W = y-x-\frac{1}{\alpha}\ln\frac{\overline{P}(1-P^L)}{P^L(1-\overline{P})} \tag{4.34}$$

由 $\bar{P} > P^L$，$\dfrac{\bar{P}(1-P^L)}{P^L(1-\bar{P})} > 1$ 可知

$$s_2^W < y - x \tag{4.35}$$

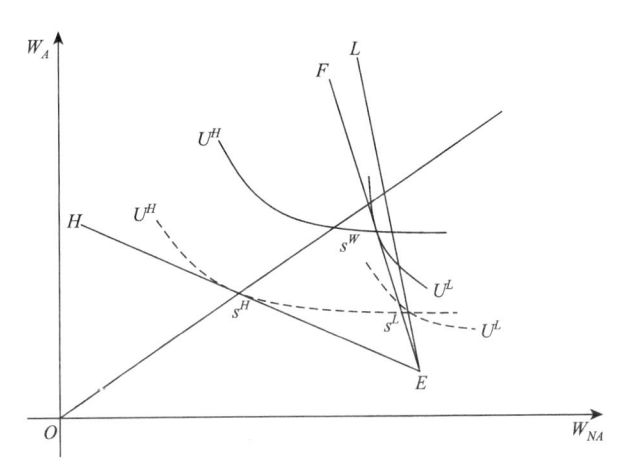

图 4.27　信息不对称时保险市场的 Wilson 均衡

式（4.35）说明，当市场上低风险投保人的比重不是很大从而形成 Wilson 均衡时，所有投保人都无法购买到足额保险。但如果所有投保人的风险规避度 $\alpha$ 不断增加，由：

$$\lim_{\alpha \to +\infty} s_2^W = y - x - \frac{1}{\alpha}\ln\frac{\bar{P}(1-P^L)}{P^L(1-\bar{P})} = y - x \tag{4.36}$$

可知，所有投保人可以购买到不断接近足额保险的保险单。此外，如果高、低风险投保人之间的损失概率相差不大，则有

$$\lim_{P^L \to P^H} s_2^W = y - x - \frac{1}{\alpha}\ln\frac{\bar{P}(1-P^L)}{P^L(1-\bar{P})} = y - x \tag{4.37}$$

如果 $P^L$ 与 $P^H$ 相差较大且 $\alpha$ 又较小，市场要形成 Wilson 均衡就需要有大量低风险人群的存在，也就意味着平均出险概率 $\bar{P}$ 比较接近于低风险投保人的出险概率 $P^L$，故而有

$$\lim_{\lambda^L \to 1} s_2^W = y - x - \frac{1}{\alpha}\ln\frac{\bar{P}(1-P^L)}{P^L(1-\bar{P})} = y - x \tag{4.38}$$

也就是说，需要有绝对高比例的低风险投保人，才能使所有投保人均购买到足额保险。

下面来看 Wilson 均衡下的消费者剩余。对低风险投保人来说，其消费者剩余 $CS_{Wil}^L$ 为

$$\mathrm{CS}_{\mathrm{Wil}}^L = \int_0^{s_2^W}\left(\frac{P^L \mathrm{e}^{\alpha(y-x-s_2)}}{1-P^L+P^L \mathrm{e}^{\alpha(y-x-s_2)}} - \overline{P}\right)\mathrm{d}s_2$$
$$= \frac{1}{\alpha}\ln\left(1-P^L+P^L \mathrm{e}^{\alpha(y-x)}\right) - \frac{1}{\alpha}\ln\left(1-P^L+P^L \mathrm{e}^{\alpha(y-x-s_2^W)}\right) - \overline{P}s_2^W \quad (4.39)$$

与信息完全对称时相比，差额为

$$\mathrm{CS}_{\mathrm{Wil}}^L - \mathrm{CS}^L = -\frac{1}{\alpha}\ln\left(1-P^L+P^L \mathrm{e}^{\alpha(y-x-s_2^W)}\right) - \overline{P}s_2^W + P^L(y-x) \quad (4.40)$$

由 $s_2^W = y-x-\frac{1}{\alpha}\ln\frac{\overline{P}(1-P^L)}{P^L(1-\overline{P})}$ 可知，当 $\overline{P}=P^L$ 时，式（4.40）等于 0；将式（4.40）对 $\overline{P}$ 求导，得到

$$\frac{\mathrm{d}\left(\mathrm{CS}_{\mathrm{Wil}}^L - \mathrm{CS}^L\right)}{\mathrm{d}\overline{P}} = \frac{1}{\alpha}\ln\frac{\overline{P}(1-P^L)}{P^L(1-\overline{P})} - (y-x) < 0 \quad (4.41)$$

显然，总有 $\overline{P}>P^L$，所以式（4.40）小于 0，说明低风险投保人的消费者剩余是下降的。

高风险投保人在 Wilson 均衡下的消费者剩余 $\mathrm{CS}_{\mathrm{Wil}}^H$ 为

$$\mathrm{CS}_{\mathrm{Wil}}^H = \int_0^{s_2^W}\left(\frac{P^H \mathrm{e}^{\alpha(y-x-s_2)}}{1-P^H+P^H \mathrm{e}^{\alpha(y-x-s_2)}} - \overline{P}\right)\mathrm{d}s_2$$
$$= \frac{1}{\alpha}\ln\left(1-P^H+P^H \mathrm{e}^{\alpha(y-x)}\right) - \frac{1}{\alpha}\ln\left(1-P^H+P^H \mathrm{e}^{\alpha(y-x-s_2^W)}\right) - \overline{P}s_2^W \quad (4.42)$$

与信息完全对称时相比，差额为

$$\mathrm{CS}_{\mathrm{Wil}}^H - \mathrm{CS}^H = -\frac{1}{\alpha}\ln\left(1-P^H+P^H \mathrm{e}^{\alpha(y-x-s_2^W)}\right) - \overline{P}s_2^W + P^H(y-x) \quad (4.43)$$

可以证明式（4.43）大于零，说明高风险投保人的消费者剩余会有所上升。

因为保险人根据投保人出险的平均概率确定保险单价格，且向两类不同风险类型投保人出售同一份保险单，所以生产者剩余仍然是 0。于是，高、低风险投保人的消费者剩余相加，可得到社会总剩余 $W_{\mathrm{Wil}}$：

$$W_{\mathrm{Wil}} = \lambda^H \mathrm{CS}_{\mathrm{Wil}}^H + \lambda^L \mathrm{CS}_{\mathrm{Wil}}^L$$
$$= \lambda^H\left[\frac{1}{\alpha}\ln\left(1-P^H+P^H \mathrm{e}^{\alpha(y-x)}\right) - \frac{1}{\alpha}\ln\left(1-P^H+P^H \mathrm{e}^{\alpha(y-x-s_2^W)}\right)\right]$$
$$+ \lambda^L\left[\frac{1}{\alpha}\ln\left(1-P^L+P^L \mathrm{e}^{\alpha(y-x)}\right) - \frac{1}{\alpha}\ln\left(1-P^L+P^L \mathrm{e}^{\alpha(y-x-s_2^W)}\right)\right] - \overline{P}s_2^W$$
$$(4.44)$$

与信息完全对称时的社会总剩余 $W$ 相比，差额为

$$W_{\text{Wil}} - W$$
$$= -\frac{\lambda^H}{\alpha}\ln\left(1 - P^H + P^H e^{\alpha(y-x-s_2^W)}\right) - \frac{\lambda^L}{\alpha}\ln\left(1 - P^L + P^L e^{\alpha(y-x-s_2^W)}\right) + \overline{P}\left(y - x - s_2^W\right)$$
(4.45)

可以证明式（4.45）小于零，说明在信息不对称的保险市场上，如果不区分投保人的风险类型，仅出售单一保险单所导致的混同均衡同样会引起社会总剩余即市场效率的降低。而市场效率的降低主要是因为低风险投保人要以高于自身出险概率的费率 $\overline{P}$ 投保，且保额 $s_2^W$ 低于其损失金额。如果能使费率 $\overline{P}$ 降低，保额 $s_2^W$ 增加，就能减少社会福利的下降幅度。而 $\overline{P}$ 和 $s_2^W$ 的大小与下列因素有关。

1) 低风险投保人所占的比重 $\lambda^L$

随着保险市场上低风险投保人所占的比重增加，平均出险概率 $\overline{P}$ 会降低，因为 $\dfrac{\partial s_2^W}{\partial \lambda^L} = \dfrac{1}{\alpha}\dfrac{P^H - P^L}{\overline{P}(1-\overline{P})} > 0$，保额 $s_2^W$ 会随之增加。

2) 高风险投保人的出险概率 $P^H$

如果高风险投保人的出险概率降低，平均出险概率 $\overline{P}$ 就会降低，由 $\dfrac{\partial s_2^W}{\partial P^H} = -\dfrac{1}{\alpha}\dfrac{\lambda^H}{\overline{P}(1-\overline{P})} < 0$ 可知，保额 $s_2^W$ 就会增加。

3) 低风险投保人的出险概率 $P^L$

$s_2^W$ 对 $P^L$ 求导可得

$$\frac{\partial s_2^W}{\partial P^L} = \frac{1}{\alpha}\frac{\overline{P}(1-\overline{P}) - \lambda^L P^L(1-P^L)}{\overline{P}(1-P^L)P^L(1-\overline{P})}$$
(4.46)

式（4.46）的分母大于 0，分子是 $P^L$ 的递减函数，当 $P^L$ 取最大值即 $P^L = P^H$ 时，$\overline{P}(1-\overline{P}) - \lambda^L P^L(1-P^L) = \lambda^H P^H(1-P^H) > 0$，因而有 $\dfrac{\partial s_2^W}{\partial P^L} > 0$。所以当 $P^L$ 增加时，虽然平均出险概率 $\overline{P}$ 会增加，但 $s_2^W$ 也会增加，这是由于此时低风险投保人对保险的需求会随其出险概率的增加而增加。

4) 低风险投保人的风险规避度 $\alpha$

低风险投保人风险规避度的增加虽然不会影响平均出险概率 $\overline{P}$，但他们的期望效用曲线会变得平坦，于是保额 $s_2^W$ 增加。

### 4.4.3 信息不准确时的市场均衡及效率分析

保险市场上除了投保人与保险人之间存在着信息不对称的问题外，还存在投保人对自身发生风险损失的可能性缺乏正确估计的现象。一些对风险特别厌恶或处事较为谨慎的投保人可能会高估自身的风险；而另一些投保人则可能会低估自身的风险。例如，在一次重大地震灾害发生后，当地及周边地区的居民往往会出现高估地震风险的倾向；而在相当长一段时间内没有发生过地震的地区，当地及周边地区居民往往会出现低估地震风险的倾向。目前，尽管在某些地震多发国家或地区都开设了住宅地震保险，但在没有实施强制投保的情况下，投保率一般只相当于全部家庭财产保险单的 10%~20%，这说明对于地震这种巨灾风险，大多数人对其发生的概率还是低估的。投保人对自身出险概率的高估或低估现象，我们称为信息不准确。

1. 市场信息对称时信息不准确问题对效率的影响

假设保险市场上有两类投保人：高风险投保人和低风险投保人。由于市场信息完全对称，保险人可以无成本地区分投保人的风险类型，但投保人自己不能正确估计自己的出险概率。此时，保险人会以两类投保人的真实损失概率为费率分别出售保险单：$(y-x, P^H(y-x))$ 和 $(y-x, P^L(y-x))$。但由于投保人对自身出险概率的错误估计，他们愿意购买的保险单不一定是 $(y-x, P^H(y-x))$ 和 $(y-x, P^L(y-x))$。以低风险投保人为例（高风险投保人的情况类似，不再重复分析），如图 4.28 所示，假设他们估计自己的出险概率为 $\hat{P}^L$。如果 $\hat{P}^L > P^L$，他们认为的公平价格保险线将从 $EL$ 变为 $EL_1$，期望效用曲线为 $U^{L\text{-hmis}}$；如果 $\hat{P}^L < P^L$，他们认为的公平价格保险线会从 $EL$ 变为 $EL_2$，期望效用曲线为 $U^{L\text{-mis}}$。

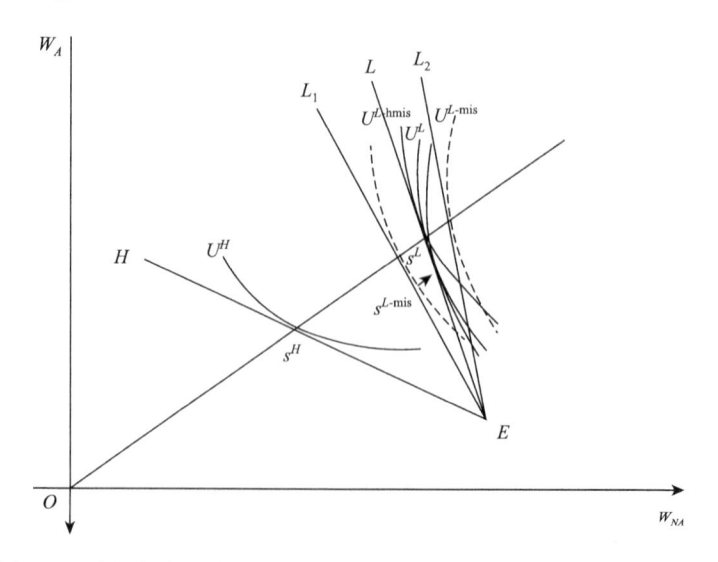

图 4.28 市场信息对称、低风险投保人错误估计出险概率时的市场均衡

1）投保人高估了出险概率——以低风险投保人为例

在低风险投保人高估自身风险的情况下，他们会愿意以高于公平精算费率的价格购买足额保险，如果保险人在期望利润线 $EL_1$ 上提供保险单，则可以获得正利润。在保险人可以自由进出市场的条件下，会不断吸引新的保险人加入，直至价格降至 $P^L$，因此均衡保险单仍为 $(y-x, P^L(y-x))$，低风险投保人自己认为可以获得的剩余 $\mathrm{CS}^{L\text{-hmis}_s}$ 为

$$\mathrm{CS}^{L\text{-hmis}_s} = \int_0^{y-x} \left( \frac{\hat{P}^L e^{\alpha(y-x-s_2)}}{1-\hat{P}^L + \hat{P}^L e^{\alpha(y-x-s_2)}} - P^L \right) \\ \mathrm{d}s_2 = \frac{1}{\alpha}\ln\left(1-\hat{P}^L + \hat{P}^L e^{\alpha(y-x)}\right) - P^L(y-x) \quad (4.47)$$

由

$$\frac{\mathrm{dCS}^{L\text{-hmis}_s}}{\mathrm{d}\hat{P}^L} = \frac{1}{\alpha}\frac{e^{\alpha(y-x)}-1}{1-\hat{P}^L+\hat{P}^L e^{\alpha(y-x)}} > 0$$

可知，投保人对自己出险概率估计得越高，投保给他带来的主观上的剩余也就越多，因而也就会更愿意购买保险。但实际上，低风险投保人的消费者剩余 $\mathrm{CS}^{L\text{-hmis}}$ 为

$$\mathrm{CS}^{L\text{-hmis}} = \int_0^{y-x} \left( \frac{P^L e^{\alpha(y-x-s_2)}}{1-P^L + P^L e^{\alpha(y-x-s_2)}} - P^L \right) \\ \mathrm{d}s_2 = \frac{1}{\alpha}\ln\left(1-P^L + P^L e^{\alpha(y-x)}\right) - P^L(y-x) \quad (4.48)$$

因为 $\hat{P}^L > P^L$，所以有 $\mathrm{CS}^{L\text{-hmis}_s} > \mathrm{CS}^{L\text{-hmis}}$，即高估了自身损失概率的低风险投保人在购买了保险后，他们会认为获得的消费者剩余要大于实际拥有的消费者剩余，因而投保意愿会更高。

从社会总剩余来看，记低风险投保人低估自身风险后的社会总剩余为 $W^{\text{hmis}}$，由于生产者剩余仍为零，所以：

$$W^{\text{hmis}} = \lambda^H \mathrm{CS}^H + \lambda^L \mathrm{CS}^{L\text{-hmis}} \\ = \frac{\lambda^H}{\alpha}\ln\left(1-P^H + P^H e^{\alpha(y-x)}\right) + \frac{\lambda^L}{\alpha}\ln\left(1-P^L + P^L e^{\alpha(y-x)}\right) - \overline{P}(y-x) \quad (4.49)$$

与不存在信息不准确的保险市场的社会总剩余 $W$（见式（4.25））相比没有变化。可见，低风险投保人对自身出险概率的高估不会给社会总剩余带来影响。

2）投保人低估了出险概率——以低风险投保人为例

如果低风险投保人低估了自身出险概率，只有在保险单费率低于公平

精算价格 $P^L$ 时才会购买足额保险。但如果保险人在期望利润线 $EL_2$ 上提供保险单,就会导致亏损,所以保险人仍然只会在零期望利润线 $EL$ 上提供保险单。低风险投保人以主观期望效用最大化为原则选择保额 $s_2^{L\text{-mis}}$:

$$\max_{s_2^{L\text{-mis}}} \hat{P}^L \left(-e^{-\alpha(x-P^L s_2^{L\text{-mis}}+s_2^{L\text{-mis}})}\right) + (1-\hat{P}^L)\left(-e^{-\alpha(y-P^L s_2^{L\text{-mis}})}\right)$$
$$\text{s.t.} \quad (4.50)$$
$$P^L\left(P^L s_2^{L\text{-mis}} - s_2^{L\text{-mis}}\right) + (1-P^L)P^L s_2^{L\text{-mis}} = 0$$

可得

$$s_2^{L\text{-mis}} = y - x - \frac{1}{\alpha}\ln\frac{P^L(1-\hat{P}^L)}{\hat{P}^L(1-P^L)} \quad (4.51)$$

因为 $\hat{P}^L < P^L$,故 $\dfrac{P^L(1-\hat{P}^L)}{\hat{P}^L(1-P^L)} > 1$,所以

$$s_2^{L\text{-mis}} = y - x - \frac{1}{\alpha}\ln\frac{P^L(1-\hat{P}^L)}{\hat{P}^L(1-P^L)} < y - x$$

即低风险投保人会选择不足额投保,而且随着 $\hat{P}^L$ 的减小,$s_2^{L\text{-mis}}$ 也随之减小。当 $0 < \hat{P}^L \leq \dfrac{P^L}{P^L + (1-P^L)e^{\alpha(y-x)}}$ 时,会有 $s_2^{L\text{-mis}} \leq 0$,这时低风险投保人会选择不购买保险。于是,我们得到低风险投保人的主观消费者剩余 $\text{CS}^{L\text{-mis}_s}$ 为

$$\text{CS}^{L\text{-mis}_s} = \int_0^{s_2^{L\text{-mis}}} \left(\frac{\hat{P}^L e^{\alpha(y-x-s_2)}}{1-\hat{P}^L + \hat{P}^L e^{\alpha(y-x-s_2)}} - P^L\right) ds_2$$

$$= \begin{cases} \dfrac{1}{\alpha}\ln\left(1-\hat{P}^L + \hat{P}^L e^{\alpha(y-x)}\right) - \dfrac{1}{\alpha}\ln\left(1-\hat{P}^L + \hat{P}^L e^{\alpha(y-x-s_2^{L\text{-mis}})}\right) - P^L s_2^{L\text{-mis}}, & \dfrac{P^L}{P^L + (1-P^L)e^{\alpha(y-x)}} < \hat{P}^L < P^L \\ 0, & 0 < \hat{P}^L \leq \dfrac{P^L}{P^L + (1-P^L)e^{\alpha(y-x)}} \end{cases}$$
$$(4.52)$$

由于当

$$\frac{P^L}{P^L + (1-P^L)e^{\alpha(y-x)}} < \hat{P}^L < P^L$$

时,有

$$\frac{d\text{CS}^{L\text{-mis}_s}}{d\hat{P}^L} = \frac{1}{\alpha}\frac{\hat{P}^L(1-P^L)e^{\alpha(y-x)} - P^L(1-\hat{P}^L)}{\hat{P}^L(1-\hat{P}^L)\left(1-\hat{P}^L + \hat{P}^L e^{\alpha(y-x)}\right)} > 0$$

即如果低风险投保人低估了自己的出险概率,则估计的出险概率越低,投保给他带来的主观上的消费者剩余就越少,购买保险的意愿也就越低。此时,低风险投保人实际的消费者剩余 $\text{CS}^{L\text{-mis}}$ 为

$$\mathrm{CS}^{L\text{-mis}} = \int_0^{s_2^{L\text{-mis}}} \left( \frac{P^L e^{\alpha(y-x-s_2)}}{1-P^L+P^L e^{\alpha(y-x-s_2)}} - P^L \right) ds_2$$

$$= \begin{cases} \dfrac{1}{\alpha} \ln\left(1-P^L+P^L e^{\alpha(y-x)}\right) - \dfrac{1}{\alpha}\ln\left(1-P^L+P^L e^{\alpha(y-x-s_2^{L\text{-mis}})}\right) - P^L s_2^{L\text{-mis}}, & \dfrac{P^L}{P^L+(1-P^L)e^{\alpha(y-x)}} < \hat{P}^L < P^L \\ 0, & 0 < \hat{P}^L \leq \dfrac{P^L}{P^L+(1-P^L)e^{\alpha(y-x)}} \end{cases}$$

（4.53）

当 $\dfrac{P^L}{P^L+(1-P^L)e^{\alpha(y-x)}} < \hat{P}^L < P^L$ 时，式（4.52）对 $s_2^{L\text{-mis}}$ 求导可得 $\dfrac{\mathrm{dCS}^{L\text{-mis}}}{\mathrm{d}s_2^{L\text{-mis}}} > 0$，因而如果低风险投保人低估了自己的风险，他们自我估计的出险概率越小，选择的保额就会减少，从而实际的消费者剩余也会越少。

下面我们来看一下低风险投保人的主观消费者剩余和实际消费者剩余之间的差额：

$$\mathrm{CS}^{L\text{-mis}'} - \mathrm{CS}^{L\text{-mis}}$$

$$= \begin{cases} \dfrac{1}{\alpha}\begin{bmatrix} \ln\left(1-\hat{P}^L+\hat{P}^L e^{\alpha(y-x)}\right) - \ln\left(1-\hat{P}^L+\hat{P}^L e^{\alpha(y-x-s_2^{L\text{-mis}})}\right) \\ -\ln\left(1-P^L+P^L e^{\alpha(y-x)}\right) + \ln\left(1-P^L+P^L e^{\alpha(y-x-s_2^{L\text{-mis}})}\right) \end{bmatrix}, & \dfrac{P^L}{P^L+(1-P^L)e^{\alpha(y-x)}} < \hat{P}^L < P^L \\ 0, & 0 < \hat{P}^L \leq \dfrac{P^L}{P^L+(1-P^L)e^{\alpha(y-x)}} \end{cases}$$

（4.54）

可以证明式（4.54）小于或等于 0，即低估自身出险概率的低风险投保人自己所意识到的投保所带来的满足程度要小于投保给他们带来的真正的好处，因而他们在大多时候会不愿意投保或购买保险的数量不够，因此为了提高对低风险投保人在他们可能低估自身损失风险时的保障程度，需要适当运用强制保险等措施。

下面来看社会总剩余的变化。由于生产者剩余仍为 0，于是，社会总剩余 $W^{\mathrm{mis}}$ 等于：

$$W^{\mathrm{mis}} = \lambda^H \mathrm{CS}^H + \lambda^L \mathrm{CS}^{L\text{-mis}}$$

$$= \lambda^H \left[ \frac{1}{\alpha} \ln\left(1-P^H+P^H e^{\alpha(y-x)}\right) - P^H(y-x) \right]$$

$$+ \lambda^L \left[ \frac{1}{\alpha}\ln\left(1-P^L+P^L e^{\alpha(y-x)}\right) - \frac{1}{\alpha}\ln\left(1-P^L+P^L e^{\alpha(y-x-s_2^{L\text{-mis}})}\right) - P^L s_2^{L\text{-mis}} \right]$$

（4.55）

与式（4.25）相比，其差额为

$$W^{\text{mis}} - W = \lambda^L \left[ -\frac{1}{\alpha} \ln\left(1 - P^L + P^L e^{\alpha(y-x-s_2^{L\text{-mis}})}\right) + P\left(y-x-s_2^{L\text{-mis}}\right) \right] \quad (4.56)$$

因为 $s_2^{L\text{-mis}} < y-x$，容易证明式（4.56）小于 0，说明：如果低风险投保人低估了自身的出险概率，会使社会总剩余下降，即降低了市场效率，这是由低风险投保人低估了自身风险，选择的保额 $s_2^{L\text{-mis}}$ 小于足额保险 $y-x$ 所导致的，且从

$$\frac{ds_2^{L\text{-mis}}}{d\hat{P}^L} = \frac{1}{\alpha} \frac{1}{\hat{P}^L(1-\hat{P}^L)} > 0$$

可知，投保人对自身出险概率的估计越低于真实出险概率，选择的保额就会越小，福利方面的损失就会越大。

由以上分析可知，对社会福利产生影响的主要原因是投保人对自身风险的低估。在现实保险市场特别是财产保险市场中，由于低风险投保人本来发生风险事故的概率就较低，因而与高风险投保人相比，通常更容易低估自身的风险。所以在下文中，为分析简便起见，我们主要考虑信息不对称保险市场上存在部分低风险投保人低估自身出险概率的情形，即假设在低风险投保人中，有比重为 $\lambda^{L\text{-mis}}$ $(0 < \lambda^{L\text{-mis}} \leq 1)$ 的人低估了自身的出险概率。为了能更清晰地分析由于低风险投保人低估自身出险概率给市场效率带来的影响，我们将此时的消费者剩余以及社会总剩余，与仅存在信息不对称但低风险投保人能正确估计自身风险时的消费者剩余及社会总剩余进行比较。如果比较的结果是前者小于后者，那它自然也会小于在信息完全对称且不存在信息不准确时的消费者剩余以及社会总剩余。

2. 市场信息不对称时信息不准确问题对效率的影响

1）市场处于 R-S 分离均衡时信息不准确问题的影响

假设信息不对称的保险市场已处于 R-S 分离均衡，此时又有部分低风险投保人低估了自身的风险，自我估计的出险概率为 $\hat{P}^L, (\hat{P}^L < P^L)$，根据 $\hat{P}^L$ 可能的取值区域（见图 4.29 中的区域①、②或③），均衡状态下的保险单集合会有所不同。

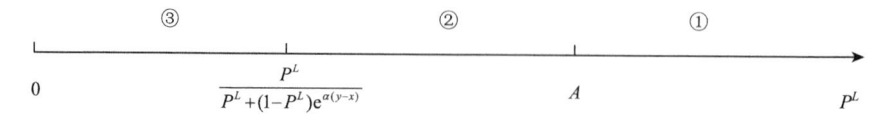

图 4.29　$\hat{P}^L$ 可能的取值区域

a. 情形 1：低风险投保人自我估计的出险概率与真实概率偏差不大，即 $\hat{P}^L$ 处于区域①

此时，$A<\hat{P}^L<P^L$，其中 $A=\dfrac{P^L}{P^L+(1-P^L)\mathrm{e}^{\alpha(y-x-s_2^{L'})}}$，均衡保险单集合仍是 $\{s^H,s^{L'}\}$，如图 4.30 所示①。

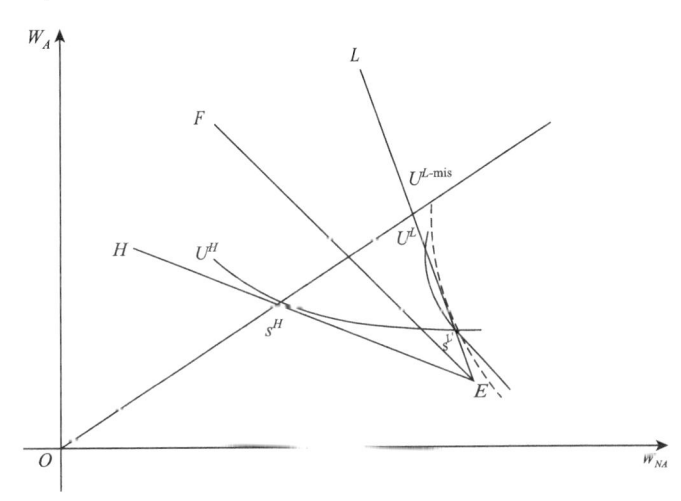

图 4.30　投保人对出险概率稍有低估时的 R-S 均衡

b. 情形 2：低风险投保人自我估计的出险概率与真实概率偏差较大，即 $\hat{P}^L$ 处于区域②

此时 $\dfrac{P^L}{P^L+(1-P^L)\mathrm{e}^{\alpha(y-x)}}<\hat{P}^L\leqslant A$，低风险投保人的主观期望效用曲线 $U^{L\text{-mis}}$ 与低风险投保人的公平价格保险线 $EL$ 的切点 $s^{L'\text{-mis}}$ 位于点 $s^{L'}$ 的左下侧，于是他们会选择保险单 $(s_2^{L'\text{-mis}}, P^L s_2^{L'\text{-mis}})$，均衡保险单集合变为 $\{s^H, s^{L'}, s^{L'\text{-mis}}\}$，如图 4.31 所示。

c. 情形 3：低风险投保人自我估计的出险概率与真实概率偏差很大，即 $\hat{P}^L$ 处于区域③

此时 $0<\hat{P}^L\leqslant\dfrac{P^L}{P^L+(1-P^L)\mathrm{e}^{\alpha(y-x)}}$，低估自身风险的低风险投保人会选择不投保。

---

① 当投保人估计自身的出险概率为 $\hat{P}^L$ 时，如果信息对称，会选择保额 $s_2^{L'}=y-x-\dfrac{1}{\alpha}\ln\dfrac{P^L(1-\hat{P}^L)}{\hat{P}^L(1-P^L)}$，有 $\hat{P}^L=\dfrac{P^L}{P^L+(1-P^L)\mathrm{e}^{\alpha(y-x-s_2^{L'})}}$。

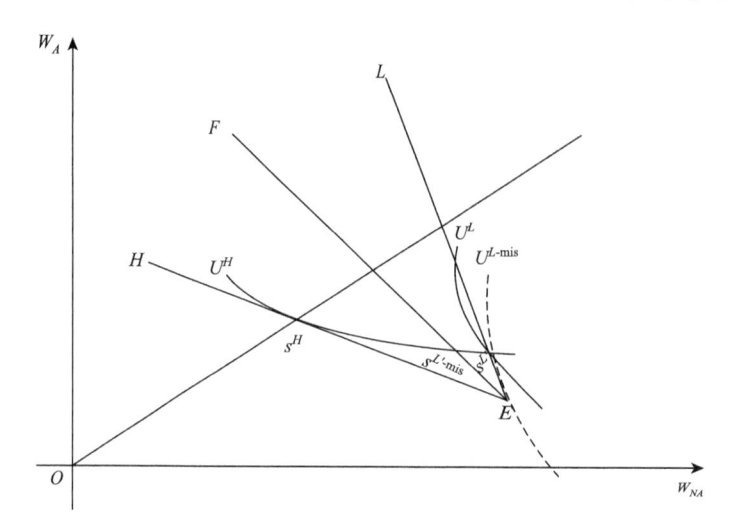

图 4.31 投保人对出险概率较严重低估时的 R-S 均衡

上述三种情形下的均衡保险单集合见表 4.4。

**表 4.4 部分低风险人群低估自身风险时均衡保险单情况**

| 情形 | 均衡保险单集合 | 条件 |
| --- | --- | --- |
| 情形 1 | $\{s^H, s^L\}$ | $A < \hat{P}^L < P^L$ |
| 情形 2 | $\{s^H, s^{L'}, s^{L\text{-mis}}\}$ | $\dfrac{P^L}{P^L + (1-P^L)e^{\alpha(y-x)}} < \hat{P}^L \leq A$ |
| 情形 3 | $\{s^H, s^{L'}\}$,低风险投保人不投保 | $0 < \hat{P}^L \leq \dfrac{P^L}{P^L + (1-P^L)e^{\alpha(y-x)}}$ |

在上述三种情形中，高风险投保人仍可以得到足额保险，因而其消费者剩余 $\mathrm{CS}_{\mathrm{R-S}}^{H\text{-mis}}$ 与 $\mathrm{CS}_{\mathrm{R-S}}^{H}$ 完全一样（见式（4.23））；情形 1 下的低风险投保人的消费者剩余 $\mathrm{CS}_{\mathrm{R-S}_1}^{L\text{-mis}}$ 也仍等于 $\mathrm{CS}_{\mathrm{R-S}}^{L}$（见式（4.27）），但情形 2 和情形 3 下低风险投保人的消费者剩余发生了变化，$\mathrm{CS}_{\mathrm{R-S}_2}^{L\text{-mis}}$ 和 $\mathrm{CS}_{\mathrm{R-S}_3}^{L\text{-mis}}$ 分别为

$$\begin{aligned}
\mathrm{CS}_{\mathrm{R-S}_2}^{L\text{-mis}} &= (1-\lambda^{L\text{-mis}}) \int_0^{s_2^{L'}} \left( \frac{P^L e^{\alpha(y-x-s_2)}}{1-P^L + P^L e^{\alpha(y-x-s_2)}} - P^L \right) \mathrm{d}s_2 \\
&\quad + \lambda^{L\text{-mis}} \int_0^{s_2^{L'\text{-mis}}} \left( \frac{P^L e^{\alpha(y-x-s_2)}}{1-P^L + P^L e^{\alpha(y-x-s_2)}} - P^L \right) \mathrm{d}s_2 \\
&= (1-\lambda^{L\text{-mis}}) \left[ \frac{1}{\alpha} \ln\left(1-P^L + P^L e^{\alpha(y-x)}\right) - \frac{1}{\alpha} \ln\left(1-P^L + P^L e^{\alpha(y-x-s_2^{L'})}\right) - P^L s_2^{L'} \right] \\
&\quad + \lambda^{L\text{-mis}} \left[ \frac{1}{\alpha} \ln\left(1-P^L + P^L e^{\alpha(y-x)}\right) - \frac{1}{\alpha} \ln\left(1-P^L + P^L e^{\alpha(y-x-s_2^{L'\text{-mis}})}\right) - P^L s_2^{L'\text{-mis}} \right]
\end{aligned}$$

(4.57)

$$\text{CS}_{\text{R-S}_3}^{L\text{-mis}} = (1-\lambda^{L\text{-mis}})\int_0^{s_2^{L'}}\left(\frac{P^L e^{\alpha(y-x-s_2)}}{1-P^L+P^L e^{\alpha(y-x-s_2)}}-P^L\right)\text{d}s_2$$

$$= (1-\lambda^{L\text{-mis}})\left[\frac{1}{\alpha}\ln\left(1-P^L+P^L e^{\alpha(y-x)}\right)-\frac{1}{\alpha}\ln\left(1-P^L+P^L e^{\alpha(y-x-s_2^{L'})}\right)-P^L s_2^{L'}\right]$$

（4.58）

显然，有

$$\text{CS}_{\text{R-S}_1}^{L\text{-mis}} > \text{CS}_{\text{R-S}_2}^{L\text{-mis}} > \text{CS}_{\text{R-S}_3}^{L\text{-mis}}$$

这是因为在情形 2 和情形 3 中，有部分低风险投保人购买的保额进一步减少甚至不购买保险。而且，随着低估风险的低风险投保人在所有低风险投保人中所占比重的上升，$\text{CS}_{\text{R-S}_2}^{L\text{-mis}}$ 和 $\text{CS}_{\text{R-S}_3}^{L\text{-mis}}$ 会更趋于减少，将它们与市场处于 R-S 均衡时低风险投保人的消费者剩余 $\text{CS}_{\text{R-S}}^{L}$ 相比，分别可得

$$\text{CS}_{\text{R-S}_2}^{L\text{-mis}} - \text{CS}_{\text{R-S}}^{L}$$

$$= \lambda^{L\text{-mis}}\left[\frac{1}{\alpha}\ln\left(1-P^L+P^L e^{\alpha(y-x-s_2^{L'})}\right)-\frac{1}{\alpha}\ln\left(1-P^L+P^L e^{\alpha(y-x-s_2^{L'\text{-mis}})}\right)+P^L\left(s_2^{L'}-s_2^{L'\text{-mis}}\right)\right]$$

（4.59）

$$\text{CS}_{\text{R-S}_3}^{L\text{-mis}} - \text{CS}_{\text{R-S}}^{L}$$

$$= -\lambda^{L\text{-mis}}\left[\frac{1}{\alpha}\ln\left(1-P^L+P^L e^{\alpha(y-x)}\right)-\frac{1}{\alpha}\ln\left(1-P^L+P^L e^{\alpha(y-x-s_2^{L'})}\right)-P^L s_2^{L'}\right]$$

（4.60）

因为 $s_2^{L'\text{-mis}} < s_2^{L'}$，$0 < \lambda^{L\text{-mis}} \leqslant 1$，不难验证上述两式均小于 0，说明：如果信息不对称的保险市场上有部分低风险投保人较严重地低估了自身风险，会使低风险投保人的消费者剩余下降；如果他们估计的出险概率 $\hat{P}^L$ 与实际出险概率 $P^L$ 比较接近，则不会对他们的消费者剩余产生影响。

由于保险人仍然会分别在高、低风险投保人的公平价格保险线 $EH$ 和 $EL$ 上提供保险单，所以生产者剩余仍等于 0。因而，情形 1 下的社会总剩余 $W_{\text{R-S}_1}^{\text{mis}}$ 不变，仍等于 $W_{\text{R-S}}$；情形 2 和情形 3 下的社会总剩余 $W_{\text{R-S}_2}^{\text{mis}}$ 和 $W_{\text{R-S}_3}^{\text{mis}}$ 分别为

$$W_{\text{R-S}_2}^{\text{mis}} = \lambda^H \text{CS}_{\text{R-S}}^{H\text{-mis}} + \lambda^L \text{CS}_{\text{R-S}_2}^{L\text{-mis}}$$

$$= \lambda^H\left[\frac{1}{\alpha}\ln\left(1-P^H+P^H e^{\alpha(y-x)}\right)-P^H(y-x)\right]+\lambda^L\left[\frac{1}{\alpha}\ln\left(1-P^L+P^L e^{\alpha(y-x)}\right)\right.$$

$$\left.-\frac{1}{\alpha}\ln\left(1-P^L+P^L e^{\alpha(y-x-s_2^{L'})}\right)-P^L s_2^{L'}\right]+\lambda^L\lambda^{L\text{-mis}}\left[\frac{1}{\alpha}\ln\left(1-P^L+P^L e^{\alpha(y-x-s_2^{L'})}\right)\right.$$

$$\left.-\frac{1}{\alpha}\ln\left(1-P^L+P^L e^{\alpha(y-x-s_2^{L'\text{-mis}})}\right)+P^L\left(s_2^{L'}-s_2^{L'\text{-mis}}\right)\right]$$

（4.61）

$$W_{\text{R-S}_3}^{\text{mis}} = \lambda^H \text{CS}_{\text{R-S}}^{H\text{-mis}} + \lambda^L \text{CS}_{\text{R-S}_3}^{L\text{-mis}}$$

$$= \lambda^H \left[ \frac{1}{\alpha} \ln\left(1 - P^H + P^H e^{\alpha(y-x)}\right) - P^H(y-x) \right] + \lambda^L \left(1 - \lambda^{L\text{-mis}}\right)$$

$$\times \left[ \frac{1}{\alpha} \ln\left(1 - P^L + P^L e^{\alpha(y-x)}\right) - \frac{1}{\alpha} \ln\left(1 - P^L + P^L e^{\alpha(y-x-s_2^{L'})}\right) - P^L s_2^{L'} \right]$$

(4.62)

因为在这两种情形中部分低风险投保人较严重地低估了自身的风险，使其自身的消费者剩余下降，使得社会总剩余也低于市场处于 R-S 均衡时的社会总剩余 $W_{\text{R-S}}$。这说明，如果市场上有部分低风险投保人低估了风险，且其估计的概率 $\hat{P}^L$ 比实际概率 $P^L$ 低很多时，会使保险市场效率出现下降，而且低估风险的低风险投保人越多，$\hat{P}^L$ 与 $P^L$ 之间的偏差越大，效率降低得也会越多；如果 $\hat{P}^L$ 与 $P^L$ 比较接近，则不会对市场效率产生影响。

2）市场处于 Wilson 混同均衡时信息不准确问题的影响

如果信息不对称的保险市场已处于 Wilson 混同均衡，此时又有部分低风险投保人低估了自身的风险，则保险市场上的均衡状况与均衡保险单集合都会发生变化，具体可以分为以下几种情况。

a. 情形 1：低风险投保人自我估计的出险概率与真实概率偏差较大或很大，即 $\hat{P}^L$ 处于区域②、③

这时市场不会继续维持 Wilson 均衡，原因在于：虽然这时市场平均零期望利润线 EF 位于正确估计风险的低风险投保人的期望效用曲线 $U^L$ 的右侧，但因为市场上有部分低风险投保人低估了自身的风险且他们的期望效用曲线与线 EL 相切，如图 4.32 所示，从而线 EF 无论如何不会与 $U^{L\text{-mis}}$

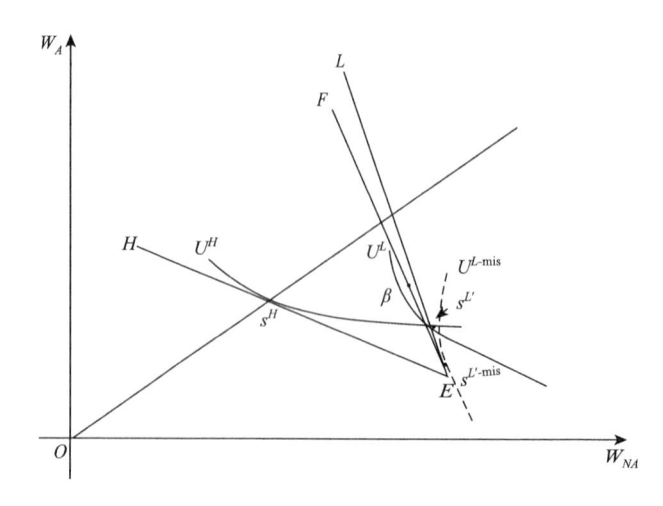

图 4.32　低风险投保人低估的出险概率 $\hat{P}^L$ 处于区域②、③时的均衡

相交。如果保险人在线 $EF$ 上提供保险单 $\beta$，则只有高风险投保人和正确估计风险的低风险投保人会选择该保险单，这样保险人就会亏损。因此，此时保险市场会变为 R-S 均衡，均衡保险单为表 4.4 中的情形 2 和情形 3。这同时也说明了，当有低风险投保人低估自身风险时，R-S 均衡的稳定性区域会增加，而且低估的损失概率与真实损失概率之间相差越大，R-S 均衡的稳定性区域就越大。此时高、低风险投保人的消费者剩余和社会福利分别等于 $\mathrm{CS}_{\mathrm{R\text{-}S}}^{H\text{-mis}}$、$\mathrm{CS}_{\mathrm{R\text{-}S}_2}^{L\text{-mis}}$、$\mathrm{CS}_{\mathrm{R\text{-}S}_3}^{L\text{-mis}}$、$W_{\mathrm{R\text{-}S}_2}^{\mathrm{mis}}$ 和 $W_{\mathrm{R\text{-}S}_3}^{\mathrm{mis}}$，分别见式（4.23）、式（4.59）、式（4.60）、式（4.61）和式（4.62）。

与不存在低估风险的低风险投保人且市场处于 Wilson 均衡时高风险投保人的消费者剩余 $\mathrm{CS}_{\mathrm{Wil}}^{H}$（见式（4.42））相比，高风险投保人的消费者剩余的变化为

$$\mathrm{CS}_{\mathrm{R\text{-}S}}^{H\text{-mis}} - \mathrm{CS}_{\mathrm{Wil}}^{H} = \frac{1}{\alpha}\ln\left(1-P^H+P^H\mathrm{e}^{\alpha(y-x-s_2^W)}\right) - P^H(y-x) + \overline{P}s_2^W < 0 \quad (4.63)$$

与不存在低估风险的低风险投保人且市场处于 Wilson 均衡时低风险投保人的消费者剩余 $\mathrm{CS}_{\mathrm{Wil}}^{L}$（见式（4.39））相比，低风险投保人消费者剩余的变化分别为

$$\mathrm{CS}_{\mathrm{R\text{-}S}_2}^{L\text{-mis}} - \mathrm{CS}_{\mathrm{Wil}}^{L}$$
$$= \left[\frac{1}{\alpha}\ln\left(1-P^L+P^L\mathrm{e}^{\alpha(y-x-s_2^W)}\right) - \frac{1}{\alpha}\ln\left(1-P^L+P^L\mathrm{e}^{\alpha(y-x-s_2^{L'})}\right) - P^L s_2^{L'} + \overline{P}s_2^W\right]$$
$$+ \lambda^{L\text{-mis}}\left[\frac{1}{\alpha}\ln\left(1-P^L+P^L\mathrm{e}^{\alpha(y-x-s_2^{L'})}\right) - \frac{1}{\alpha}\ln\left(1-P^L+P^L\mathrm{e}^{\alpha(y-x-s_2^{L'\text{-mis}})}\right) + P^L\left(s_2^{L'} - s_2^{L'\text{-mis}}\right)\right]$$
$$\qquad\qquad\qquad\qquad\qquad\qquad\qquad\qquad\qquad\qquad\qquad\qquad\qquad\qquad (4.64)$$

$$\mathrm{CS}_{\mathrm{R\text{-}S}_3}^{L\text{-mis}} - \mathrm{CS}_{\mathrm{Wil}}^{L}$$
$$= \left[\frac{1}{\alpha}\ln\left(1-P^L+P^L\mathrm{e}^{\alpha(y-x-s_2^W)}\right) - \frac{1}{\alpha}\ln\left(1-P^L+P^L\mathrm{e}^{\alpha(y-x-s_2^{L'})}\right) - P^L s_2^{L'} + \overline{P}s_2^W\right]$$
$$- \lambda^{L\text{-mis}}\left[\frac{1}{\alpha}\ln\left(1-P^L+P^L\mathrm{e}^{\alpha(y-x)}\right) - \frac{1}{\alpha}\ln\left(1-P^L+P^L\mathrm{e}^{\alpha(y-x-s_2^{L'})}\right) - P^L s_2^{L'}\right]$$
$$\qquad\qquad\qquad\qquad\qquad\qquad\qquad\qquad\qquad\qquad\qquad\qquad\qquad\qquad (4.65)$$

上面两式右边的第一部分均代表低风险投保人在 R-S 均衡下的消费者剩余与其在 Wilson 均衡下的消费者剩余之差。根据 Wilson 均衡形成的原因，可知低风险投保人在 R-S 均衡下所获得的期望效用要小于其在 Wilson 均衡下所能获得的期望效用，且根据我们假设的效用函数推出的需求函数计算的消费者剩余与消费者效用是同方向变动的，因而上述两式的第一部分均小于 0。还容易证明：上述两式右边的第二部分也均小于 0，所以式（4.64）和式（4.65）均小于 0，即高、低风险投保人的消费者剩余

都会有所下降，社会总剩余也会减少。

上述分析说明，当保险市场已处于 Wilson 均衡时，如果有部分低风险投保人较为严重地低估了自身风险，会使市场效率受到损失；而且，这部分人群在低风险投保人中的占比越高自我估计的出险概率与实际出险概率之间的偏离程度越大，市场效率的损失就会越大。

b. 情形 2：低风险投保人自我估计的出险概率与真实概率偏差不大，即 $\hat{P}^L$ 处于区域①

如果市场平均零期望利润线 $EF$ 位于正确估计和低估风险的低风险投保人处于 R-S 均衡时的期望效用曲线 $U^L$ 与 $U^{L\text{-mis}}$ 之间，如图 4.33 所示，此时若保险人继续在市场平均零期望利润线 $EF$ 上提供保险单 $(s_2^W, \bar{P}s_2^W)$，高风险投保人和正确估计自身风险的低风险投保人都会选择该保险单，但低估自身风险的低风险投保人仍旧会选择保险单 $(s_2^{L'}, P^L s_2^{L'})$，最终使提供保险单 $(s_2^W, \bar{P}s_2^W)$ 的保险人亏损，所以市场会变为 R-S 均衡，均衡保险单集合为 $\{s^H, s^{L'}\}$，相应的高、低风险投保人的消费者剩余 $CS_{R\text{-}S_1}^{H\text{-mis}}$、$CS_{R\text{-}S_1}^{L\text{-mis}}$ 和社会福利 $W_{R\text{-}S_1}^{\text{mis}}$ 分别见式（4.23）、式（4.27）和式（4.29）。

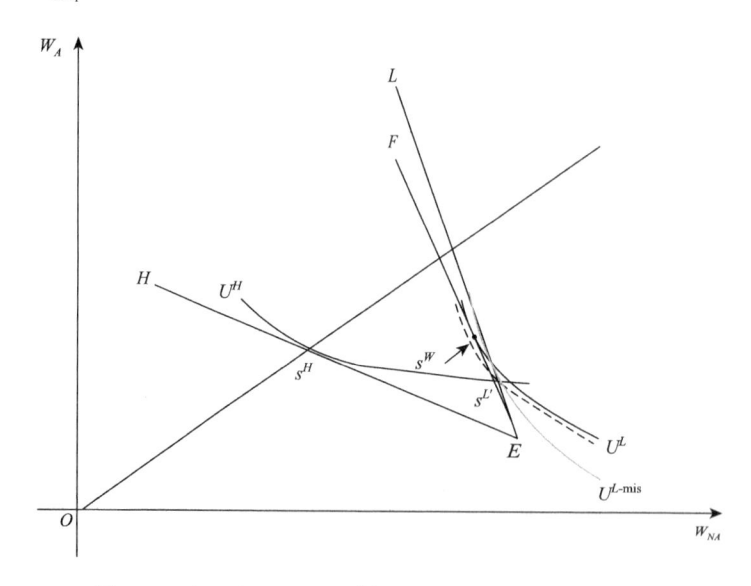

图 4.33 低估的损失概率 $\hat{P}^L$ 处于区域①时的均衡（一）

对于高风险投保人，此时的消费者剩余会低于仅存在信息不对称且市场处于 Wilson 均衡时的水平 $CS_{\text{Wil}}^H$；对于低风险投保人，此时的消费者剩余与仅存在信息不对称且市场处于 Wilson 均衡时的水平 $CS_{\text{Wil}}^L$ 相比，差额为

$$\mathrm{CS}_{\mathrm{R\text{-}S_1}}^{L\text{-mis}} - \mathrm{CS}_{\mathrm{Wil}}^{L}$$
$$= \frac{1}{\alpha}\ln\left(1-P^L+P^L\mathrm{e}^{\alpha(y-x-s_2^W)}\right) - \frac{1}{\alpha}\ln\left(1-P^L+P^L\mathrm{e}^{\alpha(y-x-s_2^{L'})}\right) - P^L s_2^{L'} + \overline{P} s_2^W$$
(4.66)

因为低风险投保人在 R-S 均衡时获得的期望效用要小于在 Wilson 均衡时的效用，且根据我们假设的效用函数推出的需求函数计算的消费者剩余与消费者效用是同方向变动的，因而式（4.65）小于 0，即低风险投保人的消费者剩余会下降，所以此时的社会总剩余 $W_{\mathrm{R\text{-}S_1}}^{\mathrm{mis}}$（见式（4.29））与不存在低估风险的低风险投保人且市场处于 Wilson 均衡时的社会总剩余 $W_{\mathrm{Wil}}$（见式（4.44））相比，自然也会减少，意味着如果有部分低风险投保人低估了自身风险，即使低估的程度不严重，但如果使得 Wilson 均衡不再继续维持，而是变成了 R-S 均衡下的情形 1，也会使社会总剩余出现下降。

如果低风险投保人的占比非常高，或低估风险的低风险投保人所估计事故概率的 $\hat{P}^L$ 与 $P^L$ 之间的差距很小，会使市场平均零期望利润线 $EF$ 位于低估风险的低风险投保人的期望效用曲线 $U^{L\text{-mis}}$ 的右侧，如图 4.34 所示。若保险人在 $EF$ 线上以费率 $\overline{P}$ 提供保险单 $\left(s_2^{W\text{-mis}}, \overline{P}s_2^{W\text{-mis}}\right)$（相应的保额 $s_2^{W\text{-mis}} = y - x - \frac{1}{\alpha}\ln\frac{\overline{P}(1-\hat{P}^L)}{\hat{P}^L(1-\overline{P})}$）①，则所有投保人都会选择该保险单，保险人获得零利润，市场达到均衡。

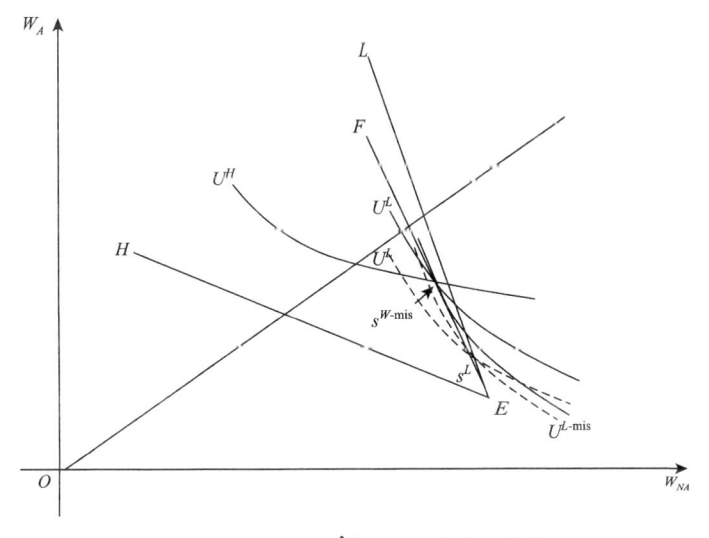

图 4.34　低估的损失概率 $\hat{P}^L$ 处于区域①时的均衡（二）

---

① 保险人在线 $EF$ 与 $U^{L\text{-mis}}$ 的切点上提供保险单 $s^{W\text{-mis}}$，保额的计算参照式（4.34）。

此时低风险投保人的消费者剩余 $\text{CS}_{\text{Wil}}^{L\text{-mis}}$ 为

$$\text{CS}_{\text{Wil}}^{L\text{-mis}} = \int_0^{s_2^{W\text{-mis}}} \left( \frac{P^L e^{\alpha(y-x-s_2)}}{1-P^L+P^L e^{\alpha(y-x-s_2)}} - \overline{P} \right) ds_2$$

$$= \frac{1}{\alpha}\ln\left(1-P^L+P^L e^{\alpha(y-x)}\right) - \frac{1}{\alpha}\ln\left(1-P^L+P^L e^{\alpha(y-x-s_2^{W\text{-mis}})}\right) - \overline{P}s_2^{W\text{-mis}}$$

(4.67)

与仅存在信息不对称且市场处于 Wilson 均衡时低风险投保人的消费者剩余 $\text{CS}_{\text{Wil}}^L$ 相比，差额为

$$\text{CS}_{\text{Wil}}^{L\text{-mis}} - \text{CS}_{\text{Wil}}^L = \frac{1}{\alpha}\ln\left(1-P^L+P^L e^{\alpha(y-x-s_2^W)}\right) - \frac{1}{\alpha}\ln\left(1-P^L+P^L e^{\alpha(y-x-s_2^{W\text{-mis}})}\right)$$
$$+ \overline{P}\left(s_2^W - s_2^{W\text{-mis}}\right)$$

(4.68)

由于 $\hat{P}^L < P^L$，可知有

$$s_2^{W\text{-mis}} = y - x - \frac{1}{\alpha}\ln\frac{\overline{P}(1-\hat{P}^L)}{\hat{P}^L(1-\overline{P})} < s_2^W = y - x - \frac{1}{\alpha}\ln\frac{\overline{P}(1-P^L)}{P^L(1-\overline{P})} \quad (4.69)$$

所以式（4.68）小于 0，即低风险投保人的消费者剩余会下降。

高风险投保人的消费者剩余 $\text{CS}_{\text{Wil}}^{H\text{-mis}}$ 为

$$\text{CS}_{\text{Wil}}^{H\text{-mis}} = \int_0^{s_2^{W\text{-mis}}} \left( \frac{P^H e^{\alpha(y-x-s_2)}}{1-P^H+P^H e^{\alpha(y-x-s_2)}} - \overline{P} \right) ds_2$$

$$= \frac{1}{\alpha}\ln\left(1-P^H+P^H e^{\alpha(y-x)}\right) - \frac{1}{\alpha}\ln\left(1-P^H+P^H e^{\alpha(y-x-s_2^{W\text{-mis}})}\right) - \overline{P}s_2^{W\text{-mis}}$$

(4.70)

与仅存在信息不对称且市场处于 Wilson 均衡时高风险投保人的消费者剩余 $W_{\text{Wil}}^H$ 相比，差额为

$$\text{CS}_{\text{Wil}}^{H\text{-mis}} - \text{CS}_{\text{Wil}}^H = \frac{1}{\alpha}\ln\left(1-P^H+P^H e^{\alpha(y-x-s_2^W)}\right) - \frac{1}{\alpha}\ln\left(1-P^H+P^H e^{\alpha(y-x-s_2^{W\text{-mis}})}\right)$$
$$+ \overline{P}\left(s_2^W - s_2^{W\text{-mis}}\right)$$

(4.71)

同样，因为 $s_2^{W\text{-mis}} < s_2^W$，可知式（4.70）小于 0，即在这种情形下高风险投保人的消费者剩余也会下降。

于是，社会总剩余 $W_{\text{Wil}}^{\text{mis}}$ 等于：

$$W_{\text{Wil}}^{\text{mis}} = \lambda^L \text{CS}_{\text{Wil}}^{L\text{-mis}} + \lambda^H \text{CS}_{\text{Wil}}^{H\text{-mis}}$$
$$= \lambda^L \left[ \frac{1}{\alpha} \ln\left(1 - P^L + P^L e^{\alpha(y-x)}\right) - \frac{1}{\alpha} \ln\left(1 - P^L + P^L e^{\alpha(y-x-s_2^{W\text{-mis}})}\right) - \overline{P} s_2^{W\text{-mis}} \right]$$
$$+ \lambda^H \left[ \frac{1}{\alpha} \ln\left(1 - P^H + P^H e^{\alpha(y-x)}\right) - \frac{1}{\alpha} \ln\left(1 - P^H + P^H e^{\alpha(y-x-s_2^{W\text{-mis}})}\right) - \overline{P} s_2^{W\text{-mis}} \right]$$
(4.72)

显然，社会总剩余也小于仅存在信息不对称且市场处于 Wilson 均衡时的社会总剩余 $W_{\text{Wil}}$（见式（4.44））。这是因为，当有部分低风险投保人低估自身风险时，即使保险市场能继续维持 Wilson 均衡，但保险人所提供的保险单的保额要小于没有低风险投保人低估自身风险时的保额，于是所有投保人能得到的保险保障都会减少，市场效率受到了损失，且被低估的出险概率与真实概率的偏差越大，市场效率下降的也就越多。

## 4.5 本章小结

本章通过建立保险市场的需求和供给函数，讨论了保险市场的均衡概念，不同均衡状态下的市场效率，以及信息问题对市场效率的影响。我们首先建立了具有同质投保人的市场均衡概念，包括长期均衡和短期均衡。特别需要指出的是，本书作者根据保险定价公式，建立了具有资本和监管约束条件的长期均衡的概念，这是一个新的尝试。接下来，本章介绍了具有异质投保人的保险市场均衡概念。这一部分内容是非常具有保险市场特点的，因为在微观经济学关于市场均衡的讨论中，通常假设消费者是同质的，而保险市场的消费者由于发生风险事故的概率不同，因而不具有同质性。当消费者具有异质性时，生产者面临的挑战是如何区分消费者的异质性，这就导致了保险市场不同于其他市场的一个显著特征——信息不对称。因此，我们专门介绍了保险市场在信息不对称情形下的均衡概念，包括 R-S 均衡和 Wilson 均衡，讨论了这些均衡的性质和存在性问题。

随后，我们分析了保险市场处于不同均衡状态时的市场效率，采用的方法是计算不同均衡状态下的消费者剩余和生产者剩余，通过比较相关剩余的变化来分析市场效率的变化，得到了以下主要发现，这些发现可以成为对保险市场实施监管的重要理论依据。

（1）如果保险市场是一个信息完全对称的竞争性市场，高、低风险类型的投保人都可以按照公平精算价格购买到足额保险，此时市场效率达到最优。

（2）信息不对称是保险市场的固有特征，会导致市场出现逆选择现象。这时，根据市场平均零期望利润线和与市场处于分离均衡时低风险投保人的期望效用曲线的偏离程度，市场可能处于 R-S 分离均衡或 Wilson 混同均衡。

第一，当市场处于 R-S 分离均衡时，与信息对称时的情形相比，高风险投保人的消费者剩余没有发生变化，但低风险投保人能购买到的保险保障会减少，因而其消费者剩余会减少，导致市场效率下降，下降值的大小与低风险投保人能购买到的保额有关。

第二，当市场处于 Wilson 混同均衡时，与信息对称时的情形相比，高风险投保人能以低于公平精算价格的费率购买到保险，其消费者剩余会上升；低风险投保人则相反，要以高于公平精算价格的费率才能购买到保险，其消费者剩余会下降，最终会导致市场效率的下降，下降的大小与投保人特别是低风险投保人能购买到的保额及相应的费率有关。

（3）在现实保险市场中，还经常会有部分投保人特别是低风险投保人低估自身的出险概率，我们有如下的发现。

第一，如果市场信息是对称的，投保人高估自身的出险概率不会对市场效率造成影响；但如果投保人低估了自身的风险，则会使市场效率下降，且被低估的出险概率与实际出险概率之间的偏差越大，市场效率下降得也会越大。

第二，如果市场信息不对称且已处于 R-S 均衡，若投保人低估的出险概率与实际出险之间偏差不大，则均衡状态和市场效率都不会发生变化；但如果低估的出险概率与实际出险概率之间相差较大，则会使低风险投保人的消费者剩余和市场效率下降，且下降的多少与低估风险的低风险投保人的人数以及所估计的出险概率的偏离程度有关。

第三，如果市场信息不对称且已处于 Wilson 均衡，若低风险投保人的数量不足够多或低估的出险概率与实际出险概率之间存在一定偏差，市场会变成 R-S 均衡，所有投保人的消费者剩余和市场效率都会下降，下降程度与低估风险的低风险投保人的人数以及估计的出险概率的偏离程度相关；如果低估的出险概率与实际出险概率之间相差不大或市场上有足够多的低风险投保人，市场会继续处于 Wilson 均衡，但此时保险人提供的保险保障会低于原来的水平，因而会使所有投保人的消费者剩余和市场效率降低，降低值与估计的出险概率和实际出险概率间的偏离程度有关。

# 第 5 章  强制保险的经济学分析

## 5.1 本章引言

保险市场上存在的信息问题（包括信息不对称和信息不准确）会引起市场效率的损失，原因是信息不对称会使部分投保人特别是低风险投保人购买不到足额保险；而且，如果投保人低估了自身风险，愿意购买的保额会更低。一方面造成了投保人自身消费者剩余的下降；另一方面，一旦发生风险事故，会因为损失得不到充分补偿而将相关成本转嫁给他人或社会，造成社会总风险成本的增加，使市场资源配置达不到帕累托最优。

为消除或缓解由信息问题引起的市场失灵，保证投保人对必需的保险购买量达到社会较佳水平，很多国家都建立了强制保险制度，将某些保险如职业责任保险、公众责任保险、机动车辆第三者责任保险等列入强制保险的范围。强制保险是根据国家颁布的有关法律和法规，所有在规定范围内的单位或个人都必须参加的保险。例如，我国于 2006 年 7 月 1 日起开始实施了机动车交通事故责任强制保险。

对强制保险的研究主要集中在实施强制保险的原因及其对市场的影响方面。目前普遍认为，政府实施强制保险的最主要原因是保险市场中存在的逆选择现象以及外部性问题(Johnson, 1977; Jost, 1996; Faure, 2006)。与此同时，也有学者定性分析了强制保险会对社会福利乃至市场均衡产生的影响。Pauly (1974)、Johnson (1977) 认为，强制保险能使保险市场上所有投保人的福利都得到帕累托改进。但 Dahlby (1981) 则认为，上述结论成立的前提是保险市场上只存在价格竞争。但保险市场是价格—数量的竞争，因而实施强制保险能否带来帕累托改进，要视保险市场初始的均衡状态而定。Sandroni 和 Squintani (2004) 同时考虑了保险市场上信息不准确的现象，研究了在存在高风险、低风险和过度自信三种投保人的保险市场上，实施强制保险后，各类投保人的福利变化。

本章通过比较实施和不实施强制保险情况下消费者剩余及社会福

利的变化，分析了实施强制保险对提高保险市场效率可能产生的积极作用。

## 5.2 强制保险对信息不对称保险市场效率的影响

我们试图在保险市场资源不变的情况下，分析强制保险对市场效率的作用。为此假设，保险人以高风险和低风险投保人发生损失的平均概率 $\bar{P}$ 为公平保费率提供强制保险，即 $\pi=\bar{P}$，而不考虑在某些实践中强制保险的定价会偏离平均损失概率 $\bar{P}$，政府采取税收或财政补贴的方式来保持保险人利润为 0 的情况。通常，政府会规定强制保险的最低保额。由于实施强制保险的目的是让投保人购买更多的保险保障，因而我们假设政府规定的强制保险保额不低于低风险投保人在商业保险市场上能购买到的保额，且允许投保人在购买了强制保险后，可以根据自身需要再购买商业保险作为补充。

### 5.2.1 市场处于 R-S 均衡时强制保险对市场效率的影响

假设政府规定的强制保险保额为 $s_2^c$，显然应有 $s_2^{L} \leqslant s_2^c < y-x$，其中 $s_2^{L}$ 为低风险投保人在非强制情况下愿意购买的保额，$y$ 和 $x$ 分别为投保人出险前后的财富；同时假设投保人在购买了强制保险后，可以再自愿购买商业保险作为补充。如果低风险投保人需要购买的保险金额为 $s_2^{cL}$，则他需要购买的补充商业保险的金额为 $s_2^{cL}-s_2^c$；同样，若高风险投保人需要购买的保险金额为 $s_2^{cH}$，则他需要购买的补充商业保险的金额为 $s_2^{cH}-s_2^c$。在选择补充商业保险金额时，应满足（Dahlby，1981）：

$$\max_{s_2^{cH}-s_2^c,\, s_2^{cL}-s_2^c} (1-P^L)u\left[y-\bar{P}s_2^c-P^L\left(s_2^{cL}-s_2^c\right)\right]+P^L u\left[x+(1-\bar{P})s_2^c+(1-P^L)\left(s_2^{cL}-s_2^c\right)\right]$$

s.t.

$$(1-P^H)u\left[y-\bar{P}s_2^c-P^H\left(s_2^{cH}-s_2^c\right)\right]+P^H u\left[x+(1-\bar{P})s_2^c+(1-P^H)\left(s_2^{cH}-s_2^c\right)\right] \geqslant$$
$$(1-P^H)u\left[y-\bar{P}s_2^c-P^L\left(s_2^{cL}-s_2^c\right)\right]+P^H u\left[x+(1-\bar{P})s_2^c+(1-P^L)\left(s_2^{cL}-s_2^c\right)\right]$$

（5.1）

可得

$$\begin{aligned}s_2^{cH}&=y-x\\ s_2^{cL}&<y-x\end{aligned}$$

（5.2）

即高风险投保人愿意购买的强制保险和补充商业保险之和恰好等于其损失金额，获得了全额保险；而低风险投保人仍然只得到了部分保险。当所有投保人在购买了强制保险 $(s_2^c, \overline{P}s_2^c)$ 后，我们可视为自保点从点 $E$ 移到了点 $s^c, (y - \overline{P}s_2^c, x - \overline{P}s_2^c + s_2^c)$，如图 5.1 所示。在新的自保点上复制原来的 R-S 均衡，即可得到新的均衡点：$(s^{cH}, s^{cL})$，两类投保人购买的保险总金额和支付的保费分别为 $(y - x, P^H(y - x) - (P^H - \overline{P})s_2^c)$ 和 $(s_2^{cL}, P^L s_2^{cL} + (\overline{P} - P^L)s_2^c)$。

我们首先来看一下在新的均衡状态下，高风险投保人的消费者剩余 $\mathrm{CS}_{\mathrm{R-S}}^{cH}$：

$$\mathrm{CS}_{\mathrm{R-S}}^{cH} = \int_0^{s_2^c}\left(\frac{P^H \mathrm{e}^{\alpha(y-x-s_2)}}{1-P^H+P^H \mathrm{e}^{\alpha(y-x-s_2)}} - \overline{P}\right)\mathrm{d}s_2 + \int_{s_2^c}^{y-x}\left(\frac{P^H \mathrm{e}^{\alpha(y-x-s_2)}}{1-P^H+P^H \mathrm{e}^{\alpha(y-x-s_2)}} - P^H\right)\mathrm{d}s_2$$

$$= \frac{1}{\alpha}\ln\left(1-P^H+P^H \mathrm{e}^{\alpha(y-x)}\right) - P^H(y-x) + (P^H - \overline{P})s_2^c$$

（5.3）

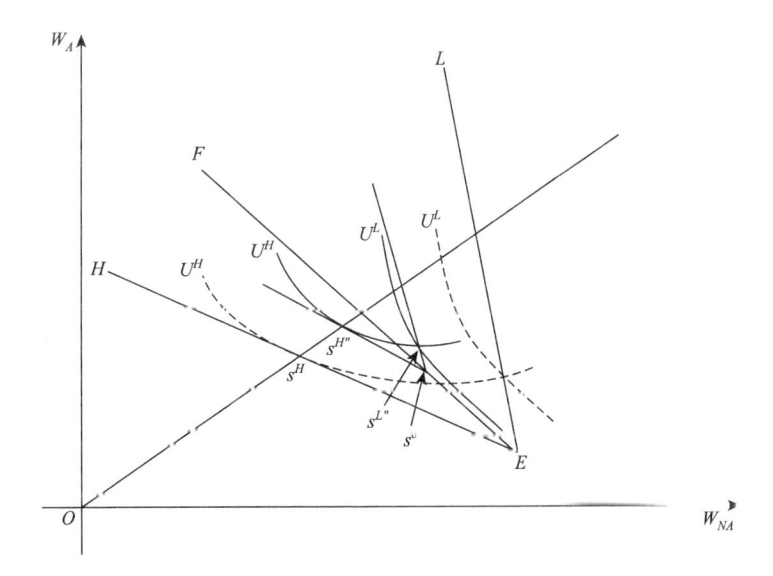

图 5.1 实施强制保险后的 R-S 均衡

资料来源：Dahlby（1981）

与无强制保险时 R-S 均衡下高风险投保人的消费者剩余 $\mathrm{CS}_{\mathrm{R-S}}^H$（见式（4.23））相比，其差额等于：

$$\mathrm{CS}_{\mathrm{R-S}}^{cH} - \mathrm{CS}_{\mathrm{R-S}}^H = (P^H - \overline{P})s_2^c > 0 \quad (5.4)$$

由式（5.4）可知，当实施了强制保险后，高风险投保人的消费者剩余增加了。其原因是他们不仅能以低于自身公平价格 $P^H$ 的价格 $\overline{P}$ 购买到保额为 $s_2^c$ 的保障，而且能够再以公平价格 $P^H$ 购买保额为 $y-x-s_2^c$ 的商业保险，以解决强制保险保障额度不够的问题。

低风险投保人的消费者剩余 $\text{CS}_{\text{R-S}}^{cL}$ 则为

$$\text{CS}_{\text{R-S}}^{cL} = \int_0^{s_2^c} \left( \frac{P^L e^{\alpha(y-s_2)}}{1-P^L+P^L e^{\alpha(y-x-s_2)}} - \overline{P} \right) ds_2 + \int_{s_2^c}^{s_2^{cL}} \left( \frac{P^L e^{\alpha(y-s_2)}}{1-P^L+P^L e^{\alpha(y-x-s_2)}} - P^L \right) ds_2$$

$$= \frac{1}{\alpha} \ln\left(1-P^L+P^L e^{\alpha(y-x)}\right) - \frac{1}{\alpha} \ln\left(1-P^L+P^L e^{\alpha(y-x-s_2^{cL})}\right) - P^L s_2^{cL} - (\overline{P}-P^L) s_2^c$$

（5.5）

与未实施强制保险且市场处于 R-S 均衡下低风险投保人的消费者剩余 $\text{CS}_{\text{R-S}}^L$（见式（4.24））相比，其差额为

$$\text{CS}_{\text{R-S}}^{cL} - \text{CS}_{\text{R-S}}^L$$

$$= \frac{1}{\alpha} \ln\left(1-P^L+P^L e^{\alpha(y-x-s_2^{L'})}\right) - \frac{1}{\alpha} \ln\left(1-P^L+P^L e^{\alpha(y-x-s_2^{cL})}\right) - P^L \left(s_2^{cL}-s_2^{L'}\right) - (\overline{P}-P^L) s_2^c$$

（5.6）

容易证明，式（5.6）右端前三项为正，而整个式子的正负则与 $(\overline{P}-P^L)s_2^c$ 的大小有关。由 $\dfrac{\partial (\overline{P}-P^L)s_2^c}{\partial \lambda^L} = -(P^H-P^L)s_2^c < 0$ 和 $\dfrac{\partial (\overline{P}-P^L)s_2^c}{\partial s_2^c} = \overline{P}-P^L > 0$ 可知，随着投保人中低风险投保人的占比增加和规定的强制保险保额的降低，式（5.6）可能大于 0，即实施强制保险后，低风险投保人消费者剩余可能会增加。一般来说，在低风险投保人占比较大或市场平均零期望利润线比较接近市场处于 R-S 均衡时低风险投保人期望效用曲线的情况下，强制保险的保额可以规定得高一点；若低风险投保人占比较小或市场平均零期望利润线远离市场处于 R-S 均衡时，则可能不管强制保险的保额为多少，都会使低风险投保人的消费者剩余下降。

在图 5.2 中，我们用 matlab 模拟了当：$y=100, x=50, P^H=0.8, P^L=0.2, \alpha=0.05$ 时，对低风险投保人的不同比例 $\lambda^L, (0<\lambda^L \leqslant 0.5695)$[①]，实施强制保险后能使低风险投保人消费者剩余增加的保额范围（图中的竖线部分）。从图 5.2 可以看出，当低风险投保人占比较小（如 $\lambda^L<0.42$）时，无论强制保险的保额为多少，实施强制保险后都不可能使低风险投保人的消费者剩余上升；只有当 $\lambda^L \geqslant 0.42$ 时，将强制保险的保额定在某些区域内，才能使低风险投保人的消费者剩余上升；而且，随着 $\lambda^L$ 的增

---

① 让 $\lambda^L$ 小于 0.5695 是为了保证保险市场处于 R-S 均衡。

加,能使低风险投保人消费者剩余上升的强制保险保额的可选取区域会扩大。

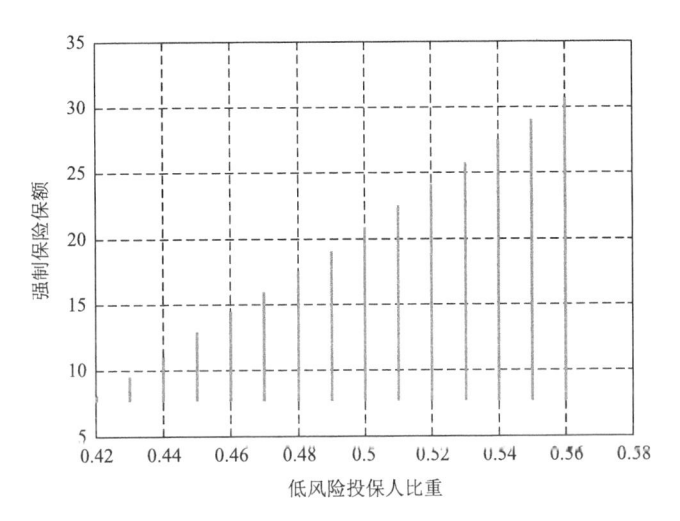

图 5.2 不同 $\lambda^L$ 对应的可以使低风险投保人消费者剩余增加的强制保险保额范围

将式（5.5）中的最后一项与式（5.3）的最后一项相比,并考虑到保险市场上高、低风险投保人的比重,可得

$$-\lambda^L(\overline{P}-P^L)s_2^c + \lambda^H(P^H-\overline{P})s_2^c = 0 \qquad (5.7)$$

可见,高风险投保人消费者剩余的增加额正是来源于低风险投保人消费者剩余的损失额,说明在实施强制保险后,低风险投保人对高风险投保人进行了补贴。

对保险人来说,因为强制保险的价格是按高、低风险投保人发生事故的平均概率 $\overline{P}$ 确定的,补充商业保险的价格是按两类投保人各自的出险概率分别确定的,所以生产者剩余为 0。

于是,社会总剩余 $W_{R-S}^c$ 等于:

$$\begin{aligned}
W_{R-S}^c &= \lambda^H \mathrm{CS}_{R-S}^{cH} + \lambda^L \mathrm{CS}_{R-S}^{cL} \\
&= \lambda^H \left[ \frac{1}{\alpha} \ln\left(1-P^H + P^H \mathrm{e}^{\alpha(y-x)}\right) - P^H(y-x) \right] \\
&\quad + \lambda^L \left[ \frac{1}{\alpha} \ln\left(1-P^L + P^L \mathrm{e}^{\alpha(y-x)}\right) - \frac{1}{\alpha}\ln\left(1-P^L + P^L \mathrm{e}^{\alpha(y-x-s_2^{cL})}\right) - P^L s_2^{cL} \right]
\end{aligned}$$

$$(5.8)$$

与未实施强制保险且市场处于 R-S 均衡时的社会总剩余 $W_{R-S}$（见式（4.29））相比,其差额等于:

$$W_{\text{R-S}}^c - W_{\text{R-S}}$$
$$= \lambda^L \left[ \frac{1}{\alpha} \ln\left(1 - P^L + P^L e^{\alpha(y-x-s_2^{L'})}\right) - \frac{1}{\alpha} \ln\left(1 - P^L + P^L e^{\alpha(y-x-s_2^{cL})}\right) - P^L \left(s_2^{cL} - s_2^{L'}\right) \right]$$
(5.9)

容易证明：式（5.9）大于 0，说明在实施了强制保险后，虽然低风险投保人的消费者剩余可能下降，但总会使高风险投保人的消费者剩余及社会总剩余增加。另外，从式（5.9）还可以看到，低风险投保人的比例 $\lambda^L$ 越大，社会总剩余增加得就越多。这是因为：$\lambda^L$ 越大，强制保险的费率 $\overline{P}$ 就会越低，投保人可以以更低的价格购买到保险保障，从而使社会总剩余得到增加。

另外，在式（5.8）中对 $s_2^c$ 求导，可得 $\dfrac{dW_{\text{R-S}}^c}{ds_2^c} > 0$。由此可知：随着强制保险保额的增加，社会总剩余也会随之增加。但是，如果由式（5.5）对 $s_2^c$ 求导，可得

$$\frac{d\text{CS}_{\text{R-S}}^{cL}}{ds_2^c} = \left( \frac{P^L e^{\alpha(y-x-s_2^{cL})}}{1 - P^L + P^L e^{\alpha(y-x-s_2^{cL})}} - P^L \right) \frac{ds_2^{cL}}{ds_2^c} - (\overline{P} - P^L) \quad (5.10)$$

我们对式（5.10）进行如下分析。

（1）若 $\dfrac{\overline{P} - P^L}{1 - P^L} < \dfrac{ds_2^{cL}}{ds_2^c} < 1$，则当

$$s_2^{cL} \leqslant y - x - \frac{1}{\alpha} \ln \frac{\overline{P}(1 - P^L) - P^L \left(1 - \dfrac{ds_2^{cL}}{ds_2^c}\right)(1 - P^L)}{P^L \left(\dfrac{ds_2^{cL}}{ds_2^c} - \overline{P}\right) + \left(1 - \dfrac{ds_2^{cL}}{ds_2^c}\right)(P^L)^2}$$

时，式（5.5）的值会随 $s_2^c$ 的增加而增加，并在

$$s_2^{cL} = y - x - \frac{1}{\alpha} \ln \frac{\overline{P}(1 - P^L) - P^L \left(1 - \dfrac{ds_2^{cL}}{ds_2^c}\right)(1 - P^L)}{P^L \left(\dfrac{ds_2^{cL}}{ds_2^c} - \overline{P}\right) + \left(1 - \dfrac{ds_2^{cL}}{ds_2^c}\right)(P^L)^2}$$

处取到最大值；当

$$s_2^{cL} > y - x - \frac{1}{\alpha} \ln \frac{\overline{P}(1 - P^L) - P^L \left(1 - \dfrac{ds_2^{cL}}{ds_2^c}\right)(1 - P^L)}{P^L \left(\dfrac{ds_2^{cL}}{ds_2^c} - \overline{P}\right) + \left(1 - \dfrac{ds_2^{cL}}{ds_2^c}\right)(P^L)^2}$$

时，式（5.5）的值会随 $s_2^c$ 的增加而减少。

（2）若 $0 < \dfrac{\mathrm{d}s_2^{cL}}{\mathrm{d}s_2^c} \leqslant \dfrac{\overline{P} - P^L}{1 - P^L}$，即市场上低风险投保人占比较高，或高、低风险投保人的出险概率相差不大时，式（5.5）的值会随 $s_2^c$ 的增加而减少。

因此，政府在确定强制保险保额时，要在整体社会总剩余最大化和低风险投保人剩余最大化之间进行抉择。

图 5.3 描述了当 $y = 100, x = 50, P^H = 0.8, P^L = 0.2$，$\alpha = 0.05, \lambda^L = 0.5$ 时，实施强制保险后，整体社会福利变化与低风险投保人消费者剩余变化的有效前沿。从图中可以看到，实施强制保险后，随着强制保险保额的增加，整体社会福利在逐渐增加，低风险投保人消费者剩余却在逐渐下降。所以，政府在确定强制保险保额时，要根据当时所要达到的政策目标重点，在两方面利益均被考虑的有效前沿上进行仔细权衡。如果政策制定侧重于追求市场效率，则应把提高社会总剩余放在首位，将强制保险的保额定得稍高一些；否则，应当适当降低强制保险保额，减少高、低风险投保人之间的交叉补贴，以体现社会公平。

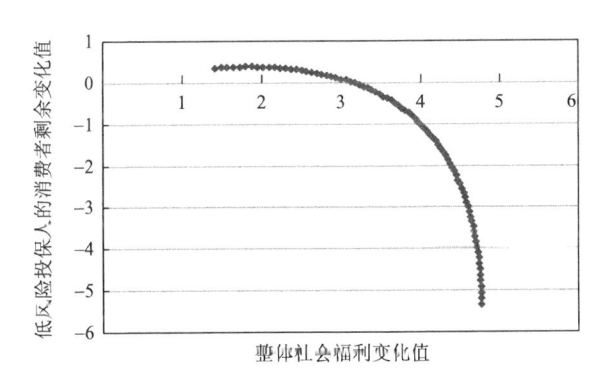

图 5.3　$W_{R,S}^c$ 变化与 $CS_{R,S}^{cL}$ 变化的有效前沿（$\lambda^L = 0.5$）

## 5.2.2　市场处于 Wilson 均衡时强制保险对市场效率的影响

假设政府规定的强制保险保额是 $s_2^c$，显然应有 $s_2^W \leqslant s_2^c < y - x$，其中 $s_2^W$ 为非强制情况下所有投保人在 Wilson 均衡下购买的保额。假设投保人在购买了强制保险后可再购买商业保险作为补充。如果低风险投保人购买的总保险金额为 $s_2^{cLw}$，则他购买的补充商业保险的保额为 $s_2^{cLw} - s_2^c$；同样，若高风险投保人购买的总保险金额为 $s_2^{cHw}$，则他购买的补充商业保险的保额为 $s_2^{cHw} - s_2^c$。与市场处于 R-S 均衡时一样，此时也有：$s_2^{cHw} = y - x, s_2^{cLw} < y - x$，即高风险投保人会购买到全额保险，低风险投保人只得到了部分保险。如图 5.4 所

示，当所有投保人在购买了强制保险 $\left(s_2^c, \overline{P}s_2^c\right)$ 后，我们可视为自保点从点 $E$ 移到点 $\left(s^c, \left(y - \overline{P}s_2^c, x - \overline{P}s_2^c + s_2^c\right)\right)$，在此基础上购买的补充商业保险则是一个分离均衡[①]，新的均衡点为 $\left(s^{cH_W}, s^{cL_W}\right)$，两类投保人的保险金额和支付的保费分别为 $\left(y-x, P^H(y-x) - (P^H - \overline{P})s_2^c\right)$ 和 $\left(s_2^{cL_W}, P^L s_2^{cL_W} + (\overline{P} - P^L)s_2^c\right)$。

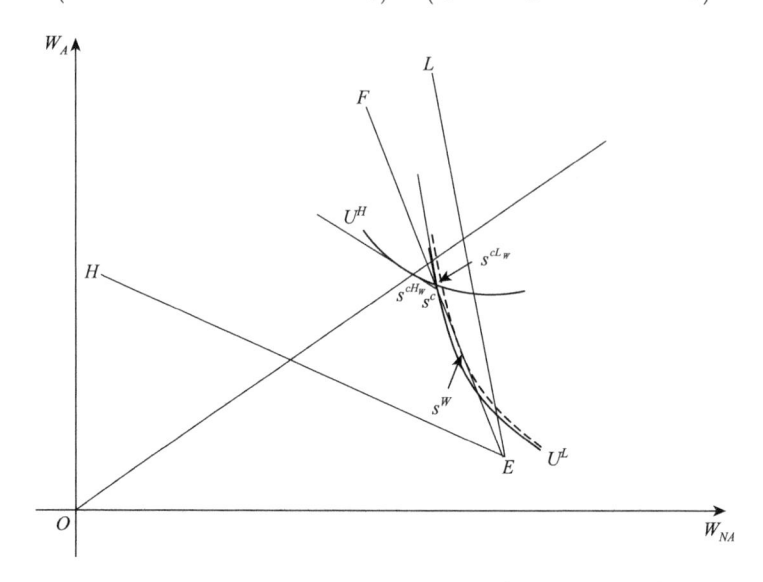

图 5.4　实施强制保险后的 Wilson 均衡 $\left(s_2^W \leqslant s_2^c < y - x\right)$

在新的均衡状态下，高风险投保人的消费者剩余 $\mathrm{CS}_{\mathrm{Wil}}^{cH}$ 为

$$\mathrm{CS}_{\mathrm{Wil}}^{cH} = \int_0^{s_2^c} \left(\frac{P^H \mathrm{e}^{\alpha(y-x-s_2)}}{1 - P^H + P^H \mathrm{e}^{\alpha(y-x-s_2)}} - \overline{P}\right) \mathrm{d}s_2 + \int_{s_2^c}^{y-x} \left(\frac{P^H \mathrm{e}^{\alpha(y-x-s_2)}}{1 - P^H + P^H \mathrm{e}^{\alpha(y-x-s_2)}} - P^H\right) \mathrm{d}s_2$$

$$= \frac{1}{\alpha} \ln\left(1 - P^H + P^H \mathrm{e}^{\alpha(y-x)}\right) - P^H(y-x) + (P^H - \overline{P})s_2^c$$

（5.11）

与无强制保险且市场处于 Wilson 均衡时高风险投保人的消费者剩余 $\mathrm{CS}_{\mathrm{Wil}}^H$（见式（4.42））相比，其差额为

$$\mathrm{CS}_{\mathrm{Wil}}^{cH} - \mathrm{CS}_{\mathrm{Wil}}^H = \frac{1}{\alpha} \ln\left(1 - P^H + P^H \mathrm{e}^{\alpha(y-x-s_2^W)}\right) - P^H(y-x-s_2^c) - \overline{P}(s_2^c - s_2^W)$$

（5.12）

---

[①] 因为低风险投保人以费率 $\overline{P}$ 购买保险单 $\left(s_2^W, \overline{P}s_2^W\right)$ 时的期望效用是最大的，在购买强制保险（保额为 $s_2^c \geqslant s_2^W$）之后，若保险人继续以费率 $\overline{P}$ 出售补充商业保险，低风险投保人则不会再购买，因而不可能再形成 Wilson 均衡。

可以证明，式（5.12）在 $s_2^W \leqslant s_2^c < y-x$ 时大于 0，即高风险投保人的消费者剩余会增加。这是因为，高风险投保人在以较低的费率获得强制保险后，还能购买补充商业保险以弥补强制保险保额的不足；且随着强制保险保额的增加，高风险投保人所能获得的消费者剩余也在增加。

低风险投保人的消费者剩余 $\text{CS}_{\text{Wil}}^{cL}$ 则为

$$\text{CS}_{\text{Wil}}^{cL} = \int_0^{s_2^c} \left( \frac{P^L e^{\alpha(y-x-s_2)}}{1-P^L+P^L e^{\alpha(y-x-s_2)}} - \bar{P} \right) ds_2 + \int_{s_2^c}^{s_2^{cL_W}} \left( \frac{P^L e^{\alpha(y-x-s_2)}}{1-P^L+P^L e^{\alpha(y-x-s_2)}} - P^L \right) ds_2$$

$$= \frac{1}{\alpha} \ln\left(1-P^L+P^L e^{\alpha(y-x)}\right) - \frac{1}{\alpha} \ln\left(1-P^L+P^L e^{\alpha(y-x-s_2^{cL_W})}\right) - P^L s_2^{cL_W} - (\bar{P}-P^L)s_2^c$$

（5.13）

由式（5.13）对 $s_2^c$ 求导可得

$$\frac{d\text{CS}_{\text{Wil}}^{cL}}{ds_2^c} = \left( \frac{P^L e^{\alpha(y-x-s_2^{cL_W})}}{1-P^L+P^L e^{\alpha(y-x-s_2^{cL_W})}} - P^L \right) \frac{ds_2^{cL_W}}{ds_2^c} - (\bar{P}-P^L) \quad (5.14)$$

具体分析如下。

（1）若 $\dfrac{\bar{P}-P^L}{1-P^L} < \dfrac{ds_2^{cL_W}}{ds_2^c} < 1$，当

$$s_2^{cL_W} \leqslant y-x-\frac{1}{\alpha}\ln\frac{\bar{P}(1-P^L)-P^L\left(1-\dfrac{ds_2^{cL_W}}{ds_2^c}\right)(1-P^L)}{P^L\left(\dfrac{ds_2^{cL_W}}{ds_2^c}-\bar{P}\right)+\left(1-\dfrac{ds_2^{cL_W}}{ds_2^c}\right)(P^L)^2}$$

时，式（5.13）的值随 $s_2^c$ 的增加而增加；当

$$s_2^{cL_W} > y-x-\frac{1}{\alpha}\ln\frac{\bar{P}(1-P^L)-P^L\left(1-\dfrac{ds_2^{cL_W}}{ds_2^c}\right)(1-P^L)}{P^L\left(\dfrac{ds_2^{cL_W}}{ds_2^c}-\bar{P}\right)+\left(1-\dfrac{ds_2^{cL_W}}{ds_2^c}\right)(P^L)^2}$$

时，式（5.13）的值随 $s_2^c$ 的增加而减少。

（2）若 $0 < \dfrac{ds_2^{cL_W}}{ds_2^c} \leqslant \dfrac{\bar{P}-P^L}{1-P^L}$，式（5.13）的值随 $s_2^c$ 的增加而减少。因为

$$0 < \frac{ds_2^{cL_W}}{ds_2^c} < 1\,^{[①]}$$

---

① 证明略。

$$y-x-\frac{1}{\alpha}\ln\frac{\overline{P}(1-P^L)-P^L\left(1-\dfrac{\mathrm{d}s_2^{cL_W}}{\mathrm{d}s_2^c}\right)(1-P^L)}{P^L\left(\dfrac{\mathrm{d}s_2^{cL_W}}{\mathrm{d}s_2^c}-\overline{P}\right)+\left(1-\dfrac{\mathrm{d}s_2^{cL_W}}{\mathrm{d}s_2^c}\right)(P^L)^2}$$ 小于 $s_2^W$，且 $s_2^W \leqslant s_2^c < y-x$

因而式（5.13）在 $s_2^c = s_2^W$ 时达到最大值。

与未实施强制保险且市场处于 Wilson 均衡时低风险投保人的消费者剩余 $\mathrm{CS}_{\mathrm{Wil}}^L$（见式（4.40））相比，其差额为

$$\begin{aligned}
&\mathrm{CS}_{\mathrm{Wil}}^{cL} - \mathrm{CS}_{\mathrm{Wil}}^L \\
&= \frac{1}{\alpha}\ln\left(1-P^L+P^L\mathrm{e}^{\alpha(y-x-s_2^W)}\right) - \frac{1}{\alpha}\ln\left(1-P^L+P^L\mathrm{e}^{\alpha(y-x-s_2^{cL_W})}\right) \quad (5.15)\\
&\quad -P^L\left(s_2^{cL_W}-s_2^c\right) - \overline{P}\left(s_2^c - s_2^W\right)
\end{aligned}$$

可以证明，当 $s_2^c = s_2^W$ 时，式（5.15）大于 0；当 $s_2^c > s_2^W$ 时，式（5.15）的正负情况不确定。于是我们发现：如果强制保险的保额等于或稍大于市场处于 Wilson 均衡时的保额，实施允许购买补充商业保险的强制保险政策能使低风险投保人的消费者剩余增加，且当强制保险保额等于市场处于 Wilson 均衡时的保额时，低风险投保人的消费者剩余达到最大。但如果把强制保险的保额定得过高，则有可能会引起低风险投保人消费者剩余的下降。

再来看保险人的生产者剩余。因为强制保险的价格是按照高、低风险投保人发生事故的平均概率 $\overline{P}$ 确定的，补充商业保险的价格是按两类投保人发生事故的各自概率分别确定的，故生产者剩余仍为 0。于是，总的社会福利 $W_{\mathrm{Wil}}^c$ 为

$$\begin{aligned}
W_{\mathrm{Wil}}^c &= \lambda^H \mathrm{CS}_{\mathrm{Wil}}^{cH} + \lambda^L \mathrm{CS}_{\mathrm{Wil}}^{cL}\\
&= \lambda^H\left[\frac{1}{\alpha}\ln\left(1-P^H+P^H\mathrm{e}^{\alpha(y-x)}\right) - P^H(y-x)\right]\\
&\quad + \lambda^L\left[\frac{1}{\alpha}\ln\left(1-P^L+P^L\mathrm{e}^{\alpha(y-x)}\right) - \frac{1}{\alpha}\ln\left(1-P^L+P^L\mathrm{e}^{\alpha(y-x-s_2^{cL_W})}\right) - P^L s_2^{cL_W}\right]
\end{aligned}$$

(5.16)

与无强制保险且市场处于 Wilson 均衡时的社会福利 $W_{\mathrm{Wil}}$（见式（4.44））相比，其差额为

$$\begin{aligned}&W^c_{\text{Wil}}-W_{\text{Wil}}\\&=\lambda^H\left[\frac{1}{\alpha}\ln\left(1-P^H+P^H\mathrm{e}^{\alpha(y-x-s_2^W)}\right)-P^H\left(y-x-s_2^W\right)\right]\\&+\lambda^L\left[\frac{1}{\alpha}\ln\left(1-P^L+P^L\mathrm{e}^{\alpha(y-x-s_2^W)}\right)-\frac{1}{\alpha}\ln\left(1-P^L+P^L\mathrm{e}^{\alpha(y-x-s_2^{cL_W})}\right)-P^L\left(s_2^{cL_W}-s_2^W\right)\right]\end{aligned}$$
（5.17）

可以证明，式（5.17）大于零，说明：如果保险市场处于 Wilson 均衡，采取允许投保人购买补充商业保险的强制保险政策能使社会福利增加，有助于提高市场效率。特别是如果强制保险的保额等于市场处于 Wilson 均衡时的保险金额，所有投保人的消费者剩余及总的社会福利都会增加，强制保险就能起到使市场效率得到帕累托改进的作用，如图 5.5 所示。而且，与 R-S 均衡不同的是，在市场处于 Wilson 均衡时，不管低风险投保人所占比重有多少，只要强制保险保额在某一合理区域内，都能使所有投保人的消费者剩余以及市场效率得到提升。

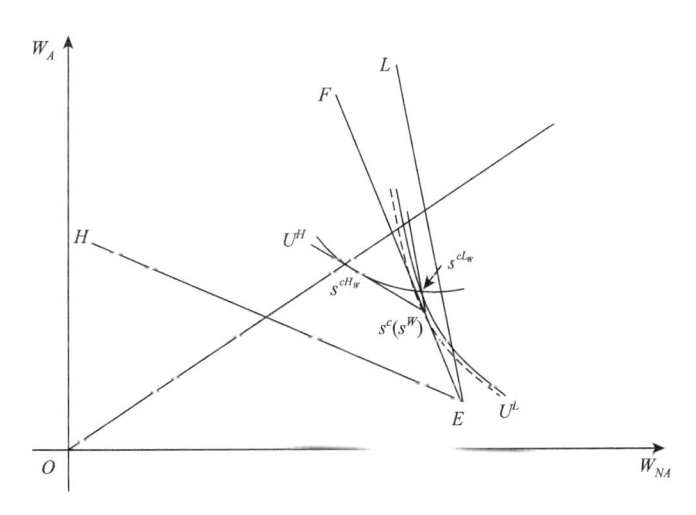

图 5.5 Wilson 均衡下实施强制保险后的状态 $\left(s_2^c=s_2^W\right)$

但是，和市场初始均衡为 R-S 均衡一样，实施强制保险以后，整体社会福利将随着强制保险保额的增加而增加，而低风险投保人的消费者剩余却可能会较强制保险实施之前有所下降。图 5.6 描述的是实施强制保险以后，整体社会福利变化与低风险投保人消费者剩余变化的有效前沿（假设 $y=100, x=50, P^H=0.8, P^L=0.2, \alpha=0.05, \lambda^L=0.8$ ）。从中可以看到，随着强制保险保额的提高，整体社会福利较强制保险实施之前逐渐增加，

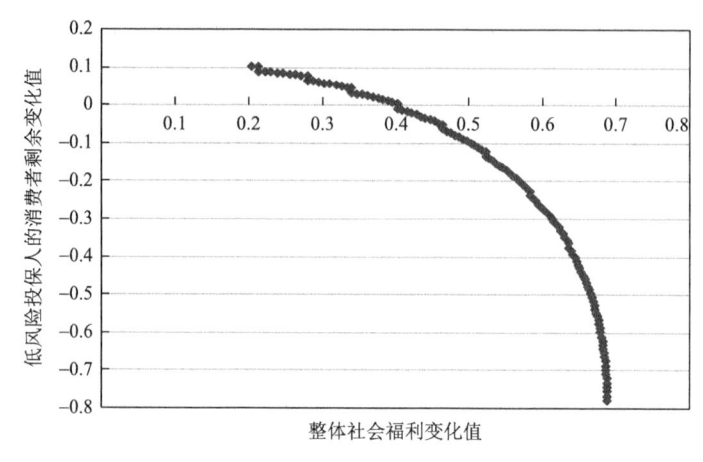

图 5.6 $W_{\text{R-S}}^c$ 变化与 $\text{CS}_{\text{Wil}}^{cL}$ 变化的有效前沿

低风险投保人的消费者剩余一开始也在增加，但增加值呈逐步下降趋势，甚至逐渐转为负值，即低于强制保险实施之前的消费者剩余值。所以，政府同样要根据所希望实现的政策目标，在整体社会福利变化与低风险投保人消费者剩余变化的有效前沿上进行仔细权衡，选取适当的强制保险保额。

## 5.3 强制保险对信息不准确保险市场效率的改进

假设保险人以高、低风险投保人发生事故的平均概率 $\bar{P}$ 为公平价格提供强制保险，保险金额由政府规定，但不低于正确估计自身风险的低风险投保人在商业保险市场上所能购买到的保额。接下来我们来分析当部分投保人不能正确评估自身出险概率的情况下，强制保险的实施可能对不同类型的投保人的消费者剩余以及社会总剩余的影响。

### 5.3.1 市场处于 R-S 均衡时强制保险的效率影响

假设政府规定的强制保险额为 $s_2^c$，$\left(s_2^{L'} \leq s_2^c < y-x\right)$，且允许投保人在购买强制保险后根据需要再购买商业保险作为补充。

假设市场中存在信息不准确问题，表现为部分低风险投保人低估了自身风险，其自估的出险概率为 $\hat{P}^L$，$(\hat{P}^L < P^L)$ 且满足条件 $0 < \hat{P}^L \leq B_{\text{R-S}}$，其中

$$B_{\text{R-S}} = \frac{e^{-\alpha\left(y-\bar{P}s_2^c - P^L\left(s_2^{cL}-s_2^c\right)\right)} - e^{-\alpha\left(y-\bar{P}s_2^c\right)}}{e^{-\alpha\left(x-\bar{P}s_2^c+s_2^c\right)} - e^{-\alpha\left(x-\bar{P}s_2^c - P^L\left(s_2^{cL}-s_2^c\right)+s_2^c\right)} - e^{-\alpha\left(y-\bar{P}s_2^c\right)} + e^{-\alpha\left(y-\bar{P}s_2^c - P^L\left(s_2^{cL}-s_2^c\right)\right)}}$$

则购买补充商业保险反而会让他们觉得自身效用下降,因而他们在购买了强制保险后,不会再购买补充商业保险。

因为 $s_2^{L'} \leq s_2^c < s_2^{cL}$,有 $A < B_{\text{R-S}}$[①],意味着当市场处于 R-S 均衡下的情形 2 和情形 3 时,低估风险的低风险投保人在参加了强制保险后,都不会再购买补充商业保险;当市场处于 R-S 均衡时的情形 1 时,若 $\hat{P}^L$ 满足条件 $A < \hat{P}^L \leq B_{\text{R-S}}$,低估风险的低风险投保人参加了强制保险后,也不会购买补充商业保险。

1. 当低风险投保人低估自身风险以至于不会购买补充商业保险时

如果政府规定的强制保险保额为 $s_2^c$,$\left(s_2^{L'} \leq s_2^c < y-x\right)$,依据 Dahlby(1981)所述,如图 5.7 所示,当所有投保人购买了强制保险 $\left(s_2^c, \overline{P}s_2^c\right)$ 后,可视为自保点从点 $E$ 移到点 $\left(s^c, \left(y-\overline{P}s_2^c, x-\overline{P}s_2^c + s_2^c\right)\right)$。在新的自保点上复制原来的 R-S 均衡,可得到新的均衡点:$\left(s^{cH}, s^{cL}, s^c\right)$,其中正确估计自身出险概率的高风险投保人选择保险单 $\left(y-x, \overline{P}s_2^c + P^H\left(y-x-s_2^c\right)\right)$;正确估计自身风险的低风险投保人选择保险单 $\left(s_2^{cL}, \overline{P}s_2^c + P^L\left(s_2^{cL}-s_2^c\right)\right)$;低估自身风险的低风险投保人,因为觉得购买补充商业保险会使自身效用下降,因而仅购买强制保险 $\left(s_2^c, \overline{P}s_2^c\right)$。

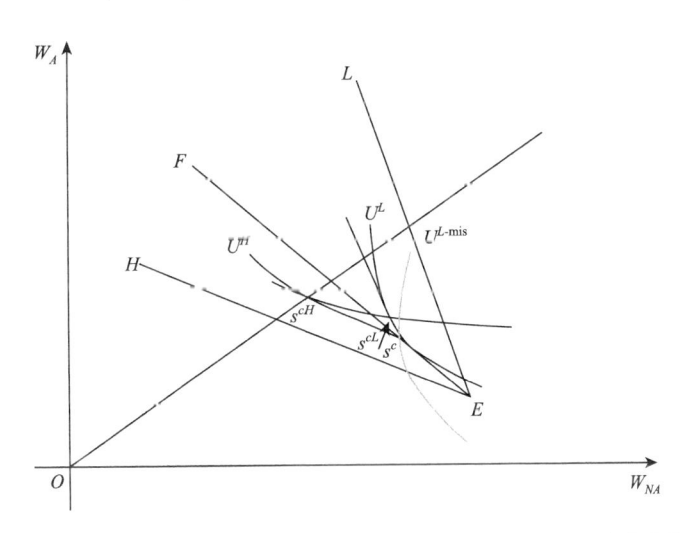

图 5.7  R-S 均衡时强制保险后部分低风险投保人不再购买补充商业保险

---

① $A = \dfrac{P^L}{P^L + (1-P^L)\mathrm{e}^{\alpha(y-x-s_2^{L'})}}$,具体见第 4 章。

此时高风险投保人的消费者剩余 $\mathrm{CS}_{\mathrm{R\text{-}S}}^{cH\text{-mis}}$ 与市场上没有低风险投保人低估自身风险、仅存在信息不对称时实施强制保险后的高风险投保人的消费者剩余 $\mathrm{CS}_{\mathrm{R\text{-}S}}^{cH}$ 相同（见式（5.3））。所以与实施强制保险之前相比，高风险投保人能购买到的总保额不变，且可以以较低的费率 $\bar{P}$ 购买到其中一部分保险保障，因而其消费者剩余高于无强制保险且市场处于 R-S 均衡时的相应值 $\mathrm{CS}_{\mathrm{R\text{-}S}}^{H\text{-mis}}$，其差额为 $(P^H - \bar{P})s_2^c$，且该差额随着强制保险保额的增加而增加。

低风险投保人的消费者剩余 $\mathrm{CS}_{\mathrm{R\text{-}S}}^{cL\text{-mis}}$ 则为

$$\begin{aligned}
\mathrm{CS}_{\mathrm{R\text{-}S}}^{cL\text{-mis}} &= \lambda^{L\text{-mis}} \int_0^{s_2^c} \left( \frac{P^L e^{\alpha(y-x-s_2)}}{1-P^L+P^L e^{\alpha(y-x-s_2)}} - \bar{P} \right) ds_2 \\
&+ (1-\lambda^{L\text{-mis}}) \left( \int_0^{s_2^c} \left( \frac{P^L e^{\alpha(y-x-s_2)}}{1-P^L+P^L e^{\alpha(y-x-s_2)}} - \bar{P} \right) ds_2 \right. \\
&\left. + \int_{s_2^c}^{s_2^{cL}} \left( \frac{P^L e^{\alpha(y-x-s_2)}}{1-P^L+P^L e^{\alpha(y-x-s_2)}} - P^L \right) ds_2 \right) \\
&= \lambda^{L\text{-mis}} \left[ \frac{1}{\alpha} \ln\left(1-P^L+P^L e^{\alpha(y-x)}\right) - \frac{1}{\alpha} \ln\left(1-P^L+P^L e^{\alpha(y-x-s_2^c)}\right) - \bar{P} s_2^c \right] \\
&+ (1-\lambda^{L\text{-mis}}) \left[ \frac{1}{\alpha} \ln\left(1-P^L+P^L e^{\alpha(y-x)}\right) - \frac{1}{\alpha} \ln\left(1-P^L+P^L e^{\alpha(y-x-s_2^{cL})}\right) \right. \\
&\left. - P^L s_2^{cL} - (\bar{P}-P^L) s_2^c \right]
\end{aligned}$$

(5.18)

因为 $s_2^{cL} > s_2^c$，式（5.18）对 $\lambda^{L\text{-mis}}$ 求导可得

$$\frac{\partial \mathrm{CS}_{\mathrm{R\text{-}S}}^{cL\text{-mis}}}{\partial \lambda^{L\text{-mis}}} = \frac{1}{\alpha} \ln\left(1-P^L+P^L e^{\alpha(y-x-s_2^{cL})}\right) - \frac{1}{\alpha} \ln\left(1-P^L+P^L e^{\alpha(y-x-s_2^c)}\right) + P^L\left(s_2^{cL} - s_2^c\right) < 0 \quad (5.19)$$

式（5.19）意味着如果低风险投保人中低估自身风险的人所占比重增加，在任一给定的强制保险保额下，实施强制保险后低风险投保人所能获得的消费者剩余都将会减少。这是由这一部分低估自身风险的低风险投保人在参与强制保险之后，不再购买补充商业保险所导致的。

式（5.18）对 $s_2^c$ 求导，可得

$$\frac{\partial \mathrm{CS}_{\mathrm{R-S}}^{cL\text{-mis}}}{\partial s_2^c}$$
$$= \lambda^{L\text{-mis}} \left( \frac{P^L \mathrm{e}^{\alpha(y-x-s_2^c)}}{1-P^L + P^L \mathrm{e}^{\alpha(y-x-s_2^c)}} - \overline{P} \right) \quad (5.20)$$
$$+ \left(1 - \lambda^{L\text{-mis}}\right) \left[ \left( \frac{P^L \mathrm{e}^{\alpha(y-x-s_2^{cL})}}{1-P^L + P^L \mathrm{e}^{\alpha(y-x-s_2^{cL})}} - P^L \right) \frac{\mathrm{d} s_2^{cL}}{\mathrm{d} s_2^c} - (\overline{P} - P^L) \right]$$

如果 $\lambda^{L\text{-mis}} = 1$，当 $s_2^c = y - x - \frac{1}{\alpha} \ln \frac{\overline{P}(1-P^L)}{P^L(1-\overline{P})}$ 时，式（5.20）等于 0，即若所有低风险投保人都低估了自身风险，让 $s_2^c = y - x - \frac{1}{\alpha} \ln \frac{\overline{P}(1-P^L)}{P^L(1-\overline{P})}$，可以使低风险投保人在实施强制保险后的消费者剩余达到最大。随着低估风险的低风险投保人占比的下降，由 $0 < \frac{\mathrm{d} s_2^{cL}}{\mathrm{d} s_2^c} < 1$，为了让低风险投保人获得较多的消费者剩余，强制保险的保额也应随之下降，甚至当 $\lambda^{L\text{-mis}} = 0$ 时，若是 $\frac{\overline{P} - P^L}{1 - P^L} < \frac{\mathrm{d} s_2^{cL}}{\mathrm{d} s_2^c} < 1$，让

$$s_2^{cL} = y - x - \frac{1}{\alpha} \ln \frac{\overline{P}(1-P^L) - P^L \left(1 - \frac{\mathrm{d} s_2^{cL}}{\mathrm{d} s_2^c}\right)(1-P^L)}{P^L \left(\frac{\mathrm{d} s_2^{cL}}{\mathrm{d} s_2^c} - \overline{P}\right) + \left(1 - \frac{\mathrm{d} s_2^{cL}}{\mathrm{d} s_2^c}\right)(P^L)^2} < y - x - \frac{1}{\alpha} \ln \frac{\overline{P}(1-P^L)}{P^L(1-\overline{P})} \text{①}$$

才能使低风险投保人的消费者剩余最大；若是 $0 < \frac{\mathrm{d} s_2^{cL}}{\mathrm{d} s_2^c} \leqslant \frac{\overline{P} - P^L}{1 - P^L}$，则强制保险保额应更低，让它等于 $s_2^L$ 时才能使低风险投保人的消费者剩余达到最大。总之，为了让低风险投保人能获得更多的消费者剩余，随着低估风险的低风险投保人比重的上升，可以让强制保险保额随之增加，但最好不要超过 $y - x - \frac{1}{\alpha} \ln \frac{\overline{P}(1-P^L)}{P^L(1-\overline{P})}$。

与未实施强制保险且市场处于 R-S 均衡下的三种情形时低风险投保人的消费者剩余 $\mathrm{CS}_{\mathrm{R-S}_1}^{L\text{-mis}}$、$\mathrm{CS}_{\mathrm{R-S}_2}^{L\text{-mis}}$ 和 $\mathrm{CS}_{\mathrm{R-S}_3}^{L\text{-mis}}$（见式（4.27）、式（4.57）和式（4.58））相比，其差额分别为

---

① 因为 $0 < \frac{\mathrm{d} s_2^{cL}}{\mathrm{d} s_2^c} < 1$，所以该不等式成立。

$$\text{CS}_{\text{R-S}}^{cL\text{-mis}} - \text{CS}_{\text{R-S}_1}^{L\text{-mis}}$$

$$= \lambda^{L\text{-mis}} \left[ \frac{1}{\alpha} \ln\left(1 - P^L + P^L e^{\alpha(y-x-s_2^{L'})}\right) - \frac{1}{\alpha} \ln\left(1 - P^L + P^L e^{\alpha(y-x-s_2^{c})}\right) - P^L\left(s_2^c - s_2^{L'}\right) \right]$$

$$+ (1 - \lambda^{L\text{-mis}}) \left[ \frac{1}{\alpha} \ln\left(1 - P^L + P^L e^{\alpha(y-x-s_2^{L'})}\right) - \frac{1}{\alpha} \ln\left(1 - P^L + P^L e^{\alpha(y-x-s_2^{c})}\right) - P^L\left(s_2^{cL} - s_2^{L'}\right) \right]$$

$$- (\bar{P} - P^L) s_2^c$$

(5.21)

$$\text{CS}_{\text{R-S}}^{cL\text{-mis}} - \text{CS}_{\text{R-S}_2}^{L\text{-mis}}$$

$$= \lambda^{L\text{-mis}} \left[ \frac{1}{\alpha} \ln\left(1 - P^L + P^L e^{\alpha(y-x-s_2^{L'\text{-mis}})}\right) - \frac{1}{\alpha} \ln\left(1 - P^L + P^L e^{\alpha(y-x-s_2^{c})}\right) - P^L\left(s_2^c - s_2^{L'\text{-mis}}\right) \right]$$

$$+ (1 - \lambda^{L\text{-mis}}) \left[ \frac{1}{\alpha} \ln\left(1 - P^L + P^L e^{\alpha(y-x-s_2^{L'})}\right) - \frac{1}{\alpha} \ln\left(1 - P^L + P^L e^{\alpha(y-x-s_2^{cL})}\right) - P^L\left(s_2^{cL} - s_2^{L'}\right) \right]$$

$$- (\bar{P} - P^L) s_2^c$$

(5.22)

$$\text{CS}_{\text{R-S}}^{cL\text{-mis}} - \text{CS}_{\text{R-S}_3}^{L\text{-mis}}$$

$$= (1 - \lambda^{L\text{-mis}}) \left[ \frac{1}{\alpha} \ln\left(1 - P^L + P^L e^{\alpha(y-x-s_2^{L'})}\right) - \frac{1}{\alpha} \ln\left(1 - P^L + P^L e^{\alpha(y-x-s_2^{cL})}\right) - P^L\left(s_2^{cL} - s_2^{L'}\right) \right]$$

$$+ \lambda^{L\text{-mis}} \left[ \frac{1}{\alpha} \ln\left(1 - P^L + P^L e^{\alpha(y-x)}\right) - \frac{1}{\alpha} \ln\left(1 - P^L + P^L e^{\alpha(y-x-s_2^{c})}\right) - \bar{P} s_2^c \right]$$

$$- (1 - \lambda^{L\text{-mis}})(\bar{P} - P^L) s_2^c$$

(5.23)

经分析容易得知，上述三个式子的前两项均大于 0，因此整个式子大小与最后一项 $(\bar{P} - P^L)s_2^c$ 相关，因而随着低风险投保人所占比重的增加和强制保险保额的下降，实施强制保险后低风险投保人消费者剩余上升的可能性会增加；同时，因为 $-\lambda^L(\bar{P} - P^L)s_2^c + \lambda^H(P^H - \bar{P})s_2^c = 0$，也说明了高、低风险投保人之间的交叉补贴仍然存在。

对于保险人来说，因为强制保险的价格是按照高、低风险投保人发生事故的平均概率 $\bar{P}$ 确定的，补充商业保险的价格是按两类被保险人各自的出险概率确定的，生产者剩余仍为 0。于是，总的社会福利 $W_{\text{R-S}}^{c\text{-mis}}$ 等于：

$$W_{\text{R-S}}^{c\text{-mis}} = \lambda^H CS_{\text{R-S}}^{cH\text{-mis}} + \lambda^L CS_{\text{R-S}}^{cL\text{-mis}}$$

$$= \lambda^H \left[ \frac{1}{\alpha} \ln\left(1 - P^H + P^H e^{\alpha(y-x)}\right) - P^H(y-x) + (P^H - \overline{P})s_2^c \right]$$

$$+ \lambda^L \lambda^{L\text{-mis}} \left[ \frac{1}{\alpha} \ln\left(1 - P^L + P^L e^{\alpha(y-x)}\right) - \frac{1}{\alpha} \ln\left(1 - P^L + P^L e^{\alpha(y-x-s_2^c)}\right) - \overline{P} s_2^c \right]$$

$$+ \lambda^L (1 - \lambda^{L\text{-mis}}) \left[ \frac{1}{\alpha} \ln\left(1 - P^L + P^L e^{\alpha(y-x)}\right) - \frac{1}{\alpha} \ln\left(1 - P^L + P^L e^{\alpha(y-x-s_2^{cL})}\right) \right.$$

$$\left. - P^L s_2^{cL} - (\overline{P} - P^L) s_2^c \right]$$

(5.24)

式（5.24）对 $s_2^c$ 求导，因为 $0 < \dfrac{\mathrm{d}s_2^{cL}}{\mathrm{d}s_2^c} < 1$，可得

$$\frac{\partial W_{\text{R-S}}^{c\text{-mis}}}{\partial s_2^c} = \lambda^L \lambda^{L\text{-mis}} \left( \frac{P^L e^{\alpha(y-x-s_2^c)}}{1 - P^L + P^L e^{\alpha(y-x-s_2^c)}} - P^L \right)$$

$$+ \lambda^L (1 - \lambda^{L\text{-mis}}) \left[ \left( \frac{e^{\alpha(y-x-s_2^{cL})}}{1 - P^L + P^L e^{\alpha(y-x-s_2^{cL})}} - P^L \right) \frac{\mathrm{d}s_2^{cL}}{\mathrm{d}s_2^c} \right] > 0$$

(5.25)

式（5.25）表明：整体社会福利会随着强制保险保额的增加而增加。

将式（5.24）对 $\lambda^{L\text{-mis}}$ 求导，考虑到 $s_2^{cL} > s_2^c$，可得

$$\frac{\partial W_{\text{R-S}}^{c\text{-mis}}}{\partial \lambda^{L\text{-mis}}} = \frac{1}{\alpha} \ln\left(1 - P^L + P^L e^{\alpha(y-x-s_2^{cL})}\right)$$

$$- \frac{1}{\alpha} \ln\left(1 - P^L + P^L e^{\alpha(y-x-s_2^c)}\right) + P^L \left(s_2^{cL} - s_2^c\right) < 0$$

(5.26)

式（5.26）小于 0 说明：由于低估风险的低风险投保人在参与强制保险以后不再购买补充商业保险，因而对任一给定的强制保险保额，随着这部分人在低风险投保人中所占比例的增加，整体社会福利将会减少。

将式（5.24）与未实施强制保险且处于 R-S 均衡下的社会福利 $W_{\text{R-S}_1}^{\text{mis}}$、$W_{\text{R-S}_2}^{\text{mis}}$ 和 $W_{\text{R-S}_3}^{\text{mis}}$（见式（4.29）、式（4.61）、式（4.62））相比，其差额等于：

$$W_{\text{R-S}}^{c\text{-mis}} - W_{\text{R-S}_1}^{\text{mis}}$$

$$= \lambda^L \lambda^{L\text{-mis}} \left[ \frac{1}{\alpha} \ln\left(1 - P^L + P^L e^{\alpha(y-x-s_2^c)}\right) - \frac{1}{\alpha} \ln\left(1 - P^L + P^L e^{\alpha(y-x-s_2^{L'})}\right) - P^L \left(s_2^c - s_2^{L'}\right) \right]$$

$$+ \lambda^L (1 - \lambda^{L\text{-mis}}) \left[ \frac{1}{\alpha} \ln\left(1 - P^L + P^L e^{\alpha(y-x-s_2^{L'})}\right) - \frac{1}{\alpha} \ln\left(1 - P^L + P^L e^{\alpha(y-x-s_2^{cL})}\right) - P^L \left(s_2^{cL} - s_2^{L'}\right) \right]$$

(5.27)

$$W_{R\text{-}S}^{c\text{-mis}} - W_{R\text{-}S_2}^{\text{mis}}$$
$$= \lambda^L \lambda^{L\text{-mis}} \left[ \frac{1}{\alpha} \ln\left(1 - P^L + P^L e^{\alpha(y-x-s_2^{L'\text{-mis}})}\right) - \frac{1}{\alpha} \ln\left(1 - P^L + P^L e^{\alpha(y-x-s_2^c)}\right) - P^L \left(s_2^c - s_2^{L'\text{-mis}}\right) \right]$$
$$+ \lambda^L (1-\lambda^{L\text{-mis}}) \left[ \frac{1}{\alpha} \ln\left(1 - P^L + P^L e^{\alpha(y-x-s_2^{L'})}\right) - \frac{1}{\alpha} \ln\left(1 - P^L + P^L e^{\alpha(y-x-s_2^{cL})}\right) - P^L \left(s_2^{cL} - s_2^{L'}\right) \right]$$
(5.28)

$$W_{R\text{-}S}^{c\text{-mis}} - W_{R\text{-}S_3}^{\text{mis}}$$
$$= \lambda^L \lambda^{L\text{-mis}} \left[ \frac{1}{\alpha} \ln\left(1 - P^L + P^L e^{\alpha(y-x)}\right) - \frac{1}{\alpha} \ln\left(1 - P^L + P^L e^{\alpha(y-x-s_2^c)}\right) - P^L s_2^c \right]$$
$$+ \lambda^L (1-\lambda^{L\text{-mis}}) \left[ \frac{1}{\alpha} \ln\left(1 - P^L + P^L e^{\alpha(y-x-s_2^{L'})}\right) - \frac{1}{\alpha} \ln\left(1 - P^L + P^L e^{\alpha(y-x-s_2^{cL})}\right) - P^L \left(s_2^{cL} - s_2^{L'}\right) \right]$$
(5.29)

显然上述三式均大于 0，表明：实施了强制保险后，整体社会福利会增加，有助于提高市场效率。

2. 当所有投保人都会购买补充商业保险时

因为 $A < B_{R\text{-}S}$，当 $B_{R\text{-}S} < \hat{P}^L < P^L$ 时，市场属于 R-S 均衡下的情形 1，如果政府规定强制保险的保险额为 $s_2^c$，$\left(s_2^{L'} \leqslant s_2^c < y-x\right)$，如图 5.8 所示，当所有投保人在购买了强制保险 $\left(s_2^c, \bar{P}s_2^c\right)$ 后，都会再购买补充商业保险，新的均衡点为：$(s^{cH}, s^{cL})$，两类投保人的保险金额和支付的保费分别为 $\left(y-x, P^H(y-x) - (P^H - \bar{P})s_2^c\right)$ 和 $\left(s_2^{cL}, P^L s_2^{cL} + (\bar{P} - P^L)s_2^c\right)$。

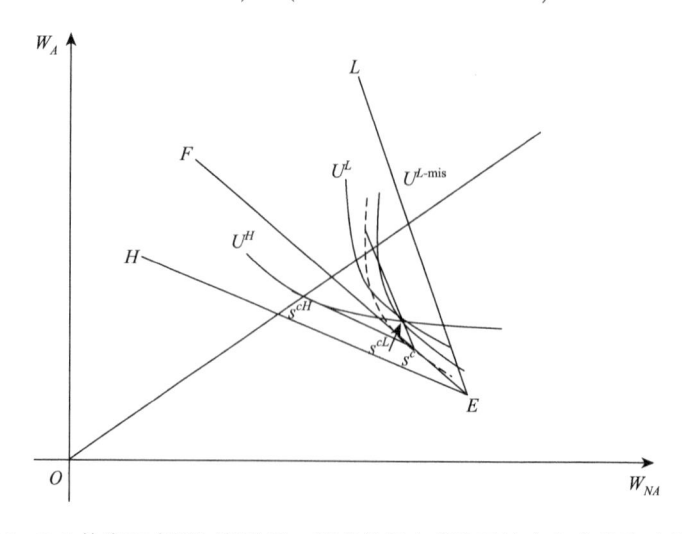

图 5.8　R-S 均衡下在强制保险后，所有投保人都购买补充商业保险时的状态

在这个新的均衡下，高、低风险投保人的消费者剩余与整体社会福利都与仅存在信息不对称且处于 R-S 均衡的保险市场上实施强制保险时的情况相同（见式（5.3）、式（5.5）、式（5.8））。因而在实施了强制保险后，虽然低风险投保人的消费者剩余可能会下降，但总会使高风险投保人的消费者剩余及整体社会福利增加；而且，提高强制保险的保额能使整体社会福利增加，但如果市场上低风险投保人不多，这样做可能会使他们的消费者剩余下降。因此，政府在确定强制保险的保额时同样要在整体社会福利和低风险投保人的消费者剩余即在效率与公平之间进行仔细权衡。

### 5.3.2 市场处于 Wilson 均衡时强制保险的效率影响

假设政府规定的强制保险的保额为 $s_2^c$，$\left(s_2^W \leqslant s_2^c < y-x\right)$，且允许投保人在参与强制保险后，再根据自身需要购买商业保险。强制保险的费率为 $\bar{P}$。

在第 4 章中已经分析，在存在低估风险的低风险投保人的情况下，市场要达到 Wilson 均衡，投保人自我估计的出险概率 $\hat{P}^L$ 应处于图 4.29 中的区域①中。若 $0 < \hat{P}^L \leqslant B_{\text{Wil}}$，其中

$$B_{\text{Wil}} = \frac{e^{-\alpha\left(y-\bar{P}s_2^c-P^L\left(s_2^{cL_W}-s_2^c\right)\right)} - e^{-\alpha\left(y-\bar{P}s_2^c\right)}}{e^{-\alpha\left(x-\bar{P}s_2^c+s_2^c\right)} - e^{-\alpha\left(x-\bar{P}s_2^c-P^L\left(s_2^{cL_W}-s_2^c\right)+s_2^{cL_W}\right)} - e^{-\alpha\left(y-\bar{P}s_2^c\right)} + e^{-\alpha\left(y-\bar{P}s_2^c-P^L\left(s_2^{cL_W}-s_2^c\right)\right)}}$$

则低估风险的低风险投保人在购买了强制保险以后，会觉得购买补充商业保险反而使他们自身效用下降，因而不会再购买补充商业保险。因为 $s_2^L \leqslant s_2^c < s_2^{cL_W}$，所以 $A < B_{\text{Wil}}$，即当 $A < \hat{P}^L \leqslant B_{\text{Wil}}$ 时，低估风险的低风险投保人在参与强制保险后，不会再购买补充商业保险。

1. 当低风险投保人低估自身风险以至于不会购买补充商业保险时

在这种情况下，投保人参与强制保险后，低估自身风险的低风险投保人不会再购买补充商业保险，如图 5.9 所示，最终的均衡点为 $\{s^{cH_W}, s^{cL_W}, s^c\}$，其中高风险投保人购买保险 $\left(y-x, \bar{P}s_2^c+P^H\left(y-x-s_2^c\right)\right)$；正确估计自身风险的低风险投保人购买保险 $\left(s_2^{cL_W}, \bar{P}s_2^c+P^L\left(s_2^{cL_W}-s_2^c\right)\right)$；低估自身风险的投保人仅购买强制保险 $\left(s_2^c, \bar{P}s_2^c\right)$。

此时，高风险投保人的消费者剩余 $\text{CS}_{\text{Wil}}^{cH\text{-mis}}$ 与市场上没有低风险投保人低估自身风险，仅存在信息不对称时实施强制保险后的高风险投保人的消

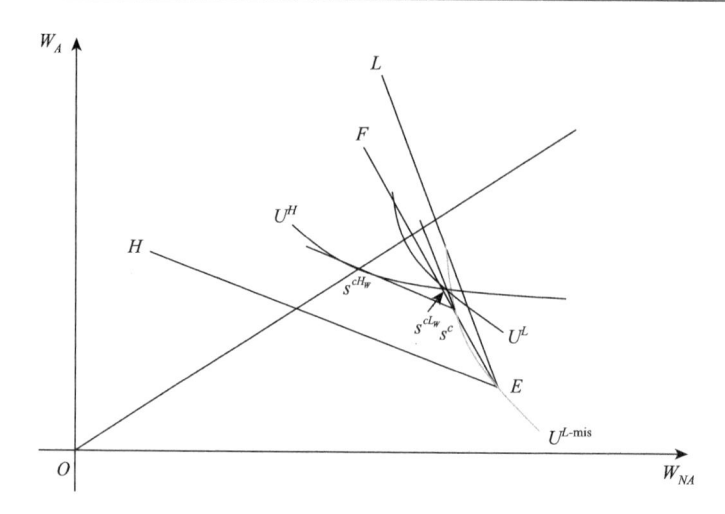

图 5.9 Wilson 均衡下强制保险后，部分低风险投保人不再购买补充商业保险

费者剩余 $\mathrm{CS}_{\mathrm{Wil}}^{cH}$ 相同（见式（5.11）），与未实施强制保险且市场处于 Wilson 均衡时的高风险投保人消费者剩余 $\mathrm{CS}_{\mathrm{Wil}}^{H\text{-mis}}$（见式（4.71））相比，差额为

$$\mathrm{CS}_{\mathrm{Wil}}^{cH\text{-mis}} - \mathrm{CS}_{\mathrm{Wil}}^{H\text{-mis}} = \frac{1}{\alpha}\ln\left(1-P^H+P^H\mathrm{e}^{\alpha(y-x-s_2^{W\text{-mis}})}\right) \\ -P^H\left(y-x-s_2^c\right)-\overline{P}\left(s_2^c-s_2^{W\text{-mis}}\right) \quad (5.30)$$

可以证明式（5.30）大于 0，这是因为强制保险保额 $s_2^c$ 大于实施强制保险前高风险投保人所能购买到的保险保障，使得实施强制保险以后，高风险投保人不仅能以低于自身公平费率的价格购买到比以前更多的保险保障，还能通过购买补充商业保险来弥补强制保险保额的不足，所以强制保险能让高风险投保人的消费者剩余得到大幅提升。

低风险投保人的消费者剩余 $\mathrm{CS}_{\mathrm{Wil}}^{cL\text{-mis}}$ 为

$$\begin{aligned}\mathrm{CS}_{\mathrm{Wil}}^{cL\text{-mis}} &= \lambda^{L\text{-mis}}\int_0^{s_2^c}\left(\frac{P^L\mathrm{e}^{\alpha(y-x-s_2)}}{1-P^L+P^L\mathrm{e}^{\alpha(y-x-s_2)}}-\overline{P}\right)\mathrm{d}s_2 \\ &\quad + (1-\lambda^{L\text{-mis}})\left(\int_0^{s_2^c}\left(\frac{P^L\mathrm{e}^{\alpha(y-x-s_2)}}{1-P^L+P^L\mathrm{e}^{\alpha(y-x-s_2)}}-\overline{P}\right)\mathrm{d}s_2\right. \\ &\quad \left. + \int_{s_2^c}^{s_2^{cLW}}\left(\frac{P^L\mathrm{e}^{\alpha(y-x-s_2)}}{1-P^L+P^L\mathrm{e}^{\alpha(y-x-s_2)}}-P^L\right)\mathrm{d}s_2\right) \\ &= \left[\frac{1}{\alpha}\ln\left(1-P^L+P^L\mathrm{e}^{\alpha(y-x)}\right)-\frac{1}{\alpha}\ln\left(1-P^L+P^L\mathrm{e}^{\alpha(y-x-s_2^{cLW})}\right)-\overline{P}s_2^c-P^L\left(s_2^{cLW}-s_2^c\right)\right] \\ &\quad + \lambda^{L\text{-mis}}\left[\frac{1}{\alpha}\ln\left(1-P^L+P^L\mathrm{e}^{\alpha(y-x-s_2^{cLW})}\right)-\frac{1}{\alpha}\ln\left(1-P^L+P^L\mathrm{e}^{\alpha(y-x-s_2^c)}\right)+P^L\left(s_2^{cLW}-s_2^c\right)\right]\end{aligned}$$

$$(5.31)$$

因为 $s_2^{cL_W} > s_2^c$，式（5.31）对 $\lambda^{L\text{-mis}}$ 求导可得

$$\frac{\partial \mathrm{CS}_{\mathrm{Wil}}^{cL\text{-mis}}}{\partial \lambda^{L\text{-mis}}} = \frac{1}{\alpha}\ln\left(1-P^L+P^L\mathrm{e}^{\alpha(y-x-s_2^{cL_W})}\right) - \frac{1}{\alpha}\ln\left(1-P^L+P^L\mathrm{e}^{\alpha(y-x-s_2^c)}\right) + P^L\left(s_2^{cL_W}-s_2^c\right) < 0 \quad (5.32)$$

式（5.32）说明：在任一给定的强制保险保额下，随着低估风险的低风险投保人比重的增加，实施强制保险后低风险投保人的消费者剩余呈下降趋势，这同样是由低估风险的这部分低风险投保人在参与强制保险后不再购买补充商业保险所导致的。

此外，将式（5.31）对 $s_2^c$ 求导可得

$$\frac{\partial \mathrm{CS}_{\mathrm{Wil}}^{cL\text{-mis}}}{\partial s_2^c}$$

$$= \lambda^{L\text{-mis}}\left[\frac{P^L\mathrm{e}^{\alpha(y-x-s_2^c)}}{1-P^L+P^L\mathrm{e}^{\alpha(y-x-s_2^c)}} - \overline{P}\right] + (1-\lambda^{L\text{-mis}})\left[\left(\frac{P^L\mathrm{e}^{\alpha(y-x-s_2^{cL_W})}}{1-P^L+P^L\mathrm{e}^{\alpha(y-x-s_2^{cL_W})}} - P^L\right)\right.$$

$$\left. \times \frac{\mathrm{d}s_2^{cL_W}}{\mathrm{d}s_2^c} - (\overline{P}-P^L)\right]$$

$$(5.33)$$

从式（5.33）中可知：若所有的低风险投保人都低估了自身风险，令

$$s_2^c = y - x - \frac{1}{\alpha}\ln\frac{\overline{P}(1-P^L)}{P^L(1-\overline{P})}$$

则可以使得实施强制保险后，低风险投保人的消费者剩余达到最大。

随着低估风险的低风险投保人比重的下降，因为 $0 < \frac{\mathrm{d}s_2^{cL_W}}{\mathrm{d}s_2^c} < 1$，强制保险的保额也应随之下降，才有利于低风险投保人获得较多的消费者剩余；甚至当 $\lambda^{L\text{-mis}}=0$ 时，若是 $\frac{\overline{P}-P^L}{1-P^L} < \frac{\mathrm{d}s_2^{cL_W}}{\mathrm{d}s_2^c} < 1$，要让 $s_2^{cL_W} = y-x$

$-\frac{1}{\alpha}\ln\dfrac{\overline{P}(1-P^L)-P^L\left(1-\dfrac{\mathrm{d}s_2^{cL_W}}{\mathrm{d}s_2^c}\right)(1-P^L)}{P^L\left(\dfrac{\mathrm{d}s_2^{cL_W}}{\mathrm{d}s_2^c}-\overline{P}\right)+\left(1-\dfrac{\mathrm{d}s_2^{cL_W}}{\mathrm{d}s_2^c}\right)(P^L)^2}$，才能让低风险投保人的消费者剩余

达到最大；若 $0 < \frac{\mathrm{d}s_2^{cL_W}}{\mathrm{d}s_2^c} \leqslant \frac{\overline{P}-P^L}{1-P^L}$，则强制保险的保额应取最小值 $s_2^W$。而且，因为

$$y-x-\frac{1}{\alpha}\ln\frac{\overline{P}(1-P^L)-P^L\left(1-\dfrac{\mathrm{d}s_2^{cL_W}}{\mathrm{d}s_2^c}\right)(1-P^L)}{P^L\left(\dfrac{\mathrm{d}s_2^{cL_W}}{\mathrm{d}s_2^c}-\overline{P}\right)+\left(1-\dfrac{\mathrm{d}s_2^{cL_W}}{\mathrm{d}s_2^c}\right)(P^L)^2}<s_2^W$$

且 $s_2^W \leqslant s_2^c < s_2^{cL_W}$，因而不管 $\lambda^{L\text{-mis}}$ 等于多少，式（5.31）都会在 $s_2^c = s_2^W$ 时达到最大值。

将式（5.31）与未实施强制保险且市场处于 Wilson 均衡时的低风险投保人消费者剩余 $\mathrm{CS}_{\mathrm{Wil}}^{L\text{-mis}}$（见式（4.67））相比，其差额为

$$\begin{aligned}\mathrm{CS}_{\mathrm{Wil}}^{cL\text{-mis}}-\mathrm{CS}_{\mathrm{Wil}}^{L\text{-mis}}=&\lambda^{L\text{-mis}}\left[\frac{1}{\alpha}\ln\left(1-P^L+P^L\mathrm{e}^{\alpha(y-x-s_2^{cL_W})}\right)-\frac{1}{\alpha}\ln\left(1-P^L+P^L\mathrm{e}^{\alpha(y-x-s_2^c)}\right)\right.\\ &+P^L\left(s_2^{cL_W}-s_2^c\right)\bigg]\\ &+\left[\frac{1}{\alpha}\ln\left(1-P^L+P^L\mathrm{e}^{\alpha(y-x-s_2^{W\text{-mis}})}\right)-\frac{1}{\alpha}\ln\left(1-P^L+P^L\mathrm{e}^{\alpha(y-x-s_2^{cL_W})}\right)\right.\\ &-\overline{P}\left(s_2^c-s_2^{W\text{-mis}}\right)-P^L\left(s_2^{cL_W}-s_2^c\right)\bigg]\end{aligned}$$

(5.34)

可以证明，当 $s_2^c = s_2^W$ 时，式（5.34）大于 0；当 $s_2^W < s_2^c < y-x$ 时，式（5.34）有可能大于 0，也有可能小于 0。但因为初始市场上均衡保险单的保额是由低估风险的低风险投保人根据自身主观效用最大化决定的，相对较低，使得投保人所能获得的消费者剩余也较少，因而与在没有信息不准确的市场上实施强制保险相比，此时，能让低风险投保人消费者剩余上升的强制保险保额的范围相对要大，即使强制保险保额较高，也能使低风险投保人的消费者剩余上升。

因为强制保险的费率是 $\overline{P}$，所以保险人不会有利润。于是，总的社会福利 $W_{\mathrm{Wil}}^{c\text{-mis}}$ 等于：

$$\begin{aligned}W_{\mathrm{Wil}}^{c\text{-mis}}=&\lambda^H\mathrm{CS}_{\mathrm{Wil}}^{cH\text{-mis}}+\lambda^L\mathrm{CS}_{\mathrm{Wil}}^{cL\text{-mis}}\\ =&\lambda^H\left[\frac{1}{\alpha}\ln\left(1-P^H+P^H\mathrm{e}^{\alpha(y-x)}\right)-P^H(y-x)\right]+\lambda^L\left[\frac{1}{\alpha}\ln\left(1-P^L+P^L\mathrm{e}^{\alpha(y-x)}\right)\right.\\ &-\frac{1}{\alpha}\ln\left(1-P^L+P^L\mathrm{e}^{\alpha(y-x-s_2^{cL_W})}\right)-P^L s_2^{cL_W}\bigg]+\lambda^L\lambda^{L\text{-mis}}\left[\frac{1}{\alpha}\ln\left(1-P^L+P^L\mathrm{e}^{\alpha(y-x-s_2^{cL_W})}\right)\right.\\ &-\frac{1}{\alpha}\ln\left(1-P^L+P^L\mathrm{e}^{\alpha(y-x-s_2^c)}\right)+P^L\left(s_2^{cL_W}-s_2^c\right)\bigg]\end{aligned}$$

(5.35)

式（5.35）对 $s_2^c$ 求导，可得

$$\begin{aligned}\frac{\partial W_{\text{Wil}}^{c\text{-mis}}}{\partial s_2^c} &= \lambda^L \lambda^{L\text{-mis}} \left( \frac{P^L \mathrm{e}^{\alpha(y-x-s_2^c)}}{1-P^L + P^L \mathrm{e}^{\alpha(y-x-s_2^c)}} - P^L \right) \\ &+ \lambda^L (1-\lambda^{L\text{-mis}}) \left[ \left( \frac{\mathrm{e}^{\alpha(y-x-s_2^{cL_W})}}{1-P^L + P^L \mathrm{e}^{\alpha(y-x-s_2^{cL_W})}} - P^L \right) \frac{\mathrm{d}s_2^{cL_W}}{\mathrm{d}s_2^c} \right]\end{aligned} \quad (5.36)$$

因为 $s_2^c < s_2^{cL_W} < y-x, 0 < \dfrac{\mathrm{d}s_2^{cL_W}}{\mathrm{d}s_2^c} < 1$，式（5.36）大于 0，表明整体社会福利随着强制保险保额的增加而增加。将式（5.35）与实施强制保险前且市场处于 Wilson 均衡的社会福利 $W_{\text{Wil}}^{\text{mis}}$（见式（4.72））相比，其差额为

$$\begin{aligned}W_{\text{Wil}}^{c\text{-mis}} - W_{\text{Wil}}^{\text{mis}} &= \lambda^H \left[ \frac{1}{\alpha} \ln\left(1-P^H + P^H \mathrm{e}^{\alpha(y-x-s_2^{W\text{-mis}})}\right) - P^H \left(y-x-s_2^{W\text{-mis}}\right) \right] \\ &+ \lambda^L \left[ \frac{1}{\alpha} \ln\left(1-P^L + P^L \mathrm{e}^{\alpha(y-x-s_2^{W\text{-mis}})}\right) - \frac{1}{\alpha} \ln\left(1-P^L + P^L \mathrm{e}^{\alpha(y-x-s_2^{cL_W})}\right) \right. \\ &\left. - P^L \left( s_2^{cL_W} - s_2^{W\text{-mis}} \right) \right] + \lambda^L \lambda^{L\text{-mis}} \left[ \frac{1}{\alpha} \ln\left(1-P^L + P^L \mathrm{e}^{\alpha(y-x-s_2^{cL_W})}\right) \right. \\ &\left. - \frac{1}{\alpha} \ln\left(1-P^L + P^L \mathrm{e}^{\alpha(y-x-s_2^c)}\right) + P^L \left( s_2^{cL_W} - s_2^c \right) \right] \end{aligned}$$

$$(5.37)$$

式（5.37）是关于 $\lambda^{L\text{-mis}}$ 的递减函数，当 $\lambda^{L\text{-mis}}=1$ 时，该差值取到最小值，为

$$\left( W_{\text{Wil}}^{c\text{-mis}} - W_{\text{Wil}}^{\text{mis}} \right)\Big|_{\lambda^{L\text{-mis}}=1} = \lambda^H \int_{s_2^{W\text{-mis}}}^{y-x} (D^H - P^H) \mathrm{d}s_2 + \lambda^L \int_{s_2^{W\text{-mis}}}^{s_2^c} (D^L - P^L) \mathrm{d}s_2 \quad (5.38)$$

因为 $s_2^{W\text{-mis}} < s_2^W \leqslant s_2^c < y-x$，可知式（5.38）大于 0。所以，当 $0 < \lambda^{L\text{-mis}} < 1$ 时，式（5.37）大于 0。说明：如果保险市场处于 Wilson 均衡，采取可以购买补充商业保险的强制保险政策能使社会福利得以增加。特别地，当规定的强制保险保额范围在 $s_2^W$ 附近时，实施强制保险能使低风险投保人的消费者剩余也上升，此时强制保险是一个帕累托改进。

2. 当所有投保人都会购买补充商业保险时

在这种情况下，市场上的所有投保人在参与强制保险后，都会再购买补充商业保险，如图 5.10 所示，最终的均衡点为 $\{s^{cH_W}, s^{cL_W}\}$，其中高风险投保人购买保险 $\left(y-x, \bar{P}s_2^c + P^H(y-x-s_2^c)\right)$；低风险投保人购买保险 $\left(s_2^{cL_W}, \bar{P}s_2^c + P^L(s_2^{cL_W} - s_2^c)\right)$。

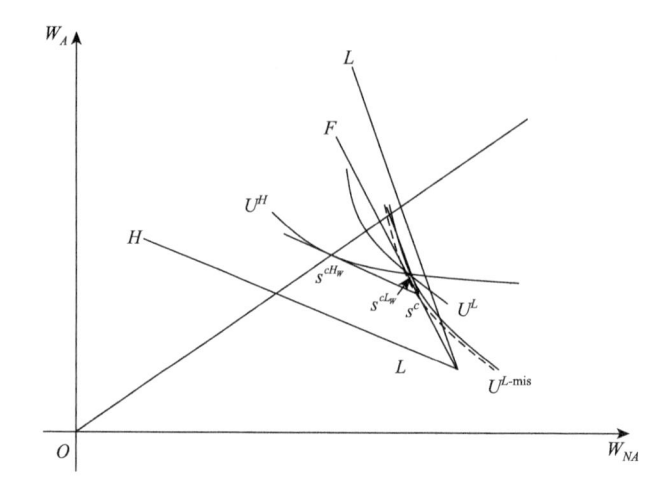

图 5.10 Wilson 均衡下强制保险后，所有投保人都购买补充商业保险时的状态

可以发现，此时高风险投保人的消费者剩余、低风险投保人的消费者剩余以及整体社会福利都与市场上仅存在信息不对称时实施强制保险的情形相同，因此，强制保险的实施也会使高风险投保人和整体社会福利增加，且当其保额 $s_2^c = s_2^W$ 或在超出 $s_2^W$ 的一个区域内，低风险投保人的消费者剩余也会上升。

而且，从整体社会福利提高的量来说，与在仅存在信息不对称的保险市场上实施强制保险后的情况相比，此时社会福利的提升会更明显，原因在于：当保险市场存在信息不准确且处于 Wilson 均衡时，均衡保险单的保额是根据那部分低估风险的低风险投保人的主观效用最大化决定的，从而保额比较低。实施强制保险后，因为投保人需要且可以购买更多的保险保障，因而能使市场效率得到较大的提高，强制保险的政策效果也更加显著。

**专栏 5.1**

### 机动车交通事故责任强制保险[①]与社会福利

责任险承保的标的是因被保险人的行为受到损害的，与保险合同无关的陌生的第三人的利益，投保人不是直接受益人，虽然保险也会使投保人受益，如减少其赔偿数额和诉讼费用等，但第三人将从中得到的利

---

① 简称交强险。

益可能会大大超过被保险人，因而理性的消费者，特别是低风险者对自身的成本收益进行分析后，可能会做出不投保的决策。政府可以采用强制责任保险的方式，在侵权事故发生之后最大程度地保障受害人的利益，也可减轻致害方的负担。个体购买了强制责任保险后，一方面在发生责任事故后，可以得到保险公司的赔付，从而减轻自身的经济负担，同时也可以将自身从责任事故中解脱出来，交由保险公司去处理，节省了交易费用，提高了事故解决的效率，另一方面也能使受害的第三方迅速得到赔偿，保护了公众的人身和财产利益，有助于提升社会福利。

我国的机动车交通事故责任强制保险于2006年7月1日开始实施，在保险限额内承担保险机动车发生道路交通事故造成本车人员、被保险人以外的受害人的人身伤亡、财产损失，是我国首个由国家法律规定实行的强制保险制度。随着车险综合改革指导意见正式实施，2020年9月19日起，交强险有责总责任限额从12.2万元提高到20万元，其中死亡伤残限额从11万元提高到18万元，医疗费用限额从1万元提高到1.8万元，财产限额维持0.2万元不变。

中国银行保险监督管理委员会官网和中国保险行业协会的数据显示，2019年1月1日至2019年12月31日，我国交强险保费收入2187亿元，同比增长7.52%；机动车（包括汽车、摩托车、拖拉机）交强险整体投保率为80.0%，较2018年提高2.0个百分点。其中，汽车交强险投保率达到95.0%。赔付金额为1436亿元，同比增长3.76%，有效保障了交通事故受害者的利益。

## 5.4 本章小结

本章通过对信息不对称保险市场和既存在信息不对称，又有部分低风险投保人低估自身风险的保险市场实施强制保险前后消费者剩余及社会福利的比较分析，得出结论：实施强制保险有利于市场效率的改善，可以部分地消除由信息不对称和信息不准确所造成的市场失灵。具体结论如下。

（1）在信息不对称的保险市场上，如果市场已处于R-S分离均衡，实施强制保险会使高风险投保人的消费者剩余和整体社会福利都得到增加；对于低风险投保人，当他们所占比重较大或市场平均零期望利润线比较接近市场处于R-S均衡时低风险投保人的期望效用曲线时，如果规定的强制保险保额在一个适当的范围内,实施强制保险也可以使其消费者剩余增加,但若低风险投保人所占比重较小或市场平均零期望利润线远离市场处于 R-S 均衡时低风险投保人的期望效用曲线,实施强制保险则会使低风险投保人的消费者剩余下降。

(2)在信息不对称的保险市场上,如果市场已处于 Wilson 混同均衡,实施强制保险会使高风险投保人的消费者剩余和整体社会福利都增加;对低风险投保人来说,当强制保险保额较低时,其消费者剩余也会增加;但随着强制保险保额的增加,低风险投保人的消费者剩余有可能下降;特别地,如果强制保险保额等于市场处于 Wilson 均衡时的保险金额,即 $s_2^c = s_2^W$ 时,低风险投保人的消费者剩余达到最大。

(3)尽管整体社会福利会随着强制保险保额的增加而增加,但低风险投保人的消费者剩余的变化则可能刚好相反:随着强制保险保额的增加,它会下降甚至低于实施强制保险之前。所以,政府应根据所希望实现的主要政策目标,选择适当的强制保险保额:如果着重于追求市场效率,则可以把强制保险保额定得稍高一些;否则,应适当降低。

(4)在信息不对称且有部分低风险投保人低估自身风险的保险市场上,如果市场已处于 R-S 均衡,实施强制保险虽然有可能使低风险投保人的消费者剩余下降,但能增加高风险投保人的消费者剩余和整体社会福利。具体来说,如果低估风险的低风险投保人参与强制保险后不再购买补充商业保险,并且低风险投保人中低估风险的人所占比重较高,政府可以适当提高强制保险的保额,但最好不要超过市场处于 Wilson 均衡时的保险单的保额 $s_2^W$,这样可以在提高整体社会福利的同时,也有利于低风险投保人消费者剩余的增加。如果所有投保人在参与强制保险后都购买补充商业保险,则与仅存在信息不对称时的情形一样,政府应兼顾效率与公平,慎重选择强制保险保额。

(5)在信息不对称且有部分低风险投保人低估自身风险的保险市场上,如果市场已处于 Wilson 均衡,实施强制保险能使高风险投保人的消费者剩余和整体社会福利都得到改善。而且,不论投保人是否会再购买补充的商业保险,让强制保险保额等于或稍大于 $s_2^W$,都是一个不错的选择,因为这样能使低风险投保人的消费者剩余得到改善,从而使强制保险成为一个帕累托改进。此外,由于市场处于 Wilson 均衡时的保额是由低估风险的低风险投保人的主观效用最大化决定的,保额比较低,实施强制保险可以让投保人购买到更多的保险保障,因而能使市场效率得到较大的提高,强制保险的政策效果更为明显。

# 第6章 风险分类的经济学分析

## 6.1 本章引言

保险市场中的风险分类是指保险人根据投保人（被保险人）发生保险损失的风险对其进行分类，然后根据投保人风险程度的不同，确定不同的保险费率。对被保险人进行适当的风险分类，有助于减少保险市场中的逆选择现象，减少低风险投保人对高风险投保人的补贴，从而提高市场效率。但我们发现，风险分类并不能保证在所有情形下都能提高市场效率。例如，如果某些低风险投保人对自身出险概率估计不准确时，就可能会发生这种状况，这就是本章将要研究的问题：保险人的风险分类是否会提升市场效率？在什么情况下可以？什么情况下不可以？保险监管者应如何对保险人的风险分类行为进行必要的限制？

在本书前面的有关章节中我们已得出结论：保险市场上存在的信息不对称现象会引起市场效率的降低；投保人对自身损失概率的错误估计也会引起市场效率的下降。对后一种情形，由于保险人对投保人的风险分类并不能改变投保人自身对其风险的错误估计，因此，风险分类在这种情形下并不能解决市场效率下降的问题。但对于前一种情形，如果保险人能运用一定的标准对投保人的风险类型进行划分，然后向他们出售不同的保险单，就能消除或部分消除由信息不对称带来的负面影响。当然，通过准确的风险分类让每个投保人都能根据各自的期望损失成本来支付保费，这种风险分类的成本可能是极其昂贵的，甚至是不可行的。因此，现实中的风险分类应该是适度的，是在风险分类成本和所获得效率改进之间进行权衡的结果；并且，保险人在成本有效的范围内，会尽量采取较严格的风险分类标准。

但实行严格的风险分类会带来两个问题：第一，可能使部分在保险人看来是高风险的潜在被保险人不能获得保险，从而将这些被保险人的风险转嫁给他人和社会，导致社会总风险成本的上升；第二，保险人使用的某些风险分类准则可能并不公平，从而向某些投保人收取了较高的保费。

正因为风险分类既可能起到部分消除高、低风险人之间的交叉补贴和促进市场效率提高的作用，也可能带来导致社会风险成本增加和有失公平性等问题,政府通常会对保险人可以根据哪些特定信息或标准对投保人进行风险分类进行适度的限制。而且,对风险分类可能导致的对公平与效率的影响,一直以来也是学术界争论的焦点。首先对风险分类进行研究的是 Hoy(1982),他研究了 R-S 均衡、Wilson 均衡以及 Miyazaki 和 Spence 建立的假定存在预期的保险人合约组合间交叉补贴的均衡模型,结果表明:风险分类与经济效率之间的因果关系并不明确,取决于分类前后的均衡形式。Crocker 和 Snow(1986)则进行了更为细致的研究,他们对一个没有分类的团体在分类后的效用可能性边界做了比较,提出任何无成本分类的市场均衡都潜在地在帕累托意义下优于无分类情况所对应的市场均衡;但当获得分类信息需要很高的资源成本时,权衡公平和效率就不太容易了,这时候禁止某种有成本的分类可能是更有效的。

我们在本章首先分析了当考虑分类成本时,实施风险分类后市场效率的变化,其次讨论了风险分类成本的转嫁问题。

**专栏 6.1**

### 竞争、风险分类和社会福利

保险人之间的竞争自然会导致风险分类,即保险人要对不同投保人的风险加以区别,收取不同的费率。这里我们来探讨一个重要但却颇有争议的问题:风险分类对社会是否有益?

我们首先考虑不对风险分类的情形,其次分析风险分类后会产生什么样的结果。假设有两类投保人:低风险投保人和高风险投保人,他们遭受损失的概率分别是 0.1 和 0.2,损失程度都是 1000 元。显然低风险投保人的期望损失等于 100 元,而高风险投保人的期望损失等于 200 元。如果保险人对两类投保人不加区分,按平均期望损失来收取保费,每类投保人都支付相同的价格 150 元。这种不进行风险分类的结果导致低风险投保人多支付了 50 元保费,而高风险投保人少支付了保费。如果不是强制保险,低风险投保人就会选择不投保,买保险的都是高风险投保人,这样就会导致保险人的亏损。

如果保险人进行风险分类,对两类投保人采取不同的价格,结果会怎样呢?我们会看到,风险分类产生了三个结果:①财富的重新分配(低风险投保人会从较低的保费中获益,而高风险投保人不得不支付较高的保费);②投保人行为的变化(可能会有更多的人成为低风险投保人);

③增加了风险分类成本(保险人需要在识别投保人风险类别上花费大量的成本)。因此，在对风险分类是否有益于社会这一问题进行分析时，必须认真考虑这三个因素。

**风险分类的重新分配作用**

当低风险和高风险投保人都按同样费率支付保费时，低风险投保人支付了高于其期望索赔成本的费用，而高风险投保人则恰恰相反，于是这一过程就会产生交叉补贴。通常高风险投保人会喜欢交叉补贴，而低风险购买者则与之相反。引入了风险分类后，高风险投保人支付的价格就会上升，低风险投保人支付的价格就会下降，从而减少了交叉补贴。

但是，让每个投保人都根据其客观但却很难量化的期望索赔成本来支付费率，这种做法的成本是极高的，因而几乎是不可行的。所以，引入风险分类不可能彻底消除交叉补贴，但却可以实现财富转移，或者说将财富由高风险投保人向低风险投保人进行重新分配。从另一个角度看，如果监管部门不允许保险人利用某些特定信息对投保人进行风险分类，财富就会从低风险投保人向高风险投保人转移。这种情况已经大量发生在汽车保险、员工赔偿保险、人寿保险和其他一些保险市场中。

需要注意的是，财富再分配是风险分类的结果，但再分配本身并不能说明风险分类对社会是有益还是有害的，这是因为一些投保人可能从风险分类中获益，而另一些投保人则不能。在对公共保险政策进行决策分析时，关键要看是哪类投保人应获得更大的利益。如果是由高风险的投保人来制定政策，他们会说不应该进行风险分类，而此时他们的决策自然会遭到低风险投保人的反对。

如果允许保险人进行价格上的竞争，而识别低风险投保人的成本比较低，将会导致低风险投保人少交费而高风险投保人多交费。所以，允许保险人按照这样的方式进行竞争所反映出的价值观是：投保人期望索赔成本的估计值越高，保险人在对其进行理赔时付给他的钱就越多，投保人支付的保险费也就越高。但是人们又会觉得，如果是因为不可控的环境因素(例如，他们的遗传基因或者居住地点等原因)使得他们的期望索赔成本上升，他们就不该支付这部分多出来的钱。与风险分类导致的再分配相比，下面我们将讨论风险分类的另外两个结果：投保人行为的变化和风险分类带来的成本，以便为进一步判断风险分类对社会是否有益提供更为客观的依据。

**风险分类对投保人行为的影响**

如果保险价格的变化能对人们的行为产生影响，风险分类就能通过降低风险成本而增加社会福利。如前面给出的例子，高风险投保人的期望索赔成本高出 100 元。也就是说每个决定做高风险的人，与低风险的人相比，期望索赔成本将增加 100 元。通过风险分类，高风险投保人将支付额外的 100 元。这样做的结果就是：只有那些认为其行为价值高于其行为成本的人才会选择成为高风险者。如果没有风险分类（每个人都支付 150 元），高风险者的部分成本将由低风险的人来支付。既然高风险者不必支付全部与其行为相关的成本，就将会有越来越多的人选择成为高风险者，其结果自然是：在一个没有风险分类的社会中，会出现太多的高风险者，并且风险成本将上升。

上述观点可以通过一般性的术语来描述。企业通常会根据各自的利润和成本做出合理的决策，这样的利润和成本对于个人或企业来说通常是持续增长的，在其边际利润大于其边际成本的条件下，个人或企业的活动会一直持续下去。这样的过程会使社会中风险成本最小，而决策者会支付所有与其行为相关的成本并获得所有的利润。因此，如果对于具有较高风险的投保人收取较高的保费，这样就可以激励具有较高风险的个人或者企业通过提高防范能力或者降低其行为的风险水平来减少风险成本。相反，将他们的保费降低到期望成本以下将不利于激励他们去努力降低风险成本。

基于成本的保险定价方法将激励人们去努力降低风险成本，但降低的程度将依赖于保险价格在多大程度上构成对人们行为的影响。例如，在员工赔偿保险方面，如果对那些工人伤亡事故发生频率很高或者程度很严重的企业收取较高的保费，结果将会是工人伤亡人数的下降；但在人寿保险方面，如果有些人因为遗传因素而患病的概率较高，而此时若对其收取较高的保费，结果将是这些人的行为受保险定价的影响很小甚至不受影响。

有时，虽然直觉告诉我们基于成本的定价会对风险行为构成影响，但这种影响是复杂而且很难被衡量的。另外，基于成本的定价同样会影响保险的购买量，而购买量反过来又会作用于人们避免损失的动机。例如，由于政府对风险分类的限制，高（低）风险的个人或者企业将支付较低（高）的保费，那么高（低）风险的个人或者企业购买保险的数量将上升（下降）。而保险购买量的变化将在以下两个方面提高风险成本：

①由于政府的限制，低风险的个人或者企业购买保险的数量下降，那么他们面临的不确定性所需要的成本将上升；②高风险个人或者企业不会再像以前那样努力去控制风险。

## 6.2 风险分类对信息不对称保险市场效率的影响

如前所述，保险人通过风险分类，根据含有投保人风险类型信息的变量来区分高风险类型和低风险类型投保人。保险人如果能够完全区分出高、低风险投保人，则称之为完全分类；如果在风险分类之后，"高风险"组中混有少数低风险投保人，或"低风险"组中混有少数高风险投保人，则称之为不完全分类。

为分析简便，我们先假设不存在风险分类成本，即保险人能无成本地利用观察到的信息将所有投保人分为"低风险"组和"高风险"组。假设 $H$ 代表保险市场中实际的高风险投保人，$L$ 代表保险市场中实际的低风险投保人，$M$ 代表被保险人划分为高风险的投保人，$N$ 代表被保险人划分为低风险的投保人。如图 6.1 所示，颜色较深的一侧代表市场上的高风险投保人，颜色较浅的一侧则代表市场上的低风险投保人；虚线表示保险人对投保人进行风险分类后的高、低风险组的分界线，其中虚线左下侧代表保险人认为是低风险的投保人，右上侧表示保险人认为是高风险的投保人。可以看出，由于事实上存在的不完全分类，在保险人认为是低风险的投保人中包含了部分真正的高风险投保人，而在保险人认为是高风险的投保人中也包含了部分真正的低风险投保人。这种误差的大小与保险人的核保能力有关。我们用 $P(i|j), (i=M,N; j=H,L)$ 代表保险人的核保水平，且有

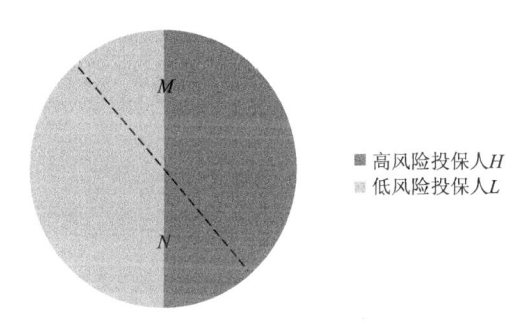

$$P(N|H) = 1 - P(M|H), \quad P(M|L) = 1 - P(N|L)$$

图 6.1 不完全风险分类示意图

如果保险人能做到完全分类，则 $P(M|H)=1$ 且 $P(N|L)=1$。为了便于分析，假设 $0 < P(i|j) \leq 1$ 且 $P(M|H)$ 和 $P(N|L)$ 相互独立。相应地，用 $P(ij), (P(ij) = P(i|j) \times \lambda^j)$ 表示被分在"高/低风险"组中且真正属于高/低风险的被保险人的比重，且有 $P(MH)+P(NH)=\lambda^H$，$P(ML)+P(NL)=\lambda^L$。如果保险人能进行完全分类，分类后"低风险"组的平均零期望利润线为 $EL$，"高风险"组的平均零期望利润线为 $EH$；如果保险人只能进行不完全分类，即分类后"低风险"组中仍有少量的高风险投保人，"高风险"组中也存在一部分低风险投保人。"低风险"组的平均零期望利润线为 $EF_1$，在市场平均零期望利润线 $EF$ 的右侧；"高风险"组的平均零期望利润线为 $EF_2$，在市场平均零期望利润线 $EF$ 的左侧。如图 6.2 所示。

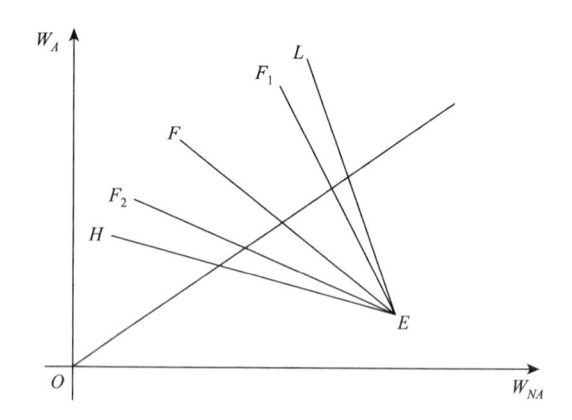

图 6.2 风险分类后的市场零期望利润线

在保险人进行分类后，"低风险"组中所有投保人的平均出险概率为

$$\bar{P}^L = \frac{P(N|L)\lambda^L}{P(N|L)\lambda^L + P(N|H)\lambda^H} P^L + \frac{P(N|H)\lambda^H}{P(N|L)\lambda^L + P(N|H)\lambda^H} P^H \quad (6.1)$$

"高风险"组中所有投保人的平均出险概率为

$$\bar{P}^H = \frac{P(M|H)\lambda^H}{P(M|H)\lambda^H + P(M|L)\lambda^L} P^H + \frac{P(M|L)\lambda^L}{P(M|H)\lambda^H + P(M|L)\lambda^L} P^L \quad (6.2)$$

将式（6.1）和式（6.2）分别对 $P(N|L)$ 求导可得

$$\frac{\partial \bar{P}^L}{\partial P(N|L)} = -\frac{P(N|H)\lambda^H \lambda^L (P^H - P^L)}{\left[P(N|L)\lambda^L + P(N|H)\lambda^H\right]^2} < 0 \quad (6.3)$$

和

$$\frac{\partial \bar{P}^H}{\partial P(N|L)} = \frac{P(M|H)\lambda^H \lambda^L (P^H - P^L)}{[P(M|H)\lambda^H + P(M|L)\lambda^L]^2} > 0 \quad (6.4)$$

由式（6.3）和式（6.4）可知，当保险人对低风险投保人的识别能力增强，"低风险"组的平均出险概率 $\bar{P}^L$ 会随之降低，"高风险"组的平均出险概率 $\bar{P}^H$ 会上升。

将式（6.1）和式（6.2）对 $P(M|H)$ 求导可得

$$\frac{\partial \bar{P}^L}{\partial P(M|H)} = -\frac{P(N|L)\lambda^H \lambda^L (P^H - P^L)}{[P(N|L)\lambda^L + P(N|H)\lambda^H]^2} < 0 \quad (6.5)$$

和

$$\frac{\partial \bar{P}^H}{\partial P(M|H)} = \frac{P(M|L)\lambda^H \lambda^L (P^H - P^L)}{[P(M|H)\lambda^H + P(M|L)\lambda^L]^2} > 0 \quad (6.6)$$

由此可知，如果保险人对高风险投保人的识别能力增强，"低风险"组的平均出险概率 $\bar{P}^L$ 会降低，"高风险"组的平均出险概率 $\bar{P}^H$ 会上升。

如果分类后，"高风险"组和"低风险"组投保人的平均出险概率满足 $\bar{P}^H > \bar{P}, \bar{P}^L < \bar{P}$，我们就认为风险分类是有效的，此时的 $P(M|H)$ 和 $P(N|L)$ 应满足：

$$\begin{array}{l} P(M|H) + P(N|L) > 1 \\ 0 < P(M|H) \leq 1 \\ 0 < P(N|L) \leq 1 \end{array} \quad (6.7)$$

在以下分析中，我们均假设 $P(M|H)$ 和 $P(N|L)$ 满足上述条件，即假设保险人的风险分类是有效的。另外，如果 $P(M|H) + P(N|L) = 1$，则有 $\bar{P}^L = \bar{P}^H = \bar{P}$，即三条平均零期望利润线 $EF_1, EF, EF_2$ 相互重叠，此时风险分类是没有效果的。

### 6.2.1 市场处于 R-S 均衡时风险分类对市场效率的改进

若保险市场已处于 R-S 分离均衡，保险人出售的保险单集合为 $\{s^H, s^L\}$，市场平均零期望利润线 $EF$ 应位于低风险投保人期望效用曲线 $U^L$ 的左侧（图 4.27）。

**1. 保险人进行完全风险分类时市场效率的改进分析**

如果保险人能够完全将高、低风险投保人区分开来，即 $P(N|L) = 1$ 且 $P(M|H) = 1$，于是和在信息对称时的情形一样，保险人以高、低风险投保人各自的损失概率分别向他们出售全额保险，提供的保险单集合为

$\{s^H, s^L\}$。因此，进行风险分类后，高、低风险投保人的消费者剩余以及社会福利都和市场处于信息对称时的大小相同（分别见式（4.23）、式（4.24）、式（4.25））。参照我们在第 4 章的分析可知，此时高风险投保人的消费者剩余不变，低风险投保人的消费者剩余上升[①]，因此市场效率会得以提高。可见，此时的风险分类是一个帕累托改进。

2. 保险人进行不完全风险分类时市场效率的改进分析

如果保险人不能完全区分高、低风险投保人，即 $0 < P(N|L) < 1$，$0 < P(M|H) < 1$，则在分类后，"低风险"组中仍有部分高风险投保人，"高风险"组中也存在部分低风险投保人。

1）情形 1：假设保险人进行了比较准确的不完全风险分类

此时，由于绝大部分"低风险"组中的投保人实际上是低风险的，因此在风险分类后，"低风险"组的平均零期望利润线 $EF_1$ 会位于市场处于 R-S 均衡时低风险投保人的期望效用曲线 $U^L$ 的右侧，比较靠近低风险投保人的公平价格保险线 $EL$，如图 6.3 所示。这时，保险人会向"低风险"组中的所有投保人——不管实际上是低风险投保人还是高风险投保人——出售同一份保险单 $\left(s_2^{L_{arc}}, \overline{P}^L s_2^{L_{arc}}\right)$，保额为 $s_2^{L_{arc}} = y - x - \frac{1}{\alpha} \ln \frac{\overline{P}^L (1 - P^L)}{P^L (1 - \overline{P}^L)}$，即在"低风险"组中形成了 Wilson 均衡。

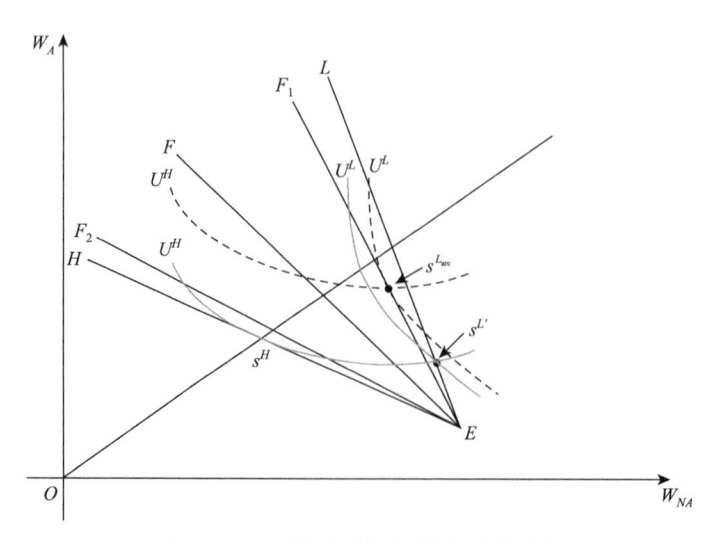

图 6.3 R-S 均衡下较准确的风险分类

资料来源：Hoy（1982）

---

[①] 具体见第 4 章对式（4.28）的分析。

该组中真正的低风险投保人的消费者剩余 $\text{CS}_{\text{R-S}}^{LL_{\text{arc}}}$ 为

$$\text{CS}_{\text{R-S}}^{LL_{\text{arc}}} = \int_0^{s_2^{L_{\text{arc}}}} \left( \frac{P^L e^{\alpha(y-x-s_2)}}{1-P^L+P^L e^{\alpha(y-x-s_2)}} - \overline{P}^L \right) ds_2$$

$$= \frac{1}{\alpha}\ln\left(1-P^L+P^L e^{\alpha(y-x)}\right) - \frac{1}{\alpha}\ln\left(1-P^L+P^L e^{\alpha(y-x-s_2^{L_{\text{arc}}})}\right) - \overline{P}^L s_2^{L_{\text{arc}}}$$

(6.8)

与 R-S 均衡下低风险投保人的消费者剩余 $\text{CS}_{\text{R-S}}^{L}$（见式（4.27））相比，差额为

$$\text{CS}_{\text{R-S}}^{LL_{\text{arc}}} - \text{CS}_{\text{R-S}}^{L}$$

$$= \frac{1}{\alpha}\ln\left(1-P^L+P^L e^{\alpha(y-x-s_2^{L'})}\right) - \frac{1}{\alpha}\ln\left(1-P^L+P^L e^{\alpha(y-x-s_2^{L_{\text{arc}}})}\right) - \overline{P}^L s_2^{L_{\text{arc}}} + P^L s_2^{L'}$$

(6.9)

因为在"低风险"组中，真正的低风险投保人放弃了原来在 R-S 均衡下可得到的保险单 $\left(s_2^{L'}, P^L s_2^{L'}\right)$，而选择保险单 $\left(s_2^{L_{\text{arc}}}, \overline{P}^L s_2^{L_{\text{arc}}}\right)$，说明保险单 $\left(s_2^{L_{\text{arc}}}, \overline{P}^L s_2^{L_{\text{arc}}}\right)$ 给他们带来了更高的效用。可以证明，根据我们假设的效用函数推出的需求函数计算出的消费者剩余，与消费者的期望效用是同方向变动的，因此式（6.9）大于 0。也就是经过风险分类后，分配到"低风险"组中的低风险投保人的消费者剩余会得到增加。

"低风险"组中实际为高风险投保人的消费者剩余 $\text{CS}_{\text{R-S}}^{LH_{\text{arc}}}$ 为

$$\text{CS}_{\text{R-S}}^{LH_{\text{arc}}} = \int_0^{s_2^{L_{\text{arc}}}} \left( \frac{P^H e^{\alpha(y-x-s_2)}}{1-P^H+P^H e^{\alpha(y-x-s_2)}} - \overline{P}^L \right) ds_2$$

$$= \frac{1}{\alpha}\ln\left(1-P^H+P^H e^{\alpha(y-x)}\right) - \frac{1}{\alpha}\ln\left(1-P^H+P^H e^{\alpha(y-x-s_2^{L_{\text{arc}}})}\right) - \overline{P}^L s_2^{L_{\text{arc}}}$$

(6.10)

与 R-S 均衡下高风险投保人的消费者剩余 $\text{CS}_{\text{R-S}}^{H}$（见式（4.23））相比，差额为

$$\text{CS}_{\text{R-S}}^{LH_{\text{arc}}} - \text{CS}_{\text{R-S}}^{H} = -\frac{1}{\alpha}\ln\left(1-P^H+P^H e^{\alpha(y-x-s_2^{L_{\text{arc}}})}\right) - \overline{P}^L s_2^{L_{\text{arc}}} + P^H(y-x) \quad (6.11)$$

可以证明式（6.11）大于 0。说明在风险分类后，被误分配到"低风险"组的高风险投保人的消费者剩余也会增加。这是因为，虽然此时高风险投保人能购买到的保额略有下降，但费率却大为降低，因而消费者剩余会有所增加。

总之，在风险分类后，如果保险人的风险分类能力较强，使得"低风险"组的平均零期望利润线位于市场处于 R-S 均衡时低风险投保人的期望

效用曲线的右侧,当保险人向"低风险"组中的所有投保人出售同一份保险单时,该组中所有投保人的消费者剩余都会上升。

同时,在较准确的风险分类之后,被认为是高风险的投保人中,真正的高风险投保人所占的比重必然高于分类前高风险投保人在整个投保人中所占的比重,因此"高风险"组的平均零期望利润线 $EF_2$ 会位于市场平均零期望利润线 $EF$ 的左侧,也必然位于 R-S 均衡时低风险投保人期望效用曲线 $U^L$ 的左侧。因此,若保险人向"高风险"组中真正的高风险投保人出售保险单 $(y-x, P^H(y-x))$,向真正的低风险投保人出售保险单 $(s_2^{L'}, P^L s_2^{L'})$,会保持原有的 R-S 均衡不变①。所以该组中的高、低投保人的消费者剩余 $\mathrm{CS}_{\mathrm{R-S}}^{HH_{\mathrm{arc}}}$ 和 $\mathrm{CS}_{\mathrm{R-S}}^{HL_{\mathrm{arc}}}$ 与分类前相比,都没有发生变化(见式(4.23)和式(4.27))。

所以,如果保险人能进行较准确的风险分类,保险市场上所有低风险投保人的消费者剩余 $\mathrm{CS}_{\mathrm{R-S}}^{L_{\mathrm{arc}}}$ 等于:

$$\begin{aligned}\mathrm{CS}_{\mathrm{R-S}}^{L_{\mathrm{arc}}} &= P(N|L)\mathrm{CS}_{\mathrm{R-S}}^{LL_{\mathrm{arc}}} + P(M|L)\mathrm{CS}_{\mathrm{R-S}}^{HL_{\mathrm{arc}}}\\ &= P(N|L)\left[\frac{1}{\alpha}\ln\left(1-P^L+P^L\mathrm{e}^{\alpha(y-x)}\right)-\frac{1}{\alpha}\ln\left(1-P^L+P^L\mathrm{e}^{\alpha(y-x-s_2^{L_{\mathrm{arc}}})}\right)-\overline{P}^L s_2^{L_{\mathrm{arc}}}\right]\\ &\quad + P(M|L)\left[\frac{1}{\alpha}\ln\left(1-P^L+P^L\mathrm{e}^{\alpha(y-x)}\right)-\frac{1}{\alpha}\ln\left(1-P^L+P^L\mathrm{e}^{\alpha(y-x-s_2^{L'})}\right)-P^L s_2^{L'}\right]\end{aligned}$$

(6.12)

与分类前且市场处于 R-S 分离均衡时低风险投保人的消费者剩余 $\mathrm{CS}_{\mathrm{R-S}}^{L}$(见式(4.27))相比,差额为

$$\begin{aligned}&\mathrm{CS}_{\mathrm{R-S}}^{L_{\mathrm{arc}}} - \mathrm{CS}_{\mathrm{R-S}}^{L}\\ &= P(N|L)\left[\frac{1}{\alpha}\ln\left(1-P^L+P^L\mathrm{e}^{\alpha(y-x-s_2^{L'})}\right)-\frac{1}{\alpha}\ln\left(1-P^L+P^L\mathrm{e}^{\alpha(y-x-s_2^{L_{\mathrm{arc}}})}\right)+P^L s_2^{L'}-\overline{P}^L s_2^{L_{\mathrm{arc}}}\right]\end{aligned}$$

(6.13)

式(6.13)与式(6.9)相同,因此也大于 0,即较准确的分类能使低风险投保人的消费者剩余上升,且随着保险人对低风险投保人识别能力的增强,低风险投保人的消费者剩余增加得会更明显。

对高风险投保人而言,进行风险分类后的消费者剩余 $\mathrm{CS}_{\mathrm{R-S}}^{H_{\mathrm{arc}}}$ 为

---

① 事实上,在 R-S 均衡下,只要符合条件 $0<P(M|H)\leqslant1, 0<P(N|L)\leqslant1$,"高风险"组的平均零期望利润线 $EF_1$ 都会位于 $EF$ 的左侧,从而该组均衡保险单集都是 $(s^H, s^L)$。

$$\begin{aligned}\mathrm{CS}_{\mathrm{R\text{-}S}}^{H_{\mathrm{arc}}} &= P(M|H)\mathrm{CS}_{\mathrm{R\text{-}S}}^{HH_{\mathrm{arc}}} + P(N|H)\mathrm{CS}_{\mathrm{R\text{-}S}}^{LH_{\mathrm{arc}}} \\ &= P(M|H)\left[\ln\left(1-P^H+P^H\mathrm{e}^{\alpha(y-x)}\right) - P^H(y-x)\right] \\ &\quad + P(N|H)\left[\frac{1}{\alpha}\ln\left(1-P^H+P^H\mathrm{e}^{\alpha(y-x)}\right) - \frac{1}{\alpha}\ln\left(1-P^H+P^H\mathrm{e}^{\alpha(y-x-s_2^{L_{\mathrm{arc}}})}\right) - \overline{P}^L s_2^{L_{\mathrm{arc}}}\right]\end{aligned}$$

（6.14）

与分类前且市场处于 R-S 分离均衡下的高风险投保人的消费者剩余 $\mathrm{CS}_{\mathrm{R\text{-}S}}^H$（见式（4.23））相比，差额为

$$\mathrm{CS}_{\mathrm{R\text{-}S}}^{H_{\mathrm{arc}}} - \mathrm{CS}_{\mathrm{R\text{-}S}}^H = P(N|H)\left[-\frac{1}{\alpha}\ln\left(1-P^H+P^H\mathrm{e}^{\alpha(y-x-s_2^{L_{\mathrm{arc}}})}\right) - \overline{P}^L s_2^{L_{\mathrm{arc}}} + P^H(y-x)\right]$$

（6.15）

同样可以证明式（6.15）大于 0，意味着较准确的风险分类也能使高风险投保人的消费者剩余上升，但这是由被错分到"低风险"组的高风险投保人得到了同组低风险投保人的补贴而产生的，会影响保险市场的公平性。

经过风险分类后，在"低风险"组中，保险人按该组中所有投保人的平均出险概率确定保险单销售价格，$s^{L_{\mathrm{arc}}}$ 位于该组的平均零期望利润线上；在"高风险"组中，保险人分别按高、低风险投保人的出险概率确定保险单的销售价格，$s^H$ 和 $s^{L'}$ 分别在高、低风险投保人的公平价格保险线上，所以生产者剩余为 0。于是，总的社会福利 $W_{\mathrm{R\text{-}S}}^{\mathrm{arc}}$ 为

$$\begin{aligned}W_{\mathrm{R\text{-}S}}^{\mathrm{arc}} &= P(N|L)\lambda^L\mathrm{CS}_{\mathrm{R\text{-}S}}^{LL_{\mathrm{arc}}} + P(N|H)\lambda^H\mathrm{CS}_{\mathrm{R\text{-}S}}^{LH_{\mathrm{arc}}} \\ &\quad + P(M|H)\lambda^H\mathrm{CS}_{\mathrm{R\text{-}S}}^{HH_{\mathrm{arc}}} + P(M|L)\lambda^L\mathrm{CS}_{\mathrm{R\text{-}S}}^{HL_{\mathrm{arc}}}\end{aligned}$$

（6.16）

与未实施风险分类且市场处于 R-S 分离均衡下的社会福利 $W_{\mathrm{R\text{-}S}}$（见式（4.29））相比，结合式（6.9）和式（6.11）可得

$$W_{\mathrm{R\text{-}S}}^{\mathrm{arc}} - W_{\mathrm{R\text{-}S}} = P(N|L)\lambda^L\left(\mathrm{CS}_{\mathrm{R\text{-}S}}^{LL_{\mathrm{arc}}} - \mathrm{CS}_{\mathrm{R\text{-}S}}^L\right) + P(N|H)\lambda^H\left(\mathrm{CS}_{\mathrm{R\text{-}S}}^{LH_{\mathrm{arc}}} - \mathrm{CS}_{\mathrm{R\text{-}S}}^H\right) > 0$$

（6.17）

即在进行了风险分类后，市场效率得到了提高。具体而言，被正确划分到"高风险"组的高风险投保人和被错分到"高风险"组的低风险投保人的消费者剩余不变；但被正确分到"低风险"组的低风险投保人和被错分到"低风险"组的高风险投保人的消费者剩余有所上升，因而较准确的风险分类会使高、低风险投保人的消费者剩余以及整体社会福利都有所增加。

2）情形 2：假设保险人进行了不太准确的不完全风险分类

此时，由于保险人风险分类不够准确，很多高风险投保人被误认为是低风险的，所以在风险分类后，"低风险"组的平均零期望利润线 $EF_1$ 会

位于低风险投保人的期望效用曲线 $U^L$ 的左侧，如图 6.4 所示。此时，$\left(s_2^{L_{\text{arc}}}, \overline{P}^L s_2^{L_{\text{arc}}}\right)$ 不再是"低风险"组的均衡保险单。因为如果某保险人向该组内的所有投保人提供保险单 $\left(s_2^{L_{\text{arc}}}, \overline{P}^L s_2^{L_{\text{arc}}}\right)$，则另外的保险人可以提供保险单 $\alpha$ 以吸引该组中的低风险投保人，并且可获得正利润。于是，提供保险单 $\left(s_2^{L_{\text{arc}}}, \overline{P}^L s_2^{L_{\text{arc}}}\right)$ 的保险人就会受到损失。因此，保险人提供的保险单集合仍是 $\{s^H, s^L\}$，即向该组中真正的高风险投保人出售保险单 $\left(y-x, P^H(y-x)\right)$，向真正的低风险投保人出售保险单 $\left(s_2^{L'}, P^L s_2^{L'}\right)$，该组中所有投保人的消费者剩余都与分类前相等。

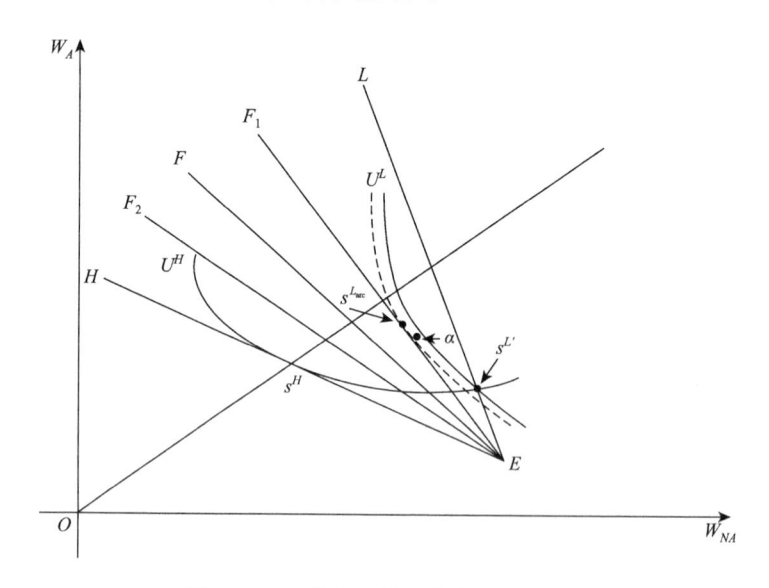

图 6.4　R-S 均衡下较不准确的风险分类

此外，因为"高风险"组的平均零期望利润线 $EF_2$ 在市场平均零期望利润线 $EF$ 的左侧，保险人会向该组中真正的高风险投保人出售保险单 $\left(y-x, P^H(y-x)\right)$，向真正的低风险投保人出售保险单 $\left(s_2^{L'}, P^L s_2^{L'}\right)$，所以该组中高、低风险投保人的消费者剩余与分类前相比，也没有发生变化。

在这种情况下，保险人的生产者剩余仍为 0，分类前后所有投保人的消费者剩余和整体社会福利都没有发生变化。说明：如果分类前的保险市场处于 R-S 均衡，且保险人风险分类的准确性不是很高，这样的风险分类对市场效率起不到任何改进作用。当然，由于我们不考虑分类成本，因此也不会给市场效率带来损失。

综合上述分析可知：当市场处于 R-S 均衡时，如果不考虑分类成本，监管部门不应该限制保险人对投保人进行风险分类，因为风险分类不会使任何一类投保人以及整体社会福利受到损害。

### 6.2.2 市场处于 Wilson 均衡时风险分类对市场效率的影响分析

如果假设进行风险分类之前市场已经处于 Wilson 均衡，则保险人出售的是混同均衡保险单 $\left(s_2^W, \overline{P}s_2^W\right)$，市场平均零期望利润线 $EF$ 在市场处于 R-S 均衡时低风险投保人期望效用曲线 $U^L$ 的右侧。

1. 保险人进行完全风险分类时市场效率的改进分析

如果保险人能够完全区分高、低风险投保人，即 $P(M|H)=1$ 且 $P(N|L)=1$，保险人就能以高、低风险投保人各自的出险概率分别向他们出售保险单，均衡保险单集合为 $\{s^H, s^L\}$。因此，进行风险分类后，高、低风险投保人的消费者剩余以及社会福利都和市场处于信息对称时相同（分别见式（4.23）、式（4.24）、式（4.25））。根据我们在第 2 章的分析可知，此时高风险投保人的消费者剩余下降，低风险投保人的消费者剩余上升，但总体社会福利会增加[①]。因此，虽然风险分类会使高风险投保人的消费者剩余下降，但这恰恰表明，风险分类消除了 Wilson 均衡状态下，低风险投保人向高风险投保人的补贴，既有利于公平，也使得低风险投保人的消费者剩余上升，整体社会福利增加，市场效率实现了帕累托改进。

2. 保险人进行不完全风险分类时市场效率的改进分析

1）情形 1：保险人的风险分类不够准确

如果保险人对投保人的风险分类不够准确，如图 6.5 所示。在分类之后，"低风险"组的平均零期望利润线 $EF_1$ 位于市场平均零期望利润线 $EF$ 的右侧；同时由于分类不太准确，"高风险"组中拥有较多的低风险投保人，使得该组的平均零期望利润线 $EF_2$ 也位于低风险投保人处于 R-S 均衡时的期望效用曲线 $U^L$ 的右侧。在这种情形下，保险人会在线 $EF_1$ 上以费率 $\overline{P}^L$ 向"低风险"组的所有投保人出售混同均衡保险单 $\left(s_2^{L_{Wrc}}, \overline{P}^L s_2^{L_{Wrc}}\right)$，相应的保额为 $s_2^{L_{Wrc}} = y - x - \dfrac{1}{\alpha} \ln \dfrac{P^L(1-P^L)}{P^L(1-\overline{P}^L)}$；在线 $EF_2$ 上以 $\overline{P}^H$ 的费率向"高风险"组的所有投保人出售混同均衡保险单 $\left(s_2^{H_{Wrc}}, \overline{P}^H s_2^{H_{Wrc}}\right)$，相应的保额为 $s_2^{H_{Wrc}} = y - x - \dfrac{1}{\alpha} \ln \dfrac{\overline{P}^H(1-P^L)}{P^L(1-\overline{P}^H)}$，保险人的预期利润为 0。

---

[①] 具体见第 4 章中对式（4.40）、式（4.43）和式（4.45）的分析。

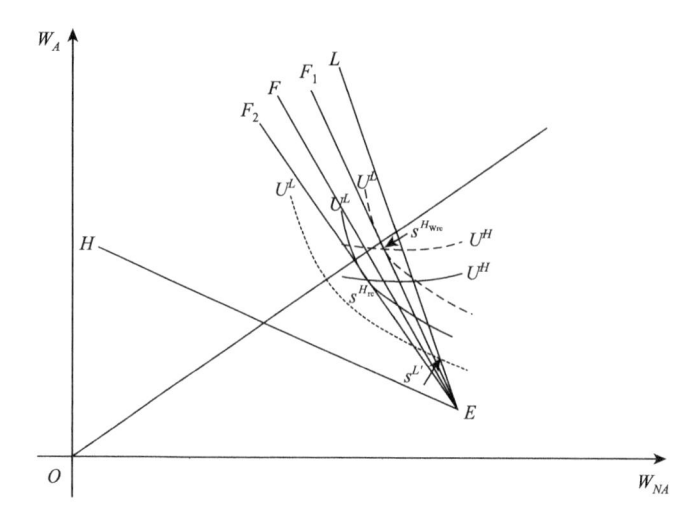

图 6.5 Wilson 均衡下较不准确的风险分类

资料来源：Hoy（1982）

将 $s_2^{L_{Wrc}}$ 和 $s_2^{H_{Wrc}}$ 分别对 $P(N|L)$ 求导可得

$$\frac{\partial s_2^{L_{Wrc}}}{\partial P(N|L)}=\frac{1}{\alpha}\frac{1}{\bar{P}^L(1-\bar{P}^L)}\frac{P(N|H)\lambda^H\lambda^L(P^H-P^L)}{\left[P(N|L)\lambda^L+P(N|H)\lambda^H\right]^2}>0 \quad (6.18)$$

和

$$\frac{\partial s_2^{H_{Wrc}}}{\partial P(N|L)}=-\frac{1}{\alpha}\frac{1}{\bar{P}^H(1-\bar{P}^H)}\frac{P(M|H)\lambda^H\lambda^L(P^H-P^L)}{\left[P(M|H)\lambda^H+P(M|L)\lambda^L\right]^2}<0 \quad (6.19)$$

由式（6.18）和式（6.19）可知，随着保险人对低风险投保人识别能力的增强，"低风险"组的均衡保险单所对应的保额 $s_2^{L_{Wrc}}$ 上升，而"高风险"组的均衡保险单所对应的保额 $s_2^{H_{Wrc}}$ 下降。

将 $s_2^{L_{Wrc}}$ 和 $s_2^{H_{Wrc}}$ 分别对 $P(M|H)$ 求导可得

$$\frac{\partial s_2^{L_{Wrc}}}{\partial P(M|H)}=\frac{1}{\alpha}\frac{1}{\bar{P}^L(1-\bar{P}^L)}\frac{P(N|L)\lambda^H\lambda^L(P^H-P^L)}{\left[P(N|L)\lambda^L+P(N|H)\lambda^H\right]^2}>0 \quad (6.20)$$

和

$$\frac{\partial s_2^{H_{Wrc}}}{\partial P(M|H)}=-\frac{1}{\alpha}\frac{1}{\bar{P}^H(1-\bar{P}^H)}\frac{P(M|L)\lambda^H\lambda^L(P^H-P^L)}{\left[P(M|H)\lambda^H+P(M|L)\lambda^L\right]^2}<0 \quad (6.21)$$

由式（6.20）和式（6.21）可知，如果保险人对高风险投保人的识别能力增强，"低风险"组的均衡保险单所对应的保额 $s_2^{L_{Wrc}}$ 上升，同时"高风险"

组的均衡保险单所对应的保额 $s_2^{H_{\text{Wrc}}}$ 下降。

在"低风险"组中，真正的低风险投保人的消费者剩余 $\text{CS}_{\text{Wil}}^{LL_{\text{rc}}}$ 为

$$\text{CS}_{\text{Wil}}^{LL_{\text{rc}}} = \int_0^{s_2^{L_{\text{Wrc}}}} \left( \frac{P^L e^{\alpha(y-x-s_2)}}{1-P^L+P^L e^{\alpha(y-x-s_2)}} - \overline{P}^L \right) ds_2$$

$$= \frac{1}{\alpha}\ln\left(1-P^L+P^L e^{\alpha(y-x)}\right) - \frac{1}{\alpha}\ln\left(1-P^L+P^L e^{\alpha(y-x-s_2^{L_{\text{Wrc}}})}\right) - \overline{P}^L s_2^{L_{\text{Wrc}}}$$

（6.22）

与进行分类之前市场处于 Wilson 均衡时低风险投保人的消费者剩余 $\text{CS}_{\text{Wil}}^{L}$（见式（4.39））相比，差额为

$$\text{CS}_{\text{Wil}}^{LL_{\text{rc}}} - \text{CS}_{\text{Wil}}^{L} = \frac{1}{\alpha}\ln\left(1-P^L+P^L e^{\alpha(y-x-s_2^W)}\right)$$

$$- \frac{1}{\alpha}\ln\left(1-P^L+P^L e^{\alpha(y-x-s_2^{L_{\text{Wrc}}})}\right) - \overline{P}^L s_2^{L_{\text{Wrc}}} + \overline{P} s_2^W$$

（6.23）

可以证明，式（6.23）大于 0，即"低风险"组中真正的低风险投保人的消费者剩余会上升。这是因为，此时他们所面临的费率 $\overline{P}^L$ 低于市场处于 Wilson 时支付的费率 $P^L$，且能获得更多的保险保障（因为 $s_2^{L_{\text{Wrc}}} > s_2^W$）。

在"低风险"组中，属于高风险投保人的消费者剩余 $\text{CS}_{\text{Wil}}^{LH_{\text{rc}}}$ 为

$$\text{CS}_{\text{Wil}}^{LH_{\text{rc}}} = \int_0^{s_2^{L_{\text{Wrc}}}} \left( \frac{P^H e^{\alpha(y-x-s_2)}}{1-P^H+P^H e^{\alpha(y-x-s_2)}} - \overline{P}^L \right) ds_2$$

$$= \frac{1}{\alpha}\ln\left(1-P^H+P^H e^{\alpha(y-x)}\right) - \frac{1}{\alpha}\ln\left(1-P^H+P^H e^{\alpha(y-x-s_2^{L_{\text{Wrc}}})}\right) - \overline{P}^L s_2^{L_{\text{Wrc}}}$$

（6.24）

与进行分类之前市场处于 Wilson 均衡时高风险投保人的消费者剩余 $\text{CS}_{\text{Wil}}^{H}$（见式（4.42））相比，差额为

$$\text{CS}_{\text{Wil}}^{LH_{\text{rc}}} - \text{CS}_{\text{Wil}}^{H}$$
$$= \frac{1}{\alpha}\ln\left(1-P^H+P^H e^{\alpha(y-x-s_2^W)}\right) - \frac{1}{\alpha}\ln\left(1-P^H+P^H e^{\alpha(y-x-s_2^{L_{\text{Wrc}}})}\right) - \overline{P}^L s_2^{L_{\text{Wrc}}} + \overline{P} s_2^W$$

（6.25）

因为 $P^L < \overline{P}^L < \overline{P} < P^H$，可以证明式（6.25）大于 0，即在"低风险"组中高风险投保人的消费者剩余也会上升，这同样是因为这些人能以更低的价格（$\overline{P}^L < \overline{P}$）购买到更多的保障（$s_2^{L_{\text{Wrc}}} > s_2^W$）。同时也表明，在该组中，高、低风险投保人之间的交叉补贴是比较严重的。

另外，在"高风险"组中，属于低风险投保人的消费者剩余 $\text{CS}_{\text{Wil}}^{HL_{rc}}$ 为

$$\text{CS}_{\text{Wil}}^{HL_{rc}} = \int_0^{s_2^{H_{\text{Wrc}}}} \left( \frac{P^L e^{\alpha(y-x-s_2)}}{1-P^L+P^L e^{\alpha(y-x-s_2)}} - \overline{P}^H \right) \text{d}s_2$$

$$= \frac{1}{\alpha} \ln \left( 1-P^L+P^L e^{\alpha(y-x)} \right) - \frac{1}{\alpha} \ln \left( 1-P^L+P^L e^{\alpha(y-x-s_2^{H_{\text{Wrc}}})} \right) - \overline{P}^H s_2^{H_{\text{Wrc}}}$$

(6.26)

与进行分类之前市场处于 Wilson 均衡时低风险投保人的消费者剩余 $\text{CS}_{\text{Wil}}^{L}$（见式（4.39））相比，差额为

$$\text{CS}_{\text{Wil}}^{HL_{rc}} - \text{CS}_{\text{Wil}}^{L} = \frac{1}{\alpha} \ln \left( 1-P^L+P^L e^{\alpha(y-x-s_2^W)} \right) - \frac{1}{\alpha} \ln \left( 1-P^L+P^L e^{\alpha(y-x-s_2^{H_{\text{Wrc}}})} \right)$$
$$- \overline{P}^H s_2^{H_{\text{Wrc}}} + \overline{P} s_2^W$$

(6.27)

可以证明式（6.27）小于 0，这是因为与分类前相比，被误分到"高风险"组的低风险投保人所面临的保险费率提高（$\overline{P}^H > \overline{P}$），且能够买到的保险保障降低（$s_2^{H_{\text{Wrc}}} < s_2^W$），导致他们的消费者剩余下降。

在"高风险"组中，真正的高风险投保人的消费者剩余 $\text{CS}_{\text{Wil}}^{HH_{rc}}$ 为

$$\text{CS}_{\text{Wil}}^{HH_{rc}} = \int_0^{s_2^{H_{\text{Wrc}}}} \left( \frac{P^H e^{\alpha(y-x-s_2)}}{1-P^H+P^H e^{\alpha(y-x-s_2)}} - \overline{P}^H \right) \text{d}s_2$$

$$= \frac{1}{\alpha} \ln \left( 1-P^H+P^H e^{\alpha(y-x)} \right) - \frac{1}{\alpha} \ln \left( 1-P^H+P^H e^{\alpha(y-x-s_2^{H_{\text{Wrc}}})} \right) - \overline{P}^H s_2^{H_{\text{Wrc}}}$$

(6.28)

与进行分类之前市场处于 Wilson 均衡状态时高风险投保人的消费者剩余 $\text{CS}_{\text{Wil}}^{H}$（见式（4.42））相比，差额为

$$\text{CS}_{\text{Wil}}^{HH_{rc}} - \text{CS}_{\text{Wil}}^{H} = \frac{1}{\alpha} \ln \left( 1-P^H+P^H e^{\alpha(y-x-s_2^W)} \right)$$
$$- \frac{1}{\alpha} \ln \left( 1-P^H+P^H e^{\alpha(y-x-s_2^{H_{\text{Wrc}}})} \right) - \overline{P}^H s_2^{H_{\text{Wrc}}} + \overline{P} s_2^W$$

(6.29)

类似地也可以证明式（6.29）小于 0，这同样是因为与分类前相比，这时候被正确分到"高风险"组的高风险投保人购买保险的价格提高（$\overline{P}^H > \overline{P}$），且能够买到的保障降低（$s_2^{H_{\text{Wrc}}} < s_2^W$），使得他们的消费者剩余下降。

在经过这样不太准确的风险分类之后，低风险投保人的消费者剩余 $\text{CS}_{\text{Wil}}^{L_{rc}}$ 等于：

$$\mathrm{CS}_{\mathrm{Wil}}^{L_{\mathrm{rc}}} = P(N|L)\mathrm{CS}_{\mathrm{Wil}}^{LL_{\mathrm{rc}}} + P(M|L)\mathrm{CS}_{\mathrm{Wil}}^{HL_{\mathrm{rc}}}$$

$$= P(N|L)\left[\frac{1}{\alpha}\ln\left(1-P^L+P^L\mathrm{e}^{\alpha(y-x)}\right)-\frac{1}{\alpha}\ln\left(1-P^L+P^L\mathrm{e}^{\alpha(y-x-s_2^{L_{\mathrm{Wrc}}})}\right)-\bar{P}^L s_2^{L_{\mathrm{rc}}}\right]$$

$$+ P(M|L)\left[\frac{1}{\alpha}\ln\left(1-P^L+P^L\mathrm{e}^{\alpha(y-x)}\right)-\frac{1}{\alpha}\ln\left(1-P^L+P^L\mathrm{e}^{\alpha(y-x-s_2^{H_{\mathrm{Wrc}}})}\right)-\bar{P}^H s_2^{H_{\mathrm{rc}}}\right]$$

（6.30）

与分类前市场处于 Wilson 混同均衡时低风险投保人的消费者剩余 $\mathrm{CS}_{\mathrm{Wil}}^L$（见式（4.39））相比，差额为

$$\mathrm{CS}_{\mathrm{Wil}}^{L_{\mathrm{rc}}} - \mathrm{CS}_{\mathrm{Wil}}^L = \frac{1}{\alpha}\ln\left(1-P^L+P^L\mathrm{e}^{\alpha(y-x-s_2^W)}\right) - \frac{1}{\alpha}\ln\left(1-P^L+P^L\mathrm{e}^{\alpha(y-x-s_2^{H_{\mathrm{Wrc}}})}\right)$$

$$+ \bar{P}s_2^W - \bar{P}^H s_2^{H_{\mathrm{Wrc}}} + P(N|L)\left[\frac{1}{\alpha}\ln\left(1-P^L+P^L\mathrm{e}^{\alpha(y-x-s_2^{H_{\mathrm{Wrc}}})}\right)\right.$$

$$\left. -\frac{1}{\alpha}\ln\left(1-P^L+P^L\mathrm{e}^{\alpha(y-x-s_2^{L_{\mathrm{Wrc}}})}\right) + \bar{P}^H s_2^{H_{\mathrm{Wrc}}} - \bar{P}^L s_2^{L_{\mathrm{Wrc}}}\right]$$

（6.31）

可以证明 $\dfrac{\partial\left(\mathrm{CS}_{\mathrm{Wil}}^{L_{\mathrm{rc}}} - \mathrm{CS}_{\mathrm{Wil}}^L\right)}{\partial P(M|H)} > 0$[①]，且当 $P(M|H) = 1 - P(N|L)$ 时，"高风险"和"低风险"组的零期望利润线 $EF_1$ 和 $EF_2$ 与市场零期望利润线 $EF$ 重合，式（6.31）等于 0。因此，对任意一个 $P(N|L),(0 < P(N|L) < 1)$，当 $P(M|H) > 1 - P(N|L)$ 时，式（6.31）都大于 0，即分类之后市场上低风险投保人的消费者剩余会上升，其原因在于：随着保险人对高风险投保人识别能力的增强，"低风险"组投保人所面临的费率下降，且能购买到更多的保险保障；同时，随着保险人核保能力的增强，高、低风险投保人之间的交叉补贴也会大为减少，这些都有助于低风险投保人消费者剩余的上升。

高风险投保人的消费者剩余 $\mathrm{CS}_{\mathrm{Wil}}^{H_{\mathrm{rc}}}$ 等于：

$$\mathrm{CS}_{\mathrm{Wil}}^{H_{\mathrm{rc}}} = P(M|H)\mathrm{CS}_{\mathrm{Wil}}^{HH_{\mathrm{rc}}} + P(N|H)\mathrm{CS}_{\mathrm{Wil}}^{LH_{\mathrm{rc}}}$$

$$= P(M|H)\left[\frac{1}{\alpha}\ln\left(1-P^H+P^H\mathrm{e}^{\alpha(y-x)}\right)-\frac{1}{\alpha}\ln\left(1-P^H+P^H\mathrm{e}^{\alpha(y-x-s_2^{H_{\mathrm{Wrc}}})}\right)-\bar{P}^H s_2^{H_{\mathrm{rc}}}\right]$$

$$+ P(N|H)\left[\frac{1}{\alpha}\ln\left(1-P^H+P^H\mathrm{e}^{\alpha(y-x)}\right)-\frac{1}{\alpha}\ln\left(1-P^H+P^H\mathrm{e}^{\alpha(y-x-s_2^{L_{\mathrm{Wrc}}})}\right)-\bar{P}^L s_2^{L_{\mathrm{rc}}}\right]$$

（6.32）

---

[①] 关于 $P(N|L)$ 的变化对 $\left(\mathrm{CS}_{\mathrm{Wil}}^{L_{\mathrm{rc}}} - \mathrm{CS}_{\mathrm{Wil}}^L\right)$ 的影响有待于进一步证明。

与分类前市场处于 Wilson 均衡时高风险投保人消费者剩余 $\mathrm{CS}_{\mathrm{Wil}}^{H}$（见式（4.42））相比，差额为

$$\begin{aligned}\mathrm{CS}_{\mathrm{Wil}}^{H_{\mathrm{rc}}}-\mathrm{CS}_{\mathrm{Wil}}^{H}=&\frac{1}{\alpha}\ln\left(1-P^{H}+P^{H}\mathrm{e}^{\alpha(y-x-s_{2}^{W})}\right)-\frac{1}{\alpha}\ln\left(1-P^{H}+P^{H}\mathrm{e}^{\alpha(y-x-s_{2}^{L_{\mathrm{Wrc}}})}\right)\\&+\bar{P}s_{2}^{W}-\bar{P}^{L}s_{2}^{L_{\mathrm{Wrc}}}+P(M|H)\left[\frac{1}{\alpha}\ln\left(1-P^{H}+P^{H}\mathrm{e}^{\alpha(y-x-s_{2}^{L_{\mathrm{Wrc}}})}\right)\right.\\&\left.-\frac{1}{\alpha}\ln\left(1-P^{H}+P^{H}\mathrm{e}^{\alpha(y-x-s_{2}^{H_{\mathrm{Wrc}}})}\right)+\bar{P}^{L}s_{2}^{L_{\mathrm{Wrc}}}-\bar{P}^{H}s_{2}^{H_{\mathrm{Wrc}}}\right]\end{aligned}$$

$$(6.33)$$

可以证明 $\dfrac{\partial\left(\mathrm{CS}_{\mathrm{Wil}}^{H_{\mathrm{rc}}}-\mathrm{CS}_{\mathrm{Wil}}^{H}\right)}{\partial P(M|H)}<0$[①]，且当 $P(M|H)=1-P(N|L)$ 时，式（6.33）等于 0。因此，对于任意一个 $P(N|L),(0<P(N|L)\leqslant1)$，当 $P(M|H)>1-P(N|L)$ 时，式（6.33）都小于 0，即经过风险分类后，市场上高风险投保人的消费者剩余会下降。这是因为随着保险人对高风险投保人识别能力的增强，会有大部分高风险投保人被正确地划分到"高风险"组，与风险分类之前相比，他们从低风险投保人那里得到的补贴减少，具体体现为要支付比分类之前更高的费率，却只能购买到比分类之前更少的保险保障，因而使得高风险投保人的消费者剩余下降。

在这种分类情形下，总的社会福利 $W_{\mathrm{Wil}}^{\mathrm{rc}}$ 为

$$\begin{aligned}W_{\mathrm{Wil}}^{\mathrm{rc}}=&P(N|L)\lambda^{L}\mathrm{CS}_{\mathrm{Wil}}^{LL_{\mathrm{rc}}}+P(M|L)\lambda^{L}\mathrm{CS}_{\mathrm{Wil}}^{HL_{\mathrm{rc}}}+P(M|H)\lambda^{H}\mathrm{CS}_{\mathrm{Wil}}^{HH_{\mathrm{rc}}}+P(N|H)\lambda^{H}\mathrm{CS}_{\mathrm{Wil}}^{LH_{\mathrm{rc}}}\\=&P(N|L)\lambda^{L}\left[\frac{1}{\alpha}\ln\left(1-P^{L}+P^{L}\mathrm{e}^{\alpha(y-x)}\right)-\frac{1}{\alpha}\ln\left(1-P^{L}+P^{L}\mathrm{e}^{\alpha(y-x-s_{2}^{L_{\mathrm{Wrc}}})}\right)-\bar{P}^{L}s_{2}^{L_{\mathrm{Wrc}}}\right]\\&+P(M|L)\lambda^{L}\left[\frac{1}{\alpha}\ln\left(1-P^{L}+P^{L}\mathrm{e}^{\alpha(y-x)}\right)-\frac{1}{\alpha}\ln\left(1-P^{L}+P^{L}\mathrm{e}^{\alpha(y-x-s_{2}^{H_{\mathrm{Wrc}}})}\right)-\bar{P}^{H}s_{2}^{H_{\mathrm{Wrc}}}\right]\\&+P(M|H)\lambda^{H}\left[\frac{1}{\alpha}\ln\left(1-P^{H}+P^{H}\mathrm{e}^{\alpha(y-x)}\right)-\frac{1}{\alpha}\ln\left(1-P^{H}+P^{H}\mathrm{e}^{\alpha(y-x-s_{2}^{H_{\mathrm{Wrc}}})}\right)-\bar{P}^{H}s_{2}^{H_{\mathrm{Wrc}}}\right]\\&+P(N|H)\lambda^{H}\left[\frac{1}{\alpha}\ln\left(1-P^{H}+P^{H}\mathrm{e}^{\alpha(y-x)}\right)-\frac{1}{\alpha}\ln\left(1-P^{H}+P^{H}\mathrm{e}^{\alpha(y-x-s_{2}^{L_{\mathrm{Wrc}}})}\right)-\bar{P}^{L}s_{2}^{L_{\mathrm{Wrc}}}\right]\end{aligned}$$

$$(6.34)$$

与分类之前且市场处于 Wilson 均衡时的社会福利 $W_{\mathrm{Wil}}$（见式（4.44））相比，有

---

[①] 关于 $P(N|L)$ 的变化对 $\left(\mathrm{CS}_{\mathrm{Wil}}^{H_{\mathrm{rc}}}-\mathrm{CS}_{\mathrm{Wil}}^{H}\right)$ 的影响有待于进一步证明。

$$W_{\text{Wil}}^{\text{rc}} - W_{\text{Wil}} = P(N|L)\lambda^L \left(\text{CS}_{\text{Wil}}^{LL_{\text{rc}}} - \text{CS}_{\text{Wil}}^L\right) + P(N|H)\lambda^H \left(\text{CS}_{\text{Wil}}^{LH_{\text{rc}}} - \text{CS}_{\text{Wil}}^H\right)$$
$$+ P(M|H)\lambda^H \left(\text{CS}_{\text{Wil}}^{HH_{\text{rc}}} - \text{CS}_{\text{Wil}}^H\right) + P(M|L)\lambda^L \left(\text{CS}_{\text{Wil}}^{HL_{\text{rc}}} - \text{CS}_{\text{Wil}}^L\right)$$
（6.35）

可以证明 $\dfrac{\partial\left(W_{\text{Wil}}^{\text{rc}} - W_{\text{Wil}}\right)}{\partial P(M|H)} < 0$，$\dfrac{\partial\left(W_{\text{Wil}}^{\text{rc}} - W_{\text{Wil}}\right)}{\partial P(N|L)} < 0$，且当 $P(M|H) = 1 - P(N|L)$ 时，式（6.35）等于 0。因此，对于任意一个 $P(M|H)$，$(0 < P(M|H) < 1)$ 或 $P(N|L), (0 < P(N|L) < 1)$，当 $P(N|L) > 1 - P(M|H)$ 或 $P(M|H) > 1 - P(N|L)$ 时，式（6.35）都小于 0，即不太准确的风险分类反而会使社会福利下降，市场效率受损。之所以会出现这样的现象，其原因在于：当市场由混同均衡变为分离均衡时，虽然高、低风险投保人之间的交叉补贴现象减轻，但社会福利会呈下降趋势。而在我们这种分类情形下，保险市场刚好处在一个由混同均衡向分离均衡转变的过程中，从而出现社会福利下降。

2）情形 2：保险人的风险分类比较准确

如果保险人风险分类的准确性很高（图 6.6），则在分类后"低风险"组的平均零期望利润线 $EF_1$ 会靠近低风险投保人的公平保险价格线 $EL$，"高风险"组的平均零期望利润线 $EF_2$ 则会位于低风险投保人处于 R-S 均衡时的期望效用曲线 $U^L$ 的左侧。此时，保险人在线 $EF_1$ 上向"低风险"

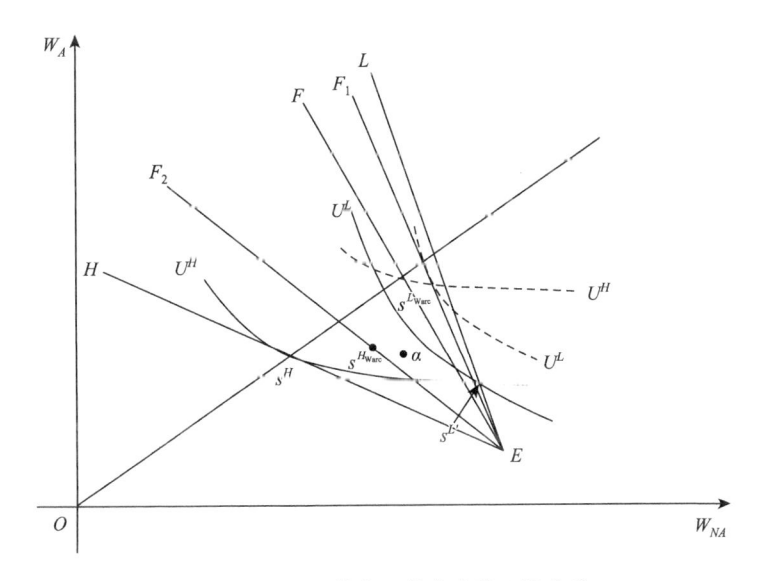

图 6.6　Wilson 均衡下较准确的风险分类

资料来源：Hoy（1982）

组中所有投保人提供均衡保险单 $\left(s_2^{L_{\text{Warc}}}, \overline{P}^L s_2^{L_{\text{Warc}}}\right)$，但保险单 $\left(s_2^{H_{\text{Wrc}}}, \overline{P}^H s_2^{H_{\text{Wrc}}}\right)$ 不再是"高风险"组投保人的均衡保险单。否则，会有另外的保险人可通过提供保险单 $\alpha$ 来吸引该组中的低风险投保人，使提供保险单 $\left(s_2^{H_{\text{Wrc}}}, \overline{P}^H s_2^{H_{\text{Wrc}}}\right)$ 的保险人受损，因而保险人会向"高风险"组投保人提供保险单集合 $(s^H, s^{L'})$。

在"低风险"组中，真正的低风险投保人和高风险投保人的消费者剩余 $\text{CS}_{\text{Wil}}^{LL_{\text{arc}}}$ 和 $\text{CS}_{\text{Wil}}^{LH_{\text{arc}}}$ 分别为

$$\begin{aligned}\text{CS}_{\text{Wil}}^{LL_{\text{arc}}} &= \int_0^{s_2^{L_{\text{Warc}}}} \left(\frac{P^L e^{\alpha(y-x-s_2)}}{1-P^L+P^L e^{\alpha(y-x-s_2)}} - \overline{P}^L\right) \mathrm{d}s_2 \\ &= \frac{1}{\alpha}\ln\left(1-P^L+P^L e^{\alpha(y-x)}\right) - \frac{1}{\alpha}\ln\left(1-P^L+P^L e^{\alpha(y-x-s_2^{L_{\text{Warc}}})}\right) - \overline{P}^L s_2^{L_{\text{Warc}}}\end{aligned}$$
(6.36)

$$\begin{aligned}\text{CS}_{\text{Wil}}^{LH_{\text{arc}}} &= \int_0^{s_2^{L_{\text{Warc}}}} \left(\frac{P^H e^{\alpha(y-x-s_2)}}{1-P^H+P^H e^{\alpha(y-x-s_2)}} - \overline{P}^L\right) \mathrm{d}s_2 \\ &= \frac{1}{\alpha}\ln\left(1-P^H+P^H e^{\alpha(y-x)}\right) - \frac{1}{\alpha}\ln\left(1-P^H+P^H e^{\alpha(y-x-s_2^{L_{\text{Warc}}})}\right) - \overline{P}^L s_2^{L_{\text{Warc}}}\end{aligned}$$
(6.37)

在这种情形下，因为分类比较准确，使得"低风险"组投保人所适用的费率 $\overline{P}^L$ 低于情形 1 下"低风险"组的费率，保险金额 $s_2^{L_{\text{Warc}}}$ 则大于情形 1 下"低风险"组的保额 $s_2^{L_{\text{Wrc}}}$，所以该组中高、低风险投保人的消费者剩余大于情形 1 下"低风险"组中投保人的消费者剩余，自然也大于分类前高、低风险投保人的消费者剩余。

在"高风险"组中，保险人分别按两类投保人的出险概率提供保险单，此时该组中真正的高风险投保人的消费者剩余 $\text{CS}_{\text{Wil}}^{HH_{\text{arc}}}$ 为

$$\begin{aligned}\text{CS}_{\text{Wil}}^{HH_{\text{arc}}} &= \int_0^{y-x} \left(\frac{P^H e^{\alpha(y-x-s_2)}}{1-P^H+P^H e^{\alpha(y-x-s_2)}} - P^H\right) \mathrm{d}s_2 \\ &= \frac{1}{\alpha}\ln\left(1-P^H+P^H e^{\alpha(y-x)}\right) - P^H(y-x)\end{aligned}$$
(6.38)

与进行分类之前，市场处于 Wilson 均衡时高风险投保人的消费者剩余 $\text{CS}_{\text{Wil}}^{H}$（见式（4.42））相比，差额为

$$\text{CS}_{\text{Wil}}^{HH_{\text{arc}}} - \text{CS}_{\text{Wil}}^{H} = \frac{1}{\alpha}\ln\left(1-P^H+P^H e^{\alpha(y-x-s_2^W)}\right) + \overline{P}s_2^W - P^H(y-x) \quad (6.39)$$

可以证明式（6.39）小于 0，即经过风险分类后，被正确归为"高风险"组的高风险投保人消费者剩余降低了，原因在于：虽然现在高风险投保人能购买到足额保险，但却要支付比分类之前高出许多的费率。

被认为是高风险投保人但事实上属于低风险投保人的消费者剩余 $\mathrm{CS}_{\mathrm{Wil}}^{HL_{\mathrm{arc}}}$ 为

$$\begin{aligned}\mathrm{CS}_{\mathrm{Wil}}^{HL_{\mathrm{arc}}} &= \int_0^{s_2^{L'}} \left( \frac{P^L e^{\alpha(y-x-s_2)}}{1-P^L+P^L e^{\alpha(y-x-s_2)}} - P^L \right) ds_2 \\ &= \frac{1}{\alpha}\ln\left(1-P^L+P^L e^{\alpha(y-x)}\right) - \frac{1}{\alpha}\ln\left(1-P^L+P^L e^{\alpha(y-x-s_2^{L'})}\right) - P^L s_2^{L'}\end{aligned} \quad (6.40)$$

与进行分类之前，市场处于 Wilson 均衡时低风险投保人的消费者剩余 $\mathrm{CS}_{\mathrm{Wil}}^{L}$（见式（4.39））相比，差额为

$$\mathrm{CS}_{\mathrm{Wil}}^{HL_{\mathrm{arc}}} - \mathrm{CS}_{\mathrm{Wil}}^{L} = \frac{1}{\alpha}\ln\left(1-P^L+P^L e^{\alpha(y-x-s_2^{W})}\right) - \frac{1}{\alpha}\ln\left(1-P^L+P^L e^{\alpha(y-x-s_2^{L'})}\right) - P^L s_2^{L'} + \overline{P} s_2^{W} \quad (6.41)$$

可以证明，式（6.41）小于 0。因为在风险分类后，与分类之前相比，虽然被归为"高风险"组的真正低风险投保人所要支付的费率有所降低，但可以购买到的保险保障也大幅降低，因而其消费者剩余出现了下降。

经过风险分类后，低风险投保人的消费者剩余 $\mathrm{CS}_{\mathrm{Wil}}^{L_{\mathrm{arc}}}$ 为

$$\begin{aligned}\mathrm{CS}_{\mathrm{Wil}}^{L_{\mathrm{arc}}} &= P(N|L)\mathrm{CS}_{\mathrm{Wil}}^{LL_{\mathrm{arc}}} + P(M|L)\mathrm{CS}_{\mathrm{Wil}}^{HL_{\mathrm{arc}}} \\ &= P(N|L)\left[\frac{1}{\alpha}\ln\left(1-P^L+P^L e^{\alpha(y-x)}\right) - \frac{1}{\alpha}\ln\left(1-P^L+P^L e^{\alpha(y-x-s_2^{L_{\mathrm{Warc}}})}\right) - \overline{P}^L s_2^{L_{\mathrm{Warc}}}\right] \\ &\quad + P(M|L)\left[\frac{1}{\alpha}\ln\left(1-P^L+P^L e^{\alpha(y-x)}\right) - \frac{1}{\alpha}\ln\left(1-P^L+P^L e^{\alpha(y-x-s_2^{L'})}\right) - P^L s_2^{L'}\right]\end{aligned} \quad (6.42)$$

与实施风险分类前且市场处于 Wilson 均衡下的低风险投保人消费者剩余 $\mathrm{CS}_{\mathrm{Wil}}^{L}$（见式（4.39））相比，差额为

$$\begin{aligned}\mathrm{CS}_{\mathrm{Wil}}^{L_{\mathrm{arc}}} - \mathrm{CS}_{\mathrm{Wil}}^{L} &= \frac{1}{\alpha}\ln\left(1-P^L+P^L e^{\alpha(y-x-s_2^{W})}\right) - \frac{1}{\alpha}\ln\left(1-P^L+P^L e^{\alpha(y-x-s_2^{L'})}\right) + \overline{P} s_2^{W} - P^L s_2^{L'} \\ &\quad + P(N|L)\left[\frac{1}{\alpha}\ln\left(1-P^L+P^L e^{\alpha(y-x-s_2^{L'})}\right) - \frac{1}{\alpha}\ln\left(1-P^L+P^L e^{\alpha(y-x-s_2^{L_{\mathrm{Warc}}})}\right)\right. \\ &\quad \left. + P^L s_2^{L'} - \overline{P}^L s_2^{L_{\mathrm{Warc}}}\right]\end{aligned} \quad (6.43)$$

式（6.43）分别对 $P(N|L)$ 和 $P(M|H)$ 求导，可得

$$\frac{\partial \left( \mathrm{CS}_{\mathrm{Wil}}^{L_{\mathrm{arc}}} - \mathrm{CS}_{\mathrm{Wil}}^{L} \right)}{\partial P(N|L)} = \int_{s_2^{L'}}^{s_2^{L_{\mathrm{Warc}}}} \left( \frac{P^L \mathrm{e}^{\alpha(y-x-s_2)}}{1 - P^L + P^L \mathrm{e}^{\alpha(y-x-s_2)}} - \overline{P}^L \right) \mathrm{d}s_2 - (P^L - \overline{P}^L) s_2^{L'}$$

$$- P(N|L) \frac{\partial \overline{P}^L}{\partial P(N|L)} s_2^{L_{\mathrm{Warc}}}$$

（6.44）

$$\frac{\partial \left( \mathrm{CS}_{\mathrm{Wil}}^{L_{\mathrm{arc}}} - \mathrm{CS}_{\mathrm{Wil}}^{L} \right)}{\partial P(M|H)} = -P(N|L) \frac{\partial \overline{P}^L}{\partial P(M|H)} s_2^{L_{\mathrm{Warc}}} \qquad (6.45)$$

因为 $\dfrac{\partial \overline{P}^L}{\partial P(M|H)} < 0$，$\dfrac{\partial \overline{P}^L}{\partial P(N|L)} < 0$，$s_2^{L_{\mathrm{Warc}}} > s_2^{L'}$，且随着分类准确性的提高，$\overline{P}^L \to P^L$，因而式（6.44）和式（6.45）均大于 0，即随着保险人风险分类能力的增强，有更多的低风险投保人被正确地划分到"低风险"组，同时他们所适用的费率 $\overline{P}^L$ 进一步下降，且能购买到的保额 $s_2^{L_{\mathrm{Warc}}}$ 进一步增加，于是所有低风险投保人的消费者剩余较分类之前会有所上升，即表现为式（6.43）大于 0。

此时，高风险投保人的消费者剩余 $\mathrm{CS}_{\mathrm{Wil}}^{H_{\mathrm{arc}}}$ 为

$$\mathrm{CS}_{\mathrm{Wil}}^{H_{\mathrm{arc}}} = P(M|H) \mathrm{CS}_{\mathrm{Wil}}^{HH_{\mathrm{arc}}} + P(N|H) \mathrm{CS}_{\mathrm{Wil}}^{LH_{\mathrm{arc}}}$$

$$= P(M|H) \left[ \frac{1}{\alpha} \ln\left(1 - P^H + P^H \mathrm{e}^{\alpha(y-x)}\right) - P^H(y-x) \right]$$

$$+ P(N|H) \left[ \frac{1}{\alpha} \ln\left(1 - P^H + P^H \mathrm{e}^{\alpha(y-x)}\right) - \frac{1}{\alpha} \ln\left(1 - P^H + P^H \mathrm{e}^{\alpha(y-x-s_2^{L_{\mathrm{Warc}}})}\right) - \overline{P}^L s_2^{L_{\mathrm{Warc}}} \right]$$

（6.46）

与未实施风险分类前且市场处于 Wilson 均衡下的高风险投保人消费者剩余 $\mathrm{CS}_{\mathrm{Wil}}^{H}$（见式（4.42））相比，差额为

$$\mathrm{CS}_{\mathrm{Wil}}^{H_{\mathrm{arc}}} - \mathrm{CS}_{\mathrm{Wil}}^{H} = P(M|H) \left[ \frac{1}{\alpha} \ln\left(1 - P^H + P^H \mathrm{e}^{\alpha(y-x-s_2^{L_{\mathrm{Warc}}})}\right) + \overline{P}^L s_2^{L_{\mathrm{Warc}}} - P^H(y-x) \right]$$

$$+ \frac{1}{\alpha} \ln\left(1 - P^H + P^H \mathrm{e}^{\alpha(y-x-s_2^W)}\right) - \frac{1}{\alpha} \ln\left(1 - P^H + P^H \mathrm{e}^{\alpha(y-x-s_2^{L_{\mathrm{Warc}}})}\right)$$

$$+ \overline{P} s_2^W - \overline{P}^L s_2^{L_{\mathrm{Warc}}}$$

（6.47）

式（6.47）对 $P(N|L)$ 求导可得

$$\frac{\partial\left(\mathrm{CS}_{\mathrm{Wil}}^{H_{\mathrm{arc}}}-\mathrm{CS}_{\mathrm{Wil}}^{H}\right)}{\partial P(N|L)}=-\frac{1}{\alpha}P(N|H)\frac{P^H-P^L}{P^L(1-\overline{P}^L)+P^H(\overline{P}^L-P^L)}\frac{\partial \overline{P}^L}{\partial P(N|L)} \\ -P(N|H)s_2^{L_{\mathrm{Warc}}}\frac{\partial \overline{P}^L}{\partial P(N|L)}$$ (6.48)

因为 $\dfrac{\partial \overline{P}^L}{\partial P(N|L)}<0$，因而式（6.48）大于 0，即随着保险人对市场中低风险投保人识别能力的增强，式（6.47）的值会增加，表明高风险投保人的消费者剩余在上升。在情形 1 中我们已经证明：由于风险分类后交叉补贴现象的减少，高风险投保人的消费者剩余会下降。一旦保险人的核保能力 $P(i|j),(i=M,N;j=H,L)$ 可以使得"高风险"组的平均零期望利润线 $EF_1$ 位于低风险投保人处于 R-S 均衡时的期望效用曲线 $U^L$ 的左侧，不管保险人的核保能力是否继续增强，"高风险"组中真正的高风险投保人都会以费率 $P^H$ 购买足额保险，其消费者剩余保持不变，因而 $P(M|H)$ 不变，即"高、低风险"组中高风险投保人的人数保持不变的情况下，保险人对低风险投保人识别能力的增强，只会影响"低风险"组中所有投保人所能购买到的保额以及所使用的费率，即随着 $P(N|L)$ 的增加，"低风险"组中高风险投保人能以更低的费率买到更多的保险保障，使其消费者剩余逐渐上升。但是，在这种情形下，因为被正确分配到"高风险"组中的高风险投保人完全失去了低风险投保人的补贴，消费者剩余大幅下降，因而式（6.47）还是小于 0，即高风险投保人的消费者剩余依旧低于分类之前，其实这也是保险市场从混同均衡向分离均衡转变的过程中必然导致的结果。但是，如果保持 $P(N|L)$ 不变，随着保险人对高风险投保人辨别能力的增强，虽然也会使得"低风险"组的费率 $\overline{P}^L$ 下降和保额 $s_2^{L_{\mathrm{Warc}}}$ 增加，让被错分到"低风险"组中的那部分高风险投保人的消费者剩余增加，但因为 $P(M|H)$ 的变大，这部分人的人数会不断减少，反而有可能使得高风险投保人的消费者剩余随着 $P(M|H)$ 的增加而减少[①]。图 6.7 就描述了当 $y=500,x=50$，$P^H=0.8,P^L=0.2$，$\alpha=0.05$，$\lambda^L=0.75$ 且 $\overline{P}^H>0.35$[②]时，随着 $P(N|L)$ 和 $P(M|H)$ 的变化，高风险投保人在风险分类前后消费者剩余的变化情况。

---

① 严谨的数学证明有待于进一步进行。
② 让 $\overline{P}^H>0.35$ 是为了保证"高风险"组的平均零期望利润线 $EF_1$ 能位于低风险投保人处于 R-S 均衡时的期望效用曲线 $U^L$ 的左侧。

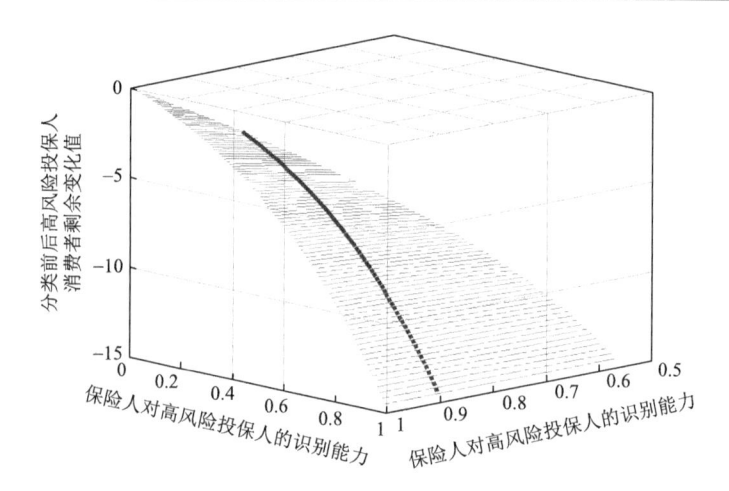

图 6.7 高风险投保人在风险分类前后消费者剩余的变化

从图 6.7 可以看出如下内容。

（1）为达到 $\overline{P}^H > 0.35$ 的分类要求，要求保险人有较强的识别低风险投保人的能力，如图 6.7 所示，在我们所列举的数据情况下，应有 $0.55 < P(N|L) \leqslant 1$。

（2）无论保险人的核保能力如何，高风险投保人在风险分类之后的消费者剩余都低于分类之前。

（3）如图 6.7 中一系列直线所示，若保持保险人对高风险投保人的识别能力 $P(M|H)$ 不变，高风险投保人在风险分类前后的消费者剩余变化值随着保险人对低风险投保人识别能力 $P(N|L)$ 的降低而略有下降。

（4）图 6.7 中较粗的虚线是以 $P(N|L)=0.9$ 所做的一条截线，说明了当 $P(N|L)=0.9$ 保持不变时，高风险投保人在风险分类前后消费者剩余的变化值因 $P(M|H)$ 变化而变化的情形。该截线的走势表明，高风险投保人的消费者剩余随着 $P(M|H)$ 的增加而减少，验证了上文的分析。

在这种分类情形下，总的社会福利 $W_{\text{Wil}}^{\text{arc}}$ 为

$$\begin{aligned}
W_{\text{Wil}}^{\text{arc}} &= P(N|L)\lambda^L \text{CS}_{\text{Wil}}^{LL\text{arc}} + P(M|L)\lambda^L \text{CS}_{\text{Wil}}^{HL\text{arc}} + P(M|H)\lambda^H \text{CS}_{\text{Wil}}^{HH\text{arc}} + P(N|H)\lambda^H \text{CS}_{\text{Wil}}^{LH\text{arc}} \\
&= P(N|L)\lambda^L \left[\frac{1}{\alpha}\ln\left(1-P^L+P^L e^{\alpha(y-x)}\right) - \frac{1}{\alpha}\ln\left(1-P^L+P^L e^{\alpha(y-x-s_2^{L\text{Warc}})}\right) - \overline{P}^L s_2^{L\text{Warc}}\right] \\
&\quad + P(M|L)\lambda^L \left[\frac{1}{\alpha}\ln\left(1-P^L+P^L e^{\alpha(y-x)}\right) - \frac{1}{\alpha}\ln\left(1-P^L+P^L e^{\alpha(y-x-s_2^{L'})}\right) - P^L s_2^{L'}\right] \\
&\quad + P(M|H)\lambda^H \left[\frac{1}{\alpha}\ln\left(1-P^H+P^H e^{\alpha(y-x)}\right) - P^H(y-x)\right] \\
&\quad + P(N|H)\lambda^H \left[\frac{1}{\alpha}\ln\left(1-P^H+P^H e^{\alpha(y-x)}\right) - \frac{1}{\alpha}\ln\left(1-P^H+P^H e^{\alpha(y-x-s_2^{L\text{Warc}})}\right) - \overline{P}^L s_2^{L\text{Warc}}\right]
\end{aligned}$$

（6.49）

与风险分类前市场处于 Wilson 均衡下的社会福利 $W_{\mathrm{Wil}}$（见式（4.44））相比，有

$$W_{\mathrm{Wil}}^{\mathrm{arc}} - W_{\mathrm{Wil}} = P(N|L)\lambda^L \left(\mathrm{CS}_{\mathrm{Wil}}^{LL_{\mathrm{arc}}} - \mathrm{CS}_{\mathrm{Wil}}^{L}\right) + P(N|H)\lambda^H \left(\mathrm{CS}_{\mathrm{Wil}}^{LH_{\mathrm{arc}}} - \mathrm{CS}_{\mathrm{Wil}}^{H}\right)$$
$$+ P(M|H)\lambda^H \left(\mathrm{CS}_{\mathrm{Wil}}^{HH_{\mathrm{arc}}} - \mathrm{CS}_{\mathrm{Wil}}^{H}\right) + P(M|L)\lambda^L \left(\mathrm{CS}_{\mathrm{Wil}}^{HL_{\mathrm{arc}}} - \mathrm{CS}_{\mathrm{Wil}}^{L}\right)$$

（6.50）

式（6.50）分别对 $P(N|L)$ 和 $P(M|H)$ 求导，可得

$$\frac{\partial \left(W_{\mathrm{Wil}}^{\mathrm{arc}} - W_{\mathrm{Wil}}\right)}{\partial P(N|L)} = \frac{1}{\alpha}\left[\frac{P(M|H)P(H)(P^H - P^L)}{P(N|L)P(L)+P(M|H)P(H)}\right]^2 \frac{1}{P^L(1-\overline{P}^L)+P^H(\overline{P}^L - P^L)}$$
$$+ \frac{1}{\alpha}\ln\left(1 - P^L + P^L e^{\alpha\left(y-x-s_2^{L'}\right)}\right) - \frac{1}{\alpha}\ln\left(1 - P^L + P^L e^{\alpha\left(y-x-s_2^{L_{\mathrm{Warc}}}\right)}\right)$$
$$- P^L\left(s_2^{L_{\mathrm{Warc}}} - s_2^{L'}\right) > 0$$

（6.51）

$$\frac{\partial \left(W_{\mathrm{Wil}}^{\mathrm{arc}} - W_{\mathrm{Wil}}\right)}{\partial P(M|H)} = \frac{1}{\alpha}\ln\left(1 - P^H + P^H e^{\alpha\left(y-x-s_2^{L_{\mathrm{Warc}}}\right)}\right) - P^H\left(y-x-s_2^{L_{\mathrm{Warc}}}\right)$$
$$+ \frac{1}{\alpha}\frac{P(N|H)P(H)P(N|L)P(L)\left(P^H - P^L\right)^2}{\left[P(N|L)P(L)+P(N|H)P(H)\right]^2}$$
$$\frac{1}{P^L(1-\overline{P}^L)+P^H(\overline{P}^L - P^L)} > 0$$

（6.52）

式（6.51）和式（6.52）说明当风险分类比较准确时，随着保险人风险分类能力的增强，社会福利会逐渐增加；且一旦当保险人对低风险投保人和高风险投保人的识别能力 $P(N|L)$ 和 $P(M|H)$ 达到某个值时，分类之后的社会福利会大于分类之前市场处于 Wilson 均衡时的社会福利。图 6.8 则描述了当 $y=500$，$x=50$，$P^H=0.8$，$P^L=0.2$，$\alpha=0.05$，$\lambda^L=0.75$ 且 $\overline{P}^H > 0.35$ 时，随着 $P(N|L)$ 和 $P(M|H)$ 的变化，整体社会福利在风险分类前后的变化情况。

图 6.8 中较粗的虚线仍然是以 $P(N|L)=0.9$ 所做的一条截线，说明当 $P(N|L)=0.9$ 保持不变时，整体社会福利在风险分类前后的变化会因保险人对高风险投保人识别能力 $P(M|H)$ 的变化而变化。该截线的走势表明，分类前后社会福利的差异随着 $P(M|H)$ 的增加而增加；另外，如图中一系

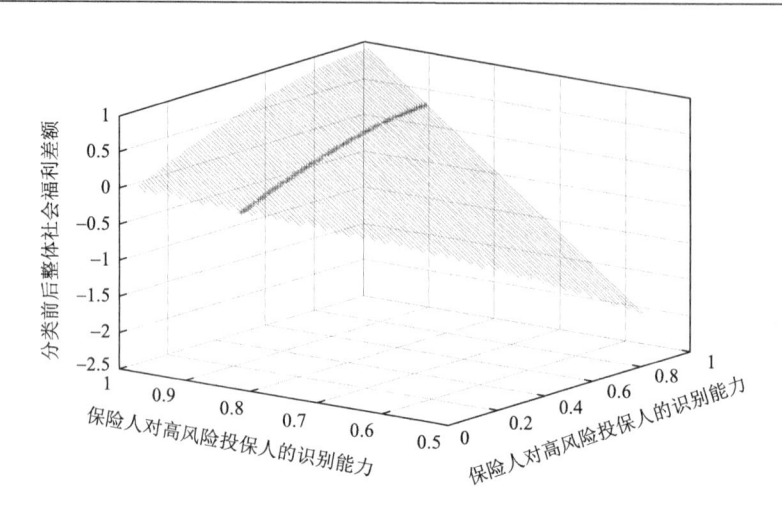

图 6.8　整体社会福利在风险分类前后的变化

列直线所示，若保持 $P(M|H)$ 不变，分类前后整体社会福利同样随着保险人对低风险投保人识别能力 $P(N|L)$ 的增强而增加。

图 6.9 表示的是，若要使风险分类后整体社会福利较分类前有所增加，对保险人核保能力的要求。从图中可以看到，$P(N|L)$ 大致应大于 0.86。这是因为市场处于 Wilson 均衡则意味着市场上有大量的低风险投保人，保险人只有提高了对低风险投保人的识别能力，才能使得分类更加准确、有效，才能使整体社会福利较分类之前增加。

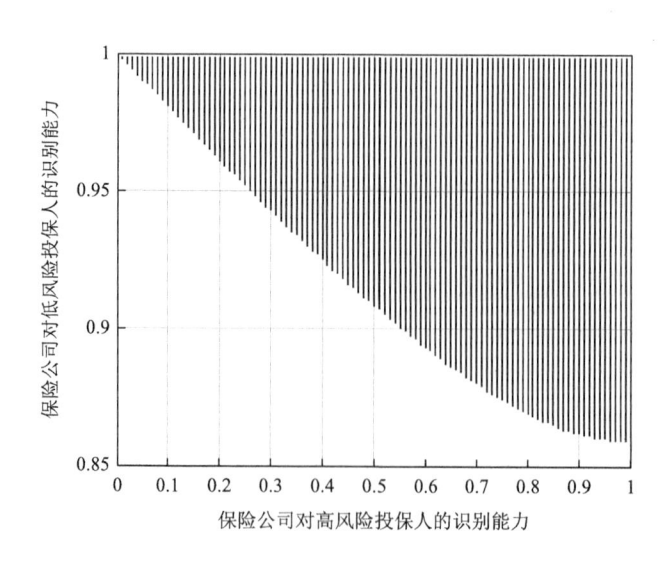

图 6.9　风险分类后市场效率提高对保险人核保能力的要求

根据以上分析可以得知,如果保险市场处于 Wilson 均衡,监管部门应慎重对待风险分类。虽然风险分类能减轻不同风险类型投保人之间的交叉补贴,但除非保险人有较强的核保能力,特别是对低风险投保人有较强的识别能力,否则,风险分类反而会使市场效率下降。

## 6.3 风险分类成本转嫁的上限

事实上,为进行风险分类,保险人一般都需支付一定的分类成本 $K$。为简单起见,我们假设 $K$ 是固定成本。如图 6.10 所示,$EL$ 是低风险投保人的公平价格保险线。在存在分类成本 $K$ 的情况下,如果进行的是完全分类,线 $EL$ 会向左平移至 $E'L'$;如果进行的是不完全分类,会使线 $EL$ 先向左平移至 $E'L'$,再围绕新自保点 $E'$ 逆时针旋转至 $E'L''$。

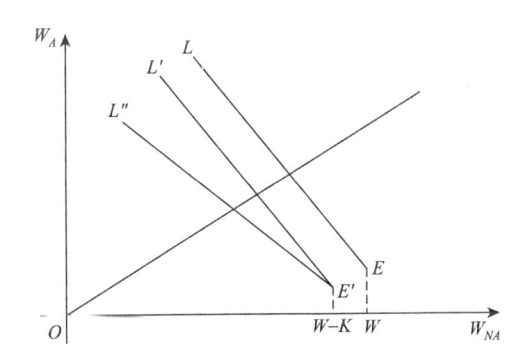

图 6.10 存在分类成本时的保险市场[1]

但是,保险人自己不会承担分类成本,而是会将它转嫁给投保人。根据 Lereah(1983)的分析,不管在进行风险分类之前保险市场是处于 R-S 分离均衡还是 Wilson 混同均衡,如果分类成本由高风险投保人承担,将使高风险投保人的公平价格保险线向左平移至 $E'H'$,保险人在费率线 $E'H'$ 上向高风险投保人出售保险单 $(y-x, P^H(y-x)+K)$,如图 6.11 所示,这样会使高风险投保人的期望效用低于风险分类之前。于是,高风险投保人会转向其他依旧在费率线 $EH$ 上出售保险单的保险人,购买保险单 $(y-x, P^H(y-x))$。因此,在完全竞争的市场中,高风险投保人不会承担分类成本,于是只能由低风险投保人来承担全部的分类成本。

---

[1] 图 6.10 至图 6.13 借鉴程振源(2007)。

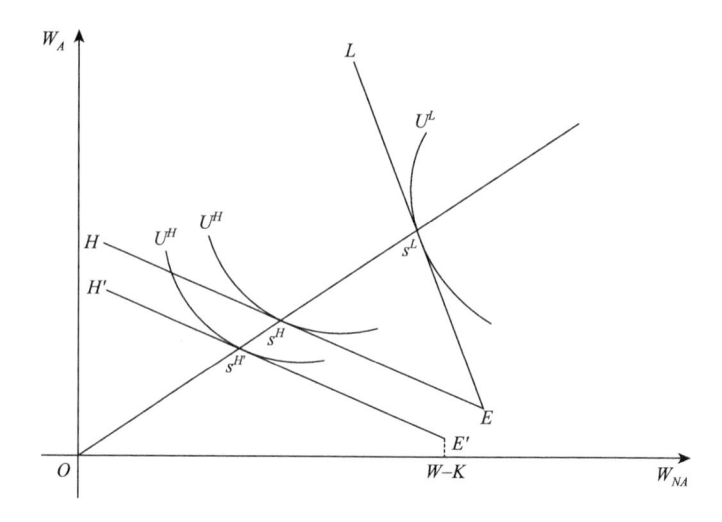

图 6.11　分类成本向高风险投保人转嫁后的市场均衡

### 6.3.1　市场处于 R-S 分离均衡时的分类成本上限

在 R-S 均衡下，保险人在分类前向投保人出售的保险单集合是 $\{s^H, s^L\}$，如图 6.12 所示，市场平均零期望利润线 $EF$ 在过点 $s^L$ 的低风险投保人期望效用曲线 $U^L$ 的左侧。假设存在分类成本 $K'$，使得低风险投保人的公平价格保险线向左平移至 $E'L'$，与过点 $s^L$ 的低风险投保人的期望效用曲线 $U^L$ 相切于点 $s^{L_{\text{rc-c}}}$。因为所做的是完全风险分类，风险分类后保险人与投保人的信息是对称的，因此保险人分别以两类投保人各自的损失概率

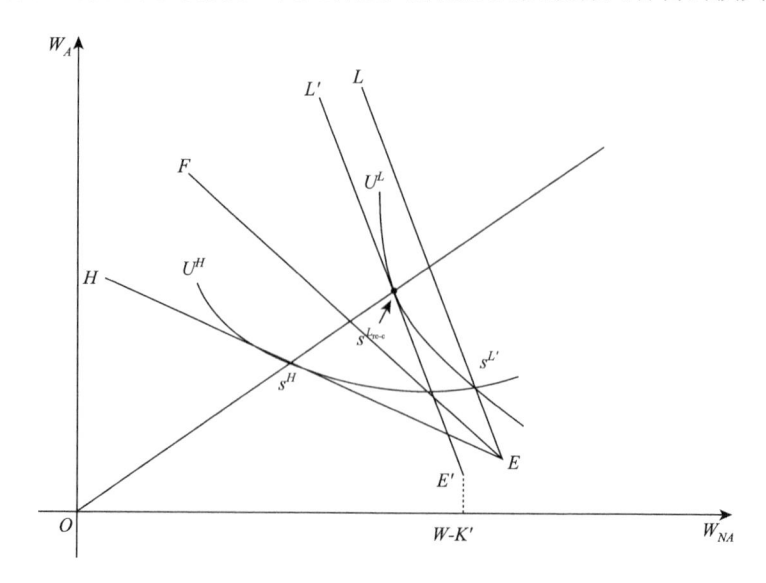

图 6.12　R-S 均衡下分类成本的上限

为费率出售全额保险单集合 $\{s^H, s^{L_{\text{rc-c}}}\}$。因为点 $s^L$ 和点 $s^{L_{\text{rc-c}}}$ 在同一条无差异曲线上，因而在风险分类前后，低风险投保人期望效用和消费者剩余保持不变。所以，只要分类成本 $K \leq K'$，低风险投保人都会接受；但如果分类成本 $K > K'$，分类后低风险投保人的消费者剩余反而会下降，他们则不再接受风险分类。因而 $K'$ 可视为 R-S 均衡下，保险人进行风险分类时，低风险投保人所能承担的分类成本的上限。

在我们所推导出来的需求函数下，上限 $K'$ 可通过下列分析方式求得。

在进行风险分类前，低风险投保人在购买保险单 $\left(s_2^L, P^L s_2^L\right)$ 时的消费者剩余为 $\text{CS}_{\text{R-S}}^L$（见式（4.27）），购买保险单 $\left(y-x, P^L(y-x)+K'\right)$ 时所获得的消费者剩余 $\text{CS}_{\text{R-S}}^{L_{\text{rc-c}}}$ 是

$$\text{CS}_{\text{R-S}}^{L_{\text{rc-c}}} = \frac{1}{\alpha}\ln\left(1-P^L+P^L e^{\alpha(y-x)}\right) - P^L(y-x) - K' \tag{6.53}$$

由 $\text{CS}_{\text{R-S}}^L = \text{CS}_{\text{R-S}}^{L_{\text{rc-c}}}$ 可知，分类成本上限 $K'$ 应等于：

$$K' = \frac{1}{\alpha}\ln\left(1-P^L+P^L e^{\alpha(y-x-s_2^L)}\right) + P^L s_2^L - P^L(y-x) \tag{6.54}$$

一旦 $K > K'$，就会有 $\text{CS}_{\text{R-S}}^L > \text{CS}_{\text{R-S}}^{L_{\text{rc-c}}}$，低风险投保人的消费者剩余受损，他们不会再愿意承担分类成本，于是风险分类难以实施。而只要 $K \leq K'$，低风险投保人就会赞成分类且愿意承担分类成本。

由 $\dfrac{\text{d}K'}{\text{d}s_2^L} = \dfrac{P^L(1-P^L)\left(1-e^{\alpha(y-x-s_2^L)}\right)}{1-P^L+P^L e^{\alpha(y-x-s_2^L)}} < 0$ 可知，如果低风险投保人在 R-S 均衡下所能购买到的保额较小，则他们所能获得的消费者剩余也较小，因而会更希望在通过完全风险分类后，能购买到全额保险，提高自身的消费者剩余，即愿意承担更多的分类成本。

### 6.3.2 市场处于 Wilson 均衡时风险分类成本的上限

在 Wilson 均衡下，保险人在分类前向投保人出售的是混同保险单 $s^W$，市场平均零期望利润线 $EF$ 在过点 $s^L$ 的低风险投保人期望效用曲线 $U^L$ 的左侧，如图 6.13 所示。假设存在分类成本 $K''$，使得低风险投保人的公平价格保险线 $EL$ 向左平移至 $E''L''$，与过点 $s^L$ 的低风险投保人的期望效用曲线 $U^L$ 相切于点 $s^{L_{\text{Wrc-c}}}$。因为所做的是完全风险分类，风险分类后保险人与投保人的信息是对称的，因此保险人分别以两类投保人各自的损失概率为费率出售全额保险单集合 $\{s^H, s^{L_{\text{Wrc-c}}}\}$。因为点 $s^H$ 和点 $s^{L_{\text{Wrc-c}}}$ 在同一条无差异曲线上，因而在风险分类前后，低风险投保人期望效用和消费者剩余

保持不变。同理，这时候 $K''$ 为市场处于 Wilson 均衡时分类成本的上限。

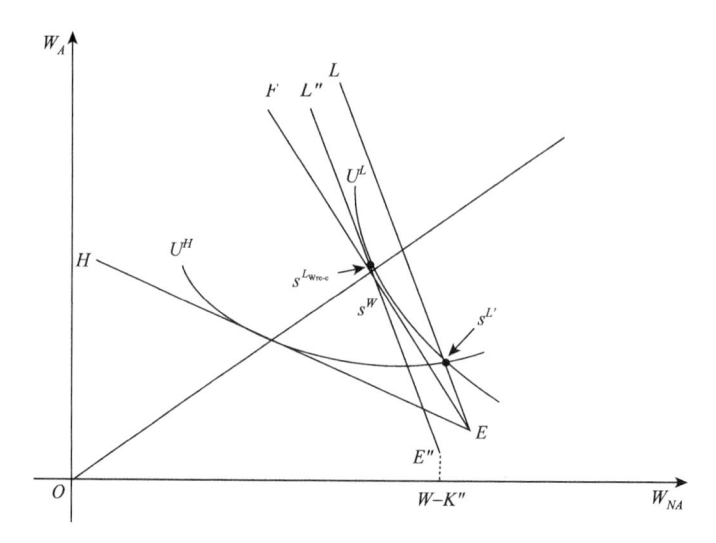

图 6.13 Wilson 均衡下分类成本的上限

在保险人进行风险分类之前，低风险投保人购买保险单 $\left(s_2^W, \bar{P}s_2^W\right)$ 的消费者剩余为 $\mathrm{CS}_{\mathrm{Wil}}^L$（见式（4.39）），在分类之后，购买保险单 $\left(y-x, P^L(y-x)+K''\right)$ 所获得的消费者剩余 $\mathrm{CS}_{\mathrm{Wil}}^{L_{\mathrm{re-c}}}$ 则是

$$\mathrm{CS}_{\mathrm{Wil}}^{L_{\mathrm{re-c}}} = \frac{1}{\alpha}\ln\left(1-P^L+P^L\mathrm{e}^{\alpha(y-x)}\right)-P^L(y-x)-K'' \qquad (6.55)$$

由 $\mathrm{CS}_{\mathrm{Wil}}^L = \mathrm{CS}_{\mathrm{Wil}}^{L_{\mathrm{re-c}}}$，于是可得分类成本上限 $K''$ 应等于：

$$K'' = \frac{1}{\alpha}\ln\left(1-P^L+P^L\mathrm{e}^{\alpha(y-x-s_2^W)}\right)+\bar{P}s_2^W-P^L(y-x)>0 \qquad (6.56)$$

一旦 $K>K''$，就会有 $\mathrm{CS}_{\mathrm{Wil}}^L>\mathrm{CS}_{\mathrm{Wil}}^{L_{\mathrm{re-c}}}$，低风险投保人的消费者剩余受损，他们不再愿意承担分类成本，于是风险分类难以实施。而只要 $K\leqslant K''$，低风险投保人就会赞成分类且愿意承担分类成本。

如果在 Wilson 均衡下，投保人所能购买到的保额不是很大，则低风险投保人所能获得的消费者剩余也就较小，因而他们也更会希望通过完全风险分类后，能购买到全额保险，提高自身的消费者剩余，因而也就愿意承担更多的分类成本。

市场在 R-S 均衡下与在 Wilson 均衡下低风险投保人所能承担的风险分类成本的上限的差额为

$$K'-K'' = \frac{1}{\alpha}\ln\left(1-P^L+P^L\mathrm{e}^{\alpha(y-x-s_2^{L'})}\right)-\frac{1}{\alpha}\ln\left(1-P^L+P^L\mathrm{e}^{\alpha(y-x-s_2^W)}\right)+P^Ls_2^{L'}-\bar{P}s_2^W$$

$$(6.57)$$

可以证明，式（6.57）大于 0，即当市场处于 R-S 均衡时，低风险投保人愿意承担更多的风险分类成本。这是因为在市场处于 Wilson 混同均衡时，低风险投保人的消费者剩余大于市场处于 R-S 均衡时他们所能获得的消费者剩余，因而，当市场处于 R-S 均衡时，低风险投保人想通过风险分类提高自身消费者剩余的愿望更强烈。

**专栏 6.2**

### 风险分类在保险费率厘定中的应用

保险费率厘定要遵循公平合理的原则，即保险费率的制定应尽可能合理，对保险人来说，其收取的保费应与其承担的风险相当，对投保人来说，其负担的保费应与被保险人获得的保障相对称。在保险实务中，针对保险标的的某项或某几项因素作为风险分类的标准，进行分别定价是非常常见的现象。

1. 疾病保险按年龄、性别因素进行定价

表 6.1 为某款重疾险的费率表，从中可以看到，不同年龄段的保费是各不相同的，且随着被保险人投保年龄的增长，保费呈上升趋势，到了 40 岁以后，保费快速增长；另外，在被保险人 45 周岁以前，女性的保费高于男性，45 岁以后则要低于男性。这就是重疾险按照年龄、性别因素进行的分类定价实例，源于不同性别、不同年龄的人群疾病发生概率的不同。

表 6.1 某款重疾险费率

| 保险计划 | 投保年龄/岁 | 保费/(元/年) 男性 | 保费/(元/年) 女性 |
| --- | --- | --- | --- |
| 成人，保险金额 20 万元 | 16～20 | 175 | 181 |
|  | 21～25 | 177 | 191 |
|  | 26～30 | 244 | 258 |
|  | 31～35 | 349 | 356 |
|  | 36～40 | 570 | 617 |
|  | 41～45 | 1009 | 1039 |
|  | 46～50 | 1729 | 1610 |
|  | 51～55 | 2954 | 2231 |
|  | 56～60 | 4836 | 2960 |
|  | 61～65 | 6278 | 4396 |

图 6.14 是根据中国人身保险业重大疾病经验发生率表（2006~2010年）绘制的成年男性和女性罹患 6 病种和 25 病种的概率。从图中可以看到，一是疾病罹患率随着年龄的增长而增长，且年龄越大增长速度越快；二是不管是 6 病种还是 25 病种，在 45 岁之前，女性患病概率均高于男性，45 岁之后这种情况发生逆转。

综上，我们可以看到目前重疾险费率就是根据不同性别、在不同年龄段罹患疾病的概率所厘定的，充分运用了风险分类规则。

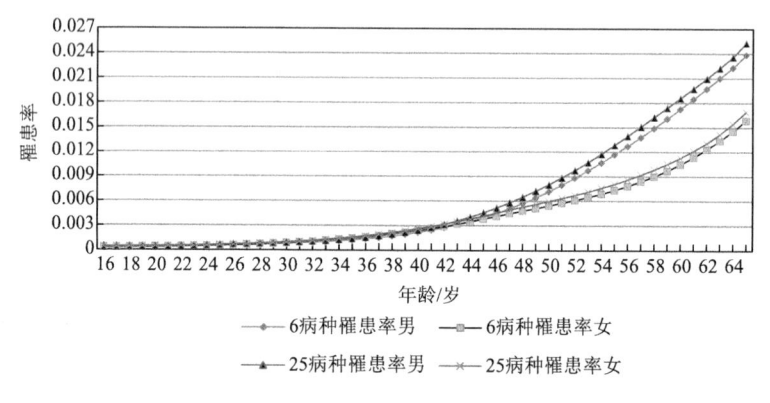

图 6.14　不同性别人群在不同年龄的疾病罹患率

2. 交强险的分类定价

交强险全称是"机动车交通事故责任强制保险"，是由保险公司对被保险机动车发生道路交通事故造成受害人（不包括本车人员和被保险人）的人身伤亡、财产损失，在责任限额内予以赔偿的强制性责任保险。交强险是中国首个由国家法律规定实行的强制保险制度。

交强险的保费实行全国统一收费标准，由国家统一规定，但是不同汽车的交强险价格不同，主要影响因素是"汽车座位数""汽车属性"等。在汽车属性方面，分为家庭自用车、非营业客车、营业客车、非营业货车、营业货车、特种车、摩托车及拖拉机等八大类 42 小类，费率各不相同。例如，6 座以下的家庭自用车第一年投保的价格是 950 元，6~10 座的家庭自用车的价格是 1100 元，6 座以下的企业非营业用车则是 1000 元，这是由于不同属性（车子种类、用途）以及座位数的车辆发生事故的概率不同，因此基础费率也有所差异。

在此基础上，交强险的费率还与被保险车辆过往三个年度的安全驾驶状况有关，安全驾驶情况越好，交强险的价格会越低，反之，交强险的价格则会越高。例如，上一个年度未发生有责任道路交通事故，下一个年度的交强险费率则降低10%，上两个年度未发生有责任道路交通事故则降低20%，上三个及以上年度未发生有责任道路交通事故降低30%；相反，如果上一个年度发生两次及两次以上有责任道路交通事故则上调10%，上一个年度发生有责任道路交通死亡事故上调30%。通过费率浮动，低风险投保人（谨慎驾车，安全驾驶情况好）在后续的续保年度中能获得较低的费率，福利得到提升；而对于高风险投保人则需要缴纳更高的费率，但这在一定程度上也有助于激励这些投保人控制风险，从而提升社会总福利。

## 6.4 本章小结

通过对处于不同均衡状态的保险市场在进行风险分类前后消费者剩余及社会福利的比较，本章得出了以下结论。

（1）当不考虑分类成本时，如果保险人能对投保人的风险类型进行完全准确的区分，则不管市场处于何种均衡状态，准确的风险分类都能使市场效率得到最大的改善，因而监管部门应该鼓励保险人进行风险分类。

（2）当不考虑分类成本时，如果保险人只能对投保人的风险类型进行不完全区分，则风险分类对市场效率的影响与市场所处的初始均衡状态有关，具体来说如下。

第一，当市场已处于R-S均衡时，如果保险人风险分类的准确性较高，则可以使市场效率得到帕累托改进；如果保险人风险分类的准确性不太高，则风险分类对市场效率的改进可能会没有任何效果，但也不会造成市场效率的降低。因此，如果保险市场已处于R-S均衡，政府不应该限制保险人对投保人进行风险分类。

第二，当市场已处于Wilson均衡时，如果保险人风险分类的准确性较高，则不同风险类型的投保人大都可以按照或以接近自身的损失概率为公平价格购买到保险，增加了市场公平性，使高低风险投保人之间的交叉补贴大大减少。与实施风险分类之前相比，虽然高风险投保人的消费者剩余有所下降，但低风险投保人的消费者剩余和整体社会福利都会随着保险人核保能力的提高而增加，而且一旦保险人的核保能力达到一定程度，还会使整体社会福利较分类之前有所增加；如果保险人风险分类的准确性不太高，则与实施风险分类前相比，高风险投保人的消费者剩余会下降，低风险投保人的消费者剩余会上升，但整体社会福利则呈下降趋势。但是，由于在实施风险分类后，更多的投保人可以按照适合自身出险概率的价格购买到保险，市场的公平性会有所提高。因此，监管部门此时应慎重对待风险分类，可根据当时的政策目标来决定是否要限制还是鼓励保险人的风险分类行为。

总之，在不考虑分类成本的情况下，如果市场最初属于 R-S 均衡，实施风险分类能使市场效率得到改善；如果市场最初属于 Wilson 均衡，则要慎重对待风险分类：一旦保险人不能对投保人做比较准确的分类，反而可能会使市场效率下降。但无论如何，分类后大部分不同风险类型投保人适用的费率都会更接近自身的出险概率，因而提高了市场公平性。

（3）如果考虑分类成本，保险人只能将此项成本转嫁给低风险投保人。本章给出了在不同市场均衡状态下，如果进行的是完全分类，低风险投保人所能承担的分类成本的上限及其与在均衡状态下低风险投保人所能购买到的保额之间的关系。一般来说，在当前均衡状态下，低风险投保人所能购买到的保额越小，他们所愿意承担的分类成本就越高；而且，在 R-S 均衡下，他们愿意承担比在 Wilson 均衡下更多的风险分类成本。

# 第7章 费率监管与偿付能力监管的经济学分析

## 7.1 本章引言

保险市场上监管者对保险人的监管包括很多方面，涵盖了保险人从市场进入，经营行为，直到退出市场整个过程中的各个方面，其中费率监管和偿付能力监管是两个最重要的内容，也受到了学术界的广泛关注。

针对保险费率监管和偿付能力监管的独立研究很多，但将两者结合起来的分析并不多见。本章通过构建保险市场供给—需求模型，证明费率监管和偿付能力监管对保险市场均衡存在显著影响，并且它们之间也会产生相互影响。保险监管的政策研究和制定只有综合考虑到费率监管和偿付能力监管之间的相互作用，才能得到更为准确的结论和给出有效的政策。

### 7.1.1 保险市场中的费率监管

保险市场中的费率监管就是对保险产品价格的监管，实施费率监管的主要目的通常是：第一，防止保险人之间互相勾结，垄断定价，导致保险产品价格过高，损害消费者的利益；第二，防止保险人之间恶性竞争，竞相削价，导致定价过低，使得保险人出现偿付能力不足。

从各国保险监管的实践来看，美国等发达保险市场中的费率监管主要出于第一个目的；而从中国保险市场发展的实践来看，费率监管主要出于第二个目的。一直以来，我国对保险费率一直实施的是相对严格的监管。

学术界对保险市场费率监管的研究主要集中在研究费率监管对市场效率的影响方面。Joskow（1973）通过对美国财产保险市场的分析，证明财产与责任保险市场是一个竞争型市场，费率监管只会造成市场效率的损失。Tennyson 等（2002）、Jaffee 和 Russell（2003）通过对美国各州费率监管的实际情况进行实证研究，也证明了费率监管会带来市场效率损失。Doherty 和 Garven（2012）研究了不同财险市场费率监管在对市场影响上的差异。我国国内对保险市场费率监管的研究多侧重于经验分析（祝向军和吕烨，2012；柯甫榕，2008；魏华林和蔡秋杰，2005），缺少相关的理论支撑和实证分析。

### 7.1.2 对保险人的偿付能力监管

由于保险业务具有的先收保费、后提供理赔和相关服务的特殊性质，保险人的偿付能力（即未来履行理赔义务的能力）显得尤为重要。一直以来，保险人的偿付能力都是各国保险监管关注的重点。

国际上发达保险市场对保险人的偿付能力监管体系发展得较早，也较为成熟，其中以欧盟的偿付能力标准体系（Solvency Ⅰ、Solvency Ⅱ）以及以美国为代表的基于风险的偿付能力监管体系为代表。我国的偿付能力监管起步较晚，直到 2003 年才形成第一部正式的偿付能力监管法规[①]，但后来在监管部门的重视下，我国的偿付能力监管体系发展得很快，2016 年我国开始实施新的基于风险导向的"偿二代"监管标准，标志着我国在保险偿付能力监管方面达到了国际先进水平。

### 7.1.3 费率监管与偿付能力监管之间的关联

费率监管和偿付能力监管都会直接影响保险公司的经营。费率监管可以直接决定保险公司的收入水平，而偿付能力监管则是通过对保险公司资本的管控，间接影响保险公司能够承保的业务量。

由于费率监管和偿付能力监管会同时对保险人的经营造成影响，因此两者之间应该存在相互关联性。如果监管者不能够很好地把握这种关联，可能会对市场造成负面影响。例如，当监管者希望通过降低市场上的费率水平以促进竞争，而同时又提高偿付能力监管标准时，就会使一部分保险人出现经营困难。

本章通过构建保险市场中的供给—需求模型，同时刻画费率监管和偿付能力监管的影响，从而对这两种监管行为之间的关联关系进行描述和分析。

## 7.2 费率监管和偿付能力监管对市场均衡的影响

### 7.2.1 费率监管和偿付能力监管的短期影响

1. 短期内费率监管的影响

根据本书第 4 章对短期保险市场的均衡分析可以发现：当市场供给能力

---

① 2003 年 3 月 24 日，中国保险监督管理委员会发布《保险公司偿付能力额度及监管指标管理规定》，标志着中国现代偿付能力监管体系的建立。

相对不足时，费率监管相比供给能力充足时对市场均衡的影响更为明显。

具体来说，当市场供给相对不足时，由于供给曲线在达到市场均衡点之前就已经开始快速向上倾斜，因此费率监管标准存在更大的失误空间。如果保险监管者不能够较准确地将价格规定在供需平衡点附近，就会造成供需不平衡。如图 7.1 所示，如果监管者规定的费率水平比供需平衡点更低（图中横线所代表的是监管强制规定的费率水平，低于市场自然均衡状态下的最优费率水平），保险人如果要满足市场需求水平，就会导致其出现偿付能力方面的问题。

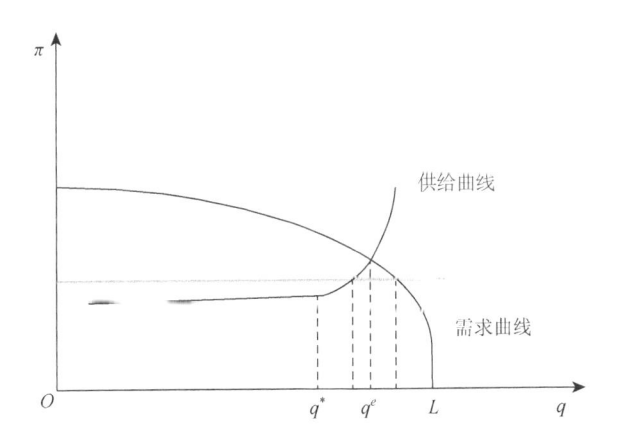

图 7.1　费率监管对保险市场短期均衡的影响

2. 短期内偿付能力监管的影响

同理，短期内如果监管者在偿付能力监管方面做出了调整，则在市场供给能力较充分的情况下，基本不会对市场均衡产生影响。但是当市场供给能力相对不足时，则很容易导致市场均衡被打破，往往产生均衡价格被迫提高，供给数量被迫降低的情况。

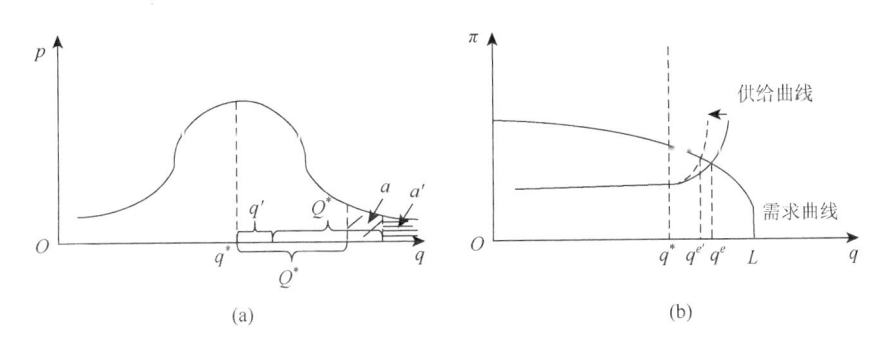

图 7.2　偿付能力监管对保险市场短期均衡的影响

具体来说，如图 7.2（a）所示，如果监管者提高了偿付能力标准（例如从 $a$ 降低到 $a'$，即要求保险人出现偿付能力不足的概率变得更低），由于保险人此前的业务是按照旧的偿付能力标准，其承保的业务量（$q^*+q'$）可能已经超过了新标准下的最优数量（$q^*$），同时由于短期内保险人无法增加资本金规模，因而必须通过提高保费水平来弥补经济资本（保费＋资本金）的不足。

对应到市场供求曲线图 7.2（b）可以看到，偿付能力监管标准提高的短期效果是使供给曲线的后半段向上倾斜，市场均衡价格会提高，同时均衡状态下保险产品的供给量会减少。

3. 短期内费率监管和偿付能力监管的协同效应

如果我们将短期内的费率监管和偿付能力监管结合起来分析，可以得出如下结论：当短期内偿付能力监管变得更为严格时，对费率的监管就应该适当放松，否则会导致市场供求出现更为严重的不平衡情况。

图 7.3 给出的就是这样一个"反面案例"，即当偿付能力监管标准提高导致供给曲线上移时，由费率监管导致的供需缺口会变大。

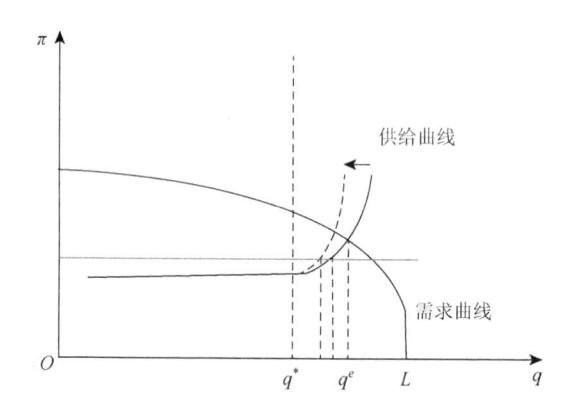

图 7.3　短期费率监管与偿付能力监管对市场均衡的共同影响

偿付能力监管和费率监管的这种关联，我们会在下面结合长期市场均衡进行更深入的分析。

### 7.2.2　费率监管对长期均衡的影响

1. 市场存在多个均衡点的情况

当市场存在多个均衡点时（图 7.4），均衡价格的范围比较宽松，这给费率监管留下了一定的空间。

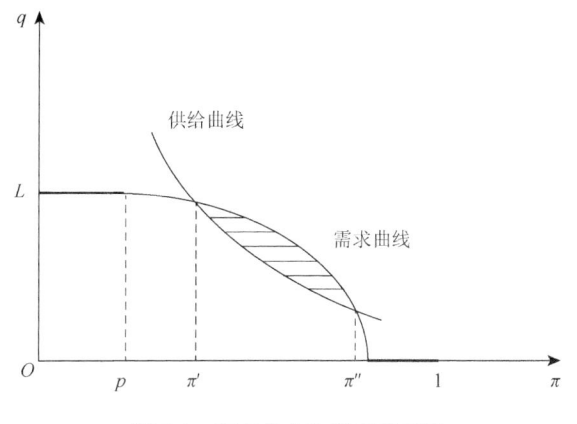

图 7.4 存在多个均衡点的情况

这种情况下监管者对费率进行规定会减少市场中原有均衡点的数量，见图 7.5。不过，即使费率监管使市场均衡点减少，但仍然会存在较多的均衡点。对这一结论的解释是：当市场环境整体较为宽松时（保险人的供给较为充分，投保人需求比较旺盛），监管者对费率的监管能够起到明显抑制效果，同时对市场均衡不会造成太大影响。

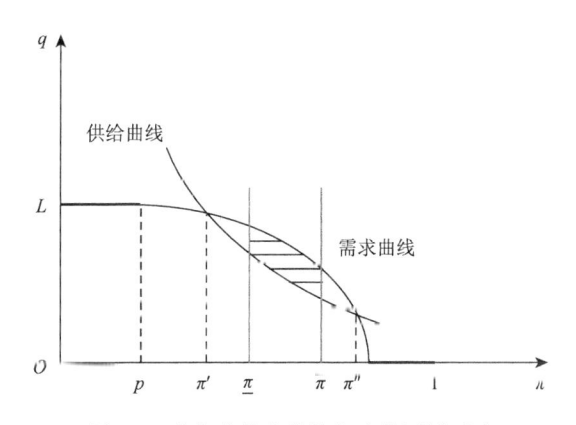

图 7.5 费率监管会使均衡点的区域减小

当然，这一结论是建立在监管者能够准确制定费率标准前提下的，如果监管者制定的费率标准完全落在可以保证市场均衡存在的费率区间之外，则费率监管的结果就会导致市场均衡不再存在，见图 7.6。

2. 市场存在唯一均衡点的情况

当市场存在唯一均衡点时，说明市场的均衡非常"脆弱"，一旦投保人或保险人出现任何变化，都可能导致均衡消失。此时，监管者的费率监管要么对市场均衡没有作用（图 7.7），要么会导致市场均衡不存在，如图 7.8 所示。

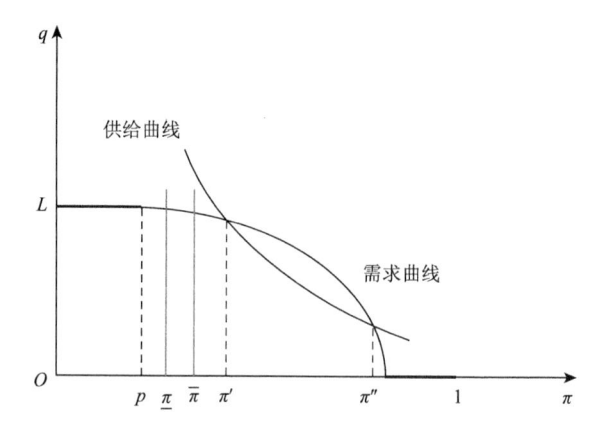

图 7.6 费率监管不当会使市场均衡不再存在

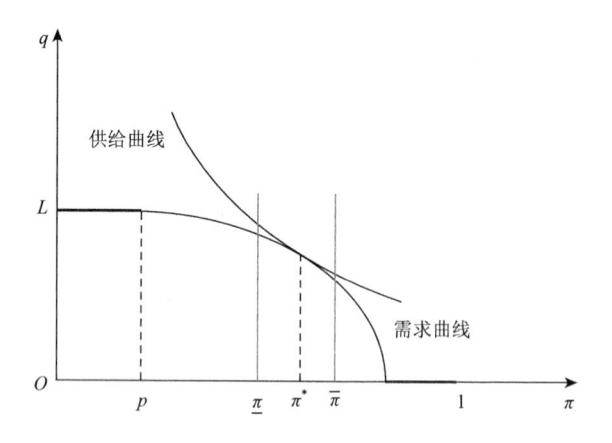

图 7.7 费率监管对单一市场均衡点的影响

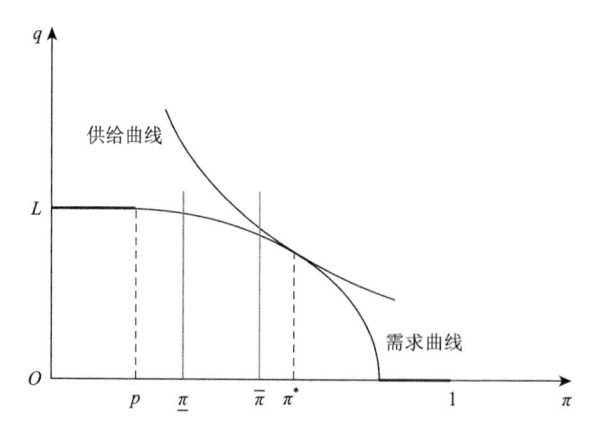

图 7.8 费率监管不当对单一市场均衡点的影响

由于当市场存在唯一均衡点时,市场均衡状态更为"脆弱",因此对费率监管提出了更高的要求,更容易出现费率标准厘定不当的可能。在这种情况下,监管者应该更慎重地实施费率监管,更应该让市场发挥自身作用,去寻找市场均衡点。

### 7.2.3 偿付能力监管对长期均衡的影响

1. 市场存在多个均衡点的情况

偿付能力监管包括很多方面,其中最重要的一方面是通过要求保险人必须拥有充足的资本金,来保证当遇到超预期的损失赔付时,能够保持保险人的正常经营而不会破产。监管者会通过相关监管标准来要求保险人具备一定的偿付能力,例如可以通过制定如第 4 章中式(4.12)所示的偿付能力系数($\theta$)来满足监管者的要求。接下来我们分析,如果监管者改变了偿付能力标准要求(如提高了 $\theta$),将会对市场均衡产生何种影响。

从图 7.9 可以看出,偿付能力标准的提高会使保险市场供给曲线上移,对于市场本身存在多个均衡点的状态,这一变化将会导致市场均衡点数量的减少。直观上可以理解为,当监管者提高了偿付能力标准后,保险人能够提供的价格—需求组合变少了,因此导致市场均衡点变少。而且,如果偿付能力标准提高得过多,还可能会导致市场均衡不存在的情况出现。

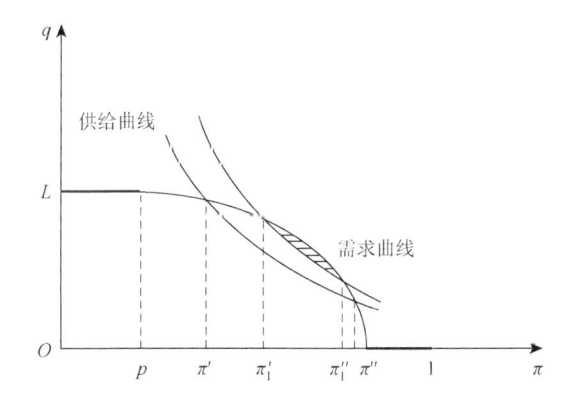

图 7.9 偿付能力监管对市场均衡点(存在多个均衡点的情形)的影响

2. 市场存在唯一均衡点的情况

当市场原本只存在唯一均衡点时,由于提高偿付能力标准会导致供给曲线上移,原本唯一的均衡点也会随之消失(图 7.10)。

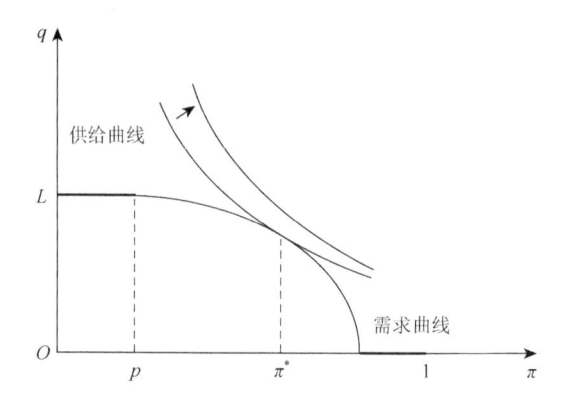

图 7.10　偿付能力监管对唯一市场均衡点的影响

在这种情况下,我们需要进一步分成短期和长期来对保险人的行为进行分析。短期内,面对监管者提高偿付能力标准,保险人为了实现其最低资本回报率,只能从以下几个方面做出调整。

(1) 降低 "$p$"。保险人将会尽量降低对投保人的赔付,将供给曲线左移,从而恢复到原来的均衡状态。值得注意的是,这里保险人并没有改变投保人真正的出险概率,而是人为地降低了赔付率。因此在这种情况下,我们预期会看到保险人更多的惜赔现象。

(2) 降低 "$\beta$" 和 "$\varepsilon$"。保险人将会尽量控制其经营费用支出,以达到供给曲线左移的目的。由于短期内保险人的经营效率难以产生质的变化,因此只能通过降低服务质量来降低成本,在这种情况下,我们预期会看到更多的来自投保人对保险人服务的抱怨。

(3) 降低 "$r$"。当然,保险人还有一种更为直接的方式,就是承受所有的支出,而忍受短期内资本回报率的降低。这种情况在短期内是可以成立的,保险公司的经营者可以暂时说服股东继续留在市场上,管理层通过逐渐改进经营效率等方式将资本回报率提升。

长期来看,当偿付能力标准提高后,保险人将会做出以下几个方面的改变。

(1) 控制承保风险,真正降低 "$p$"。通过更好的风险识别、风险管理服务等手段,保险人可以逐渐地将所承保标的的出险概率降低。通过这种方式,逐渐使供给曲线回到均衡位置。

(2) 提高经营效率,降低经营成本 "$\beta$" 和 "$\varepsilon$"。保险人可以通过改善自身的经营效率,逐渐降低 "$\beta$" 和 "$\varepsilon$",从而使供给曲线回到均衡状态。

(3) 退出保险市场。如果上述措施都没有办法实现,或者不能够使供给曲线回到市场均衡水平，那么投资人将会离开保险市场。

从上面的分析来看，提高偿付能力监管标准，如果运用得当，长期来看是可以促进保险人改善经营效率的。但我们也看到，在监管标准提高的短期内，可能会产生一定的负面影响，当市场上费率监管与偿付能力监管并存时，这种负面影响会更为显著。因此，我们必须强调费率监管与偿付能力监管之间的协调配合。

### 7.2.4 长期下费率监管与偿付能力监管的协同效应

从上面的分析可以看出，市场费率监管与偿付能力监管都会使市场可行的供给区域变得更为紧张，从而导致市场均衡区域的变小。事实上，如果费率监管和偿付能力监管同时加强，很有可能出现市场均衡区域变小甚至消失的情况。如图 7.11 所示，当费率监管和偿付能力监管同时加强且两者并没有很好地协同时，会导致市场均衡的消失。如果这种情况出现，保险人只能通过短期行为硬性调整供给曲线，导致投保人的利益受到损害。

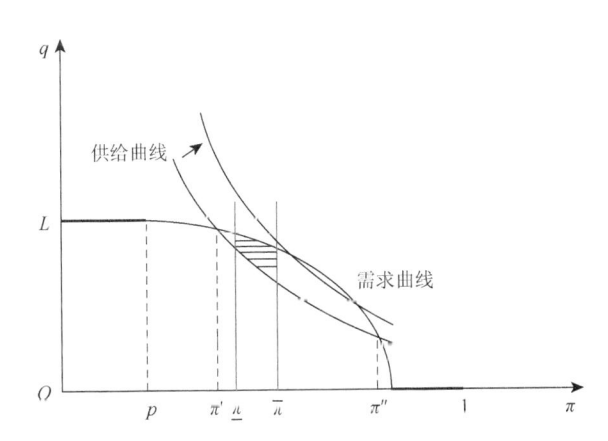

图 7.11 偿付能力监管和费率监管的同步加强导致市场均衡的消失

上面我们从保险市场供求均衡的角度，讨论了费率监管和偿付能力监管对均衡的影响，可以将费率监管和偿付能力监管两者应相互配合使用的基本原则总结如下。

（1）应注重费率监管和偿付能力监管的协同效应。监管者应加强对两方面监管政策协同效果的研究，在制定费率监管和偿付能力监管政策时，应充分考虑两者对市场的共同影响。

（2）监管力度的选择要建立在对市场运行情况的判断上。本章的研究显示，监管者加大监管力度应该选择市场供求环境较为宽松时进行；当市场供求较为紧张、均衡空间较小时，加强监管容易导致对市场原有均衡的破坏。

（3）严格的偿付能力监管应该配合宽松的费率监管环境。偿付能力监管是保证保险人健康经营的重要手段，但严格的偿付能力监管需要宽松的费率监管环境配合，否则容易导致市场均衡的破坏。

（4）强化政策的长期引导效应，避免政策的反复。本章的研究显示，在市场环境允许的情况下，逐步放开费率，使费率市场化，同时配以不断加强的偿付能力要求，可以促使保险人努力提升自身经营水平、经营效率、财务状况、偿付能力等。

## 7.3 基于风险调整的监管政策及其协同关系

在前面的分析中我们将保险偿付能力监管进行了简化处理，即假设保险人资本金要达到保费收入的一定比例。这一简化处理是为了方便求解模型的均衡点，但这种简化实际上是将偿付能力监管简单地限定为静态偿付能力监管。

基于风险调整的动态偿付能力监管与静态偿付能力监管的最大区别在于，衡量保险人偿付能力充足与否的标准不再是简单地根据资产负债表上的权益资本，而是要根据经过风险调整的实际资本（又称为认可资本，等于认可资产与认可负债的差额），偿付能力报告和检查的频率也大大提高，使得监管者能够对保险人的偿付能力水平有一个动态把握。

为了更准确地考察偿付能力监管对市场均衡的实际影响，下面我们将在保险长期供给模型中进一步引入对保险人资金运用的监管，使分析过程更为贴近实际情况。

**专栏 7.1**

**中国保险业偿付能力监管发展历程**[①]

1. 第一代偿付能力监管制度

我国第一代偿付能力监管制度可以追溯到1998年保监会成立之前。

---

[①] 陈文辉（2014）、张瑶（2022）。

早在 1995 年,《保险法》就对偿付能力监管提出了明确要求。2001 年保监会发布并在所有保险公司试行《保险公司最低偿付能力及监管指标管理规定》。2003 年 3 月,保监会发布并实施《保险公司偿付能力额度及监管指标管理规定》。2004 年之后,保监会陆续发布了 16 个偿付能力报告编报规则和若干偿付能力报告编报实务指南与问题解答。至 2007 年底,我国基本构建起了较为完整的第一代偿付能力监管制度体系。

我国的第一代偿付能力监管框架借鉴了欧盟偿付能力 I 和美国的 RBC 体系,填补了我国保险行业初期的监管空白。但是受限于专业能力和经验的缺乏,第一代偿付能力监管制度没有根据行业发展情况进行校验和修正。具体来说,第一代偿付能力监管制度虽然在资本要求总量上能够覆盖行业偿付能力风险,但对不同规模公司的影响差别较大,与保险公司的实际风险暴露程度没有显著相关性。换句话说,这个时期的偿付能力监管是静态的。

2. 动态偿付能力监管的尝试

由于静态偿付能力监管存在的弊端,2007 年保监会颁布了《保险公司偿付能力报告编报规则第 11 号:动态偿付能力测试(人寿保险公司)》,标志着我国开始了动态偿付能力监管。2008 年 9 月 1 日起实施的《保险公司偿付能力管理规定》,又在动态偿付能力监管基础上,引入了基于风险调整的监管标准。

3. "偿二代"监管框架

2012 年后,为顺应国际金融保险监管改革的潮流,实现与国际保险监管规则接轨,同时也为适应国内保险市场的快速发展,有效提升风险防范能力,保监会启动了"偿二代"监管制度的建设工作。

2013 年 5 月,保监会发布《中国第二代偿付能力监管制度体系整体框架》,明确了"偿二代"顶层设计和建设蓝图,提出了由定量资本要求、定性监管要求和市场约束机制构成的"三支柱"框架体系。2015 年 2 月,《保险公司偿付能力监管规则(1—17 号)》发布,中国保险行业进入"偿二代"实施过渡期。2016 年 1 月,保监会印发通知,宣布"偿二代"正式开始实施。

2017 年 4 月,保监会举办了全国保险业偿付能力监管工作培训班,提出启动"偿二代"二期工程。同年 9 月,印发了《偿二代二期工程建

> 设方案》，"偿二代"二期工程正式启动。2021年1月，中国银行保险监督管理委员会发布了新修订的《保险公司偿付能力管理规定》，将"偿二代"提出的三支柱框架体系上升为部门规章，明确提出保险公司只有在两项偿付能力充足率和风险综合评级均满足监管要求的情况下方为达标公司；并通过完善对于不达标公司的监管措施，强化了偿付能力监管的刚性约束和对保险行业偿付能力风险的防控力度，在监管层面进一步肯定和巩固了"偿二代"的建设实施成果，"偿二代"二期工程建设取得重要进展。2021年12月，"偿二代"监管规则进行了全面优化升级，"偿二代"二期工程建设顺利完成。

### 7.3.1 基于风险调整的保险偿付能力监管

1. 基于风险调整的偿付能力充足率

在前面给出的保险市场供给模型中，我们将对保险人的偿付能力要求（资本要求）简化为保费收入的线性函数（固定比例）。但在保险监管实践中，对保险人偿付能力的监管标准要更为复杂。例如，2008年保监会颁布的《保险公司偿付能力管理规定》中指出："保险公司应当以风险为基础评估偿付能力。""保险公司应当具有与其风险和业务规模相适应的资本，确保偿付能力充足率不低于100%。偿付能力充足率即资本充足率，是指保险公司的实际资本与最低资本的比率。"这里提到了两个重要概念："最低资本"和"实际资本"。

最低资本是指保险公司为应对资产风险、承保风险等对偿付能力的不利影响，依据监管机构的规定而应当具有的资本数额。

实际资本是指认可资产与认可负债的差额。认可资产是保险公司在评估偿付能力时依据监管机构的规定所确认的资产，适用列举法。认可负债是保险公司在评估偿付能力时依据监管机构的规定所确认的负债[1]。

保险监管者通过监控保险人的偿付能力充足率即实际资本与最低资本的比率，来监测和管理保险人的偿付能力水平，对偿付能力充足率的标准的制定，体现了偿付能力监管的严格程度[2]。

---

[1] 来源于2008年颁布的《保险公司偿付能力管理规定》。

[2] 偿付能力充足率低于100%为偿付能力不足类保险公司；偿付能力充足率在100%到150%的为偿付能力充足Ⅰ类保险公司；偿付能力充足率高于150%的保险公司为偿付能力充足Ⅱ类保险公司。对偿付能力充足水平不同的公司，监管机构会采取不同的监管措施。

## 2. 认可资产

随着保险资金运用范围的不断放开，保险公司的投资渠道逐渐多样化，越来越多的风险资产可以作为保险公司投资的标的，因而对保险公司认可资产的界定和评估也需要不断完善。因此，在保险公司测算其偿付能力时，对于不同风险类型和等级的投资标的，监管机构都会给出如何对其进行认可的详细规定。例如，对于银行存款等风险比较小的资产，在偿付能力核算时，可以100%地归类为认可资产；而对于风险等级较高的投资标的，如企业债券、股权投资等，需要根据风险程度来对资产价值做出调整后，确定最终的资产认可值。

在下面的分析中，我们将保险公司的资产分为风险资产和无风险资产两类，并分别给出风险调整的方法，作为确定认可资产的依据。

### 7.3.2 基于风险调整的保险市场长期供给曲线与市场均衡

1. 基于风险调整的保险市场长期供给曲线

为了更真实地刻画保险偿付能力监管的作用机制和影响，我们在长期供给中引入基于风险的偿付能力监管因素的考虑。具体来说，就是将式（4.11）中保险公司资本从静态资本转化为基于风险的实际资本（认可资本），即保险人的资本是认可资产与认可负债的差额：

$$\tilde{C} = \tilde{A} - \tilde{L} \qquad (7.1)$$

其中，$\tilde{A}$为认可资产；$\tilde{L}$为认可负债。与静态偿付能力监管不同的是，这两个指标都是随机变量。

进一步地，假定保险人的资产可以配置到风险资产（比例为$\gamma$）和无风险资产（比例为$1-\gamma$）上，对应的收益率分别为$r_R$和$r_f$，且有$r_R > r_f$。

下面，我们用符号$\bar{E}(\cdot)$表示"认可"的意思。由于认可资产和认可负债的计算并不是简单地求期望，因此这里的$\bar{E}(\cdot)$有别于传统的期望值符号$E(\cdot)$。进一步地，我们定义：

$$\begin{cases} \bar{E}(\tilde{A}) = \bar{E}(\gamma \tilde{R} A) + (1-\gamma)A \\ \bar{E}(\tilde{L}) = pq \end{cases} \qquad (7.2)$$

其中，$\tilde{R}$为代表风险资产风险特性的随机变量，且有$E(\tilde{R})=1$，$\text{Var}(\tilde{R})=\sigma^2$。由于在对保险人的偿付能力进行判定时，风险资产需要根据其风险特性进行价值评估，这里定义：

$$\bar{E}(\tilde{R}) = 1 - \omega\sigma \qquad (7.3)$$

其中，$\omega$ 为监管者对风险资产如何认可的态度，也可以看作衡量偿付能力监管严厉程度的一个指标。

根据式（4.13）对保险市场长期供给函数的设定，将保险公司基于风险调整的资产、负债，以及投资收益引入模型中，可以得到如下保险供给函数：

$$\pi q + r_R \gamma A + r_f(1-\gamma)A = E(\tilde{L}) + \beta \pi q + \varepsilon + rE(\tilde{A}-\tilde{L})$$
$$\text{s.t.} \quad \overline{E}(\tilde{A}) - \overline{E}(\tilde{L}) \geqslant C_{\min} \tag{7.4}$$

上面的等式表示的是保险市场长期定价公式，约束条件代表的是监管者对保险人偿付能力的要求，即实际资本（认可资本）不能低于最低资本。

根据前文对偿付能力中最低资本的规定，不考虑投资性非寿险产品，这里对 $C_{\min}$ 做如下定义：

$$C_{\min} = \text{Max}\{\theta \pi q, \eta p q\} \tag{7.5}$$

即最低资本是由自留保费收入的一个固定比例和赔付金额的一个固定比例中的较大值确定，$\theta$ 和 $\eta$ 越大，说明偿付能力监管标准越严格。

对式（7.4）进行简化处理，并将 $C_{\min}$ 代入，得到：

$$q = \frac{\varepsilon + (r - r_R \gamma - r_f(1-\gamma))A}{(1-\beta)\pi - p(1-r)}$$
$$\text{s.t.} \quad A(1-\gamma\omega\sigma) - pq \geqslant \text{Max}\{\theta\pi q, \eta p q\} \tag{7.6}$$

式（7.6）给出了基于风险调整的保险长期供给函数，其中偿付能力监管标准体现在最低资本要求标准 $\theta$ 和 $\eta$ 的取值，以及对风险资产的认可程度 $\omega$ 上，对资金运用监管的标准体现在允许保险公司投资风险资产的比例 $\gamma$ 上。

对式（7.6）中约束条件的进一步分析可以得到约束条件如下：

$$\begin{cases} q \leqslant \dfrac{A(1-\gamma\omega\sigma)}{\theta\pi + p}, & \pi \geqslant \dfrac{\eta p}{\theta} \\ q \leqslant \dfrac{A(1-\gamma\omega\sigma)}{p(1+\eta)}, & \pi < \dfrac{\eta p}{\theta} \end{cases} \tag{7.7}$$

即偿付能力监管对供给曲线的约束是分段的：随着保费水平的变化，偿付能力约束线也会发生变化。我们先给出一组参数，看一下基于风险调整的市场长期供给曲线和约束的形式（表 7.1）。

## 表 7.1　基于风险调整的保险公司长期供给模型中参数的设定

| 参数 | 符号 | 基准情形 | 对原均衡点无影响（S1） | 原均衡点减少（S2） | 唯一均衡点（S3） | 无均衡点（S4） |
|---|---|---|---|---|---|---|
| 出险概率 | $P$ | 0.1 | 0.1 | 0.1 | 0.2 | 0.2 |
| 经营费用率 | $\beta$ | 0.3 | 0.3 | 0.3 | 0.3 | 0.1 |
| 资本回报率要求 | $r$ | 5% | 5% | 5% | 5% | 5% |
| 固定经营成本 | $\varepsilon$ | 0.1 | 0.05 | 0.05 | 0.05 | 0.7 |
| 最大损失额度 | $L$ | 4 | 4 | 4 | 3 | 4 |
| 保险人资产 | $A$ | 2 | 2 | 2 | 4 | 4 |
| 风险资产折扣系数 | $\omega$ | 0.25 | 0.25 | 0.25 | 0.25 | 0.25 |
| 风险资产比例上限 | $\gamma$ | 0.3 | 0.3 | 0.3 | 0.3 | 0.3 |
| 风险资产波动率 | $\sigma$ | 0.4 | 0.4 | 0.4 | 0.4 | 0.4 |
| 最低资本认可系数1 | $\theta$ | 0.2 | 0.2 | 0.2 | 0.2 | 0.6 |
| 最低资本认可系数2 | $\eta$ | 0.25 | 0.25 | 0.5 | 0.25 | 0.6 |

图 7.12 是根据本书 4.2.1 节中保险市场长期供给曲线以及上述风险调整（偿付能力线）相结合得到的基于风险调整的保险市场长期供给区域。可以看到，偿付能力线将原来的保险供给区域进行了限制，高于偿付能力线的部分不再对保险公司可行（特定价格下保险公司提供的保险数量被限定了）。

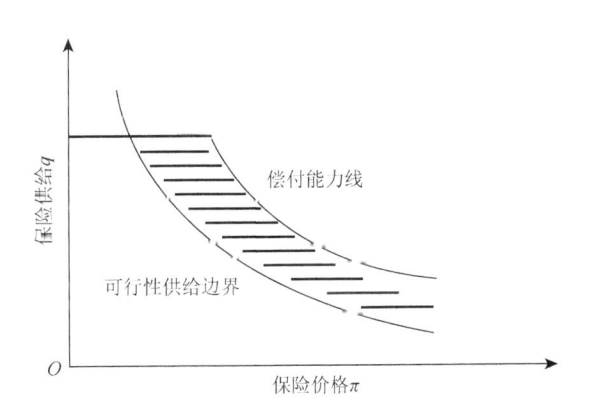

图 7.12　基于风险调整的保险公司长期供给曲线及约束

由图 7.12 可以看出，基于风险调整的长期供给曲线构成的供给可行边界的形式没有发生变化，仍然是双曲线型。而基于风险的偿付能力和资金运用监管给长期的供给可行区域添加了上边界，使得供给可行边界右上方原本全部可行的区域被分割开来，只剩下阴影部分是真正的可行供给区域。并且，监管对供给区域的限制也是分段的，在费率比较低的阶段，即 $\pi < \dfrac{\eta p}{\theta}$

时，偿付能力的限制与 $\pi$ 无关，是一条直线；当费率上升到较高阶段，即 $\pi \geq \dfrac{\eta p}{\theta}$ 时，对供给的限制与 $\pi$ 有关，随着 $\pi$ 的增加而逐渐严格，供给可行区域呈现收窄的趋势。

2. 基于风险调整的保险市场长期均衡

将式（4.5）与式（7.6）结合，得到基于风险调整的保险市场长期供求均衡方程：

$$\begin{cases} q = L - \dfrac{1}{\alpha} \ln \dfrac{\pi(1-p)}{(1-\pi)p} \\ q = \dfrac{\varepsilon + (r - r_R \gamma - r_f(1-\gamma))A}{(1-\beta)\pi - p(1-r)} \\ \text{s.t.} \quad A(1-\gamma\omega\sigma) - pq \geq \text{Max}\{\theta\pi q, \eta p q\} \end{cases} \quad (7.8)$$

上述方程难以求得显式解，因此，我们仍然通过数值模拟的方式来分析基于风险调整的保险市场长期均衡的可能情形。

1）存在多个均衡点的情况

当保险市场上供求关系比较宽松时，市场上会存在多个可能的均衡点。但基于风险的偿付能力监管要求可能会导致部分甚至全部均衡点消失。表 7.1 中状态 S1 对应的参数取值表现的是实施偿付能力监管对原均衡点没有影响的情形（图 7.13）；状态 S2 对应的参数取值表现的是实施偿付能力监管导致原有均衡点减少的情形（图 7.14）。从图 7.14 可以看出，偿付能力监管标准的提高会导致偿付能力限制线向下移动,减少了原来的均衡点区域。

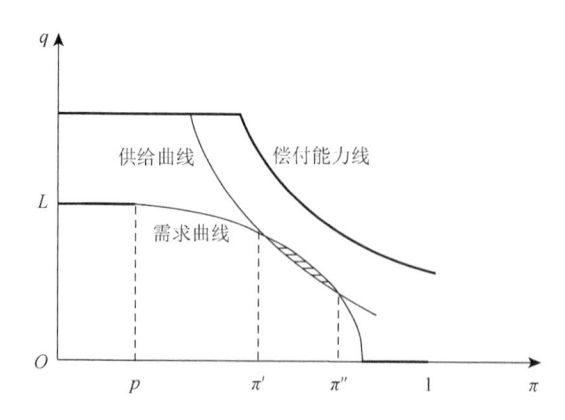

图 7.13 基于风险调整的保险市场长期供求曲线：存在多个均衡点，且偿付能力标准变化不影响均衡点区域（阴影部分）

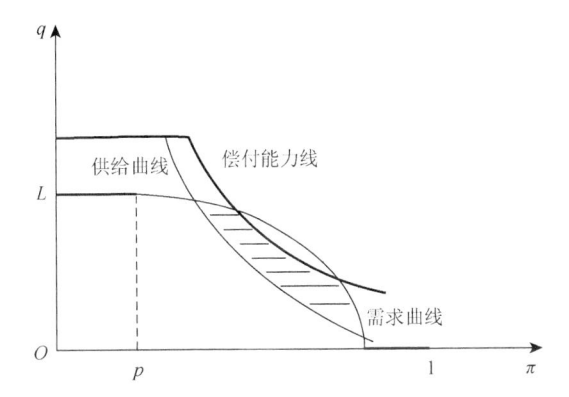

图 7.14 基于风险调整的保险市场长期供求曲线：存在多个均衡点，且偿付能力监管标准减少了均衡点区域（阴影部分）

2）存在唯一均衡点的情况

当保险市场上供求相对紧张的时候，会出现存在唯一均衡点的情况。表 7.1（S3）列给出的参数是使市场存在唯一均衡点的参数取值。如图 7.15 所示，保险市场上存在唯一均衡点，在这种情况下偿付能力监管的实施更加不会容易影响到原有的市场均衡。

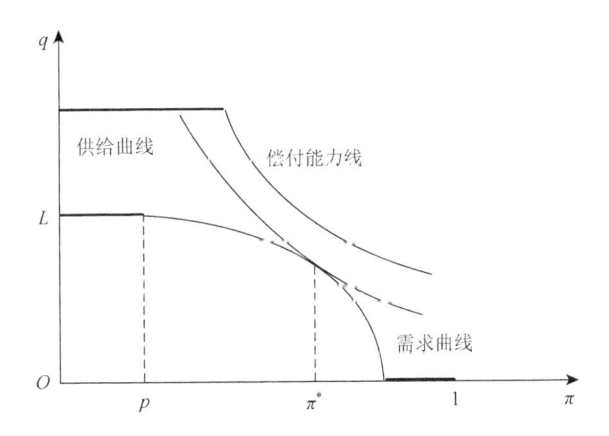

图 7.15 基于风险调整的保险市场长期供求曲线：存在唯一均衡点的情况

3）不存在均衡点的情况

当保险市场上供求比较紧张的时候，会出现不存在均衡点的情况。表 7.1 中的（S4）列给出的是使市场不存在均衡点的参数取值。如图 7.16 所示，当保险市场不存在长期供求均衡时，基于风险的偿付能力监管也往往起不到作用。

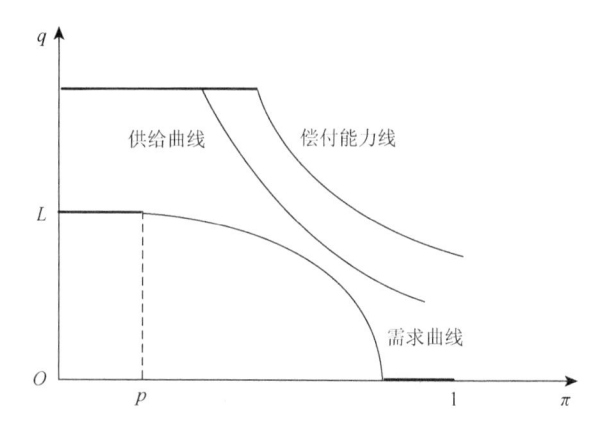

图 7.16 基于风险调整的保险市场长期供求曲线：不存在均衡点的情况

### 7.3.3 基于风险调整的费率、偿付能力和资金运用监管的影响分析

1. 基于风险调整的偿付能力监管对均衡的影响

上一节我们分析了实施基于风险调整的偿付能力监管后保险市场长期供求均衡可能出现的状态。与静态均衡类似，保险市场的长期供求关系仍可能存在多个均衡点、唯一均衡点或没有均衡点的情形。但与静态情形下偿付能力监管不同的是：基于风险调整的偿付能力监管、资金运用监管以及费率监管对市场均衡的影响方式是不同的。

首先，偿付能力监管的影响主要是通过式（7.8）中的约束条件来实现的，即 $A(1-\gamma\omega\sigma) - pq \geq \text{Max}\{\theta\pi q, \eta p q\}$，整理得到

$$q \leq \frac{A(1-\gamma\omega\sigma)}{\text{Max}\{\theta\pi, \eta p\} + p} \tag{7.9}$$

偿付能力监管主要是通过对供给可行区域添加了偿付能力限制线来实现的，并且由式（7.9）可知：

$$\frac{dq}{d\theta} < 0, \quad \frac{dq}{d\eta} < 0 \tag{7.10}$$

即当最低资本标准提高时，偿付能力限制线将会下移，从而不断减小可行供给区域，如图 7.17 所示。

类似地，由约束条件式（7.9）可知：

$$\frac{dq}{d\omega} < 0 \tag{7.11}$$

$\omega$ 衡量的是监管者对风险资产的认可标准，也可以认为是偿付能力监管的一部分。当监管者对风险资产的认可程度变得更为严格时，由式（7.11）可知偿付能力限制线将会下移，从而减少了市场均衡时可行供给区域。

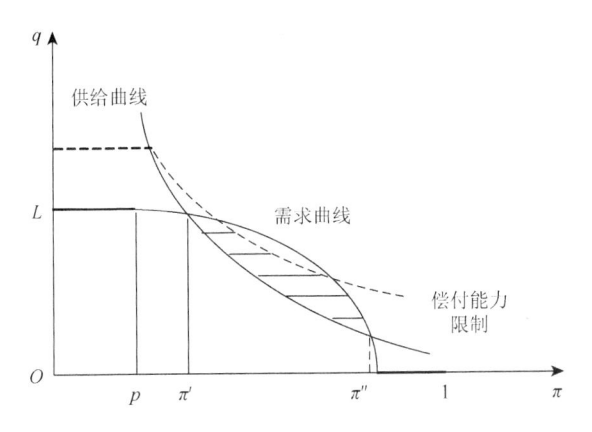

图 7.17 基于风险的偿付能力监管对可行供给区域的影响

### 2. 基于风险调整的资金运用监管对市场均衡的影响

从式（7.8）可知，监管者对于资金运用的监管可以从两个方面影响保险市场的供给：一方面，对于市场供给本身，由

$$\begin{cases} \dfrac{\mathrm{d}q}{\mathrm{d}\gamma} = -\dfrac{(r_R - r_f)A}{(1-\beta)\pi - p(1-r)} > 0, & \pi < \dfrac{p(1-r)}{1-\beta} \\ \dfrac{\mathrm{d}q}{\mathrm{d}\gamma} = -\dfrac{(r_R - r_f)A}{(1-\beta)\pi - p(1-r)} < 0, & \pi > \dfrac{p(1-r)}{1-\beta} \end{cases} \quad (7.12)$$

可知，在长期均衡下，当保险人的费率水平较低时，资金运用监管越宽松，市场供给量就会越大，这是因为允许保险人更多地依靠投资风险资产获得收益会鼓励其更多地开展业务。反之，当保险人的费率水平相对较高时，资金运用越宽松，市场供给反而会减少，这时候允许保险人更多地投资到风险资产上反而会抑制其提供保险产品。

另一方面，资金运用监管标准还体现在对市场供给的限制上。由约束条件（7.9）可知：

$$\dfrac{\mathrm{d}q}{\mathrm{d}\gamma} < 0 \quad (7.13)$$

即市场供给限制线随着保险资金运用监管的放松而变得更为严格，这主要是由于监管者对风险资产采取了稳健的价值处理方式。因此，允许保险公司更多地投资到风险资产上会导致其认可资本的下降。

从上述分析可知，资金运用监管对长期保险市场均衡的影响是多方面的。一方面，它可以通过增加保险公司收益的方式来缓解其偿付能力的压力；另一方面，投资到风险资产上的比例上升，会导致认可资本的下降，从而减少保险长期供给的可行区域。

### 3. 基于风险调整的费率、偿付能力和资金运用监管政策之间的协调

上面的分析给出了基于风险调整的偿付能力监管等监管活动对市场均衡的影响，结合本章前面对静态偿付能力监管的影响分析，不难看出静态偿付能力监管和基于风险调整的偿付能力监管的区别，见图 7.18。

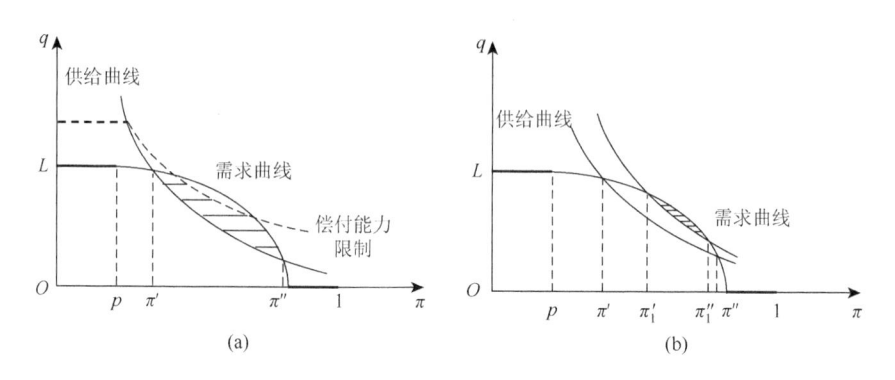

图 7.18　两类偿付能力监管对多个市场均衡情形的影响

从图 7.18 可以看出，当保险市场存在多个长期均衡点时，基于风险调整的偿付能力监管（图 7.18（a））和静态的偿付能力监管（图 7.18（b））都会减少均衡点的数量。因此，本章前面得出的关于偿付能力监管和费率监管协调的结论与建议也同样适用于此。但我们也发现，两种偿付能力监管作用的方向是不同的。基于风险的偿付能力监管并不会移动保险长期供给曲线，而是从右上方减少了可行供给区域，从而减少了可能的均衡点区域。因此，基于风险的偿付能力监管在与费率监管进行协调时，与静态偿付能力监管会有很大的不同。

静态偿付能力监管与费率监管的共同影响更容易造成市场均衡的消失。如图 7.19 所示，在基于风险的偿付能力监管下，由于限制线是从右上

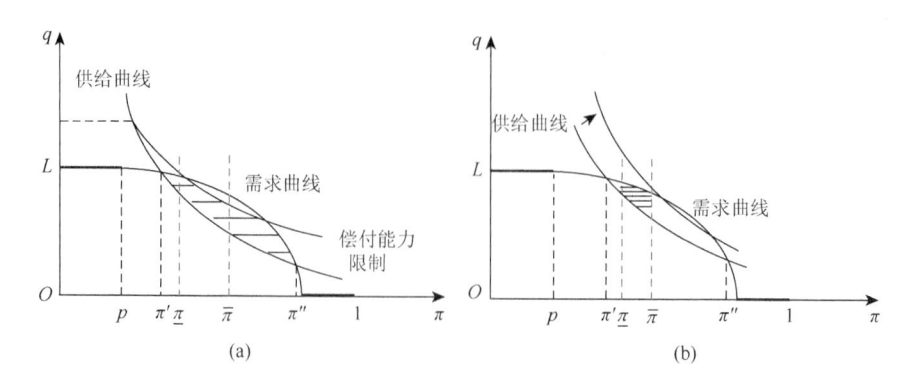

图 7.19　费率监管与两类偿付能力监管的协调

方作用于均衡区域，对原有均衡区域在不同费率范围内的均衡点的损失较小，因此在与费率监管进行配合时不太容易造成市场均衡完全消失的情况。这一区别在市场只存在唯一均衡的情况下也是非常明显的。

此外，除了偿付能力监管与费率监管的协调外，资金运用监管与二者也存在协调和互动关系。从上面的分析可知，当市场上费率监管放宽时，竞争加剧会导致费率降低；同时，若偿付能力标准提高，容易造成市场均衡受到损失。这个时候，监管者应该适度放开资金运用监管，允许保险人更自由地投资到收益较高的风险资产上，补充其收入，缓解严格的偿付能力监管带来的压力。

# 第 8 章 保险市场监管的博弈分析

## 8.1 本章引言

本书前面各章在古典经济学理论框架下，通过建立保险市场供求均衡模型，分析了保险监管对市场均衡和效率的影响，对实践中的一些重要监管制度设计给出了基于古典经济学理论的解释。

但是，正如本书第 1 章中指出的那样，基于古典经济学的分析并没有考虑到市场参与者的非"价格和数量"行为，并且假定监管的行为能完全发挥效果，同时也忽视了监管者对自身效用和利益的考虑。而在实际当中，很多监管政策是针对市场上的非"价格和数量"行为的；而且，由于监管活动本身也存在成本，监管者无法实现 100%的有效监管；并且，在某些监管制度的制定和实施中，监管者本身也是一个利益相关方。因此，如何分析监管制度出台的动机、监管制度的设计能否有效激励市场参与者做出预期的反应，制度经济学的分析方法可以为我们提供新的分析视角。

如图 8.1 所示，当监管者的监管行为比较到位时，监管政策的实施效果能够保证按照监管者的设计初衷来实现，这时候的市场均衡是符合古典经济学假设的。但由于监管成本的存在以及监管力度的不足，可能导致市场参与者会无视监管规定，做出违反监管要求的行为。这个时候，单纯从古典经济学模型出发，分析监管政策对市场均衡的影响就不合理了。

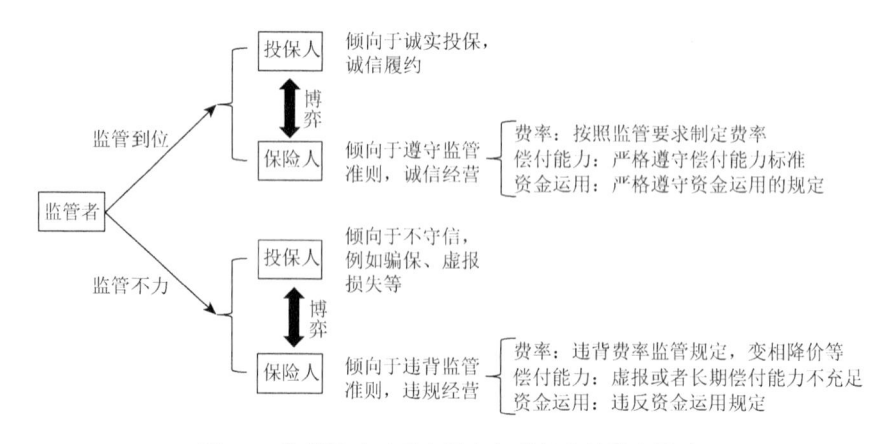

图 8.1 监管活动对于市场参与者行为的潜在影响

制度经济学和博弈论的发展，为研究市场监管提供了新的视角和工具。从制度经济学和博弈论的视角对市场监管进行分析，有助于更好地理解监管政策作用的机制，帮助我们更准确地预测监管政策的实施效果，从而丰富古典经济学单纯从市场供求出发对监管政策影响的分析。本章中，我们将利用博弈论方法，对保险市场监管进行分析。

目前，基于博弈论方法对保险市场的分析主要集中在两个方面：一方面是保险人与投保人之间的博弈分析，另一方面是保险人与监管者之间的博弈分析。相应地，监管政策在这两类分析中分别被视为外生变量或内生变量。

本章中，我们首先构建了描述保险人与投保人之间博弈关系和描述保险人与监管者之间博弈关系的两个博弈模型，其次将这两个模型合并到一个博弈问题中，通过建立一个投保人、保险人和监管者三方之间的博弈模型，分析他们的博弈行为以及相互影响。

在 8.2 节中，我们构建了保险人和投保人之间的博弈模型，并从单期静态博弈和多期动态博弈视角出发，考察了博弈的均衡点、最佳策略选择以及对监管者的启示。

在 8.3 节中，我们构建了保险人和监管者之间的博弈模型，给出了该博弈在混合策略意义下均衡解的计算方法及对应的经济含义。

在 8.4 节中，我们将监管者的监管信号纳入投保人和保险人的博弈模型中，通过分析监管信号的变化对市场均衡及监管者自身目标函数的影响，分析监管者应该如何选择最佳的监管信号。

在 8.5 节中，我们构建了一个多人博弈模型，将监管者作为一个参与方直接纳入博弈模型中，分析监管者的监管行动如何对博弈均衡造成影响，并基于分析结果给出了对监管者的建议。

## 8.2 保险人与投保人之间"诚信"与"不诚信"的博弈分析

### 8.2.1 保险人与投保人之间的不诚信表现

在保险市场中，保险人与投保人之间的相互信任是一个基本前提，是市场能够正常运转的基本条件。但由于受短期利益驱使，保险人和投保人之间很可能会出现不诚信行为。例如，保险人及其代理人对投保人的不诚信行为可能有：销售误导；避重就轻，夸大产品功能；承诺可能无法实现的投资回报或分红收益；只谈收益不讲风险。投保人对保险人的不诚信行为可能有：隐瞒或篡改有关被保险标的风险的真实信息；故意制造保险事故骗取保险金。

### 8.2.2　保险人与投保人之间是否选择诚信的博弈模型

下面，我们用"囚徒困境"模型来研究保险人与投保人之间是否应采取诚信的博弈问题。

专栏 8.1

> **"囚徒困境"**
>
> "囚徒困境"是博弈论中说明非零和博弈现象的最具代表性的问题之一。问题是这样的：警方逮捕了甲、乙两名嫌疑犯，但没有足够证据指控二人有罪。于是警方将他们分开囚禁，分别和二人见面，并向双方提供以下相同的选择：
> - 若一人认罪并作证检控对方（相关术语称为"背叛"对方），而对方保持沉默，此人将即时获释，沉默者将判监 10 年。
> - 若二人都保持沉默（相关术语称为互相"合作"），则二人同样要被判监半年。
> - 若二人都互相检举（互相"背叛"），则二人均会被判监 5 年。
>   从每个囚犯的角度看，选择"合作"或者"背叛"的收益如下：
> - 若对方沉默、我背叛，则我会获释，所以我应选"背叛"。
> - 若对方背叛指控我，我也要指控对方才能得到较低的刑期，所以我还是应该选择"背叛"。
>
> 根据上面的分析，二人经过理性思考后会得出相同的结论：选择"背叛"。背叛是两种策略中的支配性策略。因此，这场博弈唯一可能达到的纳什均衡点就是，双方都应该选择背叛对方，结果是二人都要服刑 5 年，而这是一个"双输"的结局。

假定保险市场中存在两类主体：保险人和投保人，分别用 $I$ 和 $C$ 来表示。双方只面临一次博弈，均可以选择两个策略：诚信（$H$）或不诚信（$L$）。当双方选定各自的策略后，各自的收益构成的收益矩阵（括号中第一个字母代表保险人的收益，第二个字母代表投保人的收益）见表 8.1。

表 8.1　保险人和投保人之间诚信博弈的收益矩阵（一）

|  | 投保人，$H$ | 投保人，$L$ |
|---|---|---|
| 保险人，$H$ | $(R,R)$ | $(S,T)$ |
| 保险人，$L$ | $(T,S)$ | $(P,P)$ |

一般来说，收益矩阵中参数的取值应满足：$T>R>P>S$，例如 $(T,R,S,P)=(5,4,0,1)$。下面，我们不妨假设具体的收益矩阵如表 8.2 所示。

表 8.2　保险人和投保人之间诚信博弈的收益矩阵（二）

|  | 投保人：诚信（$H$） | 投保人：不诚信（$L$） |
|---|---|---|
| 保险人：诚信（$H$） | $(4,4)$ | $(0,5)$ |
| 保险人：不诚信（$L$） | $(5,0)$ | $(1,1)$ |

上述诚信博弈问题是一个典型的"囚徒困境"式博弈。我们可以很容易地发现，该博弈问题在纯策略意义下的唯一解（且为纳什均衡）为$(L,L)$，即投保人和保险人都选择"不诚信"，导致双方的收益为$(1,1)$。

我们发现，这一均衡策略并不是帕累托最优策略。但如果没有外界的强制要求，也不改变模型假设（如假设可以进行多次博弈，或改变其中某些参数的赋值等）的话，这一结果就是唯一可能的均衡点。这是一个非常令人沮丧的发现。

因此，在有限次博弈假设下，如果要促使博弈双方能够自发地选择对双方来说都更有利策略（即双方都应选择"诚信"，使各自的收益增加到 4），监管者就必须通过外力影响双方的收益矩阵。例如，监管者可以通过采取更加严厉的惩罚措施，将不诚信行为的收益从 $T$（目前是 5）降低到 $R$（目前是 4）以下，例如使得 $T=2$，这样保险人和投保人就都会自发地选择采取"诚信"而不是"不诚信"行为了，见表 8.3。

表 8.3　保险人和投保人之间诚信博弈的收益矩阵（三）

|  | 投保人：诚信（$H$） | 投保人：不诚信（$L$） |
|---|---|---|
| 保险人：诚信（$H$） | $(4,4)$ | $(0,2)$ |
| 保险人：不诚信（$L$） | $(2,0)$ | $(1,1)$ |

事实上，保险人和投保人都不是简单的短期行为人。尤其是保险人，他们会考虑到未来市场需求对自身发展的重要性，因此不会无所顾忌地侵害消费者利益。由 Fudenberg 等（1990）、谢识予（2002）可知，当投保人与保险人未来收益的折现系数足够大时，双方均不会主动选择不诚信的策略，而是通过观察对方前一期的策略来决定自己是否采取不诚信策略来惩罚对方，这样的策略或许才是更优的策略。

通过以上分析可知，为了激励投保人与保险人都能够采取诚信行为，监管者应该从以下两方面做出努力。

（1）降低不诚信行为可能带来的收益。当采取不诚信行为所带来的额外收益变小后，对不诚信行为的激励变小了，投保人和保险人自然会更倾向于诚信行为。

（2）增加投保人和保险人双方对未来收益的重视程度。监管者应该通过加强市场教育，提高准入门槛，建立完善的信用和信息披露制度，促使市场参与双方能够对未来收益更为重视，从而激励双方不要率先采取不诚信的行为。

## 8.3 保险人与监管者之间"违规"与"监管"的博弈分析

### 8.3.1 博弈模型的设定

前面对保险人与投保人之间博弈的分析，我们对保险监管的作用是站在公共利益理论的视角，将监管者视为社会计划者，其行动目标是使社会效用最大化。但实际上，由于监管者在进行监管时也需要付出成本，受到能力、预算甚至是来自自身利益方面的制约，并不能保证对所有违规行为都进行有效查处。因此，监管者本身也面临着对保险人的违规行为是否进行监督查处的选择。下面我们借鉴国内学者的相关研究，构建一个描述保险人与监管者之间违规与监管的博弈模型（徐徐，2009；谢识予，2002）。

假定保险市场上存在保险人和监管者，保险人可选择的策略为：合规经营（$H$）和违规经营（$L$）。监管者可选择的策略为：监管（$S$）和不监管（$N$）[①]。并假设双方的博弈矩阵如表 8.4 所示，括号中的第一个字母代表监管者的收益，第二个字母代表保险人的收益。

---

① 这里，"不监管"实际上应理解为较宽松的监管，"监管"应理解为较严格的监管。

表 8.4　保险人和监管者之间的博弈矩阵

|  | 保险人，合规（H） | 保险人，违规（L） |
|---|---|---|
| 监管者，监管（S） | (−C, R) | (F−C, T−F) |
| 监管者，不监管（N） | (0, R) | (−D, T) |

对表 8.4 中的参数说明如下。$C$ 为监管者为实施监管需要付出的成本，这一成本是由人力、物力等导致的；$F$ 为监管者对保险人的违规行为的处罚；$D$ 为监管者因放松监管而使保险人违规经营导致的损失，这种损失可能是对监管者渎职的处罚，或是社会总体福利下降导致的损失；$R$ 为保险人合规经营带来的收益；$T$ 为保险人违规经营带来的收益，并且满足 $T>R$。

为能直观解释模型的分析结果，不妨对上述参数赋值如下：$C=1$，$F=2$，$D=1$，$R=4$，$T=5$。

### 8.3.2　博弈模型的纳什均衡

不难发现，表 8.4 给出的博弈模型不存在纯策略意义下的纳什均衡。当监管者不监管的时候，保险人的最优策略就是违规经营；而保险人违规经营的时候，监管者的最优策略是监管（除非监管行为产生的成本特别高）；监管者监管时，保险人最优策略是合规经营，而保险人合规经营时，监管者最优策略又回到了不监管……，如此往复，无法达到一个均衡位置。

尽管上述博弈问题在纯策略意义下的均衡解不存在，但由纳什定理可知，上述博弈在混合策略意义下的均衡解是一定存在的。下面，分别用 $\boldsymbol{x}=(x_1,x_2)^\mathrm{T}$ 和 $\boldsymbol{y}=(y_1,y_2)^\mathrm{T}$ 表示监管者和保险人的混合策略，其中 $0\leqslant x_1$，$y_1\leqslant 1$；$x_2=1-x_1$，$y_2=1-y_1$。混合策略可以理解为监管者以概率 $x_1$ 采取监管行为，而保险人以概率 $y_1$ 采取合规行为。进一步，设 $S_1^*$ 为监管者的混合策略集，$S_2^*$ 为保险人的混合策略集。则纳什定理的结果可表述为：一定存在 $x^*\in S_1^*, y^*\in S_2^*$，使得

$$\begin{aligned} x^{*\mathrm{T}}Ay^* &\geqslant x^\mathrm{T}Ay^*,\ x\in S_1^* \\ x^{*\mathrm{T}}By^* &\geqslant x^{*\mathrm{T}}By,\ y\in S_2^* \end{aligned} \quad (8.1)$$

其中 $A=\begin{bmatrix} a_{11} & a_{12} \\ a_{21} & a_{22} \end{bmatrix}$，$B=\begin{bmatrix} b_{11} & b_{12} \\ b_{21} & b_{22} \end{bmatrix}$，分别为监管者和保险人的收益矩阵。根据钱颂迪等（2005），$(x^*,y^*)$ 是博弈问题均衡解的充要条件是

$$E_1(x^*, y^*) \geqslant E_1(1, y)$$
$$E_1(x^*, y^*) \geqslant E_1(0, y)$$
$$E_2(x^*, y^*) \geqslant E_2(x, 1)$$
$$E_2(x^*, y^*) \geqslant E_2(x, 0)$$
(8.2)

其中

$$E_1(x, y) = x^T A y = \sum_i \sum_j a_{ij} x_i y_j$$

$$E_2(x, y) = x^T B y = \sum_i \sum_j b_{ij} x_i y_j$$

若记 $Q = (a_{11} + a_{22} - a_{12} - a_{21})$，$q = (a_{22} - a_{12})$，$R = (b_{11} + b_{22} - b_{12} - b_{21})$，$r = (b_{22} - b_{21})$，则上述充要条件（8.2）可以简化为[①]

$$Q(1-x)y - q(1-x) \leqslant 0$$
$$Qxy - qx \geqslant 0$$
$$Rx(1-y) - r(1-y) \leqslant 0$$
$$Rxy - ry \geqslant 0$$
(8.3)

根据表 8.4 给出的保险人与监管者的收益矩阵：

$$A = \begin{bmatrix} -C & F-C \\ 0 & -D \end{bmatrix}, \quad B = \begin{bmatrix} R & T-F \\ R & T \end{bmatrix}$$
(8.4)

得到

$$Q = -(D+F), \quad q = (C-D-F), \quad R = F, \quad r = (T-R) \quad (8.5)$$

令

$$\alpha = \frac{q}{Q} = \frac{D+F-C}{D+F}, \quad \beta = \frac{r}{R} = \frac{T-R}{F}$$
(8.6)

将各参数取值代入 $\alpha, \beta$ 的表达式，得到

$$\alpha = \frac{2}{3}, \quad \beta = \frac{1}{2}$$
(8.7)

根据不等式组（8.3）求得的均衡解如图 8.2 所示：

$$\begin{cases} x = 0, y \leqslant \frac{2}{3} \\ 0 < x < 1, y = \frac{2}{3} \\ x = 1, y \geqslant \frac{2}{3} \end{cases} \quad \begin{cases} x \leqslant \frac{1}{2}, y = 0 \\ x = \frac{1}{2}, 0 < y < 1 \\ x \geqslant \frac{1}{2}, y = 1 \end{cases}$$
(8.8)

---

[①] 为方便起见，以下分别用 $x$、$y$ 表示监管者采取监管行为的概率和保险人采取合规行为的概率。

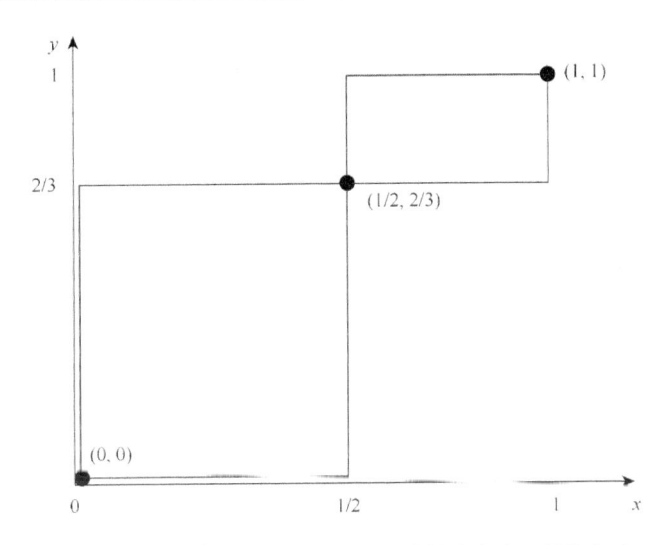

图 8.2 保险人与监管者的博弈在混合策略意义下的均衡点

由图 8.2 可知，该博弈存在三个均衡点：(0, 0)，(1, 1) 和 $(\frac{1}{2}, \frac{2}{3})$，对应的监管者和保险人的策略为：（不监管，违规）、（监管，不违规）、（以 $\frac{1}{2}$ 的概率监管，以 $\frac{2}{3}$ 的概率不违规）。

进一步地，可以求得在三个均衡状态下双方的得益为

$$\begin{aligned} E_1(0,0) &= -1 & E_2(0,0) &= 5 \\ E_1(1,1) &= -1 & E_2(1,1) &= 4 \\ E_1(\tfrac{1}{2},\tfrac{2}{3}) &= -\tfrac{1}{3} & E_2(\tfrac{1}{2},\tfrac{2}{3}) &= 4 \end{aligned} \quad (8.9)$$

可以看出，均衡策略 $(\frac{1}{2}, \frac{2}{3})$ 对监管者来说收益是最高的，均衡策略 (0, 0) 对保险人来说收益是最高的。虽然这三个点都是博弈问题的均衡解，但将其中任何一个作为最优解都是无法令人信服的。

### 8.3.3 参数变化对均衡的影响

上述博弈的均衡点是在给定参数的情况下得到的，而参数的变化必然会影响到均衡解。下面，我们来考察参数变化对均衡解的影响。

1. 监管者的监管成本较高

由 $\alpha = \dfrac{q}{Q} = \dfrac{D+F-C}{D+F}$ 可知，当监管成本（$C$）较高且满足 $C > D+F$ 时，有 $\alpha < 0$，这时，均衡解只有一个：(0, 0)。也就是说，当监管成本很高时，

会降低监管者的监管意愿,导致均衡状态下监管者的选择是"不监管",而保险人的反应自然是"违规"。

2. 对监管者渎职的惩罚较小

与上面的分析类似,当对监管者渎职的惩罚($D$)较小时,例如当满足 $D<C-F$ 时,也有 $\alpha<0$,此时均衡解的情况与上面类似,只有一个均衡解(0,0)。

3. 监管者加大对保险人违规的处罚力度

当监管者加大对保险人违规的处罚力度($F$)时,$\alpha=\dfrac{D+F-C}{D+F}=1-\dfrac{C}{D+F}$ 将变大,$\beta=\dfrac{T-R}{F}$ 将变小,对于均衡点($\beta,\alpha$)来说,相当于监管者选择"监管"的概率变低了,而保险人选择"合规"的概率增加了,即更能激励保险人采取合规行为。

### 8.3.4 对监管者的启示

通过上述分析,可以得到对保险市场监管者的如下启示。

(1)监管者应努力提高监管效率,降低监管成本。当监管成本过高时,会降低进行监管活动的意愿,同时会导致对保险人违规行为激励的增加,市场会趋向于(不监管,违规)这一均衡点。为了激励保险人采取合规行为,监管者应该努力提升监管效率,降低监管成本。

(2)政府和社会应当加大对监管者的监督和对渎职行为的处罚。我们的分析结论显示,如果监管者渎职(没有发现保险人的违规行为)对其收益带来的损失比较小时,也会降低监管者监管的意愿,同时会导致市场均衡趋向于(不监管,违规)。因此,政府和社会应该加大对监管者的监督和激励,通过行政监督、舆论监督等方式加大对监管者渎职的处罚,从而提高其加强监管的意愿。

(3)监管者应加大对保险人违规的处罚力度。我们的分析结果显示,随着监管者对保险人违规行为处罚力度的加大,保险人合规经营的概率会提高,监管者采取监管的概率会降低,即均衡状态更趋向于使保险人自发选择合规行为,监管者监管的必要性降低。

## 8.4 监管信号对投保人和保险人行为的影响

在保险市场实际运行中,投保人和保险人之间的博弈也会受到监管政策的影响，或者说投保人和保险人在选择行动策略时会在了解了监管政策的前提下进行决策。为了更全面地刻画和分析保险市场参与者（投保人、保险人、监管者）之间的相互影响，本节将监管者的行为作为监管信号引入投保人和保险人的博弈模型中，分析监管信号对博弈均衡的影响，并基于监管者自身的目标函数来分析监管者应如何向市场释放最佳的监管信号。

### 8.4.1 模型的基本设定

如图 8.3 所示，假设监管者向市场参与者投保人和保险人发出了一个监管信号，他们双方进行的是诚信博弈，并选择了均衡状态下的行动策略，行动的结果会反馈到监管者的"收益"那里，监管者根据收益最大化原则确定其向市场发出何种监管信号。

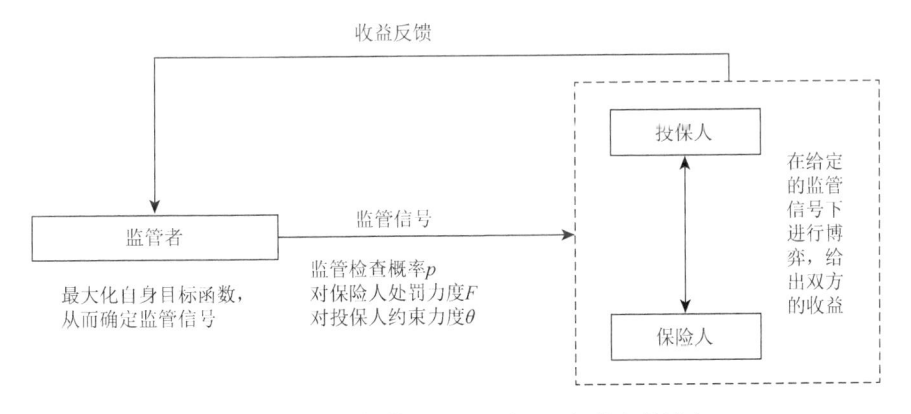

图 8.3 监管者与投保人、保险人之间的主从博弈

一般来说，监管者向市场发出的监管信号可以包括如下三个。

监管检查的概率（$p$）：保险人通过观察历史上监管者进行监管检查的次数、频率等信息，可以了解到监管者监管检查的概率，并基于此来选择自身的行动策略，因此，监管检查的概率是监管者向市场传递的重要信号之一。

对保险人违规的处罚力度（$F$）：监管者通过制定相应的法律和规章制度，以及对违规保险人的实际处罚，向市场传递了这一信号。

对投保人的约束力度（$\theta$）：监管者的监管不仅对保险人的违规行为进行惩罚，同时也对投保人的不诚信行为进行约束（通过警告、处罚、教育等方式来实现）。当投保人的不诚信行为被监管者发现时，其得到的收益将比没有监管的时候要低,这一折扣系数用 $\theta$ 来表示,$0<\theta<1$,$\theta$ 可以看作是监管者向市场提供的信号。

模型中各参与方的行为及收益的定义如下。

1. 投保人的行为及收益

如 8.2 节给出的投保人与保险人之间的诚信博弈问题,假设投保人可以选择的行为策略为:诚信($H$)和不诚信($L$)。与 8.2 节不同的是,投保人的收益除了会受到保险人行为的影响外,还会受到监管者的影响。当监管者没有对投保人进行监管时,投保人的收益矩阵与 8.2 节是一致的;当监管者对投保人的行为也会监管时,投保人如果选择不诚信行为,其收益是没有被监管时的 $\theta$ 倍。

2. 保险人的行为及收益

保险人的行为策略仍然是:违规(不诚信,$L$)和合规(诚信,$H$)。保险人的收益受到两个方面的影响,一方面来自保险人和投保人之间的博弈,另一方面来自保险人和监管者之间的博弈。保险人的最终得益是这两部分博弈收益的综合。例如,当保险人违规经营($L$)、投保人选择不诚信行为($L$)、监管者通过监管($S$)发现了保险人违规行为时,保险人的得益为($P$–$F$)。

3. 监管者的行为及收益

在本节中,我们主要考虑的是监管者发出的信号带来的影响,因此监管者的收益就是综合投保人和保险人的收益(社会总福利)。这里,我们借鉴 Laffont(2005)、Estache 和 Wren-Lewis(2009)的设定,以 $U_I + \lambda U_R$ 作为监管者的收益,其中 $U_I$ 和 $U_R$ 分别为保险人和投保人的收益,$\lambda$ 是衡量监管者对保险人收益重视程度的系数。

### 8.4.2 模型的解及存在性条件

根据上述基本设定,首先给出监管者在监管(概率为 $p$)和不监管(概率为 $1-p$)时对应的投保人和保险人的博弈矩阵,如表 8.5、表 8.6 所示。

表 8.5 监管者监管(概率为 $p$)时保险人和投保人之间的博弈矩阵

|  | 保险人,$H$ | 保险人,$L$ |
| --- | --- | --- |
| 投保人,$H$ | ($R$, $R$) | ($S$, $T$–$F$) |
| 投保人,$L$ | ($\theta T$, $S$) | ($\theta P$, $P$–$F$) |

第 8 章　保险市场监管的博弈分析　219

表 8.6　监管者不监管（概率为 1−p）时保险人和投保人之间的博弈矩阵

|  | 保险人，H | 保险人，L |
|---|---|---|
| 投保人，H | (R,R) | (S,T) |
| 投保人，L | (T,S) | (P,P) |

在监管者向保险人和投保人传递了监管信号（$p$、$\theta$、$F$）后，投保人和保险人双方的博弈矩阵是表 8.5 和表 8.6 的综合，见表 8.7。

表 8.7　监管者传递出监管信号（$p$、$\theta$、$F$）后，保险人和投保人的博弈矩阵

|  | 保险人，H | 保险人，L |
|---|---|---|
| 投保人，H | (R,R) | (S, T−p×F) |
| 投保人，L | (T−p×(1−θ)×T, S) | (P−p×(1−θ)×P, P−p×F) |

投保人和保险人基于表 8.7 的得益矩阵进行博弈，它们的收益 $U_R$ 和 $U_I$ 将反馈给监管者，而监管者则寻求使得目标函数 $U_I+\lambda U_R$ 达到最优的监管信号：

$$\operatorname*{Max}_{p,F,\theta}(U_I + \lambda U_R) \tag{8.10}$$

为了求解问题（8.4），首先需要给保险人和投保人的博弈矩阵赋值。参考 8.2 节中的参数设置，给出投保人和保险人博弈矩阵中双方得益的数值为①

$$T=5,\ R=4,\ P=2,\ S=0 \tag{8.11}$$

将上述参数值代入双方的得益矩阵，得到表 8.8。

表 8.8　监管者传递出监管信号（$p$、$\theta$、$F$）后保险人和投保人的博弈收益

|  | 保险人：合规（H） | 保险人：违规（L） |
|---|---|---|
| 投保人：诚信（H） | (4,4) | (0, 8−p×F) |
| 投保人：不诚信（L） | (8−5p×(1−θ), 0) | (2−2p×(1−θ), 2−p×F) |

由表 8.8 和式（8.10）可以看出，状态（H,H）即投保人采取诚信行为、保险人选择合规经营，对监管者来说是最优的状态，可以最大化其目标函数。

延续 8.3 节的分析思路，假设投保人的混合策略为（x, 1−x），保险人的混合策略为（y, 1−y），其中 0≤x, y≤1。混合策略可以理解为投保人以

---

① 这里参数的取值与 8.2 节略有不同，主要是为了下面求解讨论的方便。

概率 $x$ 选择诚信行为，而保险人以概率 $y$ 采取合规行为。进一步，设 $S_1^*$ 为投保人的混合策略集，$S_2^*$ 为保险人的混合策略集，则存在均衡策略的充要条件为：存在 $x^* \in S_1^*, y^* \in S_2^*$，使得

$$x^{*T}Ay^* \geqslant x^T Ay^*, \quad x \in S_1^* \\ x^{*T}By^* \geqslant x^{*T}By, \quad y \in S_2^* \tag{8.12}$$

其中

$$A = \begin{bmatrix} 4 & 0 \\ 5-5p(1-\theta) & 2-2p(1-\theta) \end{bmatrix}, \quad B = \begin{bmatrix} 4 & 5-pF \\ 0 & 2-pF \end{bmatrix} \tag{8.13}$$

记：

$$Q = (a_{11} + a_{22} - a_{12} - a_{21}) = 1 + 3p(1-\theta) \\ q = (a_{22} - a_{12}) = 2 - 2p(1-\theta) \\ R = (b_{11} + b_{22} - b_{12} - b_{21}) = 1 \\ r = (b_{22} - b_{21}) = 2 - pF \tag{8.14}$$

有

$$\alpha = \frac{q}{Q} = \frac{1-2p(1-\theta)}{3p(1-\theta)}, \quad \beta = \frac{r}{R} = 2 - pF \tag{8.15}$$

不等式组（8.12）化简后为

$$\begin{cases} x=0, y \leqslant \alpha \\ 0 < x < 1, y = \alpha \\ x=1, y \geqslant \alpha \end{cases} \quad \begin{cases} x \leqslant \beta, y = 0 \\ x = \beta, 0 < y < 1 \\ x \geqslant \beta, y = 1 \end{cases} \tag{8.16}$$

求得的均衡解如图 8.4 所示。

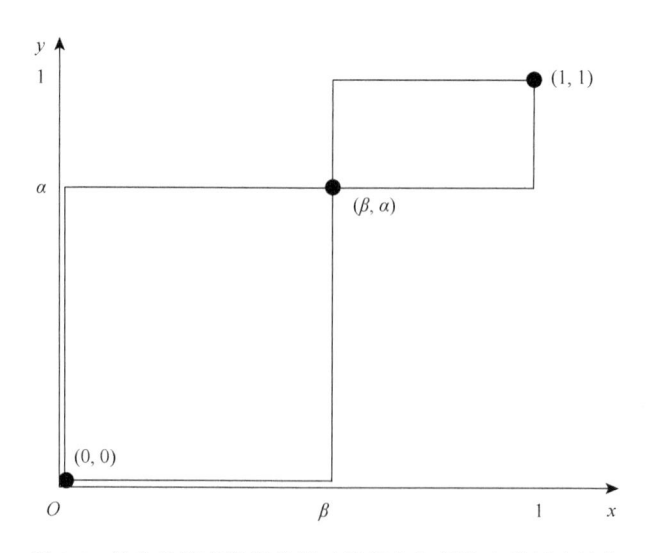

图 8.4 给定监管者监管信号时投保人与保险人的博弈均衡

均衡解的个数取决于 $\alpha$、$\beta$ 的取值：①当 $\alpha>1,\beta\geq 0$ 或 $\beta>1,\alpha\geq 0$ 时，均衡解只有 (0,0)；②当 $\alpha=1,\beta=1$ 时，均衡解为 (0,0) 和 (1,1)；③当 $\alpha=1,0<\beta<1$ 时，均衡解为 (0,0)，(x,1)，$x\in[\beta,1]$；④当 $\beta=1$，$0<\alpha<1$ 时，均衡解为 (0,0)，(1,Y)，$y\in[\alpha,1]$；⑤当 $0<\beta<1,0<\alpha<1$ 时，均衡解为 (0,0)，($\beta,\alpha$) 和 (1,1)；⑥当 $\alpha<0,\beta\leq 1$ 时，或 $\beta<0,\alpha\leq 1$ 时，均衡解为 (1,1)；⑦当 $\alpha<0,\beta>1$ 时，或 $\beta<0,\alpha>1$ 时，均衡解不存在。

由博弈的收益矩阵以及监管者的目标函数可知，均衡点 (1,1) 对监管者来说是优于均衡点 (0,0) 的。因此，从监管者的角度出发，应尽量保证市场上只有 (1,1) 这一均衡策略出现。为了达到这一目标，需要满足如下条件。

**1. $\alpha,\beta$ 均比较小**

从上面 $\alpha,\beta$ 的取值对均衡的影响可以得到，为了满足 (1,1) 作为均衡点的条件，必要条件是 $\alpha,\beta\leq 1$。由 $\alpha,\beta$ 的表达式可知，这一条件可表示为

$$\begin{cases} p(1-\theta)\geq \dfrac{1}{5} \\ pF\geq 1 \end{cases} \tag{8.17}$$

即①监管者传递出的采取监管行动的概率 $p$ 要足够大；②监管者对投保人的影响力要足够大（$\theta$ 要足够小）；③监管者对保险人违规的惩罚力度（$F$）要足够大。

**2. $\alpha,\beta$ 中有一个要足够小**

为了使 (1,1) 是唯一均衡解，$\alpha,\beta$ 至少有一个要满足小于 0 的条件，即监管者要么对投保人施加足够的影响力，要么对保险人施加足够的处罚，才能保证市场均衡朝双方都采取诚信行为的方向发展。当然，监管者对双方都施加足够大的激励影响是最稳妥的方式。

**3. $\alpha,\beta$ 的大小要相互协调**

由上述条件可知，当 $\alpha<0,\beta>1$ 时，或 $\beta<0,\alpha>1$ 时，博弈都不存在均衡，即当监管者提供的监管信号满足下列条件时

$$\begin{cases} p(1-\theta)>\dfrac{1}{2} \\ pF<1 \end{cases} \tag{8.18}$$

或

$$\begin{cases} p(1-\theta) < \dfrac{1}{5} \\ pF > 2 \end{cases} \quad (8.19)$$

不存在博弈的均衡。式（8.18）表示监管者对投保人的约束力较强，但对保险人的惩罚力度不够；式（8.19）表示监管者对保险人的惩罚力度较大，但对投保人的约束不够。这两种情况下都会导致博弈的均衡不存在。

### 8.4.3 基本结论及启示

在本节中，我们将监管者的监管信号作为影响投保人和保险人博弈的因素纳入模型中，通过考察监管信号的变化对双方博弈均衡的影响，得到如下结论和启示。

（1）监管者可以通过向市场传递比较严格的监管信号来激励投保人和保险人采取诚信的行为，使得市场均衡朝双方都诚信的方向发展。这里严格的监管信号包括：①通过历史的监管检查行动传递较高的监管检查概率信号；②通过历史的惩罚处理传递较高的保险人违规处罚力度信号；③通过历史的消费者教育传递较严格的消费者不诚信的处罚信号。

（2）监管者要保证对保险人和投保人释放的监管信号的一致性。通过模型的研究发现，如果监管者对投保人和保险人的监管信号不一致（对一方较严格，但对另一方较宽松）时，市场无法实现均衡。所以，监管者在市场监管过程中要保证对双方监管信号的一致性。

## 8.5 投保人、保险人、监管者三方博弈的均衡分析

在保险市场上，投保人、保险人和监管者是同时存在的，他们之间的行为会产生相互影响。本章前几节构建的博弈模型并没有将投保人、保险人和监管者作为三个独立的、地位均等的博弈主体来分析各自可能选择的博弈策略及其相互影响。

本节我们试图构建一个包含投保人、保险人和监管者三方的博弈模型来分析各方可能选择的最优行为策略及其相互影响。

### 8.5.1 模型的基本设定

我们假设监管者、保险人和投保人同时存在于保险市场中，同时采取行动并互相产生影响，整个博弈过程可以由图 8.5 来表示。

## 第 8 章 保险市场监管的博弈分析

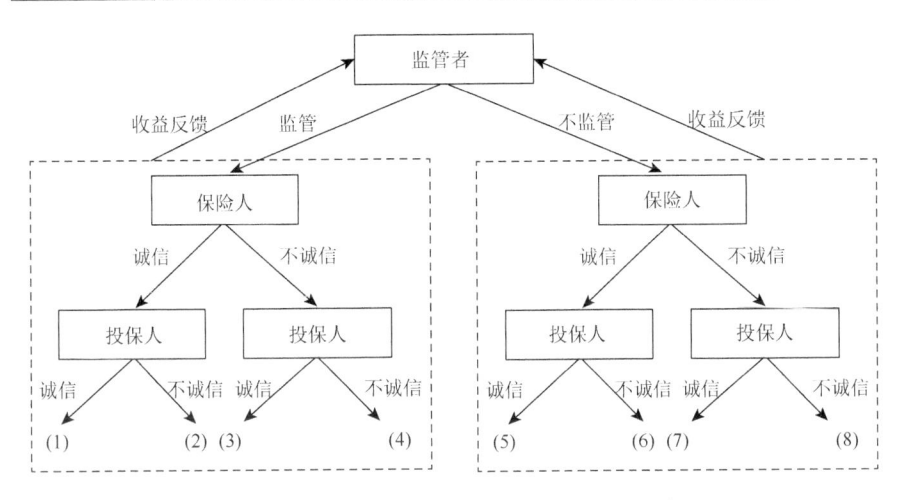

图 8.5 投保人、保险人和监管者的三方博弈

各参与方可采取的行为及相应的收益定义如下。①投保人的行为及收益：与 8.4 节中对投保人行为和收益的假设相同。②保险人的行为及收益：与 8.4 节中对保险人行为和收益的假设相同。③监管者的行为及收益：监管者可选择的行为有两个，监管（$S$）和不监管（$N$）。结合 8.2 节和 8.3 节的分析，本节假设监管者具备社会计划者的特点，但其行为受到自身预算和成本的限制，其最终收益应该是以下三部分的综合。

（1）投保人和保险人收益的综合——社会福利部分。参考 8.4 节中的设定，可以用 $U_R + \lambda U_I$ 作为监管者收益中衡量社会福利的部分，其中 $\lambda$ 体现了监管者对保险人收益的重视程度。

（2）监管活动带来的或有成本（$\tilde{C}$）。这里之所以称为或有成本，是因为只有在真实开展了监管活动后才会产生这一成本，因此记为 $\tilde{C}$。

（3）处罚保险人违规得到的或有罚金（$F$）。这里之所以称为或有罚金，是因为只有当监管者开展了监管活动并且保险人进行了违规活动时，监管者才会通过处罚保险人获得这一罚金。

因此，监管者的收益为：（$U_R + \lambda \cdot U_I - \tilde{C} + \tilde{F}$）。

表 8.9 给出了投保人、保险人和监管者三方在博弈中的得益。

**表 8.9　投保人、保险人和监管者三方博弈可能形成的状态和相应得益**

| 可能的状态 | 投保人行为 | 保险人行为 | 监管者行为 | 三方的收益 |
| --- | --- | --- | --- | --- |
| $(H, H, S)$ | 诚信行为，$H$ | 合规经营，$H$ | 监管，$S$ | $(R, R, R + \lambda R - C)$ |
| $(H, H, N)$ | 诚信行为，$H$ | 合规经营，$H$ | 不监管，$N$ | $(R, R, R + \lambda R)$ |
| $(H, L, S)$ | 诚信行为，$H$ | 违规经营，$L$ | 监管，$S$ | $(S, T-F, S + \lambda(T-F) + F - C)$ |

续表

| 可能的状态 | 投保人行为 | 保险人行为 | 监管者行为 | 三方的收益 |
|---|---|---|---|---|
| (H, L, N) | 诚信行为, H | 违规经营, L | 不监管, N | $(S, T, S+\lambda T)$ |
| (L, H, S) | 不诚信行为, L | 合规经营, H | 监管, S | $(\theta T, S, \theta T+\lambda S-C)$ |
| (L, H, N) | 不诚信行为, L | 合规经营, H | 不监管, N | $(T, S, T+\lambda S)$ |
| (L, L, S) | 不诚信行为, L | 违规经营, L | 监管, S | $(\theta P, P-F, \theta P+\lambda(P-F)+F-C)$ |
| (L, L, N) | 不诚信行为, L | 违规经营, L | 不监管, N | $(P, P, P+\lambda P)$ |

如果用收益矩阵图的形式表示，可以得到如图 8.6 所示的三维结构图。

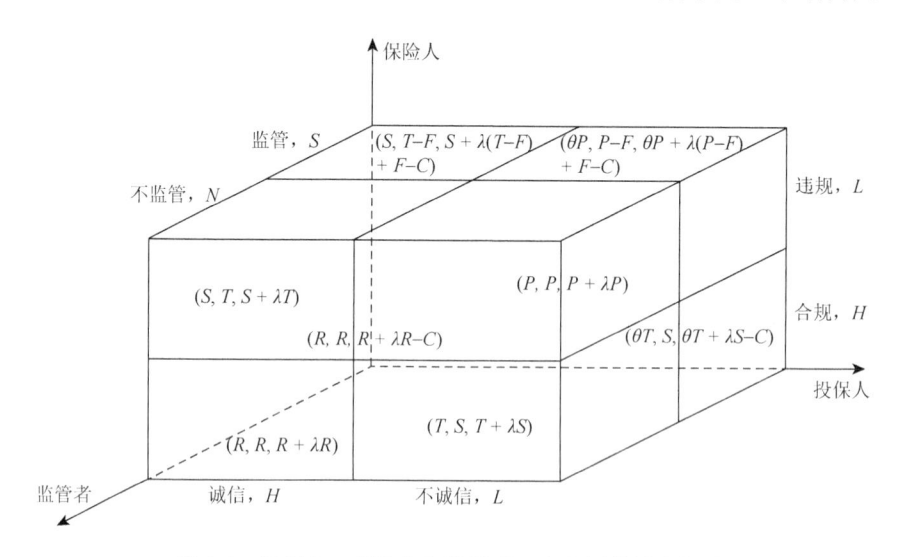

图 8.6 投保人、保险人和监管者三方之间的博弈矩阵

### 8.5.2 博弈的纳什均衡

1. 均衡解存在的条件

假设投保人、保险人、监管者三方的博弈可以用图 8.6 来表示，记投保人的混合策略为 $(x, 1-x)$，保险人的混合策略为 $(y, 1-y)$，监管者的混合策略为 $(z, 1-z)$，其中 $0 \leqslant x, y, z \leqslant 1$。混合策略可以理解为投保人以概率 $x$ 采取诚信行为，保险人以概率 $y$ 采取诚信行为，监管者以概率 $z$ 采取监管行动。进一步，设 $S_1^*$ 为投保人的混合策略集，$S_2^*$ 为保险人的混合策略集，$S_3^*$ 为监管者的混合策略集，则根据博弈论中的纳什定理，有如下结果：一定存在 $x^* \in S_1^*, y^* \in S_2^*, z^* \in S_3^*$，使得

$$E_1(x^*,y^*,z^*) \geqslant E_1(x,y^*,z^*), \quad x \in S_1^*$$
$$E_2(x^*,y^*,z^*) \geqslant E_2(x^*,y,z^*), \quad y \in S_2^* \tag{8.20}$$
$$E_3(x^*,y^*,z^*) \geqslant E_3(x^*,y^*,z), \quad z \in S_3^*$$

为了给出 $E_i(x^*,y^*,z^*), i=1,2,3$ 的表达形式，记 $[a_{ijk}]$，$[b_{ijk}]$，$[c_{ijk}]$ 分别为投保人、保险人和监管者的得益矩阵，其中 $i,j,k=1,2$。例如，$a_{112}$ 表示当投保人选择诚信（$H$）、保险人选择诚信（$H$）、监管者选择不监管（$N$）时投保人的得益；$c_{221}$ 代表当投保人选择不诚信（$L$）、保险人选择不诚信（$L$）、监管者选择监管时监管者的得益。

与二人博弈的情况不同，这三个收益矩阵实际上是一个三维矩阵，其取值取决于三方的行动选择。由表 8.9 可得到如表 8.10 所示的三方得益矩阵。

表 8.10 投保人、保险人和监管者三方博弈的得益矩阵

| $a_{ijk}$ | | $b_{ijk}$ | | $c_{ijk}$ | |
|---|---|---|---|---|---|
| $a_{111}$ | $R$ | $b_{111}$ | $R$ | $c_{111}$ | $R+\lambda R-C$ |
| $a_{112}$ | $R$ | $b_{112}$ | $R$ | $c_{112}$ | $R+\lambda R$ |
| $a_{121}$ | $S$ | $b_{121}$ | $T-F$ | $c_{121}$ | $S+\lambda(T-F)+F-C$ |
| $a_{122}$ | $S$ | $b_{122}$ | $T$ | $c_{122}$ | $S+\lambda T$ |
| $a_{211}$ | $\theta T$ | $b_{211}$ | $S$ | $c_{211}$ | $\theta T+\lambda S-C$ |
| $a_{212}$ | $T$ | $b_{212}$ | $S$ | $c_{212}$ | $T+\lambda S$ |
| $a_{221}$ | $\theta P$ | $b_{221}$ | $P-F$ | $c_{221}$ | $\theta P+\lambda(P-F)+F-C$ |
| $a_{222}$ | $P$ | $b_{222}$ | $P$ | $c_{222}$ | $P+\lambda P$ |

给定上述得益矩阵后，可以得到投保人得益的期望值是
$$\begin{aligned}E_1(x,y,z) = &a_{111}xyz + a_{211}(1-x)yz + a_{121}x(1-y)z + a_{122}x(1-y)(1-z)\\&+ a_{112}xy(1-z) + a_{221}(1-x)(1-y)z + a_{212}(1-x)y(1-z)\\&+ a_{222}(1-x)(1-y)(1-z)\end{aligned} \tag{8.21}$$

保险人和监管者得益的期望值分别是
$$\begin{aligned}E_2(x,y,z) = &b_{111}xyz + b_{211}(1-x)yz + b_{121}x(1-y)z + b_{122}x(1-y)(1-z)\\&+ b_{112}xy(1-z) + b_{221}(1-x)(1-y)z + b_{212}(1-x)y(1-z)\\&+ b_{222}(1-x)(1-y)(1-z)\end{aligned} \tag{8.22}$$

$$\begin{aligned}E_3(x,y,z) = &c_{111}xyz + c_{211}(1-x)yz + c_{121}x(1-y)z + c_{122}x(1-y)(1-z)\\&+ c_{112}xy(1-z) + c_{221}(1-x)(1-y)z + c_{212}(1-x)y(1-z)\\&+ c_{222}(1-x)(1-y)(1-z)\end{aligned} \tag{8.23}$$

根据博弈论中关于多人非合作博弈均衡点的纳什定理，可以知道：$(x^*, y^*, z^*)$ 是三人博弈平衡点的充要条件为[①]

$$\begin{cases} E_1(x^*, y^*, z^*) \geq E_1(1, y^*, z^*), \\ E_1(x^*, y^*, z^*) \geq E_1(0, y^*, z^*), \\ E_2(x^*, y^*, z^*) \geq E_2(x^*, 1, z^*), \\ E_2(x^*, y^*, z^*) \geq E_2(x^*, 0, z^*), \\ E_3(x^*, y^*, z^*) \geq E_3(x^*, y^*, 1), \\ E_3(x^*, y^*, z^*) \geq E_3(x^*, y^*, 0), \end{cases} \quad (8.24)$$

**2. 参数的取值**

由于涉及的参数较多，使得根据式（8.24）给出的充要条件求解比较复杂。因此，本章先给收益矩阵赋予适当数值，从而简化根据式（8.24）给出的充要条件，然后求均衡解的数值结果，并通过讨论参数取值对均衡解的影响来分析监管行为可能带来的影响。

（1）投保人和保险人的得益。参照 8.2 节中的参数设置，假设投保人和保险人在博弈中有关得益的取值为

$$T = 5, \ R = 4, \ P = 1, \ S = 0 \quad (8.25)$$

（2）和监管活动有关的参数的取值假设：

$$F = 2, \ C = 1, \ \theta = 0.5 \quad (8.26)$$

（3）监管者效用函数中的参数：

$$\lambda = 0.5 \quad (8.27)$$

将上述参数取值代入表 8.10 中的得益矩阵，得到表 8.11。

表 8.11 基准情况下投保人、保险人和监管者三方博弈的得益值

| 策略矩阵 | 投保人得益 | | 保险人得益 | | 监管者得益 | |
|---|---|---|---|---|---|---|
| $(H, H, S)$ | $a_{111}$ | 4 | $b_{111}$ | 4 | $c_{111}$ | 5 |
| $(H, H, N)$ | $a_{112}$ | 4 | $b_{112}$ | 4 | $c_{112}$ | 6 |
| $(H, L, S)$ | $a_{121}$ | 0 | $b_{121}$ | 3 | $c_{121}$ | 2.5 |
| $(H, L, N)$ | $a_{122}$ | 0 | $b_{122}$ | 5 | $c_{122}$ | 2.5 |
| $(L, H, S)$ | $a_{211}$ | 2.5 | $b_{211}$ | 0 | $c_{211}$ | 1.5 |

---

[①] 由钱颂迪等（2005）可知，在二人博弈的混合策略求解中，该充要条件成立。在三方的混合策略求解中，这一充要条件也不难证明。事实上，对于条件 $E_1(x^*, y^*, z^*) \geq E_1(x, y^*, z^*)$，当给定 $y^*, z^*$ 之后，不等式两边可以简化成关于 $x$ 的线性表达式，而由 $x \in [0,1]$ 可知，只要在两个端点值（0 和 1）不等式成立，即可保证不等式条件成立。

续表

| 策略矩阵 | 投保人得益 | | 保险人得益 | | 监管者得益 | |
|---|---|---|---|---|---|---|
| $(L, H, N)$ | $a_{212}$ | 5 | $b_{212}$ | 0 | $c_{212}$ | 5 |
| $(L, L, S)$ | $a_{221}$ | 0.5 | $b_{221}$ | $-1$ | $c_{221}$ | 1 |
| $(L, L, N)$ | $a_{222}$ | 1 | $b_{222}$ | 1 | $c_{222}$ | 1.5 |

3. 均衡解的数值表示

将表 8.11 给出的得益矩阵取值代入均衡解的充要条件式（8.24），利用 matlab 进行数值求解，得到博弈的均衡解如图 8.7 所示[①]。

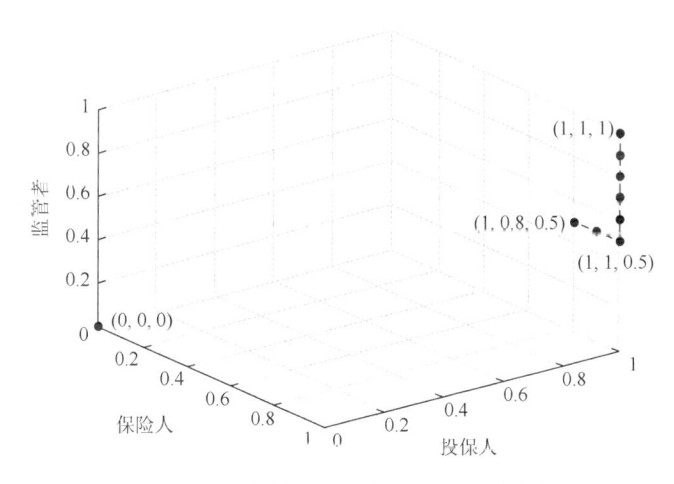

图 8.7 三方博弈（基准情况下）的均衡点

从图 8.7 可以看出，博弈问题的均衡解并不唯一。事实上，该博弈问题的均衡解有三个：$(0,0,0)$；$(1, y, 0.5)$，$y \in [0.8, 1]$；$(1, 1, z)$，$z \in [0.5, 1]$。

以 $(0, 0, 0)$、$(1, 0.8, 0.5)$、$(1, 1, 0.5)$ 和 $(1, 1, 1)$ 为例，博弈的三方在这些均衡点上的收益分别为

$$\begin{cases} E_1(0,0,0) = 1 \\ E_2(0,0,0) = 1 \\ E_3(0,0,0) = 1.5 \end{cases} \begin{cases} E_1(1,0.8,0.5) = 3.2 \\ E_2(1,0.8,0.5) = 4 \\ E_3(1,0.8,0.5) = 4.9 \end{cases} \begin{cases} E_1(1,1,0.5) = 4 \\ E_2(1,1,0.5) = 4 \\ E_3(1,1,0.5) = 5.5 \end{cases} \begin{cases} E_1(1,1,1) = 4 \\ E_2(1,1,1) = 4 \\ E_3(1,1,1) = 5 \end{cases} \quad (8.28)$$

从上述结果可以看出，在均衡点（0,0,0）处，三方的收益值最低，明显不是帕累托有效状态。但在目前的参数假设下，这一点的确是可能

---

[①] 在数值模拟过程中选择的步长为 0.1，因此得到均衡解的间隔为 0.1。

的均衡状态。从监管者的角度来说,应该通过监管活动的影响来尽量避免这一状态的出现,从而保证各方的收益都能够提高,使社会福利水平上升。

4. 参数变化对均衡解的影响

上述结果是在给定的参数取值下得到的。正如上文所述,监管者可以通过监管行动来影响市场均衡的状态,从而提高社会总体福利。下面,我们对某些监管参数的变化可能对均衡产生的影响进行分析。

1) 监管者加大对保险人违规的处罚力度($F$ 变大)

当监管者对保险人违规处罚的力度 $F$ 增加时,对保险人违规的激励就会变小。当监管者处罚力度大到一定程度时(如 $F=5$),则市场上的均衡点如图 8.8 所示。

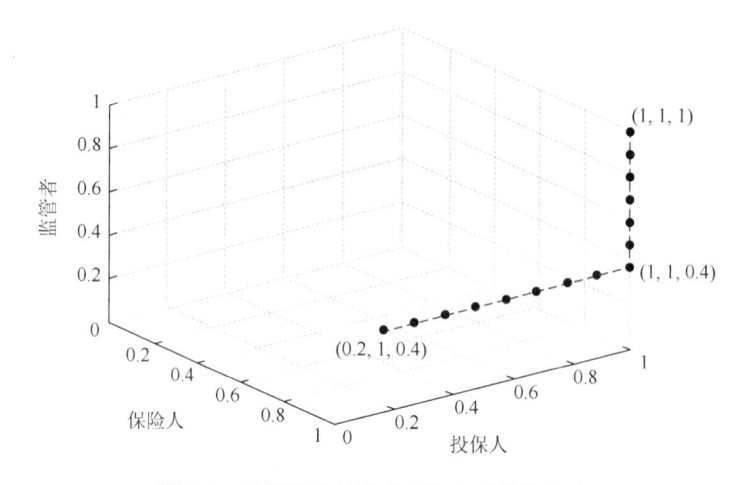

图 8.8 对保险人处罚力度加大后的均衡点

图 8.8 显示,当监管者对保险人的处罚力度足够大时,(0,0,0)不再是一个均衡点,而保险人也会总是选择"合规(或诚信)"。在这种情况下,三方的得益如下:

$$\begin{cases} E_1(0.2,1,0.4)=4 \\ E_2(0.2,1,0.4)=0.8 \\ E_3(0.2,1,0.4)=4 \end{cases} \begin{cases} E_1(1,1,0.4)=4 \\ E_2(1,1,0.4)=4 \\ E_3(1,1,0.4)=5.6 \end{cases} \begin{cases} E_1(1,1,1)=4 \\ E_2(1,1,1)=4 \\ E_3(1,1,1)=5 \end{cases} \quad (8.29)$$

此时,如果监管者进一步加强对投保人诚信的激励(通过降低 $\theta$),可以促进投保人采取诚信的行为。例如,当取 $\theta=0.1$ 时,模拟求解的结果如图 8.9 所示。

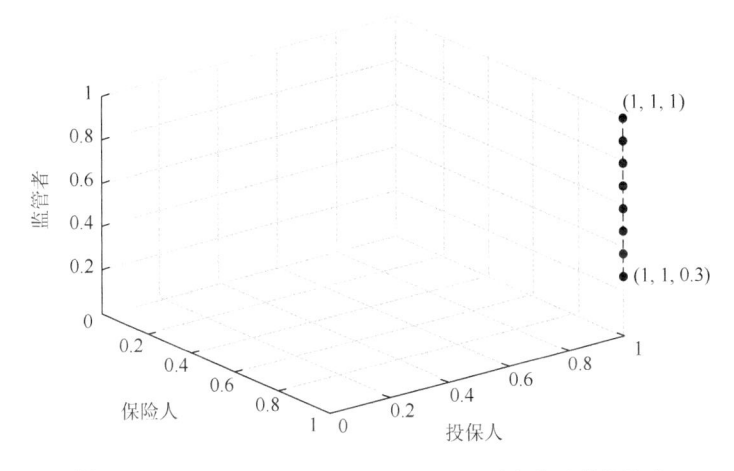

图8.9 同时加大对投保人和保险人的处罚力度时的均衡点

如图 8.9 所示,当监管者同时加大对投保人和保险人的处罚力度时,市场上可能存在的均衡点就只剩下了 $(1,1,z)$,$z\in[0.3,1]$,即投保人和保险人都会选择诚信(或合规)行为。

2)监管者提高自身的监管效率

当监管者自身的监管效率提高,即监管所需要付出的成本 $C$ 变小时,监管者更倾向于开展监管活动,同时也会激励投保人与保险人更倾向于采取诚信行动。在其他参数取值不变时,若 $C=0$,均衡解的变化如图 8.10 所示。

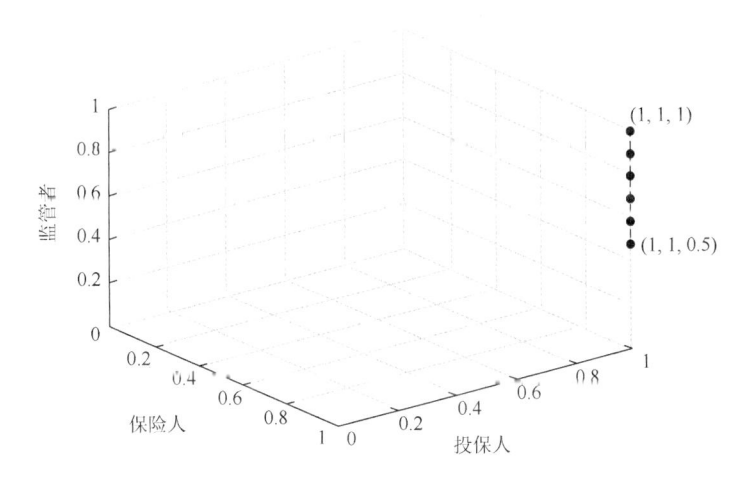

图8.10 监管效率提高后的均衡点

如图 8.10 所示,此时博弈的均衡解为 $(1,1,z)$,$z\in[0.5,1]$,即投保人和保险人一定会选择诚信行为。

3）监管者自身利益受到行业影响力降低

本书假定监管者的效用中来自保险人的效用占比为 $\lambda$，由 Laffont（2005）可知，监管者自身的效用中来自厂商的部分主要体现为厂商通过政治和经济贿赂监管者，从而使得监管者的政策和监管行为会偏向于厂商利益。因此，如果监管者降低自身受行业的影响力，即减小 $\lambda$ 的取值，就会更倾向于采取监管行动。如果模型中取 $\lambda = 0$，得到的均衡点如图 8.11 所示。

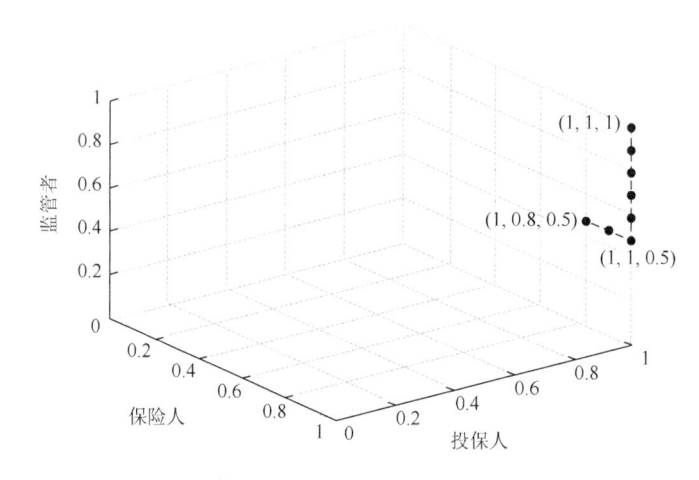

图 8.11　监管者受行业影响力降低情况下的均衡点

由图 8.11 可知，当监管者自身利益受行业影响较低时，(0, 0, 0) 不再是均衡点，即当监管者变得更公正、更多地从消费者角度出发来进行监管活动时，会有利于市场上的参与者采取诚信的行动策略，相应的社会福利也会提高。

## 8.6　结论及启示

本章在对保险人与投保人，保险人与监管者两方博弈分析的基础上，进一步构建了监管者作为监管信号提供者，以及监管者作为博弈的直接参与者等博弈模型，全面刻画了保险市场上三方之间的博弈关系，并讨论了各类博弈均衡解的存在性、保险监管对博弈均衡解的影响。本章的主要结论和政策启示如下。

（1）投保人和保险人的博弈是典型的"囚徒困境"博弈，在没有外部干预且博弈双方并不看重未来收益（即只关注短期收益）的情况下，唯一可能的均衡是双方都采取不诚信的行为策略，而这并不是人们所期望的。

此时，监管者应通过改变双方的得益，或是加强有利于双方重视未来收益的制度和机制设计，引导双方采取诚信行动。

（2）在保险人和监管者的博弈中，存在混合策略意义下的均衡点。但使双方得益之和最大化的均衡点在自然状态下并不一定能够实现。监管者可以通过加大对保险人违规的惩罚力度，降低自身监管成本等方式来激励保险人采取诚信行为。

（3）监管者作为监管信息的提供者，应该向市场传递较严格的监管信号，包括：通过历史上的监管检查行动传递较高的监管检查概率信号；通过历史上惩罚处理传递较高的保险人违规处罚力度信号；通过历史上消费者教育传递较严格的消费者不诚信的处罚力度信号等。严格的监管信号可以促使投保人和保险人采取诚信的行动，从而提高社会总体福利。

（4）监管者在向市场传递监管信号的时候，应该注意对市场参与双方激励的一致性。如果监管者释放的监管信号对双方存在差异，例如对投保人严格监管而对保险人放松监管，会导致市场均衡消失，社会总体福利受到损失。

（5）监管者应努力提升监管效率，降低监管活动成本。在同时考虑投保人、保险人和监管者三方的博弈模型中我们发现，监管者的监管成本越小，市场均衡状态下投保人和保险人越倾向于采取诚信的行动，从而使社会整体福利水平得到提升。

（6）监管者应该降低自身受行业力量的影响。在监管者的得益当中，来自保险人的部分（可能通过寻租、贿赂等形式实现）越小，则市场均衡状态下保险人和投保人越倾向于采取诚信行为，社会整体福利水平也就越高。

# 第9章 保险监管实证研究

对于保险监管的经济学理论分析给监管者提供了政策制定的理论基础，但现实当中监管效果是否和理论分析一致，是需要通过实际数据来检验的。因此，保险监管的实证研究对于检验保险监管理论的应用价值，具有十分重要的意义。本章将简要介绍有关学者针对美国、德国保险市场监管所做的实证研究，以及本书作者针对中国保险市场监管的实证研究工作。

## 9.1 美国保险市场监管的实证分析：偿付能力监管[①]

### 9.1.1 问题的提出

对保险人偿付能力进行监管的目的在于保护投保人、第三方责任索赔人和其他保险人（无偿付能力的公司将其债务通过保证基金安排转移至其他保险公司）的利益，这种监管由于是由政府权力机构实施的，因而似乎具有某种保障作用。然而，偿付能力监管的可行性和监管成本问题对监管的有效性构成了质疑。尽管存在普遍的偿付能力监管，但仍然无法阻止一些保险人的冒险行为，而且很少有相关的实证研究验证偿付能力监管是否降低了保险公司破产的频率。

在衡量监管带来的效益时还需要考量监管带来的成本。行政管理成本是显而易见的，不那么明显的是，由于监管提高的市场进入成本和最低运营规模方面的要求所产生的不利后果。如果小公司能提供更为专业化、低成本的保险产品，或者如果小公司进入市场参与竞争会对现存大公司构成竞争威胁，而偿付能力监管可能会限制这样的公司进入，从而使消费者的利益受到损失。

美国财产保险行业有 2000 多家公司，许多都是规模较小的公司，且很多是相互式保险公司，它们为特定的投保人群提供特定的保险。这些生存下来的小型保险公司并没有受到监管带来的成本的制约，说明风险原本难

---

① 本节部分内容来自《保险经济学》一书中"Solvency Regulation in the Property-Liability Insurance Industry: Empirical Evidence"部分。原作者利用美国保险市场上破产公司的数量，分析了偿付能力监管带来的影响。

以分散的缺点已经被公司可以选择并管理投保人的优势所弥补。由于投保人之间固有的异质性以及投保人特定信息在保险产品定价方面的重要性，小公司具有一些优势并不会令人惊讶。由于保险产品的价格是在知道成本之前设定的，而且成本会受到投保人行为的影响，因此关于预期索赔成本的准确信息和对道德风险的监测对成功承保是至关重要的。

对偿付能力监管的成本和收益进行测算是十分困难的，本节的有限目标是希望证明偿付能力监管对破产频率以及保险公司数量和规模的影响。本节的研究分析表明：最低资本金方面的要求确实降低了破产的数量，但这可能仅仅是由限制了小型、风险较大的公司进入市场导致的，我们并没有在现有公司中发现有关破产频率发生变化的规律。因此，对偿付能力监管的总体评价便简化为：考察公司数量的减少给消费者带来的净价值是否为正，是否超过了监管的管理成本。

### 9.1.2 偿付能力监管效果的检验

偿付能力监管的主要形式包括：对最低资本金和盈余的要求，对业务和投资组合选择的限制，提供详细年度报表以及三年一次的现场检查等。保持偿付能力是监管的一个重要目标。此外，美国大部分州都建立了保险保证基金，通过该基金可以将破产公司的负债转移给本州其他的保险公司。

某些形式的偿付能力监管相当于对小公司、新公司征收了较高的赋税，进而抬高了保险市场的准入门槛，增加了最低的有效公司规模，减少了市场中公司的数量。另外，偿付能力监管制度（包括建立保险保证基金）可以通过将那些有破产倾向的公司从市场中剔除并提高冒险的成本来降低破产频率。此外，费率监管可能会增加公司的数量，降低公司的平均规模，但同时可能提高利润率，对破产频率的影响是不确定的。保证基金的建立将考察财务状况的动力从投保人那里转移到了其他公司。如果其他公司能以更低的成本考察财务状况并能防微杜渐，及时消除不利因素，则保证基金将降低破产的发生频率。

本节我们将首先检验偿付能力监管是否减少了公司数量并提高了最低有效规模。由于监管主要针对州内的公司，即在本州内组建或经营的公司，我们将分别对州内和非州内公司进行分析。接下来，我们将检验监管是否会减少破产现象这一假设，如果该假设成立，则进一步研究这种假设成立的原因仅仅是监管阻碍了高风险公司进入市场，或是还有其他原因影响了市场上已有的公司。

这些假设可用以下方程组表示：

$$C = a_0 + a_1 \text{TPRM} + a_2 R + u_1 \quad (9.1)$$

$$I = \gamma_0 + \gamma_1 C + \gamma_2 R + \gamma_3 X + u_2 \quad (9.2)$$

其中，$C$ 为公司数量；$I$ 为破产公司数量；TPRM 为总保费（代表市场规模）；$R$ 为监管政策向量；$X$ 为保险人经营水平向量；$u_1 \sim N(0, \sigma_1)$；$u_2 \sim N(0, \sigma_2)$；$E(u_1, u_2) \neq 0$。

在估计偿付能力监管的效应时，我们将根据公司的平均承保水平进行考察。我们预期：在给定索赔分布变异性的情况下，破产概率与保费扣除索赔成本后的利润应呈反向关系；在给定平均承保利润的情况下，破产概率与索赔分布的变异性应呈正向关系。

1. 指标说明及数据来源

由于各个州制定了各自的法规，所以我们以各州为基本观察单位。

1）公司总数和破产数

公司总数和破产数的来源有两处：州政府保险监管部门和评级机构贝氏的报告（Best's Reports）。但贝氏报告的数据未考虑小型公司，而正是那些小型公司最容易受到偿付能力监管的影响。这里我们使用了三组公司样本：前两组公司数据来自保险监管部门，第一组为 1967 年时的州内公司，包括股份制、相互制和其他类型的公司；第二组为 1967 年时的州内公司和注册的州外公司，包括股份制、相互制和其他类型的公司；第三组的公司样本来自贝氏的报告，仅限于 1957~1968 年活跃的股份制保险公司。在三组破产公司的样本数据中，前两组来自保险监管部门，区间分别为 1958~1968 年和 1965~1975 年；第三组样本来自贝氏的报告，仅限于 1957~1968 年活跃的股份制保险公司。

2）资本金要求

因为监管机构对不同保险业务、不同所有制类型、不同注册地、不同经营年限等的公司有不同的资本金要求，简单地使用资本金要求显得有些武断，且会带来测量误差。于是我们考虑了六种情形下的资本金要求：三种公司类型（州内股份公司、州内相互公司、外国相互公司），承保业务为单一险种（意外险，如果没有则是车辆险）或多险种，即分别考虑了六类情形下的资本金要求，其中对经营多险种业务保险公司的资本金的规定如表 9.1 所示。

3）监管的支出、检查等

我们将保险监管部门的总支出视作实施所有形式监管的力度，并将该支出相对于该州的总保费收入进行了标准化处理（即州保险监管部门总支出/该州总保费收入）。

表 9.1 各州公司总数、偿付能力不足公司数量、资本金要求

| 地区 | 公司数量/个 全部公司数（1967年） | 州内公司数（股份制和相互制，1967年） | 州内公司数（股份制，1958~1967年） | 偿付能力不足的公司/个 偿付能力不足公司数（股份制和相互制，1967~1975年） | 偿付能力不足公司数（股份制公司数，1958~1967年） | 偿付能力不足公司数（股份制和相互制，1958~1968年） | 资本金要求/美元 资本金要求（相互制） | 资本金要求（股份制） |
|---|---|---|---|---|---|---|---|---|
| 亚拉巴马州 | 894 | 106 | 18 | 2 | 0 | 0 | 1000 | 1000 |
| 阿拉斯加州 | 448 | 5 | 1 | 0 | 0 | 0 | 400 | 600 |
| 亚利桑那州 | 1115 | 267 | 3 | 2 | 0 | 0 | 350 | 525 |
| 阿肯色州 | 993 | 114 | 20 | 10 | 12 | 6 | 500 | 1000 |
| 加利福尼亚州 | 895 | 149 | 89 | 8 | 2 | 3 | 1000 | 2000 |
| 科罗拉多州 | 841 | 54 | 17 | 4 | 2 | 2 | 750 | 750 |
| 特拉华州 | 644 | 47 | 9 | 1 | 2 | 2 | 500 | 750 |
| 哥伦比亚特区 | 712 | 31 | 12 | 1 | 1 | 0 | 150 | 300 |
| 佛罗里达州 | 961 | 54 | 21 | 5 | 3 | 3 | 750 | 1250 |
| 乔治亚州 | 911 | 68 | 17 | 2 | 1 | 0 | 400 | 600 |
| 夏威夷州 | 415 | 16 | 7 | 0 | 0 | 0 | 500 | 750 |
| 爱达荷州 | 740 | 26 | 2 | 0 | 1 | 0 | 1300 | 1300 |
| 伊利诺伊州 | 1323 | 472 | 93 | 16 | 8 | 17 | 1000 | 1500 |
| 印第安纳州 | 1125 | 183 | 31 | ? | 3 | 6 | 1000 | 1000 |
| 艾奥瓦州 | 1033 | 237 | 17 | 1 | 0 | 0 | 300 | 500 |
| 堪萨斯州 | 811 | 66 | 13 | 0 | 0 | 0 | 300 | 1000 |
| 肯塔基州 | 782 | 60 | 9 | 0 | 0 | 0 | 900 | 1500 |
| 路易斯安那州 | 1025 | 171 | 10 | 2 | 3 | 2 | 1000 | 1000 |
| 缅因州 | 666 | 42 | 5 | 3 | 1 | 1 | 1000 | 2000 |
| 马里兰州 | 789 | 50 | 19 | 4 | 2 | 3 | 250 | 1250 |
| 马萨诸塞州 | 524 | 63 | 25 | 3 | 1 | 1 | 1000 | 1000 |
| 密歇根州 | 916 | 96 | 19 | 2 | 3 | 3 | 1000 | 1500 |

续表

| 地区 | 公司数量/个 ||| 偿付能力不足的公司/个 ||| 资本金要求/美元 ||
|---|---|---|---|---|---|---|---|---|
| | 全部公司数（1967年） | 州内公司数（股份制和相互制，1967年） | 州内公司数（股份制，1958~1967年） | 偿付能力不足公司数（股份制和相互制，1967~1975年） | 偿付能力不足公司数（股份制公司数，1958~1967年） | 偿付能力不足公司数（股份制和相互制，1958~1968年） | 资本金要求（相互制） | 资本金要求（股份制） |
| 明尼苏达州 | 773 | 230 | 20 | 2 | 2 | 1 | 500 | 1000 |
| 密西西比州 | 990 | 231 | 3 | 0 | 0 | 0 | 300 | 1000 |
| 密苏里州 | 918 | 135 | 25 | 10 | 0 | 8 | 800 | 800 |
| 蒙大拿州 | 707 | 8 | 4 | 1 | 0 | 0 | 600 | 800 |
| 内布拉斯加州 | 824 | 115 | 21 | 3 | 2 | 2 | 400 | 600 |
| 内华达州 | 836 | 4 | 1 | 1 | 1 | 1 | 400 | 600 |
| 新罕布什尔州 | 550 | 27 | 10 | 1 | 0 | 1 | 100 | 1200 |
| 新泽西州 | 770 | 66 | 18 | 3 | 0 | 0 | 1350 | 3000 |
| 新墨西哥州 | 831 | 13 | 1 | 0 | 0 | 0 | 600 | 600 |
| 纽约州 | 724 | 305 | 173 | 8 | 1 | 1 | 6650 | 3975 |
| 北卡罗来纳州 | 693 | 74 | 16 | 0 | 0 | 0 | 700 | 1800 |
| 北达科他州 | 636 | 55 | 1 | 0 | 0 | 0 | 1000 | 1000 |
| 俄亥俄州 | 1023 | 217 | 38 | 4 | 1 | 0 | 200 | 1000 |
| 俄克拉何马州 | 1084 | 99 | 26 | 1 | 0 | 0 | 250 | 375 |
| 俄勒冈州 | 802 | 34 | 5 | 0 | 0 | 0 | 500 | 1000 |
| 宾夕法尼亚州 | 1130 | 372 | 50 | 27 | 2 | 14 | 310 | 1725 |
| 罗德岛 | 580 | 27 | 7 | 1 | 0 | 0 | 450 | 450 |
| 南卡罗来纳州 | 733 | 64 | 29 | 1 | 4 | 0 | 305 | 500 |
| 南达科他州 | 705 | 71 | 3 | 0 | 1 | 1 | 300 | 800 |
| 田纳西州 | 895 | 76 | 15 | 1 | 1 | 2 | 950 | 1425 |
| 得克萨斯州 | 1605 | 776 | 93 | 28 | 5 | 4 | 300 | 300 |
| 犹他州 | 785 | 24 | 1 | 0 | 0 | 0 | 550 | 1000 |

续表

| 地区 | 公司数量/个 ||| 偿付能力不足的公司/个 ||| 资本金要求/美元 ||
|---|---|---|---|---|---|---|---|---|
| | 全部公司数（1967年） | 州内公司数（股份制和相互制，1967年） | 州内公司数（股份制，1958~1967年） | 偿付能力不足公司数（股份制和相互制，1967~1975年） | 偿付能力不足公司数（股份制公司数，1958~1967年） | 偿付能力不足公司数（股份制和相互制，1958~1968年） | 资本金要求（相互制） | 资本金要求（股份制） |
| 佛蒙特州 | 813 | 18 | 4 | 0 | 0 | 0 | 250 | 400 |
| 弗吉尼亚州 | 880 | 91 | 5 | 0 | 0 | 0 | 800 | 800 |
| 华盛顿州 | 850 | 42 | 9 | 0 | 0 | 0 | 1300 | 1300 |
| 西弗吉尼亚州 | 781 | 40 | 8 | 2 | 3 | 3 | 1125 | 1125 |
| 威斯康星州 | 933 | 264 | 25 | 1 | 0 | 2 | 100 | 2925 |
| 怀俄明州 | 701 | 9 | 0 | 0 | 0 | 0 | 300 | 600 |

4）费率监管

我们用一个 0-1 变量表示从 1973 年 9 月在某些州开始的不同形式的费率预准式监管。当然，这并不是一个能够代表费率监管严格程度的完美指标，因为它模糊了那些费率实行了预先批准制度的州之间的差别。更糟的是，它忽略了各州在开放市场的时间方面的差异。在 17 个开放竞争的州中有 16 个州是在 1960~1973 年由费率预准形式转化而来的，即在我们所选数据时间段之后。因此，对于此变化之前的样本，该变量将尽可能地反映向开放竞争转化的监管环境，即使当时名义上仍是费率预准制度。

5）保证基金

由于各个州引进保证基金是在 1965~1975 年，所以采用的变量是保证基金在 1976 年之前的运营年数。

6）无保险驾驶员险中的代位追偿权条款

大多数州已将无保险驾驶人险（UM）延伸至保护那些可能破产的有责任的保险公司，这会削弱股东和债权人监督公司破产的动力。这种趋势尤其减少了对破产保险公司索赔的数量，进而降低了股东和其他债权人的预期破产成本，除非受害方保险公司获得了对破产保险公司的代位追偿权。假设与寻求责任索赔的个人相比，保险公司更可能寻求代位追偿权，因此在那些破产受到 UM 保护且受害方保险公司对破产的保险公司拥有代位追偿权的州，公司所有人将有较高的动力避免破产。

如果破产受到 UM 保护且受害方保险公司对破产的保险公司拥有代位追偿权，则相应的 0-1 变量取值为 1。

7）承保经营水平

承保利润根据 1966～1974 年州内所有保险公司汽车责任险的平均损失率来计算。在很多可以衡量波动性的指标中，我们发现最佳的是年度损失率的三年移动平均数的最大值，其他尝试过的指标包括绝对差、方差和三阶矩。

8）市场规模

在估计监管对公司数量的影响时，我们利用 1967 年各州保费收入来衡量市场潜在规模，更完整的分析应将保费收入视为外生变量，我们会在下面对可能存在的联立方程组偏差进行讨论。

表 9.2 给出了相关变量及其定义、来源、均值和标准差。

**表 9.2 相关变量及其定义、来源、均值和标准差**

| 变量 | 定义和来源 | 均值 | 标准差 |
|---|---|---|---|
| 州内股份和相互公司（1967 年） | 哈特听证会 | 117.4 | 139.4 |
| 股份和相互公司总额（1967 年） | 哈特听证会 | 842.3 | 210.4 |
| 州内股份公司（1958～1967 年） | Best's 保险报告 | 21.4 | 30.7 |
| 破产的股份和相互公司（1967～1975 年） | NAIC | 3.3 | 5.9 |
| 破产的股份和相互公司（1958～1968 年） | 哈特听证会 | 1.8 | 3.4 |
| 破产的股份公司（1958～1967 年） | Best's 的报告 | 1.4 | 2.2 |
| 保费总额（1967 年）（亿美元） | 俄亥俄保险行业委员会、哈特听证会 | 106.231 | 139.248 |
| 千基金/保费 | 保险监管部门开支÷总保费 | 0.000 84 | 0.000 36 |
| 费率预准制 | 保险费率预准制度，NAIC，1973 年 | 0.74 | 0.44 |
| 多险种保险公司资本金（千美元） | 针对多险种业务保险公司的资本金要求，美国独立保险人协会，1968 年 | 734.8 | 920.7 |
| 公司平均规模（万美元） | 州内公司的保费收入÷州内公司数 | 248.2 | 374.1 |
| 无保险驾驶员险中的代位追偿权 | 如果无保险驾驶员险中包含代位追偿条款，取值为 1；否则为 0 | 0.5 | 0.505 |
| 保证基金 | 保证基金经营的年数 | 4.1 | 1.9 |
| 最大损失率 | 三年平均车辆损失率最大值，根据 Best's 的报告（1966～1974 年） | 65.7 | 6.5 |
| 损失率均值 | 平均车辆损失率，根据 Best's 的报告（1966～1974 年） | 62.0 | 4.8 |

2. 监管效果的回归分析

1) 通过公司数量的变化检验监管效果

第一个需要检验的假设是：偿付能力监管导致小公司的规模不经济，从而减少了本州内的公司数量。为了检验监管是否对在该州注册的公司更容易执行，我们对1967年的州内公司和所有公司分别进行了估计，结果参见表9.3。为了考虑市场规模和资本金要求影响的非线性效应，对每组样本提供了两种回归形式：一个包括平方项，另一个是对数线性形式。

在表 9.3 的第一组数据中（1967 年州内公司），ML（对多险种业务保险公司的资本金要求）前的负系数和$(ML)^2$前的正系数支持了下述假设：资本金方面的要求降低了在本州注册的公司数，且在较高资本金要求水平上这种负面影响将减弱。影响程度在表 9.4 中列出，该表给出了将目前对多险种公司资本金要求的均值、最低值和最大值代入回归得到的函数，预测得出的州内公司数量的变化。结果表明，以相互公司为例，100 000 美元的最低资本金要求对公司数没有显著影响；735 000 美元（目前的均值）的要求将使州内公司减少 84 家；减少的数量在资本金要求为 4 324 000 美元时达到最大，将减少 147 家公司；但对于更高的资本金要求，预期影响将为正，因为所有州（除了纽约州）的资本金要求均低于 1 350 000 美元，均在对公司数目产生负面影响的范围内。

由于该样本组中公司数的最低值、均值和最大值分别为 4、117 和 776，所以表 9.4 对资本金影响程度的预期是合理的。对数线性形式的结果也支持了这样的结论：资本金要求对州内公司数量的影响是负向的、非线性的，估计弹性为–0.288。

下一个需要检验的假设是，资本金要求只会影响一个公司在某一个州内是否组建公司的决定，而不会影响其是否在该州内获取营业执照。如果资本金要求对州外公司不适用，较高的资本金要求将只会导致州外公司替代州内公司，而对注册公司的总数不会有影响。

表 9.3 中第二组根据全部公司数据回归得到的结果为替代假设提供了较弱的证据。ML 和$(ML)^2$的系数与根据州内公司回归的结果相似，但 $t$ 检验值在 10% 水平上并不显著。对公司数目的影响也与对州内公司的影响类似：最低资本金要求时为–2，取均值时为–80，最高资本金要求时为–133（不包括纽约州）。也就是说，公司总数的减少量与州内公司的减少数量基本相同，表明资本金要求仅对州内的公司有效。然而，外国公司并不能替代那些由于高资本金要求被拒之门外的州内公司。不存在这种替代的一个

**表 9.3 按注册所在州、类别和年份分类的公司数**

| 项目 | 1967 年州内股份和相互公司[a] | | | | 1967 年全部股份公司和相互公司[a] | | | | 1958～1967 年州内股份公司[b] | | | |
|---|---|---|---|---|---|---|---|---|---|---|---|---|
| | 公司数 | | $LOG_e$（公司数） | | 公司数 | | $LOG_e$（公司数） | | 公司数 | | $LOG_e$（公司数） | |
| | （1） | （2） | （1） | （2） | （1） | （2） | （1） | （2） | （1） | （2） | （1） | （2） |
| 总保费 | 1.301 | $0.001^{**}$（5.56） | | | 1.25 | $0.002^{**}$（4.90） | | | 0.880 | $-0.2\times10^{-3**}$（8.26） | | |
| $(总保费)^2$ | −1.004 | $-0.2\times10^{-8**}$（−2 84） | | | −1.116 | $-0.4\times10^{-8**}$（−2.89） | | | 0.081 | 0.041（0.67） | | |
| 基金/保费 | 0.013 | 5.015（0.11） | 0.199 | −626（−2.15） | −0.029 | −16770（−0.23） | −0.044 | −30.31（−0.35） | 0.036 | 3065（0.669） | 0.002 | 8.14（0.03） |
| 费率预准 | 0.013 | −1.057（−0.03） | 0.130 | 0.336（1.49） | −0.058 | −27.407（−0.47） | −0.090 | −0.05（−0.75） | 0.002 | 0.164（0.04） | 0.097 | 0.280（1.26） |
| ML | −0.752 | $-0.114^{**}$（−2.59） | | | −0.47 | −0.108（−1.50） | | | −0.295 | $-0.013^{**}$（−2.84） | | |
| $(ML)^2$ | 0.93 | $0.26\times10^{-4**}$（2.62） | | | 0.535 | $0.2\times10^{-4}$（1.38） | | | 0.268 | $0.36\times10^{-5**}$（2.35） | | |
| LOG（总保费） | 0.93 | | 0.771 | $0.765^{**}$（7.95） | | | 0.608 | $0.131^{**}$（4.54） | | | 0.919 | $1.017^{**}$（10.31） |
| LOG(ML) | | | −0.187 | $-0.288^{**}$（−2.06） | | | −0.248 | $-0.083^{**}$（−1.96） | | | −0.133 | −0.304（−1.52） |
| 公司平均规模 $C$ | — | 81.78（1.43） | | $-2.092^{*}$（−1.68） | | $811.1^{**}$（8.61） | | $5.86^{**}$（15.7） | — | 7.4（1.07） | — | |
| $R^2$/调整的 $R^2$ | 0.504 | 0.435 | 0.668 | 0.638 | 0.411 | 0.329 | 0.363 | 0.307 | 0.895 | 0.878 | 0.742 | 0.719 |
| 标准估计误差 | 104.7 | | 0.690 | | 172.4 | | 0.207 | | 10.73 | | 0.678 | |

注：（1）标准化 $\beta$ 系数

（2）非标准化 $\beta$ 系数，括号内为 $t$ 比率

a 对相互制多险种业务保险公司的资本金要求

b 对股份制多险种业务保险公司的资本金要求

* 双尾检验在 10%水平上显著；** 双尾检验在 5%水平上显著

合理解释是，被较高资本金要求阻碍的公司通常是小型、提供专业产品、无法在州外复制的保险公司，例如高度专业化的相互公司。小公司必须弥补自身缺乏多样化的弱点，其措施就是选择低风险和鼓励防损以提升效率，从而降低由于道德风险带来的损失和减少附加保费。

表 9.4　资本金要求对州内公司数量的预期影响

| 样本 | 资本金要求（单位：（$\times 10^3$美元）） ||||||
| --- | --- | --- | --- | --- | --- | --- |
| | 相互公司 ||| 股份公司 |||
| | 最低值(100) | 均值(735) | 最大值(1350) | 最低值(300) | 均值(1103) | 最大值(3000) |
| 1967 年州内相互公司和股份公司/家 | −1 | −84 | −140 | 0 | −118 | −174 |
| 1967 年全体相互公司和股份公司/家 | −1 | −79 | −133 | | | |
| 1958～1967 年州内股份公司/家 | | | | 0 | −14 | −20 |

表 9.3 中的第三组样本是 1958～1967 年的州内股份公司。ML 的效应依然为负，但是非线性的。州内股份公司下降的数目在最低资本金要求为 300 000 美元处为 0 家，而在 2 136 000 美元处升至最大值 20 家。对大多数州公司数量的净影响都是资本金要求的增函数。该组样本更加确定了资本金方面的要求的影响不限于相互公司，也不限于没有在贝氏报告中列出的小公司。然而，$\beta$ 系数在该样本中要比其他两个包括相互公司和小公司的样本要低，这说明与大型股份公司相比，资本金的规定更能解释包括相互公司和小公司在内的全部公司在各州之间的差别。

再看下其他变量，发现 $\beta$ 系数表明对公司数量变化贡献最大的变量是保费规模。在监管变量方面，保险监管部门开支占保费总额的比率在所有回归中均不显著，除了根据 1967 年州内公司数据进行回归的对数线性等式，在该等式中该比率前的系数为负。理论上的推测应该是，如果将监管部门的开支简单地视为对每元保费征收的税负，则在保费总额一定的情况下不会影响公司的数目。另外，如果监管的固定成本使小公司承受了相对较高比例的税收，则公司数目和保险监管部门的支出之间将呈反向关系。由于每个州的保险监管部门主要负责州内公司的监管，所以上述反向关系对州内公司的影响要比对全部公司的影响更大，这一推测仅从包含小公司样本的对数线性回归结果中得到了支持。

保险费率事先批准的监管规定对公司的数量没有一致的、显著的影响，这或多或少地证明了费率预准监管可以保护小公司的假设是错误的,因为这里采用的二进制变量并不能全面反映1967年费率监管的严格程度。

总之,有明显证据显示资本金的要求减少了州内保险公司的数量,这种影响几乎仅针对州内公司。根据现有数据,我们无法判断这种不均衡现象是因为监管对非州内公司不适用,还是因为资本金要求仅对小公司有约束力,而跨州公司往往规模较大。

小公司的消失可能通过两种途径增加了消费者的负担。第一,如果小公司能提供专业化的保险,且能满足少部分保险单持有人的需求,那么小公司的消失会导致保险产品种类的减少。第二,至少对某些消费者来说,承担的价格可能会上涨,原因要么是被淘汰的公司的成本相对较低,要么是因为剩余公司的竞争压力降低。由于缺乏数据来精确地计算这种影响,故只能推测,这方面的成本在产品线相对集中的公司身上会更大,以及在小公司具有较好成本效益的产品如火灾保险、产品责任保险和医疗事故责任保险等方面。

2)通过破产公司数检验监管的效果

资本金方面的要求已被证明会减少市场中的公司数量,因此有可能会向消费者转嫁有关成本。接下来我们将探讨,监管是否能通过减少破产数量来解决上述问题,如果确实如此,接着需要来探讨这种影响是否仅仅是由于法律规定阻止了那些破产风险较高的公司进入市场,还是对已进入市场的公司起到了进一步的威慑作用。

我们通过三种方式检验了偿付能力监管具有威慑作用的假设。第一种方式是对可能破产的公司数量进行估计,合并式(9.1)和式(9.2),可以得到表示公司破产数的简化估计:

$$I = \gamma_0 + \gamma_1(\alpha_0 + \alpha_1 \text{TPRM} + \beta_0 R + u_1) + \beta_1 R + u_2$$
$$= \delta_0 + \delta_1 \text{TPRM} + \delta_2 R + \gamma_1 u_1 + u_2 \quad (9.3)$$

资本金要求在进入效应之外具有威慑作用的假设意味着$\beta_1<0$。我们可以从估计的系数中求解结构参数:

$$\hat{\gamma}_1 = \frac{\hat{\delta}_1}{\hat{\alpha}_1}; \hat{\beta}_1 = \hat{\delta}_2 - \hat{\gamma}_1 \hat{\beta}_0$$

表9.5综合了三组样本的回归结果:1965~1975年的股份公司和相互公司;1958~1968年的股份公司和相互公司;1958~1967年的股份公司。每组样本的第一个估计回归参数的方法是普通最小二乘法。在前两组样本中,对多险种公司的资本金要求大大减少了破产公司的数量,但在仅包括贝氏报告收录的大公司的第三组样本中,却没有明显的负面影响。

表 9.5 破产公司数（州内公司）

| 项目 | 股份公司和相互公司(1965~1975 年)[a] | | | | 股份公司和相互公司(1958年~1968 年)[a] | | | | 股份公司(1958~1967 年)[b] | | | |
|---|---|---|---|---|---|---|---|---|---|---|---|---|
| | 普通最小二乘法 | | 三阶段最小二乘法 | | 普通最小二乘法 | | 三阶段最小二乘法 | | 普通最小二乘法 | | 三阶段最小二乘法 | |
| | (1) | (2) | (1) | (2) | (1) | (2) | (1) | (2) | (1) | (2) | (1) | (2) |
| 总保费 | 0.947 | $0.4\times10^{-4**}$ (6.44) | | | 0.664 | $0.2\times10^{-4**}$ (3.80) | | | 0.331 | $0.5\times10^{-5*}$ (1.67) | | |
| 公司规模 | −0.170 | −0.003 (−1.41) | 0.203 | 0.003** (2.19) | −0.140 | −0.001 (3.98) | 0.122 | 0.001 (0.89) | −0.085 | $0.5\times10^{-3}$ (−0.49) | −0.024 | $-0.1\times10^{-3}$ (−0.15) |
| 基金/保费 | 0.092 | 1492 (0.917) | 0.086 | 1391 (1.02) | −0.108 | −993 (0.91) | −0.111 | −023 (−3.89) | 0.079 | 480 (0.55) | 0.052 | 317 (0.37) |
| 价格预准 | −0.055 | −0.73 (−0.52) | −0.117 | −1.57 (−1.35) | −0.182 | −1.378 (−1.46) | −0.225 | −1.704* (−1.74) | −0.070 | −0.351 (−0.46) | −0.082 | −0.409 (−0.56) |
| 无保险驾驶员险中的代位追偿权 | 0.344 | 4.03** (3.25) | 0.149 | 1.752* (1.60) | 0.420 | 2.789** (3.34) | 0.281 | 1.867** (2.02) | 0.380 | 1.661** (2.43) | 0.374 | 1.635** (2.45) |
| 保证基金 | −0.200 | −0.621* (−1.85) | −0.158 | −0.490* (−1.72) | −0.167 | −0.294 (−1.30) | −0.136 | −0.239 (0.99) | −0.112 | −0.129 (0.71) | −0.114 | −0.132 (0.74) |
| 多险种 | −0.485 | −0.002** (−3.5) | −0.005 | $-0.3\times10^{-4}$ (−0.06) | −0.361 | −0.001** (−2.20) | −0.026 | $-0.9\times10^{-4}$ (−0.19) | −0.153 | $0.5\times10^{-3}$ (−0.79) | −0.096 | $-0.3\times10^{-3}$ (−0.53) |
| 最大损失率 | 0.662 | 0.601** (2.05) | 0.803 | 0.730** (3.03) | 0.583 | 0.300 (1.55) | 0.681 | 0.351* (1.73) | 0.142 | 0.048 (0.31) | 0.154 | 0.052 (0.34) |
| 平均损失率 | −0.527 | −0.651* (−1.64) | −0.694 | −0.856** (−2.58) | −0.398 | −0.279 (−1.04) | −0.514 | −0.360 (−1.29) | 0.075 | 0.034 (0.16) | 0.064 | 0.029 (0.14) |

续表

| 项目 | 股份公司和相互公司(1965~1975年)[a] 普通最小二乘法 (1) | 股份公司和相互公司(1965~1975年)[a] 普通最小二乘法 (2) | 股份公司和相互公司(1965~1975年)[a] 三阶段最小二乘法 (1) | 股份公司和相互公司(1965~1975年)[a] 三阶段最小二乘法 (2) | 股份公司和相互公司(1958年~1968年)[a] 普通最小二乘法 (1) | 股份公司和相互公司(1958年~1968年)[a] 普通最小二乘法 (2) | 股份公司和相互公司(1958年~1968年)[a] 三阶段最小二乘法 (1) | 股份公司和相互公司(1958年~1968年)[a] 三阶段最小二乘法 (2) | 股份公司(1958~1967年)[b] 普通最小二乘法 (1) | 股份公司(1958~1967年)[b] 普通最小二乘法 (2) | 股份公司(1958~1967年)[b] 三阶段最小二乘法 (1) | 股份公司(1958~1967年)[b] 三阶段最小二乘法 (2) |
|---|---|---|---|---|---|---|---|---|---|---|---|---|
| 公司数 |  | — |  | 0.038** (8.03) |  | — |  | 0.015** (3.84) |  | — |  | 0.018 (1.38) |
| $C$ | 0.885 | 2.61 (0.26) | 0.629 | 4.32 (0.51) | 0.479 | 0.599 (0.08) | 0.441 | 1.236 (0.17) | 0.2147 | −4.29 (−0.78) | 0.252 | −4.163 (−0.77) |
| $R^2$调整的$R^2$ | 0.749 | 0.5470 |  |  | 2.68 | 0.362 |  |  | 2.168 | 0.0381 | 0.266 |  |
| 标准估计误差 | 3.346 | 3.9 |  |  |  |  | 2.822 |  |  |  | 2.104 |  |

注:(1)标准化$\beta$系数
(2)非标准化$\beta$系数,括号内为$t$比率
a 对相互制多险种业务保险公司的资本金要求
b 对股份制多险种和业务保险公司的资本金要求
\* 双尾检验在10%水平上显著;\*\* 双尾检验在5%水平上显著

要得到结构参数，需用到表 9.3 中 1967 年州内公司等式和表 9.5 中的 1965～1975 年股份和相互公司无偿付能力等式，从系数估计值可以得到以下对结构参数的估计：

$$\hat{\gamma}_1 = \frac{0.00004}{0.001} = 0.04$$

$$\hat{\beta}_1 = -0.003 + (0.04 \times 0.114) \approx 0.0016$$

这表明正是简化形式方程中 ML 的负系数才使得资本金要求对公司数量产生了反向影响。这一测试表明，没有证据说明资本金规定具有额外的威慑作用。

第二个检验可以得到相同的结论，该检验中用两阶段最小二乘法将破产公司数用保险公司数量、资本金规定和其他变量组成的回归方程进行分析。这就是表 9.5 中各组样本的第二个等式，发现：无论何种情况，资本金要求变量前的系数总为负，但不一定显著。

在第三个检验中，将破产率——破产公司数占公司总数的比率——用资本金规定和其他变量组成的回归方程进行分析。没有得到报告结果，因为几乎所有变量包括资本金要求均不显著。因此，所有三个检验均得到同一个结论：没有证据显示资本金要求对除了公司数量之外的破产公司数量具有额外的影响。

用来解释破产公司数量的最重要的变量是市场规模，可用总保费或预期州内公司数来衡量市场规模。在有关监管变量中，保险监管部门开支的重要性不大，费率预准制一直对破产公司数具有反向作用，虽然用通常标准看这种影响并不显著。

在根据 1965～1975 年破产公司样本的回归分析中，保险保证基金运营年数前的系数预计为负，且在 10%水平上显著。这正好与下述假设是一致的：由于保证基金的创立，可能接收破产公司债务的其他保险公司比消费者更能有效地监督那些风险相对较高的公司。

为了检验是否存在因果颠倒的可能性——保证基金法案首先是在破产频率较低的州得到颁布，因为这些地方保险行业的反对声音最低——我们加入了保证基金变量用于估计尚未颁布保证基金法案的两组破产样本的回归方程，系数仍然为负，但在 1965～1975 年样本中，$\beta$ 系数和 $t$ 比率更低。因此，仍无法明确解释保证基金和破产公司数量之间的负相关关系。

对无保险驾驶员险中的代位追偿权这个虚拟变量同样存在类似的解释障碍。与预期的相反，该变量在所有三个破产回归式中均十分显著。最合理的解释在于其内生性——带有代位追偿权的无保险驾驶人法案在破产频率较高的州得到颁布。这些法案的批准并不足以使其破产率低于没有该法案的州。很明显，法案可能使破产公司数低于该法案颁布之前的水平。

而持续不佳的承保业绩（用最大三年移动平均损失率衡量）会增加包括相互公司和小公司在内的两个样本组的破产频率。与最大三年移动平均损失率相比，七年平均综合损失率有反向影响，这正与人们的直觉相反。

从源自不同公司集合和不同时段的这三组样本中，可以总结出若干个破产原因。对于股份公司样本组（不包含小公司），不能用监管环境特征或州平均承保业绩来解释不同州间的差异。唯一在统计上显著的变量是无保险驾驶员险中的代位追偿权这个虚拟变量，而该变量本身仍可能具有内生性。

其他两个样本组包括了股份公司和相互公司，大公司和小公司，且从1958～1975年跨越了近二十年。通过比较所有 $\beta$ 系数，能解释绝对破产频率的一个最重要的变量就是公司数量。尤其在高损失率期间，异常差的承保业绩增加了破产公司数。这与我们下述假设是一致的：破产的部分原因至少在于其承担了风险。如果破产的背后掩藏着某些欺诈，那么破产公司数和异常不佳的承保业绩之间就不会有正向的关系。

通过对保险监管部门支出或检查等指标的分析表明，监管变量看起来并没有什么效果；监管在最低资本金方面的要求除了能减少州内经营公司数量外也没有其他效果。

费率预准制度和破产保证基金与破产公司数量呈反向关系。然而，前者的作用机制尚不明朗，而后者的作用机制至少部分在于因果颠倒。因此，没有足够证据表明任何形式的偿付能力监管能显著地遏制破产公司数量增加。

## 9.2　德国保险市场监管的实证分析：以寿险市场为例[①]

### 9.2.1　德国保险市场的监管概况

德国保险监管的内容主要包括：市场准入监管、市场行为监管、财务风险监管以及保险资金运用监管等。德国于1994年开始放松了对保险市场的监管，取消了对一般保险条款的审批制度。自此，保险公司可以在遵守既定法律框架的基础上，自行制定保险条款。1993年颁布的《保险监管法》

---

① 本部分摘录自 *The Economics of Insurance Regulation* 一书中 "A State Controlled Market: the German Case" 一文。

在保险监管内容的规定上，一般不涉及具体保险条款，而是从总体上予以控制，采取以偿付能力监管为主和与监管部门进行干涉相结合的监管方式。

德国的保费制度主要依据 1910 年颁布的《保险合同法》，包含保险费交付时间、交付地点、保费的增加或减少、保费的返还和保险合同终止等内容。总体来说，保费由保险公司精算人员测算给出，并由独立精算机构审核，最终报保险监管部门备案。如需对保费调整，保险公司应向监管部门申报，并提供详细的论证材料，得到批准后新保费方可执行。

需要注意的是，20 世纪 80 年代金融自由化以后，德国在保险费率的监管、保险条款的审定、竞争约束、资金运用等方面的监管都有所松动，保险费率主要由行业自律组织来厘定和调整。目前，欧盟成员国已经统一了监管标准，各国基本上按照英国的监管模式，对保险条款费率不做过多干预。在这种大势之下，德国保险条款费率监管也在进一步放开。

下文主要通过分析德国寿险市场上公司的经营情况来考察保费和利润监管的效果。

### 9.2.2 德国寿险市场的结构分析

本节考察的范围是 20 世纪 80 年代的德国寿险市场。1982 年，德国所有寿险公司的保费收入规模大致为 338 亿德国马克，这些收入可被细分为五个类别（括号中数字为各类产品保费收入占总保费收入的百分比）：普通混合型寿险产品（79.1%）、政府补贴的混合寿险产品（7.8%）、纯风险保障型保险（2.0%）、养老金产品（3.3%）、团体保险（7.8%）。其中前两类产品的主要差别在于后者有政府的保费补贴。如果不考虑这种区别，大约有 87%的寿险保费与混合寿险产品（保障和储蓄相结合的产品）相关，这种一支独大的现象主要是由寿险产品的保费可以税前列支的优点所带来的。

从原则上说，混合寿险产品的保险单内容都是经监管部门认可后的标准化条款，尽管不同公司在某些选择权、可调保费等方面会有差别，但这些差别很容易通过量化方式进行区分，使得投保人在选择保险公司时会十分容易。

但是，在德国寿险市场上，有两个方面可以使投保人对不同的保险公司进行区分，这两个因素就是：营销渠道和红利制度。

由于不同的寿险公司会侧重于不同的营销渠道（例如，有的公司有比较大规模的营销员团队，而有的公司则主要通过邮寄或其他方式销售保险单），不同的营销方式往往伴随着不同的服务。

另一个不同的地方在于公司的分红机制。由于担心偿付能力问题，监管者在保费方面的限制会给寿险公司带来较高的剩余利润。对于这部分利润，监管者往往会要求保险公司通过一定方式返还给投保人。不同公司返还红利的方式是不同的，有的公司选择抵扣保费的方式，有的公司选择累计保险单现金价值的方式。因此投保人在选择不同保险公司的时候，红利返还方式也成为他们考虑的重要因素。

### 9.2.3　对寿险保费及利润进行监管的效果的实证分析

德国寿险市场上寿险保险单的平均久期为 28 年，这么长的期限使得监管者对于保险人的偿付能力问题格外关注，这也是监管者为什么要进行严格的费率监管的本质原因。

由于担心保险人之间的价格竞争会出现偿付能力不足，从而伤害投保人的长期利益，监管者往往会给保险产品定一个比较高的最低保费标准。这个标准就会给保险公司带来一个制度性的利润剩余。但如果保持过高的利润剩余水平，对投保人来说是不公平的。所以，在费率监管的同时，监管者要求寿险公司在保证偿付能力的前提下，要控制其利润率水平。通过这种方式，强制其将超过监管标准的利润以红利的形式返还给投保人。以德国为例，只有 10% 的利润剩余可以被保险公司保留为利润，其他 90% 的部分都必须返还给投保人。

正是这样一个缺少价格竞争、潜在利润剩余又比较高的市场，吸引着各保险公司通过营销的努力来尽可能增加其市场份额。

### 9.2.4　不同类型公司的营销努力程度

我们知道，销售的价格弹性可以被视为价格竞争激烈程度的一种度量。价格弹性越低，营销所带来的收益就会越大。因此，在一个价格基本上被监管者控制、竞争空间不大的市场上，价格基本上没有办法反映公司之间经营行为的差异。相应的，公司在市场营销方面的支出可以被当作比较好的检验公司销售策略差异的指标，以此来考察监管政策的影响。

德国保险市场上共有三种类型的公司：公共事业（非营利组织）型、相互制、股份制。对于公共事业型保险机构，由于其控制人是政府，理应代表所有保险单所有者的利益，它们要保证的只是在成本允许的前提下，满足投保人的要求，因此这类公司往往不会在营销上花费过多的费用。

对于相互制公司来说，情况就会有很大不同。保险单所有人同时也是公司的所有者，因此不存在公司所有人和客户之间的利益冲突，但是却存在一个免费搭车型的管理控制问题。由于每个保险单所有人对公司的经营影响非常有限，因此公司的经理人可以在允许的范围内尽可能追求自己的利益。我们前面提到，价格和利润监管带来的潜在利益，会使经理人尽最大可能追求市场份额的最大化。

根据来自德国 108 家寿险公司中 100 家公司 1979 年的截面数据（这 100 家公司基本上代表了 100%的寿险市场份额）和营销力度指标（总营销和广告费用/保费收入），来分析一个公司的经营效果，见表 9.6。

**表 9.6 样本公司的主要经营数据（1979 年）**

| 项目 | 所有公司 | 股份制公司 | 相互制公司 | 公共事业类 |
| --- | --- | --- | --- | --- |
| 市场份额 | 100% | 67.4% | 23.3% | 9.3% |
| 公司数量（个） | 100 | 51 | 37 | 12 |
| 总成本/保费收入 | 27% | 31% | 25% | 16% |
| 营销费用/保费收入 | 19% | 21% | 17% | 11% |
| 经营费用/保费收入 | 8% | 10% | 8% | 5% |
| 投诉数量（根据市场份额加权计算的平均个数） | 7 | 9 | 6 | 1 |
| 消费者满意比例 |  | 64.9% | 68.3% | 73.2% |

我们在回归模型分析中主要用到了以下指标。

（1）营销力度指标：

$$\text{AME} = \frac{\text{营销费用} + \text{广告费用}}{\text{保费收入}}$$

（2）公司类型的哑变量：

$$\text{ST} = \begin{cases} 1 & \text{股份制} \\ 0 & \text{其他} \end{cases}$$

$$\text{PU} = \begin{cases} 1 & \text{公共事业型} \\ 0 & \text{其他} \end{cases}$$

（3）营销渠道变量：

$$M = \begin{cases} 1 & \text{代理} \\ 0 & \text{直销} \end{cases}$$

（4）公司成立年限变量：

$$A = \begin{cases} 1 & \text{少于10年} \\ 0 & \text{多于10年} \end{cases}$$

（5）关于公司产品业务类型的变量：$R_i$ 表示公司业务中纯保障类业务

比例；Sub 表示政府补贴类业务比例；Pen 表示年金业务比例；Gru 表示团体寿险业务比例；Kap 表示混合寿险业务比例。

营销方式变量 $M$ 对公司的主要营销渠道进行了区分，公司年限变量很好地控制了公司寿命对业务结构以及成本结构可能带来的影响。通过上述解释变量来对公司的销售费用率进行回归分析，得到：

$$AME = -11.7 + 3.2ST - 5.4PU + 14.5M + 15.5A + 16.2Kap - 21.8Sub$$
$$(-0.6)(2.0) \quad (-2.1) \quad (2.7)(6.7) \quad (0.9) \quad (-1.0)$$
$$+ 30.0Ri - 15.2Gru$$
$$(1.5)(-0.8)$$

$n = 100 \quad R^2 = 0.56$

由上述回归结果可知：①不同类型公司之间的营销力度差异是显著的，具体表现在，股份制公司比相互制公司的营销成本平均高 3.2%，而比公共事业类型低 5.4%；②依靠营销员网络的公司的营销成本比平均水平要高 14.5%；③年轻的公司在营销成本上比平均水平高出 15.5%。

这些回归分析结果验证了我们前面对寿险市场费率和利润监管影响结果的判断，即当监管者为了保证公司偿付能力而制定较高的最低费率水平并严格控制价格竞争，同时又控制公司的整体利润率水平的时候，会带来公司在市场份额方面竞争的加剧，主要体现在营销力度的不同上，而这种不同会受到公司类型、营销方式和公司年龄等因素的影响。

## 9.3 中国保险市场监管的实证分析

从现有文献看，对保险监管的实证研究并不多，对中国保险监管的实证研究更是十分匮乏。本节我们分别选择对汽车保险的费率监管和对财产保险市场的偿付能力监管为对象，尝试着对中国保险监管的政策效果进行以下实证分析。

### 9.3.1 机动车保险赔付率变化与监管政策之间协同效果的分析

根据本书第 7 章的分析可知，费率监管、偿付能力监管和资金运用监管标准的变化，会对保险人的经营行为带来直接影响，且表现形式会有多种。本章将从赔付率和费用率两个方面来进行实证分析。

保险公司的赔付率（这里主要指财产保险的赔付率）实际上体现了保险市场的定价水平。如果保险人收取的保费水平较高，相应的赔付率就会较低；反之，赔付率就会较高。因此，赔付率的变化在一定程度上可以反映保险人定价行为的变化。

保险公司费用率的变化也是保险人经营活动变化的重要反映，从上面的模型分析可知，当保险人受到费率监管和偿付能力监管的制约时，可以通过调整自身的费用来维持经营。因此，保险人费用率的变化也可以作为对其经营状况的判断。下面，我们将分别从车险市场赔付率和财险市场费用率两个角度，对保险费率监管和偿付能力监管的效果进行实证分析。

1. 机动车保险赔付率的变化

我们收集了 1998～2010 年中国财产保险公司车险保费收入和赔付的数据，并将各年的赔付率做成箱形图（线的上下端代表的是所有公司赔付率的最大值和最小值，柱子的上下端代表的是位于 25% 和 75% 分位点的公司的赔付率，中间的黑线代表的是所有公司赔付率的中位数），来观察车险赔付率的整体变化趋势。同时，我们将各个时期费率监管、偿付能力监管和资金运用监管的严格程度，用不同的深浅程度加以区分（颜色越深代表当时的监管越严格，越浅代表越宽松），以便对应地观察监管政策的变动对赔付率的影响。

从图 9.1 可以明显看出，中国车险市场上的赔付率经历了几个明显的波动周期：①1998～2001 年，车险市场赔付率处于下降阶段，表明车险价格水平相对较高；②2001～2004 年，车险市场赔付率出现明显上升，

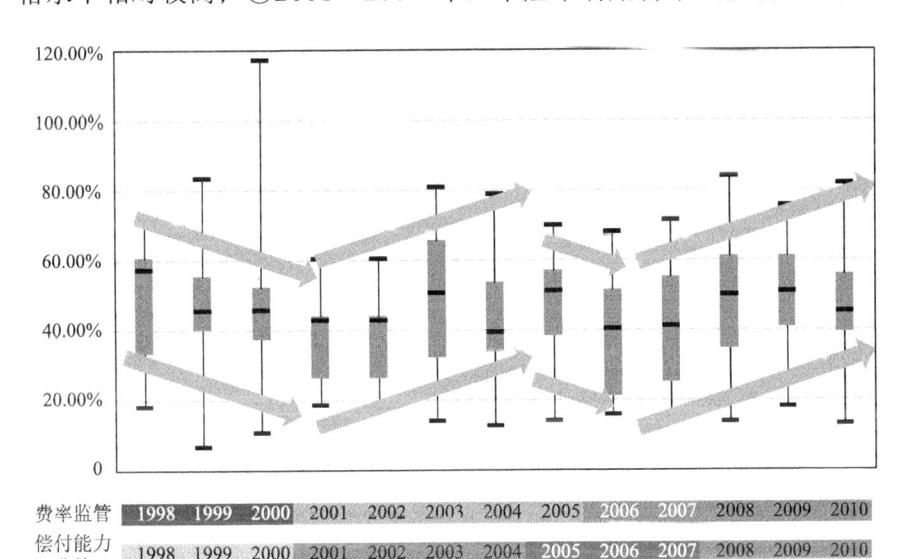

图 9.1 车险市场赔付率变化与监管政策变化的关联（1998～2010 年）

表明车险价格水平处于下降趋势；③2005~2006年，车险市场赔付率出现一个短暂的下降趋势；④2007~2010年，车险市场赔付率处于稳定上升趋势，表明车险价格水平处于下降阶段。

2. 监管对机动车保险赔付率变化的影响

为了更清楚地检验费率和偿付能力监管对中国车险市场赔付率变化的影响，我们构建了车险市场赔付率的计量经济模型，并将费率监管和偿付能力监管作为解释变量引入模型中，从而检验监管对赔付率变化的影响。

1）模型设计

为研究监管对车险市场赔付率的影响，我们采用1999~2010年各财险公司的车险赔付率面板数据进行实证检验。为了控制公司个体层面和行业整体层面的影响，我们采用公司前一期车险赔付率和当期全行业平均赔付率作为控制变量。

我们首先从不变截距面板数据模型入手，确定模型变量的选择并观察政策效果的初步结果。其次，构造变截距面板数据模型，并检验模型的固定效应和随机效应，从而把握政策变量的影响。

2）数据与描述性统计

我们选取了1999~2010年所有财产保险公司车险赔付率以及市场份额数据，进行回归分析。在监管变量的选择上，参照对费率监管和偿付能力监管变化的历程，给出了刻画不同阶段监管严格程度的赋值。数据的描述性统计如表9.7所示，其中各变量符号及含义如下。

$LR_t^i$为公司$i$在$t$期的车险赔付率；$Ave\_LR_t$为$t$期全行业平均车险赔付率，该变量用来控制行业整体层面的影响；$R_t$为反映$t$期费率监管的严格程度的变量；$S_t$为反映$t$期偿付能力监管严格程度的变量。

表9.7 车险赔付率模型中相关变量的描述性统计

| 年份 | 样本个数 | $LR_t^i$ 均值 | $LR_t^i$ 标准差 | $LR_{t-1}^i$ 均值 | $LR_{t-1}^i$ 标准差 | $R_t$ | $S_t$ | $R_t S_t$ |
|---|---|---|---|---|---|---|---|---|
| 1999 | 9 | 47.97% | 19.53% | 51.67% | 17.83% | 1 | 0.5 | 0.5 |
| 2000 | 9 | 49.54% | 27.34% | 47.97% | 19.53% | 1 | 0.5 | 0.5 |
| 2001 | 10 | 42.37% | 11.39% | 49.81% | 25.79% | 1 | 0.5 | 0.5 |
| 2002 | 10 | 48.74% | 12.09% | 42.37% | 11.39% | 0 | 0 | 0 |
| 2003 | 11 | 46.02% | 19.81% | 45.82% | 15.01% | 0 | 0 | 0 |
| 2004 | 11 | 44.86% | 17.28% | 46.02% | 19.81% | 0 | 0 | 0 |
| 2005 | 12 | 47.67% | 17.90% | 41.12% | 20.96% | 1 | 0 | 0 |

续表

| 年份 | 样本个数 | $LR_t^i$ 均值 | $LR_t^i$ 标准差 | $LR_{t-1}^i$ 均值 | $LR_{t-1}^i$ 标准差 | $R_t$ | $S_t$ | $R_tS_t$ |
|---|---|---|---|---|---|---|---|---|
| 2006 | 22 | 34.75% | 21.15% | 32.82% | 24.57% | 1 | 0.5 | 0.5 |
| 2007 | 23 | 42.60% | 29.72% | 33.90% | 21.05% | 1 | 0.5 | 0.5 |
| 2008 | 28 | 51.41% | 19.46% | 37.63% | 30.17% | 1 | 0.5 | 0.5 |
| 2009 | 31 | 48.64% | 16.45% | 47.16% | 22.76% | 0.5 | 1 | 0.5 |
| 2010 | 37 | 49.89% | 44.87% | 41.22% | 22.77% | 0.5 | 1 | 0.5 |

3）不变截距面板数据模型回归

由李子奈和叶阿忠（2012）可知，在使用面板数据进行回归分析时，首先要判断模型的种类。我们首先从不变截距、不变系数的面板数据模型出发，构建了如下的车险赔付率计量模型：

$$LR_t^i = \alpha + \beta_1 LR_{t-1}^i + \beta_2 \text{Ave\_LR}_t + \beta_3 R_t + \mu_t^i \qquad (9.4)$$

$$LR_t^i = \alpha + \beta_1 LR_{t-1}^i + \beta_2 \text{Ave\_LR}_t + \beta_4 S_t + \mu_t^i \qquad (9.5)$$

$$LR_t^i = \alpha + \beta_1 LR_{t-1}^i + \beta_2 \text{Ave\_LR}_t + \beta_5 R_t S_t + \mu_t^i \qquad (9.6)$$

模型（9.4）、模型（9.5）和模型（9.6）分别描述的是费率监管、偿付能力监管及两者共同作用下对车险赔付率的影响。

对应上述三个回归模型，我们给出如下三个初始假设。

假设1：费率监管变量$R_t$在模型当中的系数为负。$R_t$衡量的是监管者对于车险市场费率控制的严格程度。当费率市场化程度较低时，根据前几章的研究结论，预期市场上的赔付率会呈现降低的趋势，即价格会相对升高。

假设2：偿付能力监管变量$S_t$在模型当中的系数为负。$S_t$衡量的是监管者对公司偿付能力要求的严格程度。当偿付能力监管较为严格的时候，预期赔付率会下降。这是由于偿付能力的提升使得保险公司需要通过增加收入或减少支出的方式补充经济资本。

假设3：费率监管和偿付能力的联合作用变量$R_tS_t$的系数为负。根据前几章的研究结论，当费率监管和偿付能力监管都比较严格时，保险人更倾向于降低经营过程中的赔付率来满足监管要求。

对模型（9.4）、模型（9.5）和模型（9.6）的回归结果如表9.8所示。

表 9.8　车险赔付率不变截距模型的回归结果（一）

| 项目 | 模型（9.4） | 模型（9.5） | 模型（9.6） |
| --- | --- | --- | --- |
| $R^2$ | 0.294 | 0.293 | 0.293 |
| $\alpha$ | −0.149<br>(−0.906) | −0.1005<br>(−0.678) | −0.116<br>(−0.761) |
| $\beta_1$ | 0.5893***<br>(8.777) | 0.586***<br>(8.743) | 0.587***<br>(8.755) |
| $\beta_2$ | 0.7475**<br>(2.288) | 0.687**<br>(2.103) | 0.697**<br>(2.20) |
| $\beta_3$ | 0.0287<br>(0.665) | | |
| $\beta_4$ | | 0.0037<br>(0.085) | |
| $\beta_5$ | | | 0.0298<br>0.395 |

\*\*\* 表示结果在 1% 的显著性水平下显著；\*\* 表示结果在 5% 的显著性水平下显著

从表 9.8 的结果来看，模型的解释性并不理想，政策的影响效果没有体现出来。从控制变量系数来看，行业整体效应的影响要大于公司自身的作用，这说明来自行业整体状况的干扰比较大。进一步从统计数据来看，车险赔付率数据在公司之间，特别是不同规模的公司之间的波动性比较大，从而影响了模型的回归结果。

为了改善模型的解释效果，我们将模型（9.4）、模型（9.5）和模型（9.6）进行了如下改进：

$$\mathrm{WLR}_t^i = \alpha + \beta_1 \mathrm{WLR}_{t-1}^i + \beta_2 W^i R_t + \mu_t^i \qquad (9.7)$$

$$\mathrm{WLR}_t^i = \alpha + \beta_1 \mathrm{WLR}_{t-1}^i + \beta_3 W^i S_t + \mu_t^i \qquad (9.8)$$

$$\mathrm{WLR}_t^i = \alpha + \beta_1 \mathrm{WLR}_{t-1}^i + \beta_4 W^i R_t S_t + \mu_t^i \qquad (9.9)$$

其中，$W^i$ 为公司 $i$ 的市场份额；$\mathrm{WLR}_t^i = W^i \times \mathrm{LR}_t^i$ 为公司 $i$ 在第 $t$ 期的车险赔付率乘以当期市场份额；$W^i R_t$ 为 $t$ 期的费率监管变量乘以公司 $i$ 的市场份额；$W^i S_t$ 为 $t$ 期的偿付能力监管变量乘以公司 $i$ 的市场份额；$W^i R_t S_t$ 为 $t$ 期的费率监管与偿付能力监管的共同作用乘以公司 $i$ 的市场份额。

由于模型（9.7）、模型（9.8）和模型（9.9）利用了公司规模与模型中各变量的交叉，可以控制新公司业务波动带来的干扰，从而可以更为准确地把握政策对行业整体水平的影响。对模型（9.7）、模型（9.8）和模型（9.9）的回归结果如表 9.9 所示。

表 9.9 车险赔付率不变截距模型的回归结果（二）

| 项目 | 模型（9.7） | 模型（9.8） | 模型（9.9） |
| --- | --- | --- | --- |
| $R^2$ | 0.986 3 | 0.986 1 | 0.987 0 |
| $\alpha$ | 0.001 42* <br> (2.022) | 0.001 485** <br> (2.081) | 0.001 365** <br> (1.91) |
| $\beta_1$ | 0.969 2*** <br> (78.83) | 0.951 7*** <br> (90.04) | 0.951 1*** <br> (84.09) |
| $\beta_2$ | −0.026 8*** <br> (−2.847) | | |
| $\beta_3$ | | −0.029** <br> (−2.096) | |
| $\beta_4$ | | | −0.019 8*** <br> (−3.136) |

\*\*\* 表示结果在 1%的显著性水平下显著；\*\* 表示结果在 5%的显著性水平下显著；\* 表示结果在 10%的显著性水平下显著

表 9.9 的结果显示，经过市场份额加权后的数据可以更好地解释监管政策对车险赔付率的影响，而且政策影响的效果非常显著，且方向与前面的假设完全一致，即严格的费率监管和偿付能力监管对车险赔付率都具有负向作用。进一步地，当考虑两类监管措施的共同作用时，其影响效果更为显著。在下面的分析中，我们将沿用这种对车险赔付率数据的处理方法。

上述模型是建立在不变截距模型假设下的。这类模型的一个基本假设是，不同截面（即不同公司）间的截距项是相同的。接下来，我们将放宽这一假设，利用变截距模型来进行分析，并检验变截距模型中固定效应和随机效应的影响，从而最终得到更为准确的回归模型。

4）变截距面板数据模型

对应于模型（9.7）、模型（9.8）和模型（9.9），进一步构建如下变截距模型：

$$\text{WLR}_t^i = \alpha_i + \beta_1 \text{WLR}_{t-1}^i + \beta_2 W^i R_t + \mu_t^i \quad (9.10)$$

$$\text{WLR}_t^i = \alpha_i + \beta_1 \text{WLR}_{t-1}^i + \beta_3 W^i S_t + \mu_t^i \quad (9.11)$$

$$\text{WLR}_t^i = \alpha_i + \beta_1 \text{WLR}_{t-1}^i + \beta_4 W^i R_t \times S_t + \mu_t^i \quad (9.12)$$

相比于模型（9.7）、模型（9.8）和模型（9.9），在模型（9.10）、模型（9.11）和模型（9.12）中，截距项设置为可变量 $\alpha_i$，即不同截面（公司）之间的截距是不同的。进一步地，在变截距面板数据模型中，又可以分为固定效应变截距和随机效应变截距两类。模型（9.7）、模型（9.8）和模型（9.9）实际上是固定效应变截距模型形式。

对上述模型进行固定效应面板数据回归，得到结果如表 9.10 所示。

表 9.10　车险赔付率固定效应变截距模型（9.10）、模型（9.11）和模型（9.12）的回归结果

| 固定效应回归结果 | | | 观测数量 = 213 | |
|---|---|---|---|---|
| 分组变量：id | | | 组数 = 37 | |
| | 模型（9.10） | 模型（9.11） | 模型（9.12） | |
| $R^2$：组内 | 0.853 0 | 0.850 0 | 0.847 7 | |
| 组间 | 0.999 3 | 0.999 3 | 0.999 4 | |
| 整体 | 0.986 3 | 0.986 1 | 0.985 9 | |
| $F$ 检验值（2174） | 504.70 | 493.16 | 493.16 | |
| 模型显著性 | 0.000 0 | 0.000 0 | 0.000 0 | |
| $\text{WLR}_{t-1}^{i}$ | 0.991 3*** (31.31) | 0.960 1*** (30.64) | 0.971 2*** (31.12) | |
| $W^{i}R_{t}$ | −0.027 6*** (−2.70) | | | |
| $W^{i}S_{t}$ | | −0.032 2* (−1.93) | | |
| $W^{i}R_{t} \times S_{t}$ | | | −0.019 466 4** (−1.99) | |
| _cons | 0.000 746 7 (0.61) | 0.001 463 4 (1.09) | 0.000 717 9 (0.56) | |

*表示 $0.01 \leqslant p < 0.05$；** 表示 $0.001 \leqslant p < 0.01$；*** 表示 $p < 0.001$

进一步地，将模型（9.10）、模型（9.11）和模型（9.12）改为如下所示的随机效应变截距模型：

$$\text{WLR}_{t}^{i} = \rho + \beta_{1}\text{WLR}_{t-1}^{i} + \beta_{2}W^{i}R_{t} + \alpha_{i} + \mu_{t}^{i} \qquad (9.13)$$

$$\text{WLR}_{t}^{i} = \rho + \beta_{1}\text{WLR}_{t-1}^{i} + \beta_{3}W^{i}S_{t} + \alpha_{i} + \mu_{t}^{i} \qquad (9.14)$$

$$\text{WLR}_{t}^{i} = \rho + \beta_{1}\text{WLR}_{t-1}^{i} + \beta_{4}W^{i}R_{t}S_{t} + \alpha_{i} + \mu_{t}^{i} \qquad (9.15)$$

对模型（9.13）、模型（9.14）和模型（9.15）进行随机效应回归，得到的结果见表 9.11。

表 9.11　车险赔付率随机效应变截距模型（9.13）、模型（9.14）和模型（9.15）的回归结果

| 固定效应广义最小二乘回归结果 | | | 观测数量 = 213 |
|---|---|---|---|
| 分组变量：id | | | 组数 = 37 |
| | 模型（9.13） | 模型（9.14） | 模型（9.15） |
| $R^2$：组内 | 0.853 0 | 0.850 0 | 0.847 7 |
| 组间 | 0.999 3 | 0.999 3 | 0.999 4 |
| 整体 | 0.986 3 | 0.986 1 | 0.985 9 |

续表

| 固定效应广义最小二乘回归结果 | | 观测数量=213 | |
|---|---|---|---|
| 分组变量：id | | | 组数=37 |
| | 模型（9.13） | 模型（9.14） | 模型（9.15） |
| 沃尔德检验值 | 15 165.02 | 14 903.52 | 14 684.73 |
| 模型显著性 | 0.000 0 | 0.000 0 | 0.000 0 |
| $WLR_{t-1}^{i}$ | 0.969 2*** (78.83) | 0.957 1*** (90.04) | 0.951 1*** (84.09) |
| $W^{i}R_{t}$ | −0.026 78*** (−2.85) | | |
| $W^{i}S_{t}$ | | −8.029 1** (−2.10) | |
| $W^{i}R_{t} \times S_{t}$ | | | −0.019 8** (−2.14) |
| _cons | 0.001 4** (2.02) | 0.001 5** (2.08) | 0.001 4* (1.91) |

\*表示 $0.01 \leqslant p < 0.05$；\*\*表示 $0.001 \leqslant p < 0.01$；\*\*\*表示 $p < 0.001$

综合表 9.9 至表 9.11 的结果，关于监管对车险市场赔付率的影响，可以得出如下结论。

变截距模型并没有显著提高模型的解释力，也就是说不变截距模型也能较好地说明变量之间的关系；费率监管变量前的系数显著为负，与假设一致，说明当监管者严格限制保险人费率水平时，车险行业整体价格水平倾向于上升，降低了市场竞争水平；偿付能力监管变量前的系数显著为负，与假设一致，说明当监管者提高了偿付能力监管标准后，车险行业倾向于通过降低赔付来减少经营支出，从而补充自身的经济资本；费率监管和偿付能力监管的联合作用变量前的系数显著为负，与假设一致，说明当费率监管和偿付能力监管同时变得更为严格后，对保险人降低赔付率的激励更为明显。

3. 车险赔付率变化与市场监管政策之间关系的解释

结合上面的描述分析与计量检验的结果，我们将 1998~2010 年各阶段车险赔付率的变化历程利用本书第 4 章给出的保险市场供求均衡模型的分析结果来进行解释。

1）1998~2000 年

保监会成立后，就开始了费率市场化改革和偿付能力监管的进程。但在这个阶段，两者都还没有形成明确的监管标准。相对而言，费率监管基本上还是延续了此前中国人民银行时期管制的特点，使得对于偿付能力要求的变化更快地产生了影响。因此，这段时间车险赔付率出现下滑趋势，这与供求均衡模型中预测的结论相吻合，即当费率监管比较严格时，如果偿付能力监管方面的要求提高，可能会导致短期内市场失去均衡（如图9.2中实线箭头所指的供给曲线移动方向，由于费率监管的存在，供给曲线移动之后，没有可行的均衡点存在）。此时，可以预期保险公司会通过降低赔付率 $p$ 的方式，保持其必需的资本回报（如图9.2中虚线所示的供给曲线的回调）。

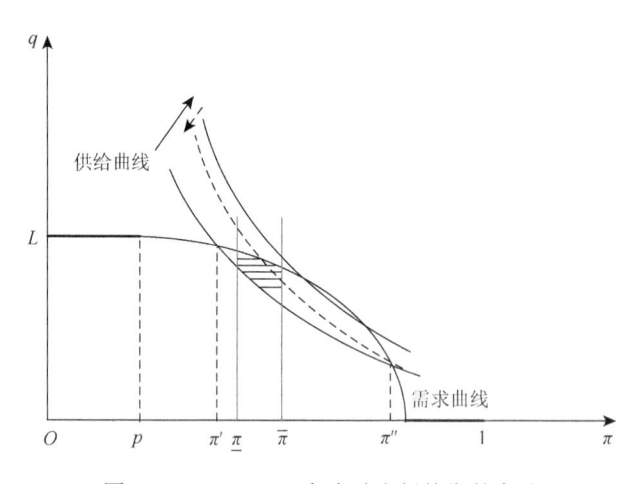

图 9.2　1998~2000 年车险市场均衡的变动

2) 2001~2004 年

随着保监会职能的逐渐完善及中国加入世界贸易组织后保险市场的放开，保险费率市场化进程和偿付能力监管均进入了快速发展阶段。从市场结果来看，费率市场化的改革效果比加强偿付能力监管有更明显的效果，体现在车险赔付率整体处于上升阶段。对应于市场供求均衡模型的结果，可以理解为费率监管放松后，保险人纷纷加入了降价竞争当中，赔付率不断上升。而由于偿付能力监管也在不断加强，保险人不得不通过其他方式保证偿付能力的充足（从下文对费用率变化的分析可知）。这一阶段市场监管的影响可以通过图9.3来展示。

3) 2005~2010 年

随着监管者放弃费率市场化的尝试，费率监管重新回到了比较严格的状态，而偿付能力监管仍然保持规范和严格的状态。因此，车险市场短期内出现了明显的赔付率下降趋势。此后，随着保险人对偿付能力标准逐渐

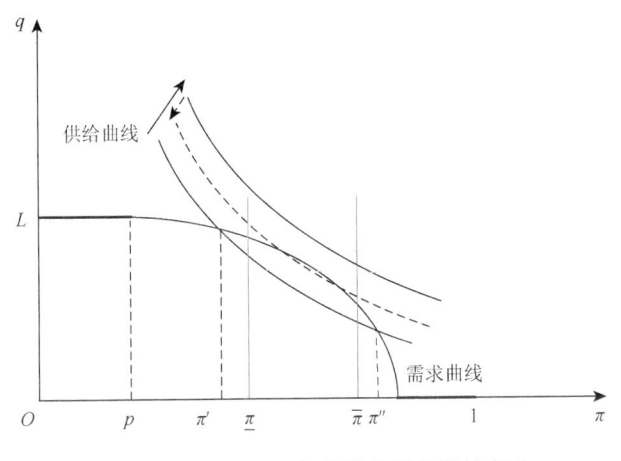

图 9.3　2001~2004 年车险市场均衡的变动

适应和消化，偿付能力监管对于其供给的影响程度逐渐降低，保险人通过改善经营效率等努力，进一步提升了供给能力，并且有能力通过提升赔付率来进行竞争。对应于保险市场供求均衡模型结果（图 9.4），由于费率监管回归严格，在该阶段之初，为了同时满足偿付能力监管和费率监管的要求，车险市场的价格出现了升高的趋势。但随着保险人逐渐适应了这种监管环境，供给能力逐渐提升，车险赔付率又开始稳步回升，体现为市场良性竞争的恢复。

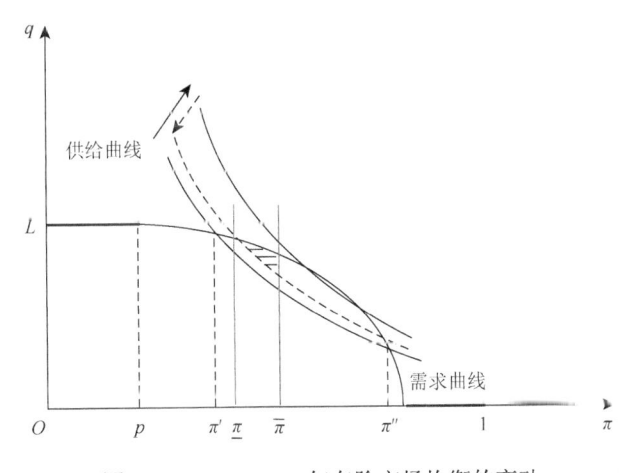

图 9.4　2005~2010 年车险市场均衡的变动

### 9.3.2　财产保险费用率的变化与监管政策之间协同效果的分析

根据第 4 章的分析我们知道，费率监管、偿付能力监管和资金运用监管等都会对保险人的费用率产生影响。当保险人面对较严格的费率监管和偿付能力监管时，往往需要被迫调整费用支出来满足经营要求。而从长期来看，费用率的稳定下降代表着保险人整体经营效率的提升。通过适当的监管政策引导，实现保险人主动提升经营效率，在保证偿付能力要求的前提下，逐渐实现费用率的降低，应该视为监管政策协调的成功。

1. 中国财产保险费用率的变化历程

我们收集了 2001～2010 年所有财产保险公司的保费收入及费用支出数据[①]，给出了如图 9.5 所示的箱形图（线的上下端代表的是各公司费用率中最大值和最小值，柱子的上下端代表的是位于 25% 和 75% 分位点的公司的费用率，中间的黑线代表的是所有公司费用率的中位数）。各个时期的费率监管、偿付能力监管和资金运用监管的严格程度，用不同的深浅程度加以区分（颜色越深代表监管越严格，颜色越浅代表越宽松），以便对应地观察监管政策的变动对费用率的影响。

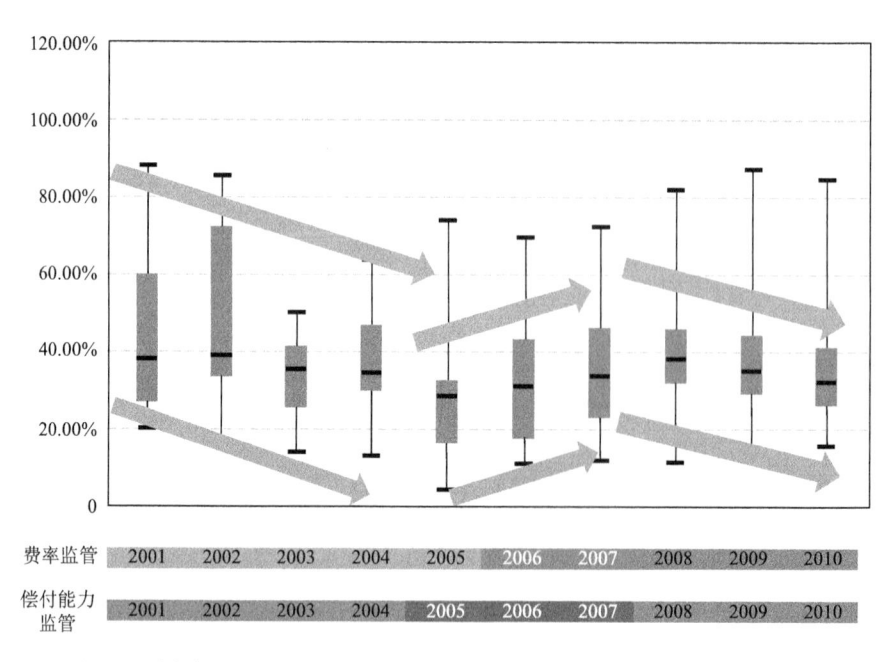

图 9.5　财产保险公司费用率变化与监管政策变化的关联（2001～2010 年）

从图 9.5 可以看出，2001～2010 年财险公司费用率的变化大致可分成三个阶段。①2001～2004 年：这一阶段费用率虽然有所波动，但整体趋势

---

① 值得指出的是，由于会计准则的调整，2007 年及之前年份的费用数据来自损益表当中"其他支出"一项，2008 年及之后年份的数据来自损益表当中"手续费及佣金支出"和"业务管理费"两项。

是下降的。这一阶段数据的波动主要是由 2001 年加入世界贸易组织之后,很多新成立的财产险公司(尤其是外资产险公司)所带来的。②2005~2007 年:费用率水平整体呈现明显上升趋势。③2008~2010 年:费用率水平整体呈现稳定下降趋势。

2. 市场监管对财产保险费用率变化的影响

本节通过构建财产保险费用率的计量经济学模型,并将费率监管和偿付能力监管作为解释变量引入模型中,从而检验监管对财产保险费用率变化的影响。

1) 模型设计

基于本章对车险的分析方式,在接下来对财产保险市场费用率的变化与监管活动的关系分析中,我们直接采取经过市场份额加权的财险公司费用率作为被解释变量来进行回归分析。

在模型的选择上,我们还是先通过不变截距面板数据进行回归,然后对变截距模型及固定和随机效应进行检验,从而给出更为准确的检验结果。

2) 数据与描述性统计

我们从 2002~2010 年《中国保险年鉴》中获得了所有财险公司的费用率数据,其中由于会计准则的调整,2007 年之前的公司费用数据采用的是各公司"管理费及其他支出"一项,2007 年及以后的公司费用数据采用的是"手续费及佣金"+"业务管理费"得到。回归模型中的主要变量统计描述如表 9.12 所示,主要变量定义如下:$ER_t^i$ 为公司 $i$ 在第 $t$ 期的费用率;$R_t$ 为第 $t$ 期费率监管强度变量;$S_t$ 为第 $t$ 期偿付能力监管强度变量。

表 9.12 财险公司费用率数据的描述性统计

| 年份 | 样本数量 | $ER_t^i$ 均值 | $ER_t^i$ 标准差 | $ER_{t-1}^i$ 均值 | $ER_{t-1}^i$ 标准差 | $R_t$ | $S_t$ | $R_t \times S_t$ |
|---|---|---|---|---|---|---|---|---|
| 2002 | 11 | 36.45% | 31.43% | 44.71% | 33.21% | 0 | 0 | 0 |
| 2003 | 13 | 35.74% | 9.11% | 41.47% | 31.34% | 0 | 0 | 0 |
| 2004 | 13 | 25.63% | 16.78% | 35.74% | 9.11% | 0 | 0 | 0 |
| 2005 | 17 | 20.23% | 14.42% | 61.29% | 97.02% | 1 | 0 | 0 |
| 2006 | 24 | 39.14% | 27.91% | 31.70% | 29.91% | 1 | 0.5 | 0.5 |
| 2007 | 28 | 41.26% | 24.35% | 46.70% | 52.14% | 1 | 0.5 | 0.5 |
| 2008 | 37 | 40.71% | 19.48% | 58.89% | 84.68% | 1 | 0.5 | 0.5 |
| 2009 | 43 | 37.16% | 16.13% | 67.74% | 68.34% | 0.5 | 1 | 0.5 |
| 2010 | 49 | 33.70% | 15.35% | 46.33% | 40.53% | 0.5 | 1 | 0.5 |

对于费率监管和偿付能力监管对财险公司费用率的影响，我们给出如下假设。

假设 1：费率监管变量 $R_t$ 在模型当中的系数为正。当市场上费率监管加强，监管者人为地控制了保险公司的费率水平，降低了市场竞争水平，将不利于保险公司通过竞争提高经营效率，降低费用率水平。因此，费率监管变量对于财险公司的费用率水平有正向影响。

假设 2：偿付能力监管变量 $S_t$ 在模型当中的系数为负。当市场上偿付能力监管加强时，保险人为了满足资本充足的要求，往往需要通过降低自身的经营成本来实现节省支出的目的。因此，预期偿付能力监管变量对于财险公司的费用率水平有负向影响。为了方便模型构建，在下面的计量模型中将采用 $(1-S_t)$ 作为偿付能力监管变量的代表，如果系数为正，则证明假设正确。

假设 3：费率监管和偿付能力监管的联合作用变量 $R_t \times (1-S_t)$ 的系数为正。由于上述两个假设的存在，当费率监管和偿付能力监管同时作用时，预期政策效果对财险公司费用率影响为正，而且结果应该更为显著。

3) 不变截距面板数据模型回归

结合上面的研究思路与基本假设，首先构建了如下所示的财险公司费用率不变截距面板数据模型：

$$\text{WER}_t^i = \alpha + \beta_1 \text{WER}_{t-1}^i + \beta_2 W^i R_t + \mu_t^i \quad (9.16)$$

$$\text{WER}_t^i = \alpha + \beta_1 \text{WER}_{t-1}^i + \beta_3 W^i (1-S_t) + \mu_t^i \quad (9.17)$$

$$\text{WER}_t^i = \alpha + \beta_1 \text{WER}_{t-1}^i + \beta_4 W^i R_t \times (1-S_t) + \mu_t^i \quad (9.18)$$

其中，$\text{WER}_t^i$ 为公司 $i$ 在第 $t$ 期的费用率乘以当期车险市场份额；$W^i R_t$ 为 $t$ 期的费率监管乘以公司 $i$ 的市场份额；$W^i(1-S_t)$ 为 $t$ 期的偿付能力监管反向指标乘以公司 $i$ 的市场份额；$W^i R_t \times (1-S_t)$ 为 $t$ 期的费率监管与偿付能力监管（反向）的共同作用乘以公司 $i$ 的市场份额。

对模型（9.16）、模型（9.17）和模型（9.18）进行回归，得到的结果见表 9.13。

**表 9.13　财险费用率不变截距模型（9.16）、模型（9.17）和模型（9.18）的回归结果**

| 项目 | 模型（9.16） | 模型（9.17） | 模型（9.18） |
|---|---|---|---|
| $R^2$ | 0.8175 | 0.8972 | 0.8200 |
| $\alpha$ | 0.0012<br>(1.3985) | 0.0013**<br>(2.1357) | 0.0014*<br>(1.588) |
| $\beta_1$ | 0.8346***<br>(23.99) | 0.4847***<br>(14.20) | 0.8473***<br>(25.01) |

续表

| 项目 | 模型（9.16） | 模型（9.17） | 模型（9.18） |
|---|---|---|---|
| $\beta_2$ | 0.0162* (1.742) | | |
| $\beta_3$ | | 0.1663*** (13.49) | |
| $\beta_4$ | | | 0.0109** (2.23) |

*表示 $0.01 \leqslant p < 0.05$；**表示 $0.001 \leqslant p < 0.01$；***表示 $p < 0.001$

从表 9.13 的结果可以看出，费率监管和偿付能力监管对财险公司费用率的作用效果是非常显著的，尤其是偿付能力监管。也就是说，当偿付能力监管加强的时候，保险公司非常可能通过降低费用率的方式来满足监管的要求，这与前面的基本假设是吻合的。

4）变截距面板数据模型回归

进一步地，我们构建了财险公司费用率的变截距面板数据模型。首先，固定效应变截距模型构造如下：

$$\text{WER}_t^i = \alpha_i + \beta_1 \text{WER}_{t-1}^i + \beta_2 W^i R_t + \mu_t^i \quad (9.19)$$

$$\text{WER}_t^i = \alpha_i + \beta_1 \text{WER}_{t-1}^i + \beta_3 W^i (1 - S_t) + \mu_t^i \quad (9.20)$$

$$\text{WER}_t^i = \alpha_i + \beta_1 \text{WER}_{t-1}^i + \beta_4 W^i R_t \times (1 - S_t) + \mu_t^i \quad (9.21)$$

利用 stata 进行固定效应变截距面板数据回归，得到如表 9.14 所示的结果。

表 9.14 财险费用率固定效应变截距模型（9.19）、模型（9.20）和模型（9.21）的回归结果

| 固定效应回归结果 | | 观测数量 = 235 | |
|---|---|---|---|
| 组别变量. id | | 组数 = 50 | |
| | 模型（9.19） | 模型（9.20） | 模型（9.21） |
| $R^2$：组内 | 0.419 2 | 0.659 2 | 0.408 8 |
| 组间 | 0.985 8 | 0.995 9 | 0.991 9 |
| 整体 | 0.800 4 | 0.895 1 | 0.814 0 |
| F 值（2 183） | 66.03 | 176.97 | 63.27 |
| 模型显著性 | 0.000 0 | 0.000 0 | 0.000 0 |
| $\text{WER}_{t-1}^i$ | 0.623 2*** (11.46) | 0.333 0*** (6.96) | 0.622 2*** (11.15) |
| $W^i R_t$ | 0.037 5** (2.03) | | |

续表

| | 固定效应回归结果 | 观测数量=235 | |
|---|---|---|---|
| | 组别变量：id | 组数=50 | |
| | 模型（9.19） | 模型（9.20） | 模型（9.21） |
| $W^i S_t$ | | 0.154 9$^{***}$<br>（11.66） | |
| $W^i R_t \times S_t$ | | | 0.020 9$^{**}$<br>（1.91） |
| _cons | 0.004 5$^{***}$<br>（4.32） | 0.003 3$^{***}$<br>（4.19） | 0.003 93$^{***}$<br>（3.92） |

**表示 $0.001 \leqslant p < 0.01$；***表示 $p < 0.001$

进一步地，构造随机效应变截距模型：

$$\text{WER}_t^i = \rho + \beta_1 \text{WER}_{t-1}^i + \beta_2 W^i R_t + \alpha_i + \mu_t^i \quad (9.22)$$

$$\text{WER}_t^i = \rho + \beta_1 \text{WER}_{t-1}^i + \beta_3 W^i (1 - S_t) + \alpha_i + \mu_t^i \quad (9.23)$$

$$\text{WER}_t^i = \rho + \beta_1 \text{WER}_{t-1}^i + \beta_4 W^i R_t \times (1 - S_t) + \alpha_i + \mu_t^i \quad (9.24)$$

利用 stata 进行随机效应变截距面板数据回归，得到如表 9.15 所示的结果。

**表 9.15　财险费用率固定效应变截距模型（9.22）、模型（9.23）和模型（9.24）的回归结果**

| | 随机效应广义最小二乘回归 | 观测数量=235 | |
|---|---|---|---|
| | 组别变量：id | 组数=50 | |
| | 模型（9.22） | 模型（9.23） | 模型（9.24） |
| $R^2$：组内 | 0.396 7 | 0.654 5 | 0.403 8 |
| 组间 | 0.995 4 | 0.996 3 | 0.994 5 |
| 整体 | 0.817 5 | 0.897 2 | 0.816 9 |
| 沃尔德检验值 | 1 039.27 | 2 025.87 | 1 034.83 |
| 模型显著性 | 0.000 0 | 0.000 0 | 0.000 0 |
| $\text{WER}_{t-1}^i$ | 0.834 5$^{***}$<br>（24.00） | 0.484 7$^{***}$<br>（14.20） | 0.848 6$^{***}$<br>（26.41） |
| $W^i R_t$ | 0.016 2$^{*}$<br>（1.04） | | |
| $W^i S_t$ | | 0.166 3$^{***}$<br>（13.49） | |
| $W^i R_t \times S_t$ | | | 0.011 1$^{**}$<br>（2.52） |
| _cons | 0.001 2<br>（1.40） | 0.001 3$^{**}$<br>（2.14） | 0.001 2$^{*}$<br>（1.49） |

*表示 $0.01 \leqslant p < 0.05$；**表示 $0.001 \leqslant p < 0.01$；***表示 $p < 0.001$

综合表 9.13 至表 9.15 的结果，监管对财产保险费用率的影响的主要结论如下。

（1）从模型类型上来看，变截距模型（固定效应和随机效应）对模型的显著性提高并不明显，因此可以认为财产保险费用率的模型形式是不变截距模型。

（2）费率监管对财险费用率的影响系数为正，与假设一致。说明在费率监管严格的时候，会降低市场的竞争水平，从而导致财险公司没有动力去降低自身的经营成本，导致费用率上升。

（3）偿付能力监管对财险费用率的影响系数为正（这里偿付能力监管做了负向处理，即偿付能力监管越严格，费用率越低），与假设一致。说明偿付能力监管越严格的时候，财险公司往往需要通过降低自身经营费用的方式来降低支出，从而补充自身的经济资本。

（4）偿付能力监管的影响要比费率监管的影响更为显著。说明来自偿付能力监管标准的提高对财险公司节省开支的压力更为直接，这为今后监管者合理确定政策之间的协调提供了依据。

（5）费率监管和偿付能力监管的联合影响系数为正，与假设一致。当费率监管放开（费率市场化）和偿付能力监管同时变得更为严格时，财险公司的经营费用倾向于下降。

3. 财产险费用率变化与市场监管之间关系的解释

结合上面的描述分析与计量检验的结果，本章将 2001~2010 年各阶段财险市场费用率的变化与第 7 章中理论模型的分析结果进行如下对应。

（1）第一阶段（2001~2004 年），市场费用率处于下降趋势。回顾这一阶段的车险赔付率，处于明显的上升趋势，而这一阶段费率监管处于宽松环境，偿付能力监管逐渐变得严格。根据来自理论模型的分析结论，可以知道，放松费率监管不仅带来了保险人在定价方面的竞争，同时加强偿付能力监管还使得保险人必须通过降低费用率的方式来保持自己在偿付能力方面符合要求，同时还要参与到费率的竞争当中去。从图 9.5 可以看出，尽管费率监管的放开给了保险人更大的可行区域，但费率的充分竞争和偿付能力要求的提升使得保险人必须通过降低费用率才能维持市场供求的均衡。从而我们可以知道，由于保险人不可能长期被迫降低费用率，因此这种情况下的市场均衡是不健康的，盲目的价格竞争必然会影响到某些公司的偿付能力水平，也预示着这一阶段费率市场化的失败。

（2）第二阶段（2005~2007 年），监管者放弃了费率市场化的尝试之后，市场上的赔付率和费用率都出现了报复性的反弹，这也证实了我们对前一个阶段的判断。保险人通过提高产品定价，提高自己经营的费用率，来满足日益提升的偿付能力监管要求，这也可看作是监管者出于对偿付能力监管的妥协而牺牲了费率市场化改革。

（3）第三阶段（2008~2010年），随着费率监管和偿付能力监管环境的逐渐完善，监管政策的长期引导作用开始逐渐体现，保险人开始通过不断提升自身经营效率（费用率稳步下降）以及提升赔付率来建立自身的竞争优势。可以说，这一阶段监管政策之间的配合是比较成功的。

# 参 考 文 献

陈秉正，周海珍. 2005. 从"囚徒困境"看保险诚信建设[J]. 保险研究，（6）：46-48.
陈文辉. 2014. 中国偿付能力监管改革[J]. 新金融评论，（3）：79-93.
程振源. 2007. 保险市场非对称信息问题研究[M]. 北京：人民出版社.
郭旭红，张红. 2003. 改进保险市场行为监管效果的博弈分析[J]. 金融与经济，（8）：8-9.
霍奇逊 G M. 1993. 现代制度主义经济学宣言[M]. 向以斌译. 北京：北京大学出版社.
江生忠，朱威至，陈佳. 2008. 保险保障基金制度的国际比较与借鉴[J]. 保险研究，（11）：39-46.
柯甫榕. 2008. 试论保险条款费率监管[J]. 保险研究，（2）：62-65.
李子奈，叶阿忠. 2012. 高级应用计量经济学[M]. 北京：清华大学出版社.
钱颂迪等. 2005. 运筹学:本科版[M]. 北京：清华大学出版社.
任志娟. 2006. 保险监管博弈分析[D]. 北京：首都经济贸易大学.
孙祁祥等. 2021. 中国保险业发展报告:2021[M]. 北京：经济科学出版社.
魏华林，蔡秋杰. 2005. 保险费率监管研究：兼论中国保险费率监管的悖论[J]. 金融研究，（8）：171-181.
吴九红，郑垂勇. 2004. 保险监管力度的信息经济学分析[J]. 南京财经大学学报，（1）：75-78.
谢识予. 2002. 经济博弈论[M]. 2版. 上海：复旦大学出版社.
徐徐. 2009. 中国有效保险监管制度研究[M]. 北京：经济科学出版社.
张瑶. 2022-01-13. 大公国际：偿二代监管规则升级，险企风险管理要求全面提升[EB/OL]. https://www.dagongcredit.com/uploadfile/2022/0113/20220113033527496.pdf.
周海珍. 2009. 强制保险能否提高保险市场效率[J] 清华大学学报（哲学社会科学版），24（S1）：43-51.
周海珍. 2011. 强制保险对提高市场效率的作用研究：基于对信息不准确保险市场的分析[J]. 财经论丛，（1）：62-69.
周海珍，陈秉正. 2011. 风险分类对保险市场效率的影响分析[J]. 保险研究，（4）：43-51.
祝向军，吕烨. 2012. 保险产品费率的监管与市场化改革[J]. 上海保险，（3）：5-8, 20.
Akerlof G A. 1970. The market for "lemons": quality uncertainty and the market mechanism[J]. The Quarterly Journal of Economics, 84（3）：488-500.
Baumol W J, Bailey E E, Willig R D. 1977. Weak invisible hand theorems on the sustainability of multiproduct natural monopoly[J]. The American Economic Review, 67（3）：350-365.
Becker G S. 1983. A theory of competition among pressure groups for political influence[J]. The Quarterly Journal of Economics, 98（3）：371-400.
Becker G S. 1985. Public policies, pressure groups, and dead weight costs[J]. Journal of Public Economics, 28（3）：329-347.

Becker G. 1986. The public interest hypothesis revisited: a new test of Peltzman's theory of regulation[J]. Public Choice, 49 (3): 223-234.

Besley T, Case A. 2003. Political institutions and policy choices: evidence from the United States[J]. Journal of Economic Literature, 41 (1): 7-73.

Besley T, Coate S. 1997. An economic model of representative democracy[J]. The Quarterly Journal of Economics, 112 (1): 85-114.

Boyer M M. 2000. Media attention, insurance regulation, and liability insurance pricing[J]. The Journal of Risk and Insurance, 67 (1): 37-72.

Coase R H. 1960. The problem of social cost[J]. The Journal of Law and Economics, 3: 1-44.

Crocker K J, Snow A. 1986. The efficiency effects of categorical discrimination in the insurance industry[J]. Journal of Political Economy, 94 (2): 321-344.

Dahlby B G. 1981. Adverse selection and Pareto improvements through compulsory insurance[J]. Public Choice, 37 (3): 547-558.

Demsetz H. 1969. Information and efficiency: another viewpoint[J]. The Journal of Law and Economics, 12 (1): 1-22.

Dionne G, Eeckhoudt L. 1985. Self-insurance, self-protection and increased risk aversion[J]. Economics Letters, 17 (1/2): 39-42.

Doherty N A, Garven J R. 2012. Price regulation in property-liability insurance: a contingent-claims approach[J]. The Journal of Finance, 41 (5): 1031-1050.

Estache A, Wren-Lewis L. 2009. Toward a theory of regulation for developing countries: following jean-jacques laffont's lead[J]. Journal of Economic Literature, 47 (3): 729-770.

Faure M G. 2006. Economic criteria for compulsory insurance[J]. The Geneva Papers on Risk and Insurance-Issues and Practice, 31 (1): 149-168.

Fudenberg D, Kreps D M, Maskin E S. 1990. Repeated games with long-run and short-run players[J]. The Review of Economic Studies, 57 (4): 555-573.

Hägg P G T. 1998. An institutional analysis of insurance regulation: the case of Sweden[D]. Lund: Lund University Publications.

Hoy M. 1982. Categorizing risks in the insurance industry[J]. The Quarterly Journal of Economics, 97 (2): 321-336.

Jaffee D, Russell T. 2003. Markets under stress: the case of extreme event insurance[M]//Arnott R, Greenwald B, Kanbur R, et al. Economics for an imperfect world: essays in Honor of Joseph E. Stiglitz. Cambridge: The MIT Press: 35-52.

Johnson W R. 1977. Choice of compulsory insurance schemes under adverse selection[J]. Public Choice, 31 (1): 23-35.

Johnson W R. 1978. Overinsurance and public provision of insurance: comment[J]. The Quarterly Journal of Economics, 92 (4): 693-696.

Joskow P L. 1973. Cartels, competition and regulation in the property-liability insurance industry[J]. The Bell Journal of Economics and Management Science, 4 (2): 375-427.

Jost P J. 1996. Limited liability and the requirement to purchase insurance[J]. International Review of Law and Economics, 16 (2): 259-276.

Laffont J J. 2005. Regulation and Development[M]. Cambridge: Cambridge University Press.

Lereah D A. 1983. Information problems and regulation in insurance markets[D]. Charlottesville: University of Virginia.
Lereah D A. 1985. Insurance Markets: Information Problems and Regulation[M]. New York: Praeger.
Meier K J. 1988. The Political Economy of Regulation: the Case of Insurance[M]. Albany: State University of New York Press.
Meyer J R. 1959. The Economics of Competition in the Transportation Industries[M]. Cambridge: Harvard University Press.
Miyazaki H. 1977. The rat race and internal labor markets[J]. The Bell Journal of Economics, 8 (2): 394-418.
Noll R G. 1989.Chapter 22 economic perspectives on the politics of regulation[M]// Armstrong M, Sappington D.Handbook of Industrial Organization.Amsterdam: Elsevier,1253-1287.
North D C. 1993. The new institutional economics and development[EB/OL]. https://ideas.repec.org/p/wpa/wuwpch/9309002.html.
Pauly M V. 1974. Overinsurance and public provision of insurance: the roles of moral hazard and adverse selection[J]. The Quarterly Journal of Economics, 88 (1): 44-62.
Peltzman S, Levine M E, Noll R G. 1989. The economic theory of regulation after a decade of deregulation[J]. Brookings Papers on Economic Activity. Microeconomics, 20: 1-59.
Prescott E C, Townsend R M. 1984. Pareto optima and competitive equilibria with adverse selection and moral hazard[J]. Econometrica Journal of the Econometric Society, 52 (1): 21-46.
Riley J G. 1979. Informational equilibrium[J]. Econometrica Journal of the Econometric Society, 47 (2): 331-360.
Rothschild M, Stiglitz J. 1976. Equilibrium in competitive insurance markets: an essay on the economics of imperfect information[J]. The Quarterly Journal of Economics, 90 (4): 629-649.
Sam P. 1976. Toward a more general theory of regulation [J]. The Journal of Law and Economics, 19 (2): 211-240.
Sam P. 1993. George Stigler's contribution to the economic analysis of regulation[J]. Journal of Political Economy, 101 (5): 818-832.
Sandroni A, Squintani F. 2004. The overconfidence problem in insurance markets[J]. Ssrn Electronic Journal, (10): 2-6.
Shavell S. 1979. On moral hazard and insurance[J]. The Quarterly Journal of Economics, 93 (4): 541-562.
Skipper Jr H D. 1998. International Risk and Insurance: an Environmental-managerial Approach[M]. Boston: Irwin/McGraw-Hill.
Spence M. 1978. Product differentiation and performance in insurance markets[J]. Journal of Public Economics, 10 (3): 427-447.
Stewart J. 1994. The welfare implications of moral hazard and adverse selection in competitive insurance markets[J]. Economic Inquiry, 32 (2): 193-208.
Stigler G J. 1971. The theory of economic regulation[J]. The Bell Journal of Economics and

Management Science, 2 (1): 3-21.
Tennyson S, Weiss M A, Regan L. 2002. Automobile insurance regulation: the Massachusetts experience[M]//Cummins J D.Deregulating Property-liability Insurance: Restoring Competition and Increasing Market Efficiency.Washington: Brookings Institution Press: 25-80.
Viscusi W K, Harrington J E, Vernon J M. 2005. Economics of Regulation and Antitrust[M]. 4th ed. Cambridge: MIT Press.
Wilson C. 1977. A model of insurance markets with incomplete information[J]. Journal of Economic Theory, 16 (2): 167-207.
Winter R A. 1988. The liability crisis and the dynamics of competitive insurance markets[J]. Yale Journal on Regulation, 5 (2): 455-499.
Winter R A. 2001. Optimal insurance under moral hazard[M]//Dionne G. Handbook of Insurance. Dordrecht: Springer: 155-183.
Wilson C.1977. A model of insurance markets with incomplete information[J]. Journal of Economic Theory, 16 (2): 167-207.

# 附录  主要符号对照表

| | |
|---|---|
| $u(\bullet)$ | 消费者（投保人）效用函数 |
| $y$ | 投保人的初始财富 |
| $x$ | 投保人发生损失后的财富 |
| $\pi$ | 保险费率 |
| $\lambda^L$ | 保险市场中低风险投保人的比重 |
| $\lambda^H$ | 保险市场中高风险投保人的比重 |
| $\lambda^{L\text{-mis}}$ | 保险市场中低估了自身风险的低风险投保人的比重 |
| $P^L$ | 低风险投保人发生风险事故的概率 |
| $P^H$ | 高风险投保人发生风险事故的概率 |
| $\bar{P}$ | 高、低风险投保人发生风险事故的平均概率，$\bar{P} = \lambda^L P^L + \lambda^H P^H$ |
| $\hat{P}^L$ | 低风险投保人对风险事故概率的错误估计 |
| $\bar{P}^L$ | 风险分类后"低风险"组发生风险事故的平均概率 |
| $\bar{P}^H$ | 风险分类后"高风险"组发生风险事故的平均概率 |
| $c^i$ | 市场信息对称时，高、低风险投保人缴纳的保费，$i = H, L$ |
| $q^i$ | 市场信息对称时，高、低风险投保人购买的保额，$i = H, L$ |
| $q^{L'}$ | 市场处于 R-S 均衡时，低风险投保人购买的保额 |
| $q^W$ | 市场处于 Wilson 均衡时，所有投保人购买的保额 |
| $q^{L\text{-mis}}$ | 市场信息对称时，低估了自身风险的低风险投保人购买的保额 |
| $q^{L'\text{-mis}}$ | 市场处于 R-S 均衡时，低估了自身风险的低风险投保人购买的保额 |
| $q^{W\text{-mis}}$ | 市场处于 Wilson 均衡且有部分低风险投保人低估了自身风险时，投保人购买的保额 |

| 符号 | 含义 |
|---|---|
| $q^c$ | 强制保险要求购买的保额 |
| $q^{cH}$ | R-S 均衡状态下实施强制保险后,如果允许投保人购买商业补充保险,高风险投保人购买的保险总额 |
| $q^{cL}$ | R-S 均衡状态下实施强制保险后,如果允许投保人购买商业补充保险,低风险投保人购买的保险总额 |
| $q^{cH_W}$ | Wilson 均衡状态下实施强制保险后,如果允许投保人购买商业补充保险,高风险投保人购买的保险总额 |
| $q^{cL_W}$ | Wilson 均衡状态下实施强制保险后,如果允许投保人购买商业补充保险,低风险投保人购买的保险总额 |
| $q^{L_{arc}}$ | 市场初始处于 R-S 均衡时,在较精确的风险分类后,"低风险"组投保人购买的保额 |
| $q^{L_{Warc}}$ | 市场初始处于 Wilson 均衡时,在较精确的风险分类后,"低风险"组投保人购买的保额 |
| $q^{L_{Wrc}}$ | 市场初始处于 Wilson 均衡时,较不精确的风险分类后,"低风险"组投保人购买的保额 |
| $q^{H_{Wrc}}$ | 市场初始处于 Wilson 均衡时,较不精确的风险分类后,"高风险"组投保人购买的保额 |
| $P(i|j)$ | 保险公司的核保水平,$i = M, N; j = H, L$ |
| $CS^H$ | 市场信息对称时,高风险投保人的消费者剩余 |
| $CS^L$ | 市场信息对称时,低风险投保人的消费者剩余 |
| $CS^H_{R-S}$ | 市场处于 R-S 均衡时,高风险投保人的消费者剩余 |
| $CS^L_{R-S}$ | 市场处于 R-S 均衡时,低风险投保人的消费者剩余 |
| $CS^H_{Wil}$ | 市场处于 Wilson 均衡时,高风险投保人的消费者剩余 |
| $CS^L_{Wil}$ | 市场处于 Wilson 均衡时,低风险投保人的消费者剩余 |
| $CS^{H-mis}_{R-S}$ | 市场处于 R-S 均衡且有部分低风险投保人低估了自身风险时,高风险投保人的消费者剩余 |

| | |
|---|---|
| $CS_{R-S_j}^{L\text{-mis}}$ | 市场处于 R-S 均衡且有部分低风险投保人低估了自身风险时，在三种情形下低风险投保人的消费者剩余，$j=1,2,3$ |
| $CS_{Wil}^{H\text{-mis}}$ | 市场处于 Wilson 均衡且有部分低风险投保人低估了自身风险时，高风险投保人的消费者剩余 |
| $CS_{Wil}^{L\text{-mis}}$ | 市场处于 Wilson 均衡且有部分低风险投保人低估了自身风险时，低风险投保人的消费者剩余 |
| $CS_{R-S}^{cH}$ | R-S 均衡下，实施强制保险后高风险投保人的消费者剩余 |
| $CS_{R-S}^{cL}$ | R-S 均衡下，实施强制保险后低风险投保人的消费者剩余 |
| $CS_{Wil}^{cH}$ | Wilson 均衡下，实施强制保险后高风险投保人的消费者剩余 |
| $CS_{Wil}^{cL}$ | Wilson 均衡下，实施强制保险后低风险投保人的消费者剩余 |
| $CS_{R-S}^{cH\text{-mis}}$ | 市场处于 R-S 均衡且有部分低风险投保人低估了自身风险时，实施强制保险后高风险投保人的消费者剩余 |
| $CS_{R-S}^{cL\text{-mis}}$ | 市场处于 R-S 均衡且有部分低风险投保人低估了自身风险时，实施强制保险后低估了自身风险的低风险投保人不再购买补充商业保险时低风险投保人的消费者剩余 |
| $CS_{Wil}^{cH\text{-mis}}$ | 市场处于 Wilson 均衡且有部分低风险投保人低估了自身风险时，实施强制保险后高风险投保人的消费者剩余 |
| $CS_{Wil}^{cL\text{-mis}}$ | 市场处于 Wilson 均衡且有部分低风险投保人低估了自身风险时，实施强制保险后低估风险的低风险投保人不再购买补充商业保险时低风险投保人的消费者剩余 |
| $CS_{R-S}^{LL_{arc}}$ | R-S 均衡下，在较精确的风险分类后，被分到"低风险"组的低风险投保人的消费者剩余 |
| $CS_{R-S}^{LH_{arc}}$ | R-S 均衡下，在较精确的风险分类后，被分到"低风险"组的高风险投保人的消费者剩余 |
| $CS_{R-S}^{HH_{arc}}$ | R-S 均衡下，在较精确的风险分类后，被分到"高风险"组的高风险投保人的消费者剩余 |
| $CS_{R-S}^{HL_{arc}}$ | R-S 均衡下，在较精确的风险分类后，被分到"高风险"组的低风险投保人的消费者剩余 |

| 符号 | 含义 |
| --- | --- |
| $CS_{R\text{-}S}^{H_{arc}}$ | R-S 均衡下，在较精确的风险分类后，高风险投保人的消费者剩余 |
| $CS_{R\text{-}S}^{L_{arc}}$ | R-S 均衡下，在较精确的风险分类后，低风险投保人的消费者剩余 |
| $CS_{Wil}^{HH_{arc}}$ | Wilson 均衡下，较精确的风险分类后，被分到"高风险"组中的高风险投保人的消费者剩余 |
| $CS_{Wil}^{HL_{arc}}$ | Wilson 均衡下，在较精确的风险分类后，被分到"高风险"组的低风险投保人的消费者剩余 |
| $CS_{Wil}^{H_{arc}}$ | Wilson 均衡下，在较精确的风险分类后，高风险投保人的消费者剩余 |
| $CS_{Wil}^{L_{arc}}$ | Wilson 均衡下，在较精确的风险分类后，低风险投保人的消费者剩余 |
| $CS_{Wil}^{HH_{rc}}$ | Wilson 均衡下，在较不精确的风险分类后，被分到"高风险"组的高风险投保人的消费者剩余 |
| $CS_{Wil}^{HL_{rc}}$ | Wilson 均衡下，在较不精确的风险分类后，被分到"高风险"组的低风险投保人的消费者剩余 |
| $CS_{Wil}^{LL_{rc}}$ | Wilson 均衡下，在较不精确的风险分类后，被分到"低风险"组的低风险投保人的消费者剩余 |
| $CS_{Wil}^{LH_{rc}}$ | Wilson 均衡下，在较不精确的风险分类后，被分到"低风险"组中的高风险投保人的消费者剩余 |
| $CS_{Wil}^{H_{rc}}$ | Wilson 均衡下，在较不精确的风险分类后，高风险投保人的消费者剩余 |
| $CS_{Wil}^{L_{rc}}$ | Wilson 均衡下，在较不精确的风险分类后，低风险投保人的消费者剩余 |
| $W$ | 市场信息对称时的整体社会福利 |
| $W_{R\text{-}S}$ | 市场处于 R-S 均衡时的整体社会福利 |
| $W_{Wil}$ | 市场处于 Wilson 均衡时的整体社会福利 |
| $W_{R\text{-}S_j}^{mis}$ | 市场处于 R-S 均衡且有部分低风险投保人低估了自身风险时的整体社会福利（三种情形），$j=1,2,3$ |

| | |
|---|---|
| $W_{\text{Wil}}^{\text{mis}}$ | 市场处于 Wilson 均衡且有部分低风险投保人低估了自身风险时的整体社会福利 |
| $W_{\text{R-S}}^{c}$ | R-S 均衡下,实施强制保险后的整体社会福利 |
| $W_{\text{Wil}}^{c}$ | Wilson 均衡下,实施强制保险后的整体社会福利 |
| $W_{\text{R-S}}^{c\text{-mis}}$ | 市场处于 R-S 均衡且有部分低风险投保人低估了自身风险时,实施强制保险后低估风险的低风险投保人不再购买补充商业保险时的整体社会福利 |
| $W_{\text{Wil}}^{c\text{-mis}}$ | 市场处于 Wilson 均衡且有部分低风险投保人低估了自身风险时,实施强制保险后低估风险的低风险投保人不再购买补充商业保险时的整体社会福利 |
| $W_{\text{R-S}}^{\text{arc}}$ | R-S 均衡下,在较精确的风险分类后的整体社会福利 |
| $W_{\text{Wil}}^{\text{arc}}$ | Wilson 均衡下,在较精确的风险分类后的整体社会福利 |
| $W_{\text{Wil}}^{\text{rc}}$ | Wilson 均衡下,在较不精确的风险分类后的整体社会福利 |